GIMP

Die Deutsche Bibliothek verzeichnet diese Publikation in der Deutschen Nationalbibliografie; detaillierte bibliografische Daten sind im Internet über *http://dnb.ddb.de* abrufbar.

Umwelthinweis:
Dieses Buch wurde auf chlorfrei gebleichtem Papier gedruckt.
Um Rohstoffe zu sparen, haben wir auf Folienverpackung verzichtet.

Die im Buch verwendeten Flickr-Fotos stammen von den in den Bildnachweisen neben oder unter dem jeweiligen Bild genannten Künstlern. Um mehr über sie zu erfahren, gehen Sie zu *www.flickr.com/people/...* und geben ihren Flickr-Namen (in Klammern) ein.

10 9 8 7 6 5 4

11

ISBN 978-3-8273-2804-5

© 2009 by Addison-Wesley,
ein Imprint der Pearson Education Deutschland GmbH,
Martin-Kollar-Straße 10–12, D-81829 München/Germany
Alle Rechte vorbehalten
Layout: Reinhard Helmer, no limits advertising Werbe- & Handelsgmbh
Titelbild-Model: Vera Brandner
Covergestaltung: Marco Lindenbeck, webwo GmbH (mlindenbeck@webwo.de)
Fotos: Flickr, Reinhard Helmer, Gerald Holoubek, Stefan Huger, Kristine Kamm, Bettina Lechner, Michael Palliardi, Bernadett Putz, Daniela Reiter, Marion Salinger, Barbara Wilding
Lektorat: Kristine Kamm, kkamm@pearson.de
Herstellung: Claudia Bäurle, cbaeurle@pearson.de
Korrektorat: Petra Heubach-Erdmann
Satz: text&form GbR, Fürstenfeldbruck
Druck und Verarbeitung: Firmengruppe APPL, aprinta druck, Wemding
Printed in Germany

Bettina K. Lechner

GIMP

ab Version 2.6

Für digitale Fotografie, Webdesign
und kreative Bildbearbeitung

Inhaltsverzeichnis

flickr.com: swissdave

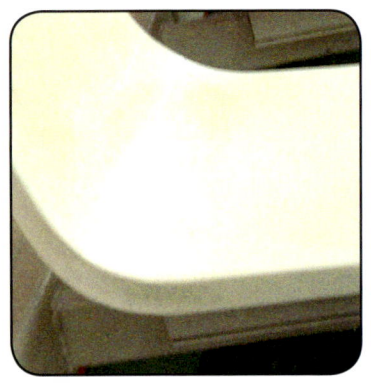

flickr.com: yananine

flickr.com: klara.kristina

flickr.com: donnay

flickr.com: bound of glory

5

flickr.com: jc i núria

Inhaltsverzeichnis

flickr.com: huong-lan

flickr.com: hys400d

flickr.com: tinyfroglet

flickr.com: net_efekt

flickr.com: net_efekt

7

flickr.com: net_efekt

flickr.com: mstorz

flickr.com: josef.stuefer

flickr.com: beckeramie

flickr.com: noel lee

flickr.com: ovizo0n

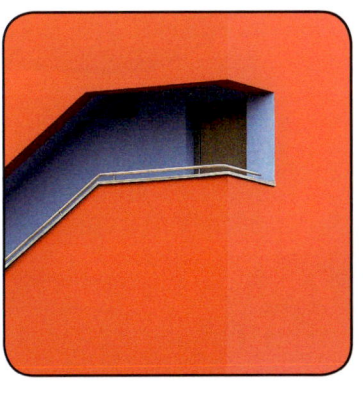
flickr.com: HaPe Gera

flickr.com: swissdave

flickr.com: echiner1

flickr.com: yananine

flickr.com: klara.kristina

Helmer

flickr.com: michiel von den Heuvel

Einleitung

Helmer

Herzlich willkommen! Ich freue mich, Sie als Leser zu begrüßen. GIMP ist eines der aufregendsten Open Source-Programme, die es zurzeit zum Download gibt. Die erste GIMP-Version wurde im Februar 1996 veröffentlicht, also besteht das Programm bereits seit rund elf Jahren. GIMP ist vor allem seit Einführung der Ebenentechnik (1996, Version 0.60), die eine schichtweise Bildbearbeitung ermöglicht, eine echte Alternative zu herkömmlichen kommerziellen Bildbearbeitungsprogrammen und läuft neben Linux sowohl auf Windows als auch auf Apple stabil.

Die starke Gemeinschaft, die hinter der Entwicklung von GIMP steckt, ist unglaublich engagiert und leistet tolle Arbeit. Danke!

Ich wünsche Ihnen viele interessante und praktikable Erfahrungen mit diesem Fachbuch.

Helmer

Wem nützt GIMP?

Sie sind privat oder beruflich an hochwertiger Bildbearbeitung und Fotoretusche interessiert? Sie möchten Weblayouts erstellen oder wissen, wie man Grafiken produziert und animiert? Das vorliegende Buch hilft Ihnen, diese Aufgaben mit GIMP zu lösen. Ein erster Teil gibt Ihnen einen vertiefenden Überblick über wichtige Werkzeuge und Funktionen, im zweiten Teil erarbeiten Sie anhand von Tutorials eine Reihe von nützlichen Praxisbeispielen.

Wilbers Geburt

Als GIMP 1996 zum ersten Mal erschien, verursachte nicht nur das Maskottchen Wilber Entzücken. Das Programm selbst war zwar noch etwas instabil, es gab noch keine Ebenentechnik, aber der Grundstein für eines der erfolgreichsten Open Source-Programme, die es zurzeit gibt, war gelegt. Viele Entwickler und Entwicklerinnen trugen dazu bei – und all das ohne kommerziellen Hintergedanken.

Abbildung frei gem. www.gimp.org

Open Source

Open Source bedeutet, dass der Quellcode des Programmes offenliegt und daher von jeder beliebigen Person weiterentwickelt werden kann. Das macht die Open Source-Programme so vielfältig.

Was ist GIMP und wem nützt es?

GIMP ist ein vielfältiges und umfangreiches Programm zur Fotobearbeitung und wird zur Grafikerstellung und zum Layouten von Webseiten eingesetzt.

Überblick über die wichtigsten GIMP-Anwendungsgebiete

» Die Einsatzmöglichkeiten von GIMP reichen von einfachen Bildveränderungen, wie Skalieren, Transformieren oder Farbkorrekturen, bis hin zu hochwertigen Fotoretuschen, wie zum Beispiel das Kopieren von Bildelementen, Extrahieren von Objekten aus dem Hintergrund, Heilen von Hautunreinheiten, Korrigieren von Objektivfehlern und vieles mehr.

» GIMP kennt Ebenen und Kanäle und unterstützt das Arbeiten mit Ebenenmasken und Auswahlmasken.

» Die über 100 Filter unterstützen Sie in der Verbesserung Ihrer digitalen Bilder, laden aber auch ein zum Experimentieren und künstlerischen Umgestalten Ihrer Fotos.

» GIMP eignet sich für die Erstellung von vielschichtigen Weblayouts, da es die Ebenentechnik beherrscht – was beispielsweise wichtig für die Mouse-Over-Darstellungen von Buttons ist (eine Technik, die Sie vom Web kennen, sobald Sie die Maus über eine Grafik stellen, wird diese ausgetauscht).

» Mit GIMP erstellen Sie auch Animationen.

» GIMP kennt Farbmodelle wie RGB, L*a*b*, beherrscht Farbmanagement und kann zahlreiche Dateitypen, wie jpg, gif, png, svg, eps, ico, sowohl öffnen als auch speichern.

» Mit dem UFRaw-Plug-in öffnen Sie RAW-Dateien in GIMP.

Neuerungen in GIMP 2.6

Die größten Veränderungen fanden unter der Oberfläche statt: So wurde in GIMP 2.6 die GEGL-Farbbibliothek implementiert, was die wichtigste Voraussetzung für eine Weiterentwicklung in den Bereichen Farbtiefe, CMYK-Farbmodell und nicht-destruktive Bildbearbeitung für die kommende Version 2.8 darstellt.

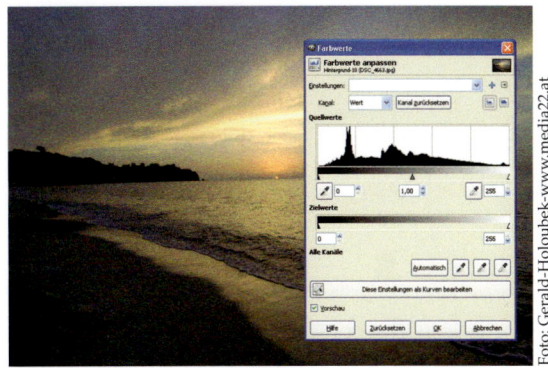

Foto: Gerald-Holoubek-www.media22.at

Verbesserte Dialogführung: Von Helligkeit/Kontrast kann direkt in die Tonwerte und dort weiter in die Kurven gewechselt werden. Vorgenommene Einstellungen werden mitprotokolliert bzw. lassen sich speichern und sind daher erneut aufrufbar, auch wenn Sie den Dialog zwischendurch geschlossen hatten.

» Keine doppelten Menübefehle mehr. Das nunmehr einzige Menü befindet sich im ständig geöffneten Bildfenster. Hierher ziehen Sie auch Bilddateien, um sie rasch per Drag & Drop zu öffnen.

» Im neuen Menü FENSTER navigieren Sie durch alle geöffneten Dateien und öffnen kürzlich geschlossene Docks.

» Neues Fenstermanagement und verbesserte Hilfefunktion

» Im Zoom-Kästchen in der Statusleiste kann ein benutzerdefinierter Zoom eingetragen werden.

» Erzeugen Sie polygone Auswahlen mit dem verbesserten Freihandauswahlwerkzeug („Lasso").

» Mit den Pinselwerkzeugen kann jetzt auch an den Kanten und Ecken eines Bilds angesetzt werden.

» Dynamische Pinselwerkzeuge ändern z. B. Deckkraft oder Größe abhängig von der Geschwindigkeit, mit der Sie einen Strich über das Blatt ziehen.

» Text wird nun in einem Absatzrahmen geschrieben, das heißt, Fließtext umbricht automatisch und passt sich daher bei Größenveränderung – sowohl des Textes als auch des Rahmens – automatisch an.

» In vielen Dialogen lassen sich nun Einstellungen speichern.

» Der ENTSÄTTIGEN-Dialog hat nun eine Vorschau.

... und zahlreiche weitere kleinere Verbesserungen.

Tipp
Auf der Content+-Website (siehe vordere Umschlaginnenseite) zu diesem Buch gibt es regelmäßig Aktuelles rund um GIMP. Außerdem stehen dort Übungsbilder zum Download bereit und alle im Buch aufgeführten Links.

13

Hinweis
Geschlechtsneutrales Formulieren
In dem Buch werden weibliche Formen wie „Webdesignerin" aus Gründen der Textökonomie nicht explizit genannt. Selbstverständlich gelten die in der männlichen Form erwähnten Ausdrücke auch Frauen gegenüber.

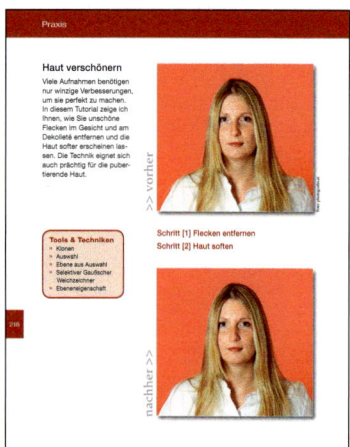

Tutorial zur Hautverschönerung

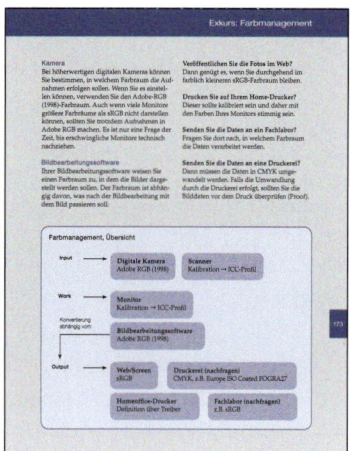

Exkurs zum Thema Farbmanagement

14

Hinweis

Rechte Maustaste am Mac
Im Buch – und dabei besonders im Tutorial-Teil – werden viele Befehle angegeben, die mit der rechten Maustaste aufgerufen werden. Apple-User finden diese Befehle in den jeweiligen Menüs, oder aber Sie besorgen sich eine Maus mit rechter Maustaste.

Aufbau dieses Buchs in zwei Schwerpunkten

1 Der **Einstieg in die GIMPologie** macht Sie mit der Denkweise von GIMP vertraut und zeigt Ihnen grundlegende Anwendungsmöglichkeiten. Sie erfahren, wie Sie Bilder skalieren und zuschneiden, wie das Textwerkzeug und die Füllfarben funktionieren, welche Dateitypen es gibt, und Sie erlernen die Ebenentechnik. In diesem ersten Kapitel gehen wir also die wichtigen Werkzeuge und Menübefehle Schritt für Schritt durch und besprechen deren Eigenschaften und Einsatzmöglichkeiten. Zwischendurch gibt es vertiefende **Exkurse**, deren Seiten farbig hervorgehoben sind. Da geht es zum Beispiel um Tonwerte, Farbmanagement, digitale Bilder und manches hilfreiche Hintergrundwissen. **Tippkästen** unterstützen Sie mit Tastenkürzeln oder Hinweisen. Mit diesem ersten Teil starten Sie, wenn Sie mit einem höherwertigen Bildbearbeitungsprogramm und beispielsweise Ebenen noch nicht vertraut sind. Und er ist nützlich zum Nachschlagen, wenn Sie Detailinfos zu Werkzeugen brauchen.

2 Der große **Praxisteil** richtet sich an zwei Zielgruppen: die digitalen Fotobearbeiter und Webdesigner. Die Übungen (Tutorials) für die **digitale Fotobearbeitung** bieten wertvolle und professionelle Tipps zur Fotoretusche und Bildbearbeitung. Sie erfahren, wie Sie Falten wegretuschieren, ausdrucksstärkere Augen erzeugen, Farbkorrekturen anwenden und vieles mehr. Und Sie werden ganz nebenbei auch ein besseres „Auge" für Fotos bekommen und einen geschärften Blick für Fehler oder Verbesserungsmöglichkeiten an Ihren Fotos entwickeln. Ein **Extra für Fotografinnen und Fotografen** beschäftigt sich mit spezifischen Anliegen, die diese Zielgruppe hat. Wir erzeugen einen Copyright-Stempel und Sie erfahren, wie Sie RAW-Dateien in GIMP öffnen. Der **Webdesign**-Abschnitt beschäftigt sich mit dem Aufbau von Weblayouts. Sie erfahren dabei Grundlegendes über die optimale Webdarstellung von Bildern, erlernen anhand eines Schritt-für-Schritt-Tutorials, wie Sie eine Website gestalten, finden wertvolle Usability-Tipps und erzeugen Buttons und Grafiken mit runden Ecken, wie man sie häufig im Webdesign benötigt.

Foto-Download zum Buch

Mit * beim Bildquellennachweis gekennzeichnete Fotos des
Tutorial-Teils können Sie auf der Content+-Website (siehe
vordere Umschlaginnenseite) herunterladen. Die Fotos sind
urheberrechtlich geschützt, ihre Vervielfältigung, Verbrei-
tung, Ausstellung, öffentliche Wiedergabe oder Bearbeitung
sind nicht gestattet. Ich bitte Sie, das Copyright im Sinne
der Fotografen zu respektieren.

Geschichte

» **1995**: Studienarbeit von Peter Mattis und Spencer
Kimball, beide Studenten an der University of California,
Berkeley. GIMP stand für General Image Manipulation
Program. Erst, als es auf Initiative von Richard Stallmann
in die GNU Software (siehe auch GIMP Inside, Seite 332)
übernommen wurde, stand das G für GNU.

» **1996**, Februar: Release Version 0.54. GIMP galt als das
erste professionelle freie Bildbearbeitungsprogramm.
Dennoch verursachte es noch zahlreiche Abstürze.

» **1996**, Juli: Version 0.60 mit Ebenentechnik, zahlreichen
Malwerkzeugen und Malmodi. Peter Mattis entwickelte
den Großteil an GTK (GIMP Tool Kit).

» **1997**, Februar: Release der Version 0.99 mit Script-Fu,
dank der verbesserten Speichernutzung konnten schon
damals Bilder mit 100 MB geöffnet werden. Erstmals
Verwendung des GIMP-Dateiformats XCF. Mattis und
Komball verlassen aus Zeitgründen das Projekt.

» **1998**, Juni: Endlich Release der stabilen Version 1.0

» **2000**, Dezember: GIMP Version 1.2 wird veröffentlicht,
viele Fehler wurden beseitigt.

» **2004**, März: Freigabe von GIMP 2.0 mit zahlreichen Verbesserungen, wie einer überarbeiteten Benutzeroberflä-
che, neuen Werkzeugen und Werkzeugeinstellungen.

» **2004**, Dezember: Erscheinen von GIMP 2.2 mit dezenten
Änderungen, unter anderem programmübergreifende
Unterstützung und Vereinheitlichung von Standards.

» **2007**, Oktober: Release GIMP 2.4 mit zahlreichen Neu-
erungen, wie veränderbaren Auswahlen, dem Vorder-
grundauswahlwerkzeug, der neuen Ausrichten & Vertei-
len-Funktion und einer überarbeiteten Menüstruktur.

» **2008**, Oktober: Pünktlich zum angekündigten Termin
erscheint GIMP 2.6 mit tollen Verbesserungen!

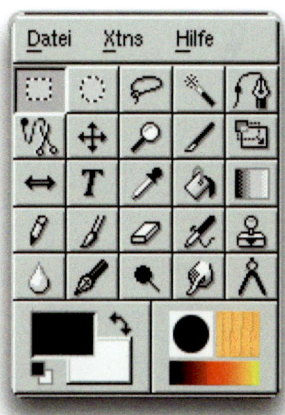

Werkzeugleiste in GIMP-Version 0.99

Werkzeugleiste der aktuellen
GIMP-Version 2.6

15

Einstieg in die GIMPologie

Dieser erste Teil des Buch bietet Ihnen detaillierte Informationen über die Funktionalitäten von GIMP. Wichtige Werkzeuge werden Schritt für Schritt anhand von Beispielen erklärt, Sie erlernen die Ebenentechnik, erfahren, welche Dateitypen für welchen Zweck am geeignetsten sind, und finden Beschreibungen zu den besten Tools für Bildkorrekturen. Weiterführende Exkurse liefern vertiefendes Hintergrundwissen zu den Themen digitale Bilder, Farbmanagement, Farbtiefe und Farbmodelle. Eine übersichtliche Tabelle gibt Ihnen den Überblick über alle in GIMP unterstützten Dateitypen.

Auch als erfahrener Anwender finden Sie sicherlich nützliche Tricks und Tipps, die Arbeitsschritte erleichtern oder beschleunigen. Diesen Teil müssen Sie nicht Schritt für Schritt abarbeiten, er ist eher zum Nachschlagen gedacht, vor allem dann, wenn Sie in einem der Tutorials, die Sie im zweiten Teil des Buchs erwarten, nicht weiterkommen sollten oder sich vertiefen wollen.

flickr.com: ::Amy::

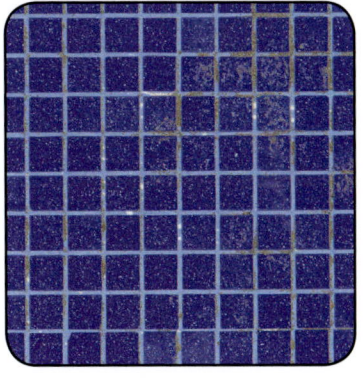

flickr.com: fxp

Inhaltsverzeichnis

flickr.com: Mzelle Biscotte

flickr.com: macinate

Die Arbeitsoberfläche

Sobald Sie GIMP öffnen, sehen Sie eine Reihe von Fenstern. In diesem einführenden Kapitel erlernen Sie die Bezeichnungen und Handhabung der einzelnen Bereiche.

GIMP nach dem Start und GIMP beenden

GIMP öffnet mit einem großen leeren Bildfenster in der Mitte und links und rechts je einem lose angeordneten Zusatz-Fenster. Diese werden in GIMP Docks genannt. Zum Schließen des Programms können Sie sowohl das rote ✖ des Werkzeugkastens als auch des leeren Bildfensters anklicken.

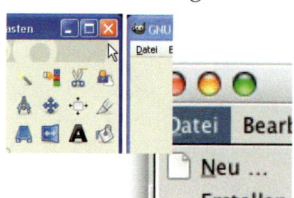

NEU in 2.6

Ziehen Sie Bilddateien hierher, um sie in GIMP zu öffnen.

① Werkzeugkasten mit den darunter befindlichen ...

② ... Werkzeugeinstellungen: Diese ändern sich abhängig von der Auswahl, die Sie oberhalb im Werkzeugkasten treffen.

③ Bildfenster, das Hauptfenster. Hier laden die Bilder; mit jeder neuen Datei öffnet sich automatisch ein neues Bildfenster. Schließen Sie das (letzte) leere Fenster, beenden Sie GIMP. Ziehen Sie Dateien hierher, um sie zu öffnen (nicht am Mac, dort ziehen Sie die Datei auf das GIMP-Icon im Dock).

④ Dock, standardmäßig ausgestattet mit den Reitern EBENEN, KANÄLE, PFADE und RÜCKGÄNGIG

⑤ Zweites Dock mit verschiedenen Reitern, die zu Dialogen wie Pinselspitzen, Muster, Farbverlauf etc. führen

⑥ Werkzeugspitzenauswahl

Dockmanagement

Dock ergänzen

Den Inhalt eines Docks stellen Sie beliebig zusammen, jeder neue Dialog wird in Form eines Reiters dem Dock angeschlossen. Um einem Dock einen weiteren Reiter hinzuzufügen, klicken Sie bei dem Dock auf das kleine Pfeilchen ◀, das nach links zeigt (in der Abbildung rot eingekreist), und wählen REITER HINZUFÜGEN. Aus dem Pull-down-Menü wählen Sie nun den gewünschten Dialog. Das funktioniert in jedem Dock, also auch in dem Dock für die Werkzeugeinstellungen links unten.

Beispiel: Dialog Histogramm hinzufügen

In der Bildbearbeitung ist es wichtig, immer wieder einen Blick auf das Histogramm zu werfen (siehe auch *Werte*, Seite 160 bzw. *Kurven* Seite 160). Deshalb ist es praktisch, diesen Dialog standardmäßig eingeblendet zu haben. Dafür eignet sich der untere Bereich des EBE-NEN/KANÄLE/PFADE/RÜCKGÄNGIG-Docks besonders gut:

❶ Klicken Sie im unteren Dock auf das kleine, nach links weisende Pfeilchen ◀.

❷ Wählen Sie in dem Menü REITER HINZUFÜGEN > HISTOGRAMM.

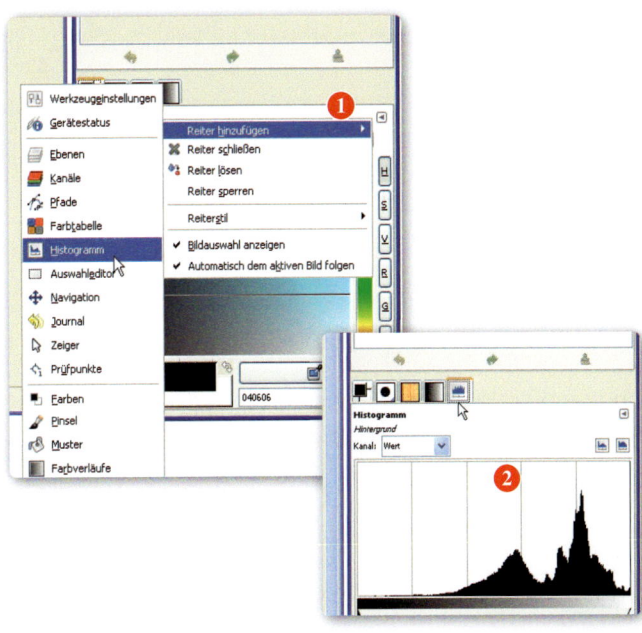

Tipp

Neu in GIMP 2.6 ist, dass Sie festlegen können, wie sich die Docks zum Bildfenster verhalten sollen: Stellen Sie unter BEARBEITEN > EINSTELLUNGEN > FENSTERVERWALTUNG ein, ob die Docks zum Beispiel immer über dem Bildfenster stehen sollen (Funktion abhängig vom Betriebssystem). Eventuell hilft aber auch GIMPshop (*www.gimpshop. com*). Dabei wird GIMP mit einer Art Photoshop-Umgebung installiert. Aber Vorsicht: Die in GIMPshop enthaltene GIMPversion ist oft nicht die aktuellste und kann Fehler enthalten.

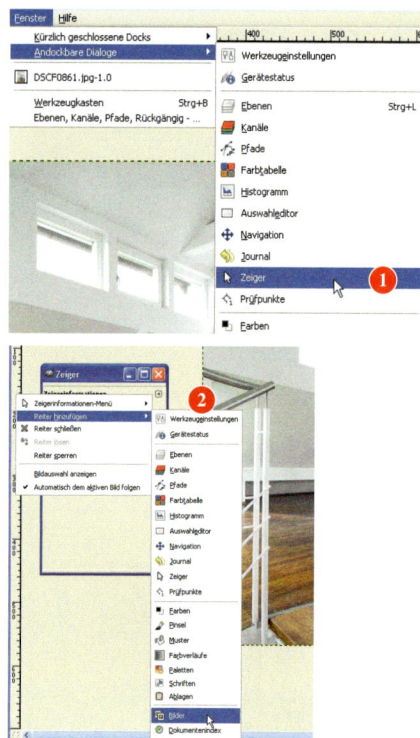

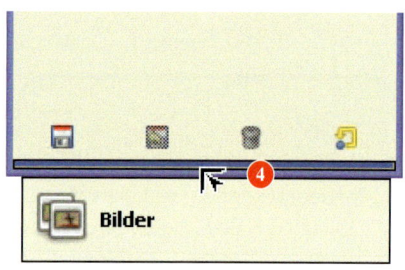

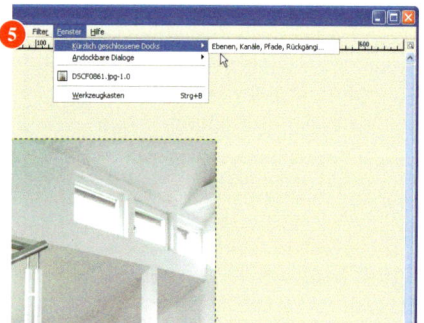

NEU in 2.6

Neues Dock zusammenstellen

Ein Dock wird als solches bezeichnet, sobald mehr als ein Dialog enthalten ist.

1. Für ein neues Dock wählen Sie über Menü FENSTER > ANDOCKBARE DIALOGE einen Dialog, der noch in keinem anderen Dock enthalten ist (ansonsten rückt dieser auf Klick einfach nur in den Vordergrund), z. B. ZEIGER.
2. In dem offenen Dialog ZEIGER klicken Sie nun auf das Pfeilchen ◀ und wählen einen zweiten Dialog, z. B. BILDER. Fertig ist das Dock.

Dock erweitern

In jedes Dock lassen sich Dialoge unterhalb dazuhängen 3.

4. Ziehen Sie dazu einen einzelnen Dialog (kein Dock!) an das untere Ende des Docks. Ein dicker Balken zeigt an, dass Sie die Maustaste loslassen können. Der Dialog steht nun unterhalb der bereits vorhandenen.

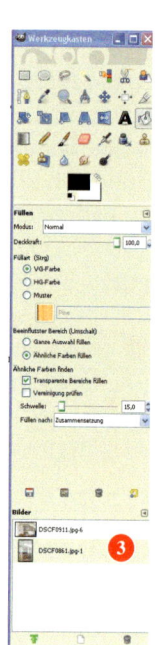

Mit Hilfe der Laschen (Reiter) verändern Sie die Reihenfolge der Dialoge in einem Dock. Ziehen Sie dazu die Registerlasche *auf* die Lasche jenes Reiters, vor bzw. nach dem Sie den Reiter aufgereiht haben möchten.

Mit dem Befehl REITER SPERREN verhindern Sie ein Bewegen des Dialogs aus bzw. innerhalb des Docks.

GIMP speichert die Fenstereinstellungen automatisch – nach dem Öffnen finden Sie daher die zuletzt angeklickten Reiter wieder im Vordergrund.

Dock schließen und wieder öffnen

Angenommen, Sie haben das rechte Dock irrtümlich geschlossen. Was früher recht mühsam wiederherzustellen war, ist jetzt mit der Version 2.6 ganz leicht: Wählen Sie Menü FENSTER > KÜRZLICH GESCHLOSSENE DOCKS > EBENEN/KANÄLE/PFADE/RÜCKGÄNG... 5 Damit öffnen Sie auf einen Klick das rechte Dock.

Der Werkzeugkasten

Der Werkzeugkasten ist die Steuerzentrale von GIMP und enthält viele wichtige Funktionen. Durch Klick auf ein Werkzeug aktivieren Sie dieses. Bevor Sie ein Werkzeug einsetzen, nehmen Sie unterhalb des Werkzeugfensters – in den Werkzeugeinstellungen – spezifische Einstellungen vor. Ein aktives Werkzeug erkennen Sie an der farbigen Hervorhebung. Eine ausführlichere Beschreibung jedes Werkzeugs finden Sie auf den nachfolgenden Seiten. Hier im Überblick:

Tipp
Infoleiste
Für Hilfe zu einem Werkzeug oder auch einem Reiter halten Sie den Mauspfeil ruhig über ein Symbol. Dann erscheint eine kleine Infoleiste zu dem jeweiligen Befehl.

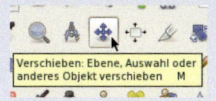

1	Rechteckige Auswahl	19	Ebene/Auswahl/Pfad spiegeln
2	Elliptische Auswahl	20	Text erzeugen bzw. editieren
3	Lasso: freie Auswahl	21	Füllen mit Farbe oder Muster
4	Zauberstab: Auswahl ähnlicher benachbarter Farbbereiche	22	Füllen mit einem Farbverlauf
5	Bereiche nach Farbe auswählen	23	Buntstift: Zeichnen mit harten Kanten
6	Intelligente Schere: magnetische Auswahl	24	Pinsel: Zeichnen mit weichen Kanten
7	Objekt im Vordergrund auswählen	25	Radierer
8	Pfade erzeugen, bearbeiten	26	Airbrush: Zeichnen mit variablem Druck
9	Farbpipette – zum Ausmessen von Farben	27	Tinte: Zeichnen wie mit einer Füllfeder
10	Lupe: Zum Vergrößern bzw. Verkleinern der Ansicht	28	Klonen: zum Kopieren und Einfügen von Bildbereichen
11	Maßband: misst Abstände und Winkel zw. 2 Punkten	29	Heilen: Unregelmäßigkeiten korrigieren
12	Verschieben-Werkzeug	30	Perspektivisches Klonen
13	Ausrichten	31	Weichzeichnen/ Schärfen
14	Bildgröße ändern/ Bild zuschneiden	32	Verschmieren
15	Ebene/Auswahl/Pfad drehen	33	Abwedeln/Nachbelichten
16	Ebene/Auswahl/Pfad skalieren	34	Vordergrund (VG)/ Hintergrundfarbe (HG)
17	Ebene/Auswahl/Pfad scheren (= neigen)	35	VG- mit HG-Farbe tauschen
18	Ebene/Auswahl/Pfad perspektivisch ändern	36	Setzt VG- und HG-Farbe auf Schwarz/Weiß zurück

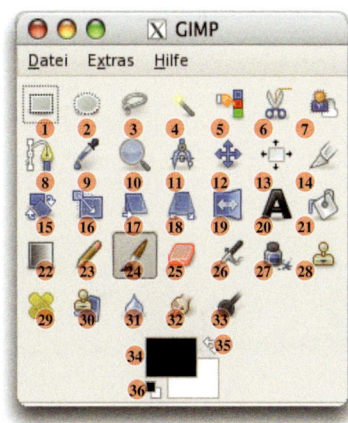

Farbcodierung

■ Auswahlwerkzeuge

■ Transformationswerkzeuge

■ Mal- und Korrekturwerkzeuge

Werkzeugkasten anpassen

Genauso wie die Docks lässt sich auch der Werkzeugkasten personalisieren. Sie können festlegen, welche Icons angezeigt werden, ihre Reihenfolge ändern und das Standardwerkzeug bestimmen, das nach dem Öffnen erscheinen soll.

Icons hinzufügen/entfernen
Klicken Sie dazu auf FENSTER > ANDOCKBARE DIALOGE > WERKZEUGE.
Im Dialog WERKZEUGE finden Sie die Liste aller bereits eingeblendeten Icons – leicht erkennbar an dem Augensymbol 👁 vor dem Icon – und im unteren Drittel der Liste angeordnet weitere Menübefehle. Um

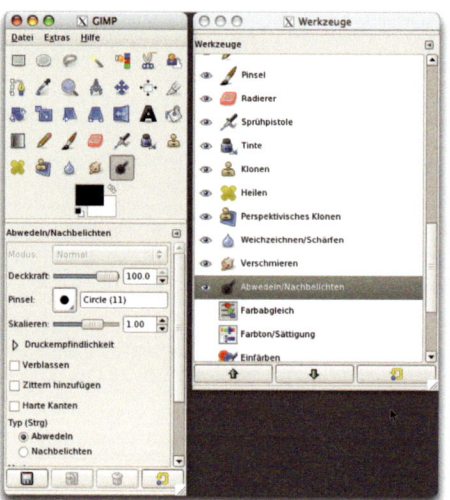

einen neuen Menübefehl einzublenden, klicken Sie auf das leere Kästchen links vor dem Icon. Dadurch erscheint das Auge 👁 und das Icon ist somit dem Werkzeugkasten hinzugefügt.

Reihenfolge verändern
Sie können auch die Reihenfolge der Icons im Werkzeugkasten verändern. Zum Verschieben verwenden Sie die Pfeilbuttons am unteren Ende des Werkzeugdialogs. Alternativ klicken Sie in dem Werkzeugdialog ein Icon an, halten die Maustaste gedrückt und verschieben das Icon hinauf oder hinunter. So können Sie gleich mehrere Icons überspringen. Im Werkzeugkasten sehen Sie sofort die veränderte Position des Icons.

Werkzeuge auf Originalzustand zurücksetzen

Zum Zurücksetzen der Einstellungen eines Werkzeugs
auf den Originalzustand klicken Sie auf das Symbol
AUF DIE STANDARDWERTE ZURÜCKSETZEN, das Sie im
Werkzeugdialog auf der unteren Leiste finden.

Standardwerkzeug festlegen

So legen Sie fest, welches Werkzeug nach dem Start von
GIMP aktiv sein soll.

1. Klicken Sie das gewünschte Werkzeug an.
2. Öffnen Sie den Einstellungen-Dialog über
   BEARBEITEN > EINSTELLUNGEN. Klicken Sie dort
   auf die Kategorie EINGABEGERÄTE.
3. Klicken Sie im rechten Fenster auf die Schaltfläche
   GERÄTESTATUS JETZT SPEICHERN. Achtung! Die Einstellungen des Werkzeugs merkt sich GIMP damit
   aber nicht.

> **Tipp**
> **Standardwerkzeug**
> Verwenden Sie als Standard-
> werkzeug zum Beispiel das
> Verschieben- ✛ oder Aus-
> wahl-Werkzeug ☐. Im Gegen-
> satz zum Pinsel passiert damit
> am wenigsten, wenn Sie unge-
> wollt auf das Bild klicken.

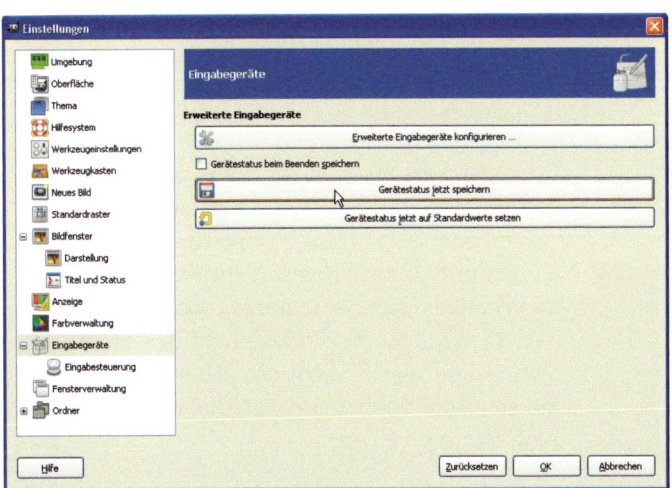

Dateimanagement

Welche Dateitypen kennt GIMP? Wie öffnen Sie diese am schnellsten? Welchen Dateityp verwendet GIMP? Und wie können Sie eine neue Datei anlegen? Das und vieles mehr erfahren Sie in diesem Kapitel.

Datei öffnen ($\boxed{\text{Strg}}$/$\boxed{\text{ctrl}}$+$\boxed{\text{O}}$)

Um eine Datei in GIMP zu öffnen, klicken Sie auf das Menü DATEI und wählen Sie ÖFFNEN oder drücken Sie $\boxed{\text{Strg}}$/$\boxed{\text{ctrl}}$+$\boxed{\text{O}}$ (den Buchstaben).

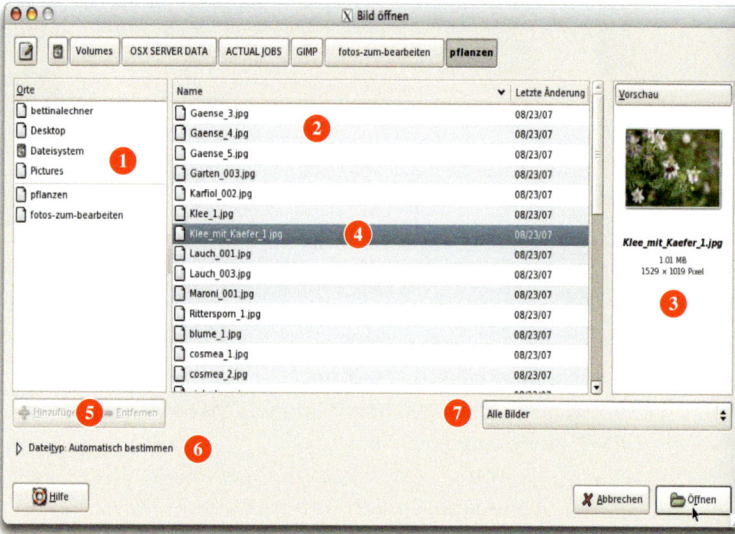

1 Doppelklicken Sie hier, um das Laufwerk auszuwählen. Unterhalb der Linie stehen die Favoriten (siehe auch **(5)**)

2 Zum Öffnen eines Ordners klicken Sie in diesem Bereich doppelt auf das Ordnersymbol. In der Leiste darüber zeigt GIMP den bereits angeklickten Pfad (alle übergeordneten Ordner) an. Praktisch: Um Ordnerebenen hinaufzuwechseln, brauchen Sie in dieser Leiste nur auf die Ordnernamen zu klicken. Zur Auswahl einer Bilddatei klicken Sie einmal auf den Dateinamen, um ....

3 .... hier eine Vorschau auf die markierte Datei zu erhalten. Falls Sie keine Vorschau sehen, aktualisieren Sie durch Klick auf das Maskottchen Wilber die Ansicht. Sie sehen in diesem Fenster auch Informationen zu Dateigröße, Auflösung und Farbmodell.

> **Tipp**
> **Datei suchen**
> Klicken Sie in die Dateiliste **(2)** und beginnen, die Anfangsbuchstaben der Datei zu tippen, springt die Markierung auf den entsprechenden Dateinamen.

4 Doppelklicken Sie auf einen Dateinamen, um das Bild zu öffnen, oder markieren Sie ihn und klicken Sie auf die Schaltfläche ÖFFNEN. Tipps zur Mehrfachmarkierung finden Sie im Kasten rechts.

5 HINZUFÜGEN/ENTFERNEN: Durch Klick auf HINZUFÜGEN fügen Sie den aktuell im Fenster **(2)** markierten Ordner als Favorit der Laufwerksleiste **(1)** hinzu. Es muss ein Ordner markiert sein und nicht eine Datei. Die Reihenfolge der Favoriten ändern Sie durch Ziehen. Mit der rechten Maustaste lässt sich der Favorit umbenennen. Mit ENTFERNEN löschen Sie die Verknüpfung aus der Leiste wieder. Sehr praktisch für vielbesuchte Ordner!

6 DATEITYP AUTOMATISCH BESTIMMT: Wenn Sie hier klicken, öffnet sich die Liste aller in GIMP bekannten Dateitypen. Automatisch bestimmt heißt, dass GIMP den Dateityp automatisch erkennt, was v.a. bei unixbasierenden Betriebssystemen nützlich sein kann, da dort die Dateiendungen wie „.tif" oder „.jpg" ausgeblendet sind. (Mehr zu den *Dateitypen* siehe Seite 30.)

7 ALLE BILDER: Über dieses Pull-down-Menü zeigen Sie nur einen einzelnen Dateityp an, zum Beispiel nur JPEG-Dateien.

Tipp

Mehrere Dateien öffnen
Um mehrere Bilddateien gleichzeitig zu öffnen, verwenden Sie in GIMP die üblichen Tasten zum Mehrfachmarkieren:
Mit ⇧ markieren Sie einen Bereich von Dateien, mit Strg/ctrl markieren Sie punktuell einzelne Dateien. Alle markierten Dateien werden nach Klick auf die Schaltfläche ÖFFNEN in GIMP geöffnet.

Eine Datei durch Eingabe des Dateinamens öffnen (Strg/ctrl+L)

Möchten Sie aus einer Liste von Dateien eine bestimmte Datei öffnen, ohne lange zu scrollen, können Sie mittels der Tastenkombination Strg/ctrl+L eine zusätzliche Zeile zur Eingabe des Dateinamens aktivieren **(8)**. Geben Sie in das Suchfeld die ersten Buchstaben des Dateinamens ein, öffnet sich automatisch eine Liste mit Vorschlägen. Klicken Sie auf den Dateinamen und wählen Sie ÖFFNEN, um die Datei in GIMP zu laden. Zum Wiederausblenden der Leiste drücken Sie erneut Strg/ctrl+L.

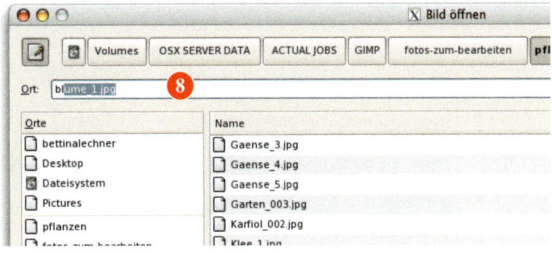

Tipp

Datei schnell öffnen

Um eine Bilddatei schnell zu öffnen, ziehen Sie die Datei aus dem Dateimanager (z.B. Windows Explorer) direkt auf das leere Bildfenster oder den Werkzeugkasten. Achten Sie darauf, dass Sie die Datei wirklich oben auf die Werkzeuge ziehen und nicht unten auf das Eigenschaftenfenster. Am Mac ziehen Sie die Datei auf das GIMP-Icon im Dock. Ziehen Sie die Datei auf ein bereits geöffnetes Bildfenster, wird sie als neue Ebene in diesem Bildfenster angelegt.

Bildfenster

 NEU in 2.6

Das LEERE BILDFENSTER ist eine Neuerung in GIMP 2.6. Solange es leer ist,

1. lassen sich Dateien hier hineinziehen und dadurch öffnen („drag & drop") bzw.
2. beenden Sie durch Klick auf sein ⊠ das Programm.

Das funktioniert jedoch nur bei leerem Bildfenster. Es wechselt diese Funktionen, sobald eine Datei darin geöffnet ist, denn dann

1. legen Sie durch Hineinziehen einer weiteren Datei diese als neue Ebene ab. Die Ebene wird dann innerhalb der Begrenzungen der ersten Datei angezeigt. Ist die zweite Datei größer als die erste, sehen Sie nur einen Ausschnitt davon.
2. Durch Klick auf das ⊠ des Bildfensters schließen Sie lediglich die geöffnete Datei und beenden nicht das Programm. Zum Beenden wählen Sie DATEI > BEENDEN (Strg / ctrl + Q).

Ein geöffnetes Bild könnte beispielsweise so aussehen: **(1)** Jede weitere Datei, die Sie öffnen, wird in GIMP automatisch in einem neuen eigenständigen Fenster geladen. Jedes dieser Fenster besitzt eine eigene Menüleiste. Zum Wechseln zwischen mehreren geöffneten Dateien klicken Sie entweder auf das Bildfenster im Hintergrund **(2)** oder Sie verwenden den Bilderdialog **(3)** (siehe auch *Dock erweitern*, Seite 20). Klicken Sie dort doppelt auf das Miniaturbild, um die entsprechende Datei in den Vordergrund zu bringen.

Fotos: www.diereiter.at-photography

Mit Auto (4) folgt der Fokus der Maus: Sobald Sie ein Bildfenster mit der Maus berühren, wird es aktiv (es kommt aber nicht in den Vordergrund). Beim Wechsel in die andere Datei über das Pull-down-Menü links neben Auto sehen Sie die Einstellungen im Dock für die gewählte Datei (Ebenen, Pfade etc.).

Zum Schließen einer Datei (GIMP bleibt dabei geöffnet) wählen Sie Datei > Schliessen oder drücken Sie Strg / ctrl + W. Zum Schließen aller geöffneten Dateien wählen Sie Datei > Alle Schliessen (⇧ + Strg / ctrl + W).

Leistungsfähiges Bildfenster

Sehen wir uns nun das Bildfenster rundherum genauer an. Es liefert nicht nur auf einen Blick wertvolle Informationen, sondern enthält zahlreiche Werkzeuge für den schnellen Zugriff auf bestimmte Funktionen.

Titelleiste

Die Titelleiste des Bildfensters zeigt wichtige Informationen zu einer Datei:

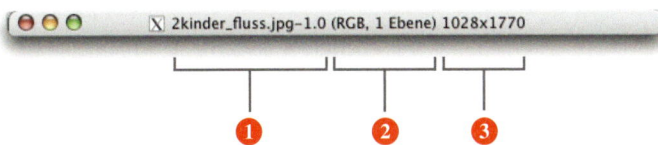

1. Vollständiger Dateiname inkl. Endung, mit Bindestrich getrennt eine sitzungsabhängige Versionsnummer (zählt ab dem ersten Öffnen des Programms, wie häufig eine Datei geöffnet wurde), die GIMP automatisch für die Datei vergibt

2. Farbmodell des Bilds und Anzahl der Ebenen, die die Datei enthält

3. Abmessungen des Bilds in Pixel (Breite x Höhe)

Tipp

Titel- bzw. Statusleiste personalisieren
Legen Sie selbst fest, welche Informationen in der Titelleiste bzw. Statusleiste angezeigt werden sollen, und zwar in den Einstellungen von GIMP: Werkzeugleisten-Menü Bearbeiten > Einstellungen > Bildfenster > Titel und Status.

1 Menüleiste

In der linken oberen Ecke des Bildfensters finden Sie versteckt hinter einem Pfeilchen die gesamte Menüleiste vertikal angeordnet nochmals. Wozu? Nun, diese Menüleiste ist v.a. dann äußerst praktikabel, wenn Sie ein Bild so vergrößert (hereingezoomt) haben, dass die rechten äußeren Befehle der oberen Menüleiste nur via mühsamem Scroll verfügbar wären. Das vertikale Menü steht immer vollständig zur Verfügung (übrigens auch über Kontextmenü).

2 Hilfslinien aus dem Lineal ziehen

Hilfslinien ziehen Sie aus dem horizontalen sowie vertikalen Lineal mit gedrückter Maustaste (egal welches Werkzeug zuvor aktiviert war) in das Bild. Die Maus verwandelt sich dabei in eine Hand. Die exakte Position der Hilfslinie lesen Sie in der Statusleiste des Bilds während des Ziehens ab. Zum Verschieben einer Hilfslinie verwenden Sie das VERSCHIEBEN-Werkzeug: ✥. Zum Löschen einer Hilfslinie ziehen Sie sie aus dem Bild hinaus.

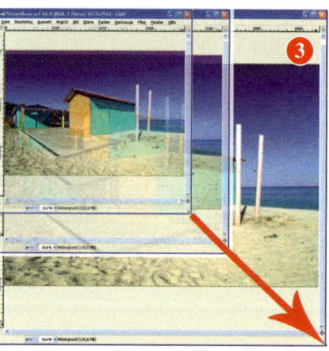

3 Bild zoomen mit Fenstergröße

Sie kennen das: Fenster vergrößern, Bild hereinzoomen, Position finden, scrollen bis zur gewünschten Stelle, Fenster verkleinern, Bild hinauszoomen, um es wieder vollständig zu sehen ... mühsam. GIMP hat dagegen Abhilfe geschaffen: Sie brauchen nur in der rechten oberen Ecke des Bildfensters das Lupensymbol 🔍 zu aktivieren und GIMP verkleinert und vergrößert das Bild automatisch mit der Fenstergröße. Ein erneuter Klick auf das Symbol deaktiviert diesen Automatismus wieder.

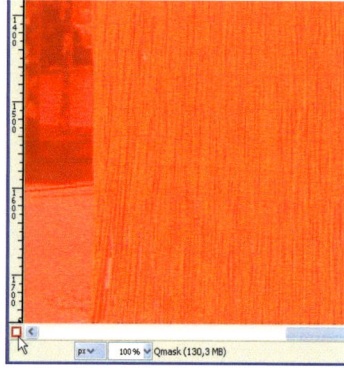

4 Schnellmaske

Die SCHNELLMASKE (QuickMask) aktivieren Sie am Bildfenster in der linken unteren Ecke mit Klick auf das kleine runde Symbol.
Bei aktivierter SCHNELLMASKE erstellen Sie mit Hilfe von Pinselwerkzeugen sehr exakte Auswahlen. Eine genauere Beschreibung finden Sie auf Seite 108.

Foto: Gerald-Holoubek-www.media22.at

⑤ Pixel, Punkt, Millimeter, Yards, ...

Im ersten Pull-down-Menü am unteren Rand des Bildfensters finden Sie sämtliche in GIMP unterstützten Maßeinheiten: Pixel, Zoll, Millimeter, Punkt, Pica, Zentimeter, Meter, Fuß, Yard, typogr. Punkte und Picas. Hier stellen Sie per Klick die Maßeinheit für das Bild um. Die aktuell ausgewählte Einheit wird sofort am Lineal angezeigt und wirkt sich unmittelbar auf sämtliche Werkzeuge und Menüs (zum Beispiel BILD SKALIEREN) aus.

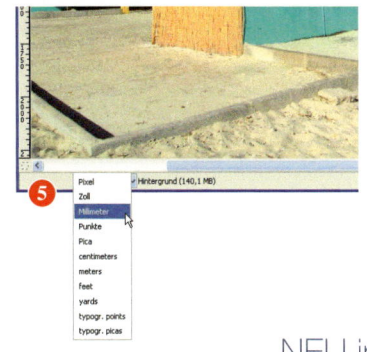

NEU in 2.6

⑥ Zoom in – Zoom out

In dem zweiten Pull-down-Menü am unteren Rand des Bildfensters finden Sie Vorgabewerte zum Zoomen des Bilds bzw. tippen hier einen eigenen Wert ein (neu!). Praktischer finde ich jedoch den Zoom über die Tastatur: Drücken Sie ⎯ zum Herauszoomen bzw. ＋ zum Hineinzoomen. Oder verwenden Sie das Lupen-Werkzeug 🔍 . Mit gedrückter Strg / ctrl -Taste zoomen Sie damit heraus. Zahlreiche weitere Befehle zum Zoomen des Bilds finden Sie im Menü ANSICHT (s. auch Seite 51).

⑦ Immer gut informiert via Statusleiste

In der Statusleiste am unteren Bildrand lesen Sie zum Beispiel die Abmessungen und das Seitenverhältnis der Auswahl ab. Oder wenn Sie einen sehr mächtigen Filterbefehl abgesetzt haben, dann sehen Sie in der Statusleiste den Fortschritt der Berechnungen. Es zahlt sich also aus, immer wieder einen Blick in die Statusleiste zu werfen, da dort zahlreiche Informationen und Hilfestellungen zu Werkzeugen bzw. Filtern angezeigt werden.

⑧ Navigationswerkzeug

Zu guter Letzt finden Sie in der rechten untersten Ecke des Bildfensters das Navigationswerkzeug. Klicken Sie es mit der linken Maustaste an und halten Sie sie gedrückt. Dabei öffnet sich eine Minivorschau auf das Bild und Sie können mit weiterhin gedrückter Maustaste einen Rahmen über das Minibild ziehen. Lassen Sie los, um an die gewünschte Stelle des Bilds in der Großansicht zu springen. Funktioniert natürlich nur, wenn Sie das Bild über den Dateirahmen hinaus vergrößert anzeigen.

Unterstützte Dateitypen

Kürzel	Datei	GIMP kann die Datei ...
.abr	Photoshop-Pinsel	öffnen
.ansi, .txt, .text	ASCII-Kunst	nur speichern, nicht öffnen
.als, .alpha, .mask, .matte, .pix	Alias Pix image	öffnen & speichern
.avi	MS-AVI-Video	öffnen & speichern
.bitmap	X-Bitmap-Bild	öffnen & speichern
.bmp	Microsoft-Windows-Bitmap	öffnen & speichern
.c	C-Quelltext	nur speichern, nicht öffnen
.cel	KISS CEL	öffnen & speichern
.dcm, .dicom	Dicom, digitale Bilderzeugung in der Medizin	öffnen & speichern
.desktop	Desktop-Verknüpfungen	nur öffnen, nicht speichern
.eps	PostScript	öffnen & speichern
.fit, .fits	FITS-Astronomie-grafiken	öffnen & speichern
.fli, .fic	Flexible Image Transport System	öffnen & speichern
.g3	Fax-Bild	nur öffnen, nicht speichern
.gbr	GIMP-Pinsel	öffnen & speichern
.gih	GIMP-Pinsel animiert	öffnen & speichern
.gif	GIF – Compuserve Graphics Interchange Format	öffnen & speichern
.h	C-Quelltext-Header	nur speichern, nicht öffnen
.htm, .html	HTML-Tabelle mit farbigen Zellen	nur speichern, nicht öffnen
.ico	Microsoft-Windows-Icon	öffnen & speichern
.icon	X-Bitmap-Image	öffnen & speichern
.im1, .im8, .im24, .im32, .rs, .ras	SUN-Raster-Datei	öffnen & speichern
.jpeg, .jpg, .jpe	Joint Photographic Experts Group Images	öffnen & speichern

Kürzel	Datei	GIMP kann die Datei ...
.mng	Animation – Multiple Network Graphic Layered Image File	nur speichern, nicht öffnen
.pat	GIMP-Muster	öffnen & speichern
.pbm	Portable Bitmap	öffnen & speichern
.pcx, .pcc	Zsoft-PCX-Bild	öffnen & speichern
.pgm	Portable Graymap	öffnen & speichern
.pdd	Adobe Photoshop	öffnen & speichern
.pdf	Adobe PDF	nur öffnen, nicht speichern
.png	Portable Network Graphics	öffnen & speichern
.pnm	Portable Anymap	öffnen & speichern
.ps, .ps.gz	PostScript-Datei	öffnen & speichern
.psd	Adobe Photoshop	öffnen & speichern
.psp	PaintShop Pro	öffnen & speichern
.ppm	Portable Pixmap	öffnen & speichern
.sgi, .rgb, .bw, .icon	Silicon Graphics IRIS Bild	öffnen & speichern
.svg	Scaleable Vector-Grafik mit exportierbarem Pfad	öffnen & speichern
.tga	Truevision TarGA	öffnen & speichern
.tiff, .tif	Tagged Image File Format	öffnen & speichern
.tub	PaintShop Pro	öffnen & speichern
.xbm	X-Bitmap-Image	öffnen & speichern
.xhtml	XHTML	nur öffnen, nicht speichern
.xjt, .xjtgz, .xjbz2	GIMP-komprimiertes XJT-Bild	öffnen & speichern
.xcf, .xcf.gz, .xcf.bz2, .bz2, .xcfbz2	GIMP-eigener Dateityp, kennt z.B. GIMP-Ebenen	öffnen & speichern
.xpm	X-Pixmap-Bild	öffnen & speichern
.xwd	X-Window-Speicher	öffnen & speichern

Außerdem kann GIMP über ein Plug-in zahlreiche RAW-Bildformate öffnen. Mehr dazu siehe Seite 276. Eine Beschreibung der gängigsten Dateitypen finden Sie im Exkurs *Digitale Bilder* auf Seite 34.

Datei Neu ⌃Strg/ctrl +N

Eine neue Bilddatei besteht aus einer leeren Arbeits-
fläche, die Sie verwenden können, um z.B. eine Grafik,
eine Fotocollage oder ein Website-Design zu erstellen.
Um eine neue Bilddatei anzulegen, klicken Sie auf
DATEI > NEU oder drücken Sie ⌃Strg/ctrl +N. In dem
Dialog nehmen Sie folgende Einstellungen vor:

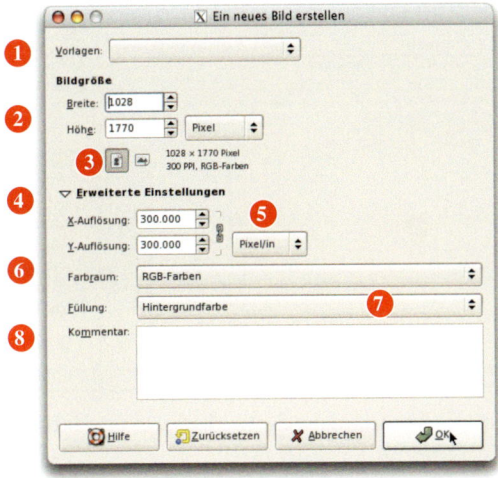

① Vorlage: In Vorlagen sind Bildtyp, Abmessungen,
Auflösung, Farbmodell, Füllfarbe und Kommentare gespeichert. Wenn Sie eine Vorlage öffnen
möchten, wählen Sie hier eine aus.

② Breite, Höhe: Geben Sie die Breite/Höhe der
neuen Bilddatei ein. Über das Pull-down-Menü
wählen Sie die Maßeinheit, z.B. Pixel, Zoll, Millimeter, Punkt.

③ Einstellen von Hoch- bzw. Querformat

④ Blendet die erweiterten Einstellungen ein bzw.
aus.

⑤ Auflösung; via Pull-down wählen Sie die Maßeinheit aus, z.B. Pixel/inch, Pixel/mm etc.

⑥ Farbraum (RGB oder Graustufen)

⑦ Füllung: Die Fläche wird autom. mit der aktuellen
Hinter-/Vordergrundfarbe bzw. mit Weiß oder
Transparenz (Darstellung als „Schachbrettmus-
ter") gefüllt – siehe nächste Seite für Beispiele.

⑧ Kommentar zum Bild – wird mit dem Bild gespeichert. Die Anzeige des Kommentars ist abhängig
vom Dateiformat.

Tipp
Eigene Vorlagen
Zum Anlegen eigener Vor-
lagen wählen Sie FENSTER >
ANDOCKBARE DIALOGE > VORLAGEN.
Mit ☐ legen Sie eine neue
Vorlage an. Doppelklicken Sie
auf eine Vorlage, um damit
ein neues Bild anzulegen,
oder klicken Sie auf ▣. Mit
Klick auf ▣ duplizieren Sie
eine vorhandene Vorlage und
können sie verändern. Mit ▣
bearbeiten Sie eine bestehende Vorlage und mit Klick auf
den Papierkorb ▣ löschen
Sie Vorlagen.

31

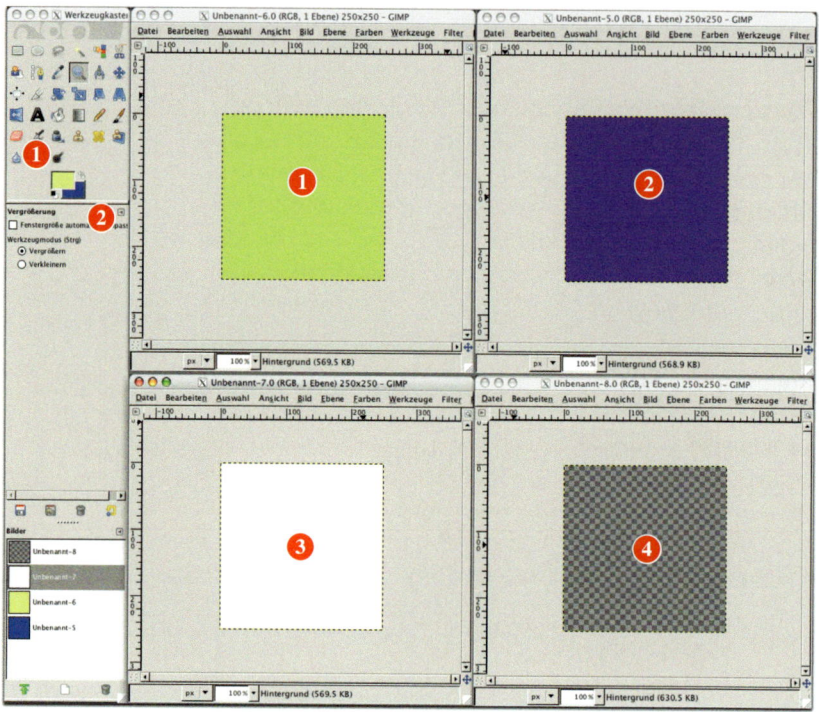

Beispiele für verschiedene Hintergrundfarben beim Anlegen einer neuen Bilddatei:

1 Vordergrundfarbe: Verwendet die aktuell eingestellte Vordergrundfarbe (hier Grün).

2 Hintergrundfarbe: Verwendet die aktuell eingestellte Hintergrundfarbe (hier Blau).

3 Neue Datei mit Hintergrundfarbe Weiß

4 Transparente Fläche (Schachbrettmuster)

5

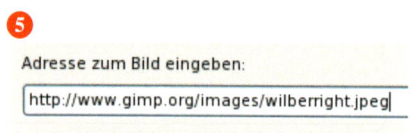

Datei > Adresse öffnen ...

6

Mit dem Befehl im Menü DATEI > ADRESSE ÖFFNEN... laden Sie Bilder direkt aus dem Web in ein neues Bildfenster. Geben Sie dazu die vollständige URL (z.B. *http://www.gimp.org/images/wilberright.jpeg*) ein **(5)**. GIMP verbindet sich mit dem Webserver und öffnet das Bild **(6)**. Um es lokal auf Ihrem Rechner zu speichern, wählen Sie DATEI > SPEICHERN UNTER ...

Datei speichern ⎡Strg⎤/⎡ctrl⎤+⎡S⎤

Um eine Datei zu speichern, wählen Sie DATEI > SPEI-
CHERN (⎡Strg⎤/⎡ctrl⎤+⎡S⎤). Wenn Sie eine Datei unter einem
anderen Namen ablegen möchten, wählen Sie SPEICHERN
UNTER.... Beachten Sie, dass GIMP die Dateiendung nicht
immer automatisch dazuschreibt, das heißt, Sie müssen
diese entweder von Hand hinzufügen oder aus dem Pull-
down-Menü DATEIFORMAT auswählen.

Sie können ein in GIMP bearbeitetes Bild in dessen Origi-
nalformat erneut abspeichern – beispielsweise eine JPG-
Datei wieder als JPG-Datei –, wenn Sie keine Ebenen oder
Pfade angelegt haben. Letztere Informationen speichern
Sie im GIMP-eigenen Dateiformat XCF.

Haben Sie einer JPG-Datei beispielsweise Ebenen hinzu-
gefügt **(1)** und speichern sie mittels DATEI > SPEICHERN
(⎡Strg⎤/⎡ctrl⎤+⎡S⎤) ab, sehen Sie folgende Warnung **(2)**.
Bestätigen Sie nun diese Warnung mit EXPORTIEREN,

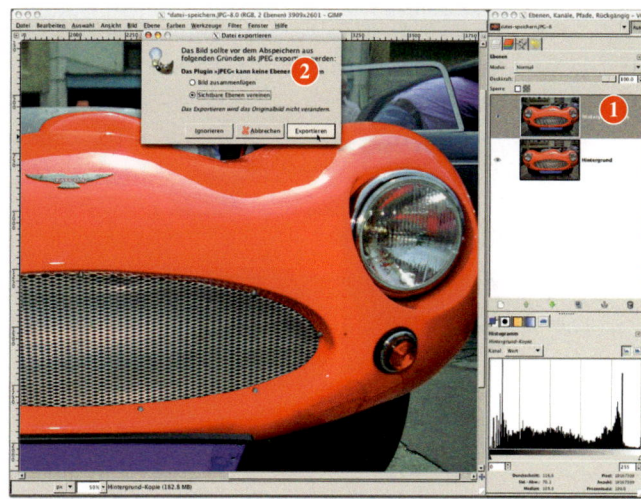

Foto: Gerald-Holoubek-www.media22.at

jpg > jpg

Arbeitsvorgang 1:
Einfache Änderungen wie Bildgröße
oder Farbkorrekturen etc. wieder als
JPG-Datei speichern

jpg > xcf > jpg

Arbeitsvorgang 2:
Arbeiten mit Ebenen, Pfaden, Auswahlmasken etc. während der Bearbeitung
als *.xcf speichern, am Ende speichern
unter... als z.B. webkompatible JPG-
Datei

legt GIMP die sichtbaren Änderungen in der JPG-Datei
zwar ab, jedoch ohne z.B. Ebenen. Um die Ebenen zu
behalten, wählen Sie bei diesem Dialog ABBRECHEN und
speichern die Datei mittels DATEI > SPEICHERN UNTER
(⎡⇧⎤+⎡Strg⎤/⎡ctrl⎤+⎡S⎤) als XCF-Datei (GIMP-Dateiformat) ab. Sie können die Datei jedoch auch als PSD-Datei
(Photoshop-Dateiformat) abspeichern. Auch da bleiben
die Ebenen erhalten.

33

Exkurs: Digitale Bilder

Rastergrafiken versus Vektorgrafiken

In GIMP bearbeiten wir Rastergrafiken im Gegensatz zu Vektorgrafiken. Rastergrafiken

bestehen aus einer Vielzahl an Bildpunkten, auch Pixel genannt. In dem Pixel sind v.a. Informationen über Farbe, Helligkeit, Sättigung und Transparenz gespeichert.

Vektorgrafiken sind aus geometrischen Formen aufgebaut, die aus Punkten in einem Koordinatensystem bestehen und deren Inhalt mit Farbe gefüllt wird, wie ich es an der vereinfachten Skizze veranschaulicht habe.

Für die Entscheidung, welches Dateiformat Sie verwenden, ist es relevant, ob Sie Ihr Bild für den Bildschirm oder für den Druck optimieren möchten:

Bildschirmgrafiken

Wenn Sie Ihr Foto nur am Bildschirm betrachten möchten, soll es handlich sein, wenig Speicherplatz benötigen, denn vielleicht wollen Sie es per E-Mail versenden oder im Web veröffentlichen.

Dabei ist es wichtig, dass Sie wissen, welche Größe das Bild haben soll, und jetzt kommt noch eine weitere Komponente ins Spiel: die Bildschirmauflösung. Denn ein Pixel hat keine feste Größe, sondern wird abhängig von der Monitorauflösung – der möglichen Anzahl an Pixel, die der Monitor in seiner Breite und Höhe anzeigen kann – dargestellt.

Ein Beispiel dazu

Ich habe eine einfache rechteckige Grafik mit 500 Pixel Breite und 400 Pixel Höhe erstellt und in einem Browser geladen. Sie sehen ein und dasselbe Bild bei unterschiedlichen Auflösungen – und darum verschieden groß:

Bildschirmauflösung: 800 x 600 Pixel, die Grafik erscheint riesig

1.024 x 768 Pixel – wird nach wie vor von rund 45% aller Web-User verwendet

Eine Monitorauflösung von 1.280 x 854 Pixel ist immer gängiger. Die Grafik wirkt kleiner

Je geringer die Bildschirmauflösung, desto größer erscheint das Bild. Wenn Sie Bilder und Grafiken für den Bildschirmbereich optimieren, müssen Sie daher überlegen, mit welcher Bildschirmauflösung die Fotos am ehesten betrachtet werden (Empfehlung zurzeit: 1024 x 768, Tendenz steigend).

Auflösung und der 72-dpi-Mythos

Vielleicht haben Sie schon einmal davon gehört, dass Bilder fürs Web unbedingt auf 72 dpi eingestellt sein müssen. Dieser Wert ist veraltet und unerheblich gleichermaßen: Die meisten Monitore heutzutage haben eine völlig andere Auflösung (z.B. ein 15-Zoll-Monitor bei 1024 x 768 Pixel hat 85,33 dpi; ein 19-Zoll-Monitor bei 1600 x 1200 Pixel hat 105,26 dpi). Den Browser interessiert einzig, wie breit und hoch das Bild in Pixel sein soll. Die Pixel-pro-Zentimeter-Auflösung wird erst beim Ausdrucken des Bilds relevant:

Druckgrafiken

Wollen Sie Ihr Bild ausgedruckt in Händen halten, gelten andere Regeln als bei der Bildschirmgrafik. Das gedruckte Bild benötigt eine hohe Auflösung, d.h. möglichst viele Pixel (Dots) pro einer bestimmten Fläche. In der Praxis spricht man meist von PPI – Pixel per Inch. 1 Inch = 1 Zoll = 2,54 cm.

Auflösungen

Faustregel: Fotos in drucktauglicher Qualität (Offsetdruck) benötigen eine Auflösung von 300 dpi. Möchten Sie Ihr Foto ausbelichten lassen, sollten Sie sich beim Labor erkundigen, welche Auflösung dort verwendet wird. Im Zweifelsfall gehen Sie aber auch von den oben angegebenen 300 dpi aus. Drucken Sie das Foto „zu Hause" aus, kommt ein Rasterdrucker (Laserdrucker bzw. Tintenstrahldrucker) zum Einsatz und da reicht eine etwas niedrigere Auflösung (200 dpi). Ein persönlicher Tipp: Wollen Sie ein Foto als Plakat ausdrucken lassen, können Sie in den meisten Fällen die Auflösung etwas weniger hoch einstellen, da Sie ein Poster ja aus einer größeren Distanz betrachten als ein kleines 10x15-cm-Bild.

Digitalkamera-Bilder ausbelichten lassen

Kommt Ihr Bild von einer Digitalkamera, hängt die maximal mögliche Bildgröße unter anderem davon ab, mit wie vielen Megapixel die Kamera ausgestattet ist. (Das soll jedoch nicht das einzige Qualitätsmerkmal einer Kamera sein, berücksichtigen Sie bitte auch andere Faktoren wie Verschlusszeiten, Objektiv etc.) Im Web gibt es Tabellen, denen Sie entnehmen können, wie viele Megapixel nötig sind, um ein Bild in bestimmten Abmessungen ausdrucken zu können. In GIMP gibt es dafür unter dem Menü BILD > DRUCKGRÖSSE einen eigenen Dialog. Trotzdem ist es interessant zu wissen, wie dabei vorgegangen wird, und ich zeige Ihnen, wie Sie sich die Druckmaße ganz leicht selbst ausrechnen können.

Drei Faktoren bestimmen die Druckgröße eines Fotos:
1. Auflösung in DPI
2. Absolute Zahl der Pixel
3. Gewünschte Seitenlängen des Fotos

Druckgröße bzw. Auflösung selbst ausrechnen

Sie besitzen eine 12-Megapixel-Kamera. Sie möchten nun wissen, bis zu welcher maximalen Größe (in cm) Sie Bilder ausdrucken können.

Die 12 Megapixel (Mpx) verteilen sich auf das Seitenverhältnis 4:3 so: 4048 B × 3040 H Pixel (= 12.305.920 Pixel ≈ 12,0 MPx).

Die Formel lautet wie folgt:

$$\frac{Pixel}{DPI} = \text{Seitenlänge in Inch} * 2,54 = \text{Seitenlänge in cm}$$

Auf unsere Kamera bezogen, rechnen wir:

$$\frac{4048}{300} = 13,49 \text{ inch} * 2,54 = 34,27 \text{ cm Breite}$$

$$\frac{3040}{300} = 10,13 \text{ inch} * 2,54 = 25,74 \text{ cm Höhe}$$

Umgekehrt wenden Sie eine ähnliche Formel an, wenn Sie wissen wollen, wie viele Pixel Ihr Foto benötigt, um es in Fotoqualität auf 10 x 15 cm auszudrucken:

$$\frac{\text{Seitenlänge in cm} * DPI}{2,54} = \text{Seitenlänge in Pixel}$$

$$\frac{10 \text{ cm} * 300}{2,54} = 1.182 \text{ Pixel Breite}$$

$$\frac{15 \text{ cm} * 300}{2,54} = 1.771 \text{ Pixel Höhe}$$

Dateiformate für Bilder

Welches Dateiformat eignet sich am besten für welchen Zweck? Hier ein Überblick über die gängigsten Dateiformate für Bilder und ihre Vor- und Nachteile (in alphabetischer Reihenfolge nach Format) mit Beispielbildern. Die entsprechenden Befehle in GIMP finden Sie nach dem Exkurs ab Seite 40 detailliert beschrieben.

GIF – das Format für Logos, Gafiken und Animationen

Beschreibung	Vorteile	Nachteile	Einsatzbereiche
Abkürzung von *Graphics Interchange Formate* Wurde vom einstigen Online-Dienst CompuServe 1987 entwickelt, damals das erste Farbbildformat für das Web. Kennt max. 256 unterschiedliche Farben, diese werden in einer Tabelle abgelegt (=„indiziert", in GIMP: BILD > MODUS > INDIZIERT). Je höher die Komprimierung, desto weniger Farben und fleckige Bilder sind die Folge. Ausgleich der fehlenden Farben erfolgt mittels Dithering (in GIMP: RASTERUNG), dabei werden benachbarten Pixeln neue Farben zugewiesen und so Farbübergänge simuliert.	Gute, verlustfreie Komprimierung Transparenz Animierbarkeit: Mehrere Grafiken werden in einer Datei nacheinander abgespielt („Daumenkino"), wie Sie mit GIMP GIFs animieren, erfahren Sie im Kapitel *Animation leicht gemacht*, Seite 198 Webtauglich	Nur 256 Farben Keine stufenweise Transparenz möglich (da hilft PNG) Ränder von Schriftzügen reißen leicht aus (Lösung in GIMP: EBENE > TRANSPARENZ > SEMI-ABFLACHEN, dabei wird dem Schriftzug ein dünner Rand in der Farbe des Hintergrunds hinzugefügt.)	Logos Schriftzüge Buttons Simple Grafiken Muster Fotos mit wenigen Farben Webbereich Animationen

GIF im Vergleich: Der obere Verlauf hat mit 256 Farben 108 KB, der untere mit nur 32 Farben 48 KB, doch unter Einbuße eines glatten Farbverlaufs.

Rasterung (auch Dithering vom Engl. *dither*) ist eine Methode, um fehlende Farben zu ersetzen. Beide Bilder wurden mit der Schwarz/Weiß-(1-Bit)-Tabelle indiziert.

Die Skulpturen im linken Bild sind fast nicht zu erkennen, während in der rechten Abbildung mit Rasterung (POSITIONIERT) viele Details deutlich hervortreten.

Die Technik des Rasterns wird vor allem im Zeitungsdruck eingesetzt.

Der Schriftzug wurde auf einer transparenten Ebene erzeugt und als GIF gespeichert. Daher kann er auf beliebige Hintergrundfarben in verschiedensten Anwendungen gestellt werden.

JPG, JPEG – ideal für Fotos in unterschiedlichsten Qualitätsstufen

Beschreibung	Vorteile	Nachteile	Einsatzbereiche
(sprich: *tsch'ipäg*) Abkürzung von *Joint Photographics Experts Group* Wurde 1992 von dem JPG-Komittee herausgegeben. Gängigstes Format im Webbereich Meist verwendet von digitalen Kameras Ausgezeichnetes Verhältnis Bildqualität zu Kompression, diese ist stufig einstellbar: (QUALITÄT: 0-100). Weiteres Format: JPEG2000, das u.a. eine verlustfreie (JPG-LS, loseless) Speicherung erlaubt, kaum in Verwendung.	Kennt 16,7 Mio. Farben Ausgezeichnetes Verhältnis Dateigröße zu Qualität Sehr weit verbreitet Webtauglich Speichert EXIF-Daten Kennt CMYK	Kompression ist verlustbehaftet, oftmaliges Abspeichern bei unterschiedlichen Qualitätsstufen führt zu leichten Verlusten. Qualität nicht immer ausreichend für den High-end-Druckbereich Typische JPG-Artefakte (Pixelklötze) bei hoher Komprimierung Keine Transparenz	Fotos Farbenreiche Grafiken Ideal zum Versenden per E-Mail und Veröffentlichen im Web

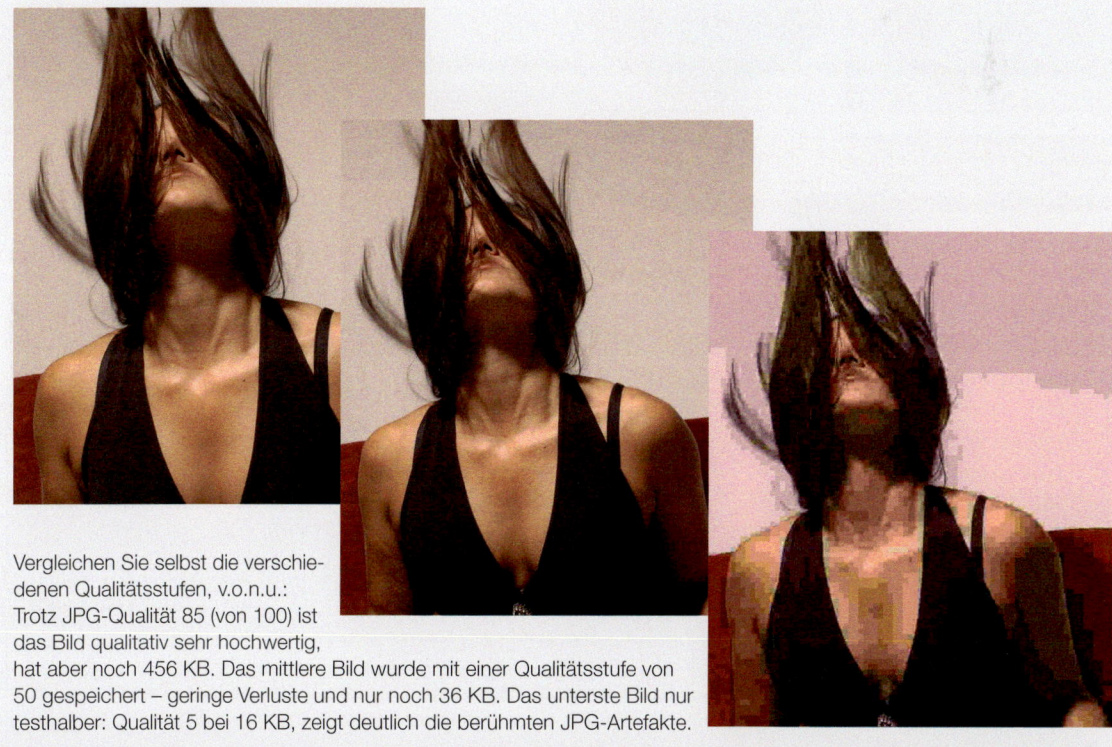

Vergleichen Sie selbst die verschiedenen Qualitätsstufen, v.o.n.u.: Trotz JPG-Qualität 85 (von 100) ist das Bild qualitativ sehr hochwertig, hat aber noch 456 KB. Das mittlere Bild wurde mit einer Qualitätsstufe von 50 gespeichert – geringe Verluste und nur noch 36 KB. Das unterste Bild nur testhalber: Qualität 5 bei 16 KB, zeigt deutlich die berühmten JPG-Artefakte.

PNG – vereint Vorteile von JPG und GIF

Beschreibung	Vorteile	Nachteile	Einsatzbereiche
Abkürzung von *Portable Network Graphic* PNG wurde 1995 als freier Ersatz für das damals Patentbeschränkungen unterliegende GIF-Format und daher vor allem für den Webbereich entwickelt. PNG kann eine Farbtiefe von bis zu 16 Bit pro Kanal annehmen. Dadurch ist eine enorm feine Transparenzabstufung möglich, weil auch der Alphakanal bis zu 65.536 Stufen kennt.	Farbtiefe bis 16 Bit pro Kanal Transparenzinformation in eigenem (Alpha-)Kanal und für jeden Farbkanal Ausgezeichnete und verlustfreie Komprimierung Mitspeichern von Metadaten möglich	Bedingt webtauglich (Internet Explorer bis Version 6 stellt das Format fehlerhaft bis gar nicht dar, Internet Explorer 7 und alle anderen Browser haben mit dem Format weitgehend keine Probleme). Keine Animation (geplant war dafür ein eigenes Format: MNG)	Fotos Grafiken und Bilder mit transparenten bzw. teiltransparenten Bereichen Verläufe von Farbe in Transparenz

Die jeweiligen Hintergrundflächen scheinen durch, auch der gemusterte Hintergrund der linken Datei ist durch den Dodekaeder hindurch sichtbar. Zum Vergleich befindet sich der Dodekaeder (rechtes Bild) auf verlaufendem Hintergrund.

Der Verlauf als PNG gespeichert hat nur noch etwa ein Drittel der Dateigröße des gleichwertigen GIF-Verlaufs (siehe Seite 36).

PSD – das native Adobe-Photoshop-Format

Beschreibung	Vorteile	Nachteile	Einsatzbereiche
Photoshop-Dateiformat, speichert alle Informationen, die beim Bearbeiten angelegt wurden, wie Ebenen, Texte, Pfade etc. GIMP kann Photoshop-Dateien öffnen – genauso wie GIMP-Dateien im PSD-Dateiformat in Photoshop korrekt geladen werden.	Verlustfreies Speichern Behält alle Bearbeitungsfunktionen	Große Dateien Nicht webtauglich	Zum Bearbeiten der Dateien in Photoshop

RAW – direkt aus der Kamera

Beschreibung	Vorteile	Nachteile	Einsatzbereiche
Englisch *raw* = roh. Die Bilder werden unkomprimiert und unbearbeitet in der Kamera abgelegt und mittels Plug-in in professionellen Bildbearbeitungsprogrammen importiert. Die Dateiendung hängt vom Kameratyp ab (z.B. RAF, CRW, CR2, NEF, X3F etc.). RAW-Bilder zahlen sich aus, wenn Sie umfangreichere Bildkorrekturen vornehmen möchten. Dafür sollten Sie über einen kalibrierten Monitor verfügen. Mit dem DNG-Format (Digital Negative) archivieren Sie RAW-Dateien verlustfrei.	Völlige Freiheit für das Einstellen von Weißabgleich, Schärfung, Farbsättigung, Kontrast etc. mit 10, 12 oder 14 Bit sind 1.024 bis 16.384 Helligkeitsabstufungen möglich. High-end-Bildbearbeitung EXIF-Daten	Sehr große Dateien – hoher Speicherplatzverbrauch. Pro Bild bis zu 20 MB und mehr. Verzögerung beim Speichern der Datei in der Kamera GIMP benötigt ein eigenes Plug-in (UFraw, siehe Seite 278) Nicht webtauglich	Für das professionelle Nachbearbeiten

TIFF – mächtiges Dateiformat für Druckstufe und zum Archivieren

Beschreibung	Vorteile	Nachteile	Einsatzbereiche
Abkürzung von *Tagged Image File Format* Dieses Format wird häufig für hochaufgelöste Bilder im Druckbereich verwendet bzw. kommt beim Scannen zum Einsatz, weil die Pixel genauso wie beim Scan-Abtastraster zeilenweise angeordnet werden.	Verlustbehaftetes und verlustfreies Komprimieren 16-Bit-Alphakanal, CMYK Hohe Auflösung Ausgezeichnete Bildqualität IPTC – Textinformation Ebenen	Nicht webtauglich Große Datei	Für den Datenaustausch Scannen Druckvorstufe Archivieren Kartenbilder, Luftbilder (GeoTIFF)

XCF – GIMP-eigenes Dateiformat

Beschreibung	Vorteile	Nachteile	Einsatzbereiche
Abkürzung von *eXperimental Computing Facility* GIMP-eigenes Dateiformat, speichert alle Informationen, die zum Bearbeiten der Datei angelegt wurden: Ebenen, Pfade, Texte etc.	Verlustfreies Speichern Behält alle Bearbeitungsfunktionen Kompression mit bzip2 und gz	Nicht webtauglich Große Datei (Noch) keine CMYK-Unterstützung	Format zum Bearbeiten und Archivieren – daraus exportieren Sie dann die gängigen Dateiformate (JPG, GIF, PNG etc.)

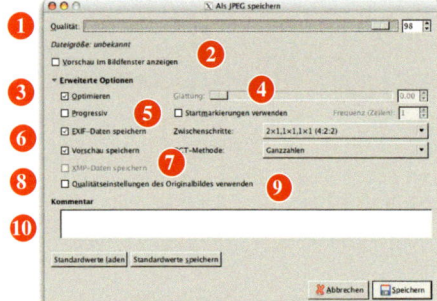

Die JPEG-Einstellungen

Beim Abspeichern eines Bilds als JPG-Datei können Sie folgende Einstellungen vornehmen; um den gesamten Dialog zu sehen, klicken Sie auf Erweiterte Optionen:

1 **Qualität, die JPEG-Qualitätseinstellungen:** Hier legen Sie die Qualität des Bilds fest. Die beste Einstellung ist 100, die schlechteste 0. Wählen Sie für Bilder, die Sie im Web veröffentlichen, eine Qualitätsstufe zwischen 70 und 90. Für Bilder, die Sie archivieren und wieder bearbeiten, wählen Sie die höchste Qualitätsstufe 100.

2 **Vorschau im Bildfenster anzeigen:** Damit berechnet GIMP die voraussichtliche Dateigröße abhängig von der Qualitätsstufe und zeigt im Bildfenster das Bild in der eingestellten Qualitätsstufe an.

3 **Optimieren:** Die Dateigröße wird ein wenig reduziert und die Qualität des Bilds wird optimiert, dies kann jedoch zu Kompatibilitätsverlusten führen.

4 **Glättung:** Glättet Kanten in dem Bild und verhindert Treppenbildung, 0 = keine Glättung.

5 **Progressiv:** Progressive JPG-Dateien werden im Web in mehreren Durchgängen aufgebaut. Dabei wird die erste Vorschau auf das Bild in einer minimalen Qualität angezeigt und dann in immer besseren Qualitätsstufen neu geladen.

6 **EXIF-Daten speichern:** EXIF-Daten sind schreibgeschützte Metadaten der Digitalkamera, die dem Bild mit übergeben werden, z.B. Blendenzahl, Datei-ID, Aufnahmedatum.

7 **Vorschau speichern:** Wie der Name schon sagt, wird hier eine Vorschau mitgespeichert.

Tipp

Üblicherweise brauchen Sie in diesem umfangreichen JPG-Dateidialog nur die Qualität entsprechend des geplanten Einsatzes der JPG-Datei einzustellen (Details siehe Punkt 1 in der Tabelle).

Hinweis
EXIF-Daten

Zum Auslesen von EXIF-Daten verwenden Sie z.B. xnview (nur Win, Linux), Download unter *www.xnview.de*. Zum Ändern der EXIF-Dateien empfiehlt sich das Open Source-Programm ExifTool (*http://www.sno.phy.queensu.ca/~phil/exiftool*, für alle Plattformen).

8 **XMP-Daten** (= Extensible Metadata Platform): Dabei werden Metadaten des Bilds in einem XML-basierten Resource Description Framework (RDF) mitgespeichert. Zu den Metadaten gehören z.B. Informationen über Autor, Copyright, Beschreibung und Schlüsselwörter, aber auch Versionstracking und alternative Varianten des Bilds können mitgespeichert werden. Es hilft im Workflow-Prozess, Bilder zu finden und zu kategorisieren. Mehr Infos: *http://www.adobe.com/products/xmp/pdfs/xmp_creativepros.pdf* (engl.).

9 **Qualitätseinstellungen des Originalbilds verwenden:** Wurde die originale JPG-Datei nicht mit standardisierten Qualitätseinstellungen (Quantisierungstabellen) gespeichert, wird mit Aktivierung dieser Option versucht, sich an die ursprüngliche Qualität und Dateigröße anzunähern.

10 **Kommentar:** Hier speichern Sie einen Kommentar mit der Datei ab.

Tipp
Viele Digitalkameras verwenden das JPG-Format, wobei einstellbar ist, in welcher Qualitätsstufe die Speicherung erfolgen soll. Stellen Sie dabei z.B. „sehr gut" für drucktaugliche Fotos und „mittel" für webtaugliche Fotos ein. Beachten Sie, dass Sie bei manchen Kameramodellen auch die Größe des Bilds auf Basis der Pixelzahl einstellen können. Je geringer die Qualität und je niedriger die Pixelzahl, desto mehr Bilder passen auf den Speicherchip.

Hinweis
Im Anhang finden Sie eine Tabelle mit Vergleichen der Qualitätsstufen zwischen Photoshop und GIMP (Seite 350).

Die JPEG-Qualitätsstufen im Vergleich

Sehen Sie hier ein und dieselbe Datei mit verschiedenen JPG-Qualitätsstufen abgespeichert. Von links nach rechts wird die Datei immer kleiner, aber auch verschwommener und „pixeliger":

Foto: www.diereiter.at/photography

JPG-Qualität 100, Dateigröße: 192 KB

JPG-Qualität 75, die Blüten beginnen, bei den Kanten leicht auszupixeln, Dateigröße: 48 KB

JPG-Qualität 50, die Kanten sind verschwommen; die Farben sind matter. Für Web noch geeignet, 36 KB

JPG-Qualität 25, starkes Auspixeln der Blütenkanten, 20 KB

Hinweis

Indiziert heißt, dass alle Farben der Datei in einer Farbtabelle abgelegt werden. Dabei wird jedem Pixel ein Farbcode zugewiesen. Die in der Farbtabelle enthaltenen Farben können geändert werden.

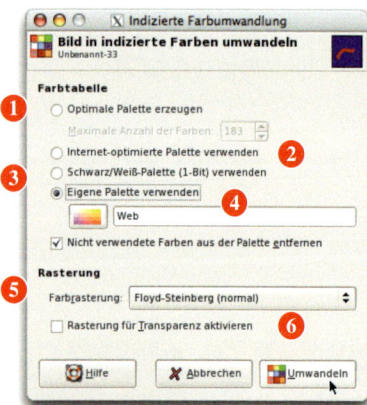

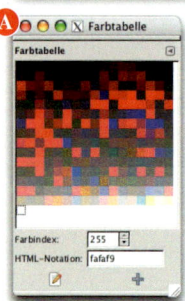

Die GIF-Einstellungen

Wenn Sie eine GIF-Datei öffnen, ist sie zunächst indiziert (s. Kasten links). Bevor Sie diese Datei bearbeiten, weisen Sie ihr als ersten Schritt ein Farbmodell über BILD > MODUS > RGB oder GRAUSTUFEN zu.

Speichern Sie ein Bild als GIF ab, werden Sie in einer Meldung darüber informiert, dass die Datei indiziert wird. Die Indizierung können Sie auch manuell festlegen (BILD > MODUS > INDIZIERT). Außerdem könnten Sie die Datei auch in GRAUSTUFEN abspeichern (1). Bestätigen Sie mit EXPORTIEREN, folgt ein weiterer Dialog:

2 **Interlaced:** Interlaced heißt, dass das Bild beim Laden im Web in Streifen aufgebaut wird, wodurch die Benutzer schon eine Vorschau erhalten, obwohl es noch nicht vollständig geladen wurde.

3 **GIF-Kommentar:** Hier können Sie einen Kommentar mit der Datei abspeichern.

Die manuelle Indizierung

Klicken Sie dazu im o.a. Dialog auf ABBRECHEN und gehen Sie ins Menü BILD > MODUS > INDIZIERT. Folgende Einstellungen können Sie hier vornehmen:

1 **Optimale Palette erzeugen:** GIMP wählt aus den 256 Farben (die maximal mögliche Farbanzahl für GIF) die optimalen aus. Die Farben werden in einer Farbtabelle (A) abgebildet, die über FENSTER > ANDOCKBARE DIALOGE > FARBTABELLE einsehbar ist.

2 **Internet-optimierte Palette verwenden:** Websichere Farbpalette aus 217 Farben. Nützlich, weil manche Browser nicht mehr Farben darstellen können.

3 **Schwarz-Weiß-Palette, 1 Bit:** Reduzierung des Bilds auf reines Schwarzweiß

4 **Eigene Palette verwenden:** Hier können Sie aus zahlreichen mitgelieferten Farbpaletten auswählen oder eine eigene angelegte Palette verwenden (s. auch Seite 153).

42

5 **Rasterung:** Verschiedene Optionen der Rasterung, um trotz Farbreduktion schöne Farbverläufe zu erhalten. Am besten, Sie experimentieren mit den verschiedenen Optionen. Bilder und Infos zur Rasterung finden Sie auch im Exkurs *Digitale Bilder*, Seite 36.

6 **Rasterung für Transparenz aktivieren:** Aktivieren Sie diese Option, werden halbtransparente Pixel mitgerastert, dadurch erzeugen Sie den Effekt einer partiellen Transparenz (was ja GIF normalerweise nicht kann). Falls der Befehl kein schönes Ergebnis gebracht hat, versuchen Sie EBENE > TRANSPARENZ > SEMI-ABFLACHEN.

> **Tipp**
> **Zeitungsbild**
> Für ein gerastertes Schwarzweißbild, wie es in Zeitungen vorkommt, wählen Sie bei der Farbpalette 1 Bit (Schwarz/Weiß) und die Floyd-Steinberg-Rasterung. Für stärkere Kontraste experimentieren Sie mit den Farbwerten (FARBEN > WERTE bzw. KURVE).

Mit Klick auf die Schaltfläche UMWANDELN indizieren Sie Ihre Grafik.
Bilder im GIF-Format können auch animiert werden („Animated Gif"). Wie das funktioniert, lesen Sie im Tutorial *Animation leicht gemacht* auf Seite 198.

Das PNG-Format

Das PNG-Format ist eines der besten Formate in der Webgestaltung. Welche Vorteile es bietet, beschreibt der Exkurs *Digitale Bilder* auf Seite 38. Beim Speichern einer PNG-Datei gibt es einige Auswahlmöglichkeiten, die die Dateigröße und die Qualität des Bilds beeinflussen:

1 **Interlacing (Adam 7):** Interlaced heißt, dass das Bild beim Laden im Web in Streifen aufgebaut wird, wodurch die Benutzer schon eine Vorschau der gesamten Bildfläche erhalten, obwohl es noch nicht vollständig geladen wurde.

2 **Hintergrundfarbe speichern:** Legt fest, ob Sie die Hintergrundfarbe mitspeichern möchten.

3 **Gamma-Faktor speichern:** Der Gamma-Wert bestimmt die Helligkeit eines Bilds im Browser. So ist z.B. ein Browser auf einem Mac etwas heller eingestellt als unter Windows. Je höher der Wert, desto dunkler die Darstellung. Mit dieser Option hier legen Sie fest, ob der Gamma-Faktor des Bilds mitgespeichert werden soll oder nicht.

PNG mit hellgrauer Hintergrundfarbe, zugewiesen über das Tag <bgcolor> in der HTML-Datei

1 ☐ Interlacing (Adam7)
2 ☐ Hintergrundfarbe speichern
3 ☐ Gamma-Faktor speichern
4 ☐ Ebenenversatz speichern
5 ☑ Auflösung speichern
6 ☑ Erstellungszeit speichern
7 ☐ Kommentar speichern
8 ☐ Farbwerte aus Transparenz speiche
Kompressionsgrad: **9**

4 **Ebenenversatz sichern:** Hat das Bild nur eine Ebene, wird, wenn Sie diese Option aktivieren, die Information über den Versatz (Offset) der Ebene von oben links gesehen mitgespeichert. Benötigen manche Programme bei der Anzeige von PNG-Dateien.

5 **Auflösung speichern:** Wenn aktiv, wird die physikalische Größe des Bilds mitgesichert. Dies benötigen Sie dann, wenn Sie die PNG-Datei ausdrucken wollen.

6 **Erstellungszeit speichern:** Legt fest, ob die Erstellzeit mitgesichert werden soll oder nicht.

7 **Kommentar speichern:** Speichert, wie der Name schon sagt, einen Kommentar mit.

8 **Farbwerte aus Transparenz:** Wenn aktiv, speichern Sie die Transparenzinformationen aus dem Alphakanal mit. Dadurch wird festgelegt, was vom Hintergrund durchscheinen soll, vor allem wichtig bei Schlagschatten.

9 **Kompressionsgrad:** Je höher der Kompressionsgrad, desto kleiner die Dateigröße.

Photoshop & GIMP – das PSD-Format

Foto: Lechner

Photoshop-Dateien können in GIMP geöffnet und bearbeitet werden. Dabei werden die Ebenen grundsätzlich in GIMP als solche übernommen. Dank des neuen Import-Plug-ins importiert GIMP nun ICC-Profile und Pfade aus Photoshop korrekt und auch 16-Bit-Dateien lassen sich öffnen, sie werden auf 8-Bit heruntergerechnet. GIMP kann sogar Photoshop-Werkzeugspitzen (*.abr) einlesen. Es gibt in Photoshop jedoch Ebenentypen, die GIMP nicht verarbeiten kann, so z.B. Ebenensätze, Einstellungsebenen. Diese werden in GIMP entweder ignoriert (Einstellungsebene) oder ohne Ebenensatz, aber mit Ebenen angezeigt oder sogar als leere Ebene transportiert. Textebenen werden gerastert.

In GIMP erzeugte PSD-Dateien werden in Photoshop korrekt dargestellt. Beachten Sie bitte, dass GIMP keine CMYK- bzw. LAB-Dateien öffnen kann.

Schnelles Verpacken mit gzip bzw. bzip2

Komprimieren Sie Dateien in GIMP, indem Sie beim Speichern die Dateiendung „.gz" für gzip bzw. „.bz2" für bzip2 anhängen. Sobald die Dateien in GIMP geöffnet werden, werden sie automatisch wieder entpackt. Wenn Sie die Dateien weitergeben, müssen zum Entpacken am Zielrechner entweder GIMP oder die Programme installiert sein.

PostScript mittels Ghostscript

PostScript beschreibt, wie die Datei aussehen soll, damit sie korrekt übertragen wird. EPS- und PDF-Dateien sind zum Beispiel Postscript-Dateien. Diese Dateien sind, wenn sie aus einem entsprechenden Programm kommen, Vektorgrafiken. PostScript-Dateien werden in GIMP mittels Ghostscript geladen. Sobald Sie eine Postscript-Datei in GIMP öffnen, nehmen Sie in dem Dialog folgende Einstellungen vor:

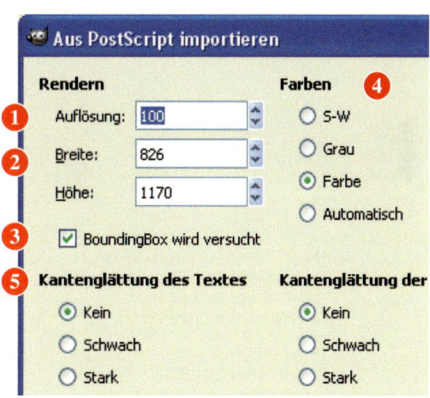

① Auflösung: Geben Sie hier die gewünschte Auflösung für die zu rasternde Grafik ein.

② Breite/Höhe: Geben Sie die Breite bzw. Höhe in Pixel ein.

③ Versuche BoundingBox: Eine BoundingBox ist ein Tool, bei dem versucht wird, mittels zwölf Referenzpunkten ein Objekt zu beschreiben, statt es direkt darzustellen. Damit wird Rechenzeit gespart. EPS-Dateien haben häufig ihre BoundingBox mitgespeichert, sprich Informationen über ihre Größe.

④ Farben: Geben Sie die Farbe an, mit der die Datei importiert werden soll: S&W (= Schwarz & Weiß), Graustufen, Farbe, Automatisch (automatische Erkennung der Quellfarbe).

⑤ Kantenglättung des Textes/der Grafiken: Beim Rastern bilden sich an den Rändern des Textes bzw. der Grafiken Treppchen. Mit der Kantenglättung erfolgt in den verschiedenen Abstufungen kein/schwach/stark eine Glättung.

Tipp

GIMP ist ein raster- und kein vektororientiertes Programm, daher ist es als Standardprogramm zum Exportieren von Pfaden nicht geeignet. Verwenden Sie dafür besser z.B. Inkscape.

Hinweis

Ghostscript kann standardmäßig in GIMP mit dabei sein. Mehr Infos dazu finden Sie hier: *http://www.ghostscript.com/awki*

45

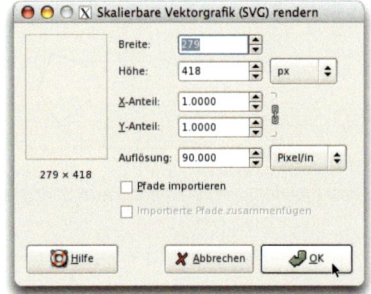

SVG – Scaleable Vector Graphic

SVG-Dateien sind, wie der Name (Scaleable Vector Graphic) schon sagt, Vektordateien. Das heißt, die Grafik wird nicht in Pixel, sondern mithilfe von Koordinaten aufgebaut. Mit dem SVG-Dateiformat werden Pfade exportiert und importiert (wie Sie Pfade in GIMP importieren und exportieren, finden Sie im Kapitel *Fortgeschrittene Auswahltechniken*, Seite 110). Wenn Sie eine SVG-Datei in GIMP öffnen, wird sie naturgemäß in GIMP gerastert. Nehmen Sie in dem Dialog die gewünschten Einstellungen vor.

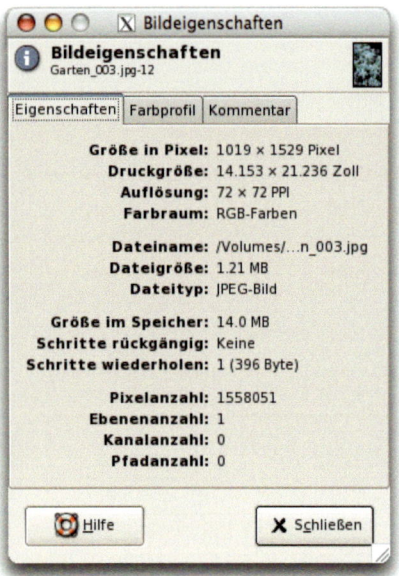

Bildeigenschaften [Alt] + [↵]

Einen schnellen Überblick über alle wichtigen Daten Ihres Bilds erhalten Sie über BILD > BILDEIGENSCHAFTEN. Sie finden dort die folgenden zusammenfassenden Informationen zu der geöffneten Bilddatei (jedoch keine EXIF- bzw. IPTC-Infos).

Register Eigenschaften

Das erste Register EIGENSCHAFTEN enthält allgemeine Informationen zu der geöffneten Datei:

Größe in Pixel: Abmessungen der Datei in Pixel. Zum Verändern der Abmessungen wechseln Sie ins Menü BILD > BILD SKALIEREN.

Druckgröße: Abmessungen der Datei, wenn sie gedruckt wird, in Zoll. Um die Druckgröße in einer anderen Maßeinheit zu sehen, wechseln Sie ins Menü BILD > DRUCKGRÖSSE.

Auflösung: X- und Y-Auflösung in PPI (Pixel Per Inch)

Farbraum: Angabe des Farbraums. Diesen ändern Sie über BILD > MODUS.

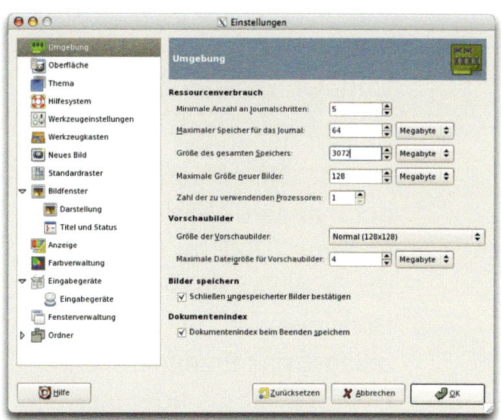

Dateiname: Angabe des Dateinamens inkl. Verzeichnis. Vergrößern Sie gegebenenfalls den Bildeigenschaftendialog (Klicken und Ziehen an der rechten unteren Ecke des Dialogs), um die Angabe vollständig zu sehen.

Dateigröße: Angabe der Dateigröße in Byte

Dateityp: Angabe, um welchen Dateityp es sich bei der Datei handelt

Größe im Speicher: Angabe über den für die Verarbeitung des Bilds nötigen Arbeitsspeicher (RAM und virtuellen Speicher). Die Größe des für GIMP zugewiesenen Arbeitsspeichers ändern Sie über BEARBEITEN > EINSTELLUNGEN > UMGEBUNG > GRÖSSE DES GESAMTEN SPEICHERS.

Schritte rückgängig/wiederholen: Angabe über die bereits in der Datei rückgängig gemachten bzw. wiederholten Schritte

Pixelanzahl: Summe der Pixel hoch mal quer miteinander multipliziert

Ebenenanzahl: Anzahl der Ebenen in der Datei

Kanalanzahl: Anzahl Kanäle, zusätzlichen zu den drei RGB-Kanälen

Pfadanzahl: Anzahl der in der Datei vorhandenen Pfade

Register Farbprofile
Enthält Informationen über das Farbprofil des Bilds. Mehr Infos über *Farbverwaltung* finden Sie auf Seite 174.

Register Kommentar
Hier können Sie Kommentare zu dem Bild eingeben.

47

Bilder erstellen ...

Es gibt neben dem „klassischen" Öffnen von Dateien noch andere Möglichkeiten, Bilder in GIMP zu laden. Dazu gehören das Erstellen eines Bilds aus der Zwischenablage, das Erzeugen von Bildschirmfotos oder das Scannen.

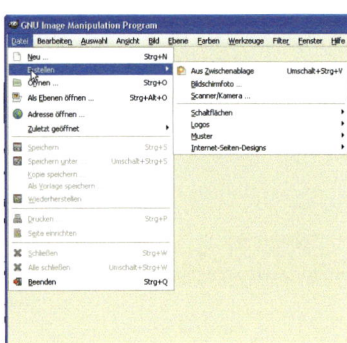

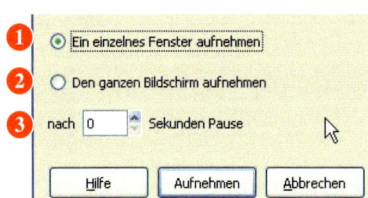

> **Tipp**
> **Mauszeiger**
> Bei Verwendung von Xfixes (Linux) lässt sich der Mauszeiger gesondert ablichten.

Als neues Bild einfügen

Sie haben um ein Foto gebeten und erhalten dieses ... in Word, wo es nun schön eingebettet liegt. Um das Bild aus Word heraus und in GIMP hineinzubekommen, gehen Sie wie folgt vor:

1. Markieren Sie in Word das Bild und kopieren Sie es mit BEARBEITEN > KOPIEREN oder Strg / ctrl + C in die Zwischenablage.

Foto: Lechner

2. Öffnen Sie GIMP und wählen Sie im Menü DATEI den Befehl ERSTELLEN > AUS ZWISCHENABLAGE.

3. GIMP fügt den Inhalt der Zwischenablage als neue Datei ein. Bei zu großen Dateien kann es jedoch zu Darstellungsproblemen kommen.

Screenshots mit GIMP

GIMP hat ein schlichtes Screenshot-Tool integriert – damit erzeugen Sie ein Abbild Ihres Bildschirms. Klicken Sie auf DATEI > ERSTELLEN > BILDSCHIRMFOTO. Legen Sie in dem Dialog fest, wie Sie den Screenshot durchführen möchten:
(1) Screenshot eines einzelnen FENSTERS (z.B. Programm- oder Dialogfenster) oder
(2) Screenshot des GESAMTEN BILDSCHIRMS

Mit PAUSE (3) legen Sie fest, wann Sie mit dem Screenshot starten wollen. So haben Sie Gelegenheit, Fenster noch zu aktivieren. Klicken Sie nach erfolgter Screenshot-Aufnahme in das Programmfenster von GIMP – dann wird der Screenshot sofort in einem neuen Bildfenster geladen.

Bilder von einer digitalen Kamera erstellen

Mit dem Befehl DATEI > ERSTELLEN > SCANNER/ KAMERA laden Sie Bilder von einem Scanner bzw. einer Digitalkamera (TWAIN-Datenquelle, Standard zum Datenaustausch zwischen Bildbearbeitungs- programm und Gerät). Schließen Sie das Gerät vor Ausführen des Befehls an und schalten Sie es ein.

Scannen mit GIMP

Mit dem Befehl im Menü DATEI > ERSTELLEN > SCAN- NER/KAMERA scannen Sie außerdem Bilder direkt in GIMP hinein. Nach der Auswahl des Scanners **(1)** öffnet sich das Programm Ihres Scanners **(2)**.

Abhängig von der Software Ihres Scanners nehmen Sie beispielsweise folgende Einstellungen vor:

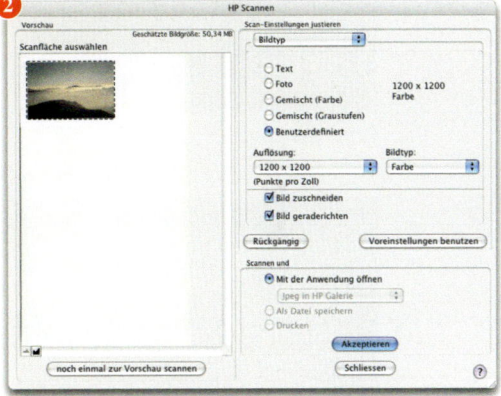

Auflösung: Scannen Sie immer in einer möglichst hohen Auflösung, damit Sie später mehr Spielraum haben. Grundsätzlich benötigen Bilder, die Sie oder Ihre Bekannten ausschließlich am Bildschirm be- trachten, nur ca. 72 dpi Auflösung bei einer 1:1-An- sicht. Bilder, die gedruckt werden, brauchen eine Auflösung von mindestens 300 dpi.

Farbe: Manche Scan-Programme bieten die Möglichkeit einer Farbkorrektur durch Aufnahme eines Weiß- oder Schwarzpunkts oder Verstellen der Gradation.

Farbmodell: Auswahl des Farbmodells – für GIMP ver- wenden Sie bitte nur RGB oder Graustufen. CMYK, LAB und 16-Bit werden in GIMP nicht unterstützt.

Text: Mit dieser Einstellung kann editierbarer Text gescannt werden (OCR).

Rasterung: Je nach Ausgangsmaterial kann es nötig sein, dass das Scan-Raster modifiziert werden soll. Mehr dazu siehe nächstes Kapitel *Der Moiré-Effekt.*

Tipp

PPI versus DPI: Was ist was?
PPI = Pixel per Inch und DPI = Dots per Inch: Ein Pixel (PPI) kann verschiedene Abmessungen annehmen. Je nach Bildgröße und Anzahl der Pixel, aus denen sich das Bild zusammensetzt, ändert ein Pixel seine Größe, um das Bild zu füllen. Ein Pixel enthält somit nur Informationen über Helligkeit und Farbwert.
Dots (DPI) haben eine fixe Größe und werden für die Ausgabe am Drucker angegeben. Jedes Pixel wird aus einer Vielzahl noch kleinerer Dots gedruckt = dots per inch (dpi).

Einfaches Raster

Zweites Raster erzeugt Moiré-Effekt

Der Moiré-Effekt

Bestimmt ist Ihnen beim Anblick eines Sakkos von einem Fernsehsprecher schon mal schwindlig geworden. Die Muster verschwimmen, es sieht aus, als würde sich der Stoff bewegen: Das ist der Moiré-Effekt. Der Begriff Moiré stammt aus dem Französischen und heißt marmorieren (moirer). Der Effekt bezeichnet marmorierte Muster, die – jetzt zurück zum grafischen Bereich – u.a. beim Scannen von gerasterten (Zeitungs-)Bildern auftreten. Ein Scanner tastet beim Digitalisieren rasterartig das Bild ab, das heißt, er legt über die gerasterte Vorlage ein zweites Raster. Ist nun die Vorlage leicht verdreht oder das Scan-Raster ein anderes als das der Vorlage, entsteht der Moiré-Effekt – und somit das ungewollte Muster auf dem Bild.

Was können Sie tun gegen den Moiré-Effekt?

1. Vorbeugen

Am besten ist es natürlich, wenn der Moiré-Effekt erst gar nicht auftritt. Manche Scan-Programme bieten die Option zum Entrastern an, dabei kann es jedoch passieren, dass das Bild unscharf wird. In besseren Scan-Programmen kann das Raster eingestellt werden. Dabei experimentieren Sie so lange, bis das Scan-Raster mit der Vorlage matcht. Oder Sie fragen in der Druckerei nach, mit welchem Raster gedruckt wurde, und scannen damit.
Manche drehen die Vorlage beim Scannen ein wenig – versuchen Sie es mal damit.

2. Nachbearbeiten mit GIMP

Gibt es bei Ihrem Scanner keine Möglichkeit der Entrasterung oder haben Sie sich beim Lesen des ersten Absatzes zur Vorbeugung gesagt: „Nett, aber nun hab' ich schon mal ein Bild mit diesen Streifen, wie kann ich's jetzt nachbearbeiten", dann finden Sie im Tutorial *Moiré-Effekt reduzieren*, Seite 214, bestimmt Hilfe.

Datei in einem zweiten Fenster öffnen

Als ersten Eintrag im Menü Ansicht finden Sie den Befehl Neue Ansicht. Damit öffnet GIMP ein zweites Fenster – jedoch keine zweite Datei; alle Änderungen, die Sie in einer der beiden Ansichten vornehmen, wirken sich auf die jeweils andere Ansicht ebenfalls aus. Dieser Befehl ist nützlich, wenn Sie beispielsweise in einer sehr großen Detailansicht arbeiten müssen, aber die Auswirkungen zusätzlich in ihrer Gesamtheit

Foto: Reinhard Helmer

betrachten wollen. Sie können die zusätzlichen neuen Ansichten bis auf das letzte Fenster schließen, ohne dabei die Datei selbst zu schließen. Erst wenn Sie das letzte Fenster schließen, werden Sie gegebenenfalls gefragt, ob Sie Änderungen speichern wollen.

Punkt für Punkt ☐1

Bei aktivierter Punkt für Punkt-Ansicht wird abhängig von der eingestellten Bildschirmauflösung jedes Pixel eines Bilds auf je einem Pixel Ihres Bildschirms abgebildet. Diese Ansicht sollten Sie nur bei Webgrafiken bzw. -bildern aktivieren, nicht bei Bildern für den Druck. Welche Auflösung Ihr Bildschirm verwendet, legen Sie im Menü Bearbeiten > Einstellungen > Anzeige fest.

Ansichten

Zoom in – Zoom out.
Hier erfahren Sie, welche Ansichten und Darstellungsmöglichkeiten es für ein Bild in GIMP gibt. Wir schauen uns dazu vor allem im Menü Ansicht um.

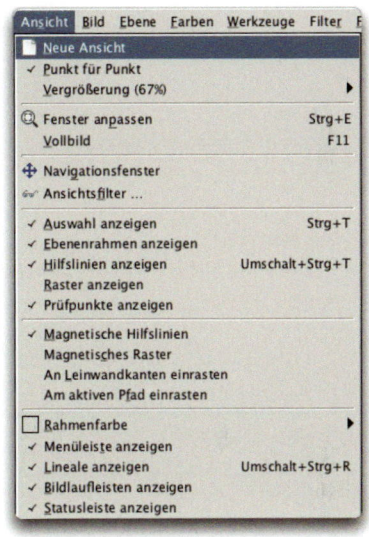

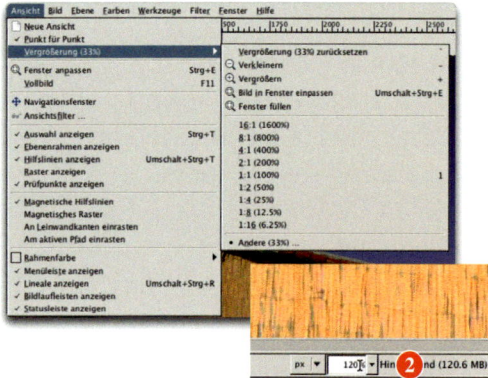

Tipp

Die wichtigsten Tastenbefehle zum Anpassen der Bildgröße
+ / - für Bild her- bzw. wegzoomen ⇧+Strg / ctrl+E für Bildgröße in Bild-fenster einpassen.

Achtung! Klicken Sie vorher einmal ins Bildfenster – dieses muss aktiv sein.

Tipp

Fenster/Bild anpassen
Sie können in den Einstel-lungen (BEARBEITEN > EINSTEL-LUNGEN) von GIMP festlegen, dass Bild und Fenster immer automatisch aneinander angepasst werden sollen. Klicken Sie in die Kategorie BILDFENSTER und aktivieren Sie dort FENSTERGRÖSSE BEIM VERKLEINERN UND VERGRÖSSERN ANPASSEN bzw. FENSTERGRÖSSE ANPASSEN, WENN SICH DIE BILD-GRÖSSE ÄNDERT.

Vergrößerung (100%)

Im Untermenü VERGRÖSSERUNG stellen Sie unterschied-lich starke Zoomfaktoren für die vergrößerte (+) bzw. verkleinerte (-) Ansicht eines Bilds ein. In Klammern steht der aktuelle Zoomfaktor – genauso wie unten links in der Statusleiste. Im Dialog ANDERE..., aber auch im Zoomfeld der Statusleiste (neu!) geben Sie Werte zwi-schen 0,39% und 25.600% ein.

Nützlich ist dabei der Befehl BILD IN FENSTER EINPASSEN (⇧+Strg / ctrl+E). Damit vergrößert oder ver-kleinert sich das Bild automatisch, um exakt in die aktu-elle Fenstergröße zu passen.

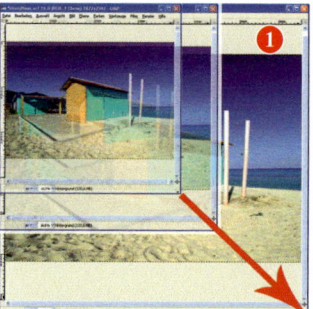

Diesen Befehl aktivieren Sie auch über das Lupen-Icon 🔍 in der rechten oberen Ecke des Bildfensters **(1)**.

Mit FENSTER FÜLLEN wird das Foto so gezoomt, dass es das Bildfenster komplett ausfüllt.

Neben dem Menübefehl VERGRÖSSERUNG finden Sie im Werkzeugkasten die LUPE 🔍 bzw. am unteren Rand des Bildfensters das Pull-down-Menü zum Auswählen und Eintragen eines Zoomfaktors **(2)**.

Fenster anpassen Strg/ctrl+E

Damit skaliert GIMP das Bildfenster so, dass das ge-samte darin befindliche Bild sichtbar ist.

Vollbild F11 (funktioniert nicht am Mac!)

Mit dem Befehl VOLLBILD zeigt GIMP die aktuelle Bild-datei im Vollbildmodus – z.B. ohne Menüleisten. Was genau im Vollbildmodus ausgeblendet werden soll, stellen Sie unter BEARBEITEN > EINSTELLUNGEN > BILD-FENSTER > ERSCHEINUNGSBILD ein. Das Bild ist auch im

Vollbildmodus bearbeitbar. Zum Einblenden der Docks drücken Sie die Tabulatortaste Ihrer Tastatur bzw. verwenden Sie das Kontextmenü (rechte Maustaste), um in die Menübefehle zu gelangen. Zur Rückkehr in die normale Ansicht drücken Sie erneut F11.

Navigationsfenster ⇧ + Strg / ctrl + N

Das Navigationsfenster dient zur Orientierung und Navigation bei Dateien, die Sie zur Bearbeitung ganz groß heranzoomen müssen. Sobald Sie die Bildansicht über den Arbeitsbereich hinausgehend vergrößern, erscheint im Navigationsfenster automatisch ein Rahmen, den Sie mit der Maus über das Vorschaubild im Navigationsfenster bewegen können. Ihr zu bearbeitendes Bild „draußen" bewegt sich dann automatisch mit und Sie bewegen sich somit zu einer gewünschten Stelle hin.

Den Abbildungsmaßstab der Datei können Sie auch über das Navigationsfenster bestimmen: Verwenden Sie dazu den Schieber auf der Leiste zum Zoomen oder klicken Sie auf die Lupensymbole:

Foto: Gerald-Holoubek-www.media22.at

1	Zoomfaktor verringern
2	Zoomfaktor erhöhen
3	1:1, Zoomfaktor auf 100% stellen
4	Fenstergröße an Bild anpassen (Strg / ctrl + E)
5	Bildgröße an Fenster anpassen (⇧ + Strg / ctrl + E)
6	Fenster anpassen

Ansichtsfilter

Mit ANSICHTSFILTER legen Sie verschiedene Farbdar-
stellungen über das Bild, ohne es selbst zu verändern.
Standardmäßig aktiviert ist der Filter FARBVERWAL-
TUNG – damit werden automatisch die Farbprofile
angewandt. Mehr zur Farbverwaltung finden Sie im
Kapitel *Farbmanagement* auf Seite 171. Zum Anwenden
von Filtern markieren Sie diesen im linken Bereich und
klicken auf den Pfeil nach rechts in der mittleren Leiste.
Markieren Sie dann den Filter im rechten Bereich, um
unterhalb Einstellungen dafür vorzunehmen. Praktisch,
um zum Beispiel ein Farbprofil zu testen oder um die
unterschiedlichen Gamma-Werte von Windows (2,2)
und Mac (1,8) zu vergleichen. Tragen Sie hier aber nur
die jeweilige Differenz ein.

Hinweis

Ansichtsfilter Rückgängig
Sie können einen aktivierten
Filter nicht rückgängig machen,
sondern müssen ihn über den
Dialog ANSICHT > ANSICHTSFILTER
wieder deaktivieren.

Ein- und Ausblenden verschiedenster Hilfsmittel

Die bisher noch nicht vorgestellten Befehle im Menü
ANSICHT betreffen das vorübergehende Ein- und Ausblenden verschiedenster Hilfsmittel, Leisten etc. Wenn
Sie bestimmte Elemente permanent ausblenden möchten, können Sie das über BEARBEITEN > EINSTELLUNGEN
> BILDFENSTER > DARSTELLUNG deaktivieren bzw.
wieder aktivieren. Standardmäßig sind die meisten
Hilfsmittel aktiviert.

Nun zu den Einträgen im Einzelnen:

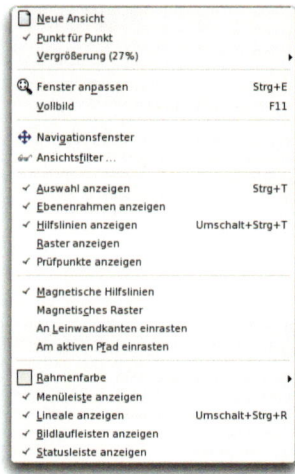

Auswahl anzeigen [Strg / ctrl + T]**:** Aus- bzw. Einblenden eines Auswahlrahmens, sehr praktisch, um
vorübergehend eine Auswahl auszublenden und
sein Werk zu bewundern. Die Auswahl bleibt selbstverständlich erhalten, sie ist nur nicht sichtbar.

Ebenenrahmen anzeigen: Aus- bzw. Einblenden des
Rahmens, der die aktive Ebene anzeigt.

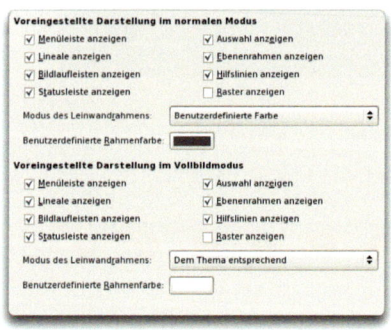

Hilfslinien anzeigen [⇧+Strg/ctrl+T]: Aus- bzw. Einblenden der Hilfslinien. Hilfslinien ziehen Sie entweder mit der Maus aus dem Lineal oder Sie stellen sie über BILD > HILFSLINIEN ein. Löschen Sie eine Hilfslinie, indem Sie sie aus dem Bild hinausziehen.

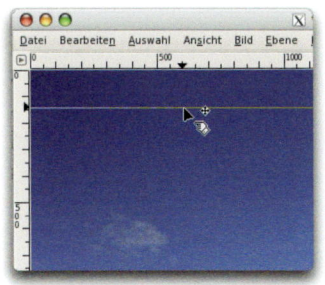

Raster anzeigen: Bei Aktivierung wird ein Gitter über dem Bild eingeblendet. Es dient zum Ausrichten von Objekten. Die Darstellung und Rasterweite des Gitters verändern Sie über zwei Varianten: Variante 1 – damit konfigurieren Sie das Gitter jeweils nur für die aktuelle Datei: BILD > RASTER KONFIGURIEREN.
Variante 2 – damit konfigurieren Sie das Gitter global für alle Dateien: BEARBEITEN > EINSTELLUNGEN > STANDARDRASTER. Die Einstellungen, die Sie dort vornehmen, wirken sich erst nach einem Neustart von GIMP aus.

Foto: photografin.at

Prüfpunkte anzeigen: Wenn aktiviert, werden Prüfpunkte angezeigt. Prüfpunkte ziehen Sie – ähnlich wie Hilfslinien – aus dem Lineal, halten Sie dabei jedoch die Strg/ctrl-Taste gedrückt. Prüfpunkte markieren einen Punkt am Bild. Über FENSTER > ANDOCKBARE DIALOGE > PRÜFPUNKTE blenden Sie die Farbwerte für die Prüfpunkte ein. Einen Prüfpunkt verschieben Sie mit aktiviertem PIPETTEN-Werkzeug 🖊 und löschen ihn, indem Sie ihn aus dem Bild hinausziehen.

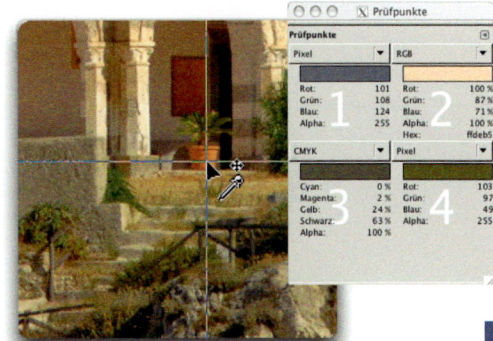

Infos für bis zu vier Prüfpunkte lassen sich im Dialog gleichzeitig anzeigen.

Magnetische Hilfslinien/Raster, an Leinwandkanten einrasten, am aktiven Pfad einrasten: Verschieben Sie ein Bildelement in die Nähe eines dieser Hilfsmittel, „dockt" es automatisch exakt daran an.

Benutzerdefinierte Rahmenfarbe: Mit diesem Befehl stellen Sie die Farbe der Hintergrundfläche ein, die um das Bild herum sichtbar ist, sobald das Bildfenster größer als das Bild ist. Folgende Optionen: DEM THEMA ENTSPRECHEND: abhängig vom gewählten Thema. Ein Thema bestimmt das Erscheinungsbild von GIMP, einsehbar unter BEARBEITEN > EINSTELLUNGEN > THEMA. HELLE SCHACHBRETT-FARBE bzw. DUNKLE SCHACHBRETT-FARBE oder Sie wählen eine BENUTZERDEFINIERTE FARBE.

Zur optimalen Bildbearbeitung eignet sich eine dunkelgraue Rahmenfarbe, vergleichen Sie selbst, wie unterschiedlich ein und dasselbe Bild wirkt.

Foto: Gerald-Holoubek-www.media22.at

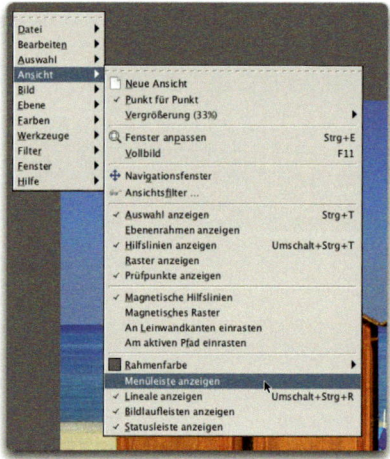

Menüleiste anzeigen: Damit blenden Sie die Menüleiste aus bzw. ein. Doch wie kommen Sie nun zu einem Menübefehl? Es gibt zum Glück noch zwei weitere Wege: Sie finden es einerseits über Klick auf das Pfeilchen in der linken oberen Ecke des Bildfensters oder Sie klicken mit der rechten Maustaste aufs Bild. Dort blenden Sie die Menüleiste auch wieder ein.

Lineale anzeigen [⇧+Strg/ctrl+R]: Zum Aus- bzw. Einblenden der Lineale (horizontal und vertikal). Lineale sind wichtig, um Hilfslinien und Prüfpunkte herauszuziehen (siehe weiter oben in diesem Kapitel, Seite 28 bzw. Seite 55).

Scrollbalken anzeigen: Zum Aus- bzw. Einblenden der Scrollbalken (Bildlaufleisten).

Statusleiste anzeigen: Zum Aus- bzw. Einblenden der Statusleiste (Infoleiste am unteren Rand des Bildfensters).

Zeiger

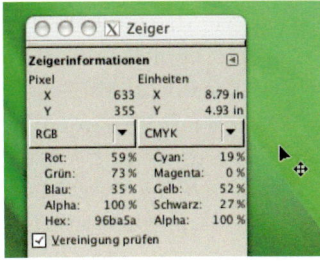

Der Dialog Zeiger liefert Ihnen wichtige Informationen über exakt den Pixel, über dem sich Ihre Maus im Bildfenster soeben befindet. Verwenden Sie den Zeiger-Dialog vor allem, um Farbwerte auszumessen und zu vergleichen.

Gerätestatus

Der Dialog Gerätestatus bietet Ihnen einen Überblick über die aktuellen Einstellungen von:
» Werkzeug
» Vordergrund- und Hintergrundfarbe
» Werkzeugspitze
» Muster und
» Verlauf

Mit Klick auf ein Symbol bringt GIMP den jeweiligen Dialog in den Vordergrund, mit dem Sie Einstellungen vornehmen. Zum Speichern der Geräteeinstellungen klicken Sie auf die Diskette (1). Damit haben Sie genau diese Geräte nach dem Öffnen von GIMP aktiv.

Dokumentindex

Im Dialog Dokumentindex befindet sich eine Liste aller zuletzt geöffneten Dateien bzw. aktuell offenen Dateien, inklusive Vorschau. Sowohl am Fuß des Dialogs als auch im Zeigermenü gibt es dazu einige sehr nützliche Befehle, wie
» Bild öffnen
» Ansicht anheben
» oder das Kopieren des Pfads als Text in den Zwischenspeicher (Speicherort des Bilds kopieren)

Bilder

Der Dialog Bilder liefert einen Überblick über alle offenen Dateien, inkl. Vorschau auf die Datei (im Gegensatz zum Menü Fenster).

Praktische Dialoge

Neben den Standarddialogen wie Ebenen, Kanäle, Journal etc., die in den Docks zu finden sind, verstecken sich unter Fenster > Andockbare Dialoge noch zahlreiche weitere. Ein paar sehr nützliche davon stelle ich hier vor.

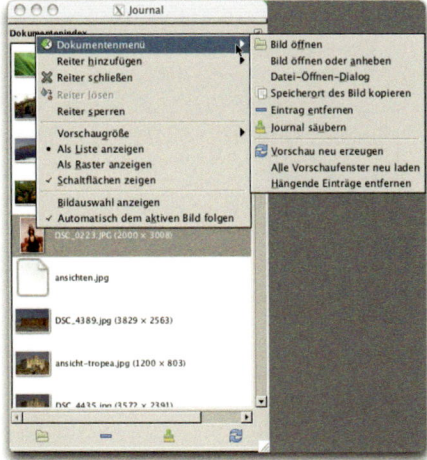

Bildgröße

Auflösung, dpi, ppi, relativ, absolut ... All diese Fachbegriffe klären wir in diesem Kapitel. Außerdem: Wie ändern Sie mit GIMP die Bildgröße? Welche Qualitätsunterschiede gibt es bei der Skalierung? Was ist die Druckgröße? Und wozu dient die Leinwand?

Die Bildgröße feststellen

Sobald Sie eine Datei geöffnet haben, können Sie auf einen Blick die Abmessungen des Bilds feststellen: Auf der Titelleiste **(1)** sind die Breite und die Höhe in Pixel angegeben. Beachten Sie gleichzeitig den Zoomfaktor in der Statusleiste **(2)**, der das Bild evtl. kleiner oder größer erscheinen lässt.

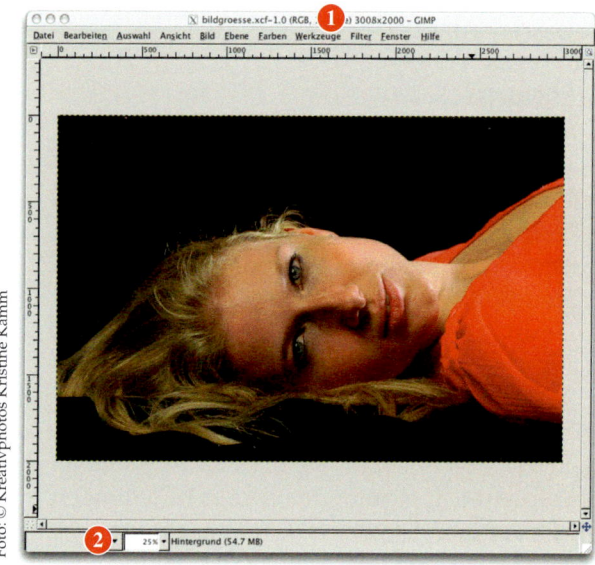

Foto: © Kreativphotos Kristine Kamm

Druckgröße

In GIMP gibt es einen eigenen Dialog, wo Sie die Druckgröße Ihres Fotos auf einen Blick auslesen bzw. verändern können. Klicken Sie dazu in das Menü BILD > DRUCKGRÖSSE (mit der Druckgröße verändern Sie nicht die Anzahl der Pixel – verwenden Sie dazu BILD > BILD SKALIEREN).

Breite/Höhe: Hier stellen Sie die zu druckende Breite bzw. Höhe des Bilds ein. Die Werte sind natürlich voneinander abhängig und daher miteinander verkettet. Die Verkettung sollten Sie nur im Ausnahmefall lösen – denn dadurch verzerren Sie das Bild.

Auflösung: Verändern Sie hier die Auflösung, ändern sich die Breite und Höhe entsprechend mit, da das Bild nicht in seiner eigentlichen Größe (der Gesamtanzahl der Pixel) verändert wird). Für eine optimale Ausgabe am Drucker benötigt ein Bild zwischen 200 und 300 ppi Auflösung, siehe nachfolgendes Beispiel.

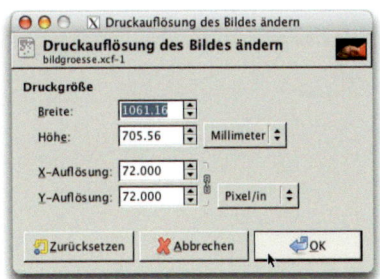

Wie groß lässt sich das Bild ausdrucken? Druckgröße in der Praxis

Öffnen Sie BILD > DRUCKGRÖSSEN. Stellen Sie die X/Y-Auflösung fest. Hat das Bild 72 ppi, überschreiben Sie den Wert mit 300. GIMP errechnet die zu dieser Auflösung passende Größe. In diesem Fall kann das Foto bei einer Auflösung von 300 ppi ca. 25,4 x 16,9 cm ausgedruckt werden.

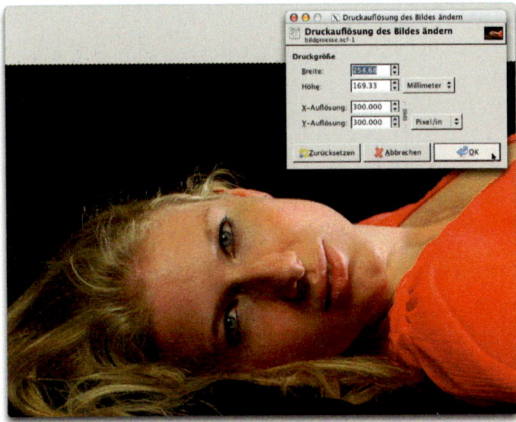

Ändern Sie die Auflösung jedoch auf 200 ppi, kann das Bild größer ausgedruckt werden: ca. 38,2 cm x 25,4 cm. Je geringer die Auflösung, desto unschärfer wird das Bild beim Ausdruck. Sie ändern in diesem Dialog aber nicht die Pixel-Auflösung und damit die Darstellung des Bilds am Monitor! Das folgt im nächsten:

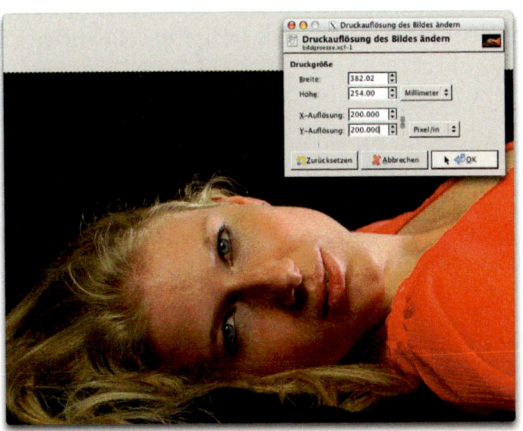

Hinweis

Absolute (physische) versus relative (logische) Auflösung
Die absolute Auflösung gibt die fixe Anzahl von Pixeln an, die ein Bild annehmen kann. Bei Digitalkameras wird die absolute Auflösung angegeben (Megapixel) bzw. Sie können einstellen, mit welcher Größe die Aufnahmen angefertigt werden sollen, z.B. 6 Mpx = 3.008 × 2.008 Pixel.

Die relative Auflösung gibt die Pixel oder Bildpunkte (Dots – dpi – dots per inch) für eine bestimmte Fläche an, betrifft den Ausdruck und ist in einem Bildbearbeitungsprogramm verstellbar. Üblicherweise druckt man mit 200–300 dpi. Dann wirkt das Bild scharf, weil die einzelnen Bildpunkte nicht mehr erkennbar sind. Bei o.a. absoluter Auflösung 3.008 x 2.008 Pixel lässt sich das Bild bei 200 dpi cirka 38,2 x 25,4 cm groß drucken. Eine Formel dazu finden Sie auch im Exkurs *Digitale Bilder*, Seite 34.

Tipp

Wie groß ist ein Pixel?
Wenn Sie wenig mit der Einheit Pixel anfangen können, tun Sie Folgendes:

1. Finden Sie heraus, welche Auflösung Ihr Monitor hat. Windows: rechte Maustaste auf den Desktop, EIGENSCHAFTEN Register EINSTELLUNGEN bzw. ANPASSEN > ANZEIGE (Vista): Dort sehen Sie die Auflösung in der Breite und Höhe.

2. Hat Ihr Monitor beispielsweise eine Auflösung von 1.280 x 854 Pixel, dann können Sie sich nun schon vorstellen, wie groß im Vergleich ein Bild mit 3.500 x 2.300 Pixel ist: ca. dreimal größer!

3. Bilder, die Sie ins Internet stellen, sollten – zurzeit – die Abmessungen von etwa 950 x 550 Pixel nicht überschreiten, da viele Internetnutzer noch mit einer Auflösung von 1.024 x 768 surfen. Diese 1.024 x 768 Pixel können Sie nicht voll ausnützen, da das Betriebssystem und der Browser (Symbolleiste, Taskleiste etc.) noch Platz wegnehmen.

Bild skalieren

Über BILD > BILD SKALIEREN passen Sie die Breite bzw. die Höhe an und ändern die absolute Auflösung des Bilds, also die Pixelzahl.

Breite/Höhe: Tragen Sie hier die neue Breite bzw. Höhe für das Bild ein. Durch das geschlossene Kettensymbol ändert sich der jeweils andere Wert automatisch mit. Möchten Sie nur einen Wert – unabhängig vom anderen – ändern, klicken Sie auf das Kettensymbol, um es zu öffnen. Achtung! Dabei verzerren Sie das Bild. Im Pull-down-Menü können Sie aus einer Vielzahl unterschiedlicher Einheiten wählen (Pixel, Millimeter, ...). Unterhalb des Höhe-Felds sehen Sie die Originalmaße, die das Bild vor dem Skalieren hatte.

X/Y-Auflösung: Die Auflösung ist die Anzahl der Pixel pro Inch – ein wichtiges Qualitätsmerkmal des Bilds (mehr dazu finden Sie im Exkurs *Digitale Bilder*, Seite 34). Hier ändern Sie die Auflösung (bei gleichbleibenden Abmessungen). Hat bei Monitordarstellung keine Auswirkung.

Qualität/Interpolation: Bei Änderung der Größe des Bilds oder der Auflösung müssen ja die Pixel neu berechnet werden, dazu werden verschiedene (komplexe) Formeln verwendet. In GIMP gibt es drei verschiedene Methoden:

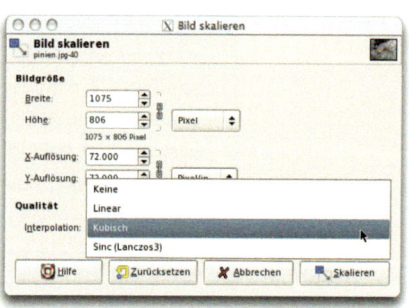

- **Keine** (am schnellsten): Dabei wird nicht interpoliert. Wird das Bild vergrößert, werden die hinzuzufügenden Pixel einfach dupliziert bzw. bei Verkleinerung werden die Pixel gelöscht.

- **Linear:** Die lineare Interpolation – von Isaac Newton erfunden – ist ein Mittelding zwischen keiner und kubischer Interpolation.
- **Kubisch:** Eine ausgezeichnete, aber auch zeit- und rechenaufwändige Interpolation. Empfehlenswert beim Verkleinern.
- **Sinc (Lanczos3):** Benannt nach Cornelius Lanczos ist dies die hochwertigste Interpolation, da mehrfach auf Basis der nach Lanczos gewichteten Sinc-Funktion berechnet wird.

Neben dem Menübefehl können Sie auch über das Transformieren-Werkzeug 🔲 skalieren, mehr dazu finden Sie im Kapitel *Transformationen*, siehe Seite 122.

> **Hinweis**
> **Bild vergrößern**
> Bitte beachten Sie, dass Sie ein digitales Bild nicht unbegrenzt vergrößern können, da die fehlenden Pixel, die zum Vergrößern nötig wären, nicht „herbeigezaubert" werden können. Vor allem wenn Sie ein Foto ausdrucken wollen, können Sie ein qualitativ hochwertiges Bild maximal um 10% vergrößern.

Interpolation im Vergleich beim Verkleinern

   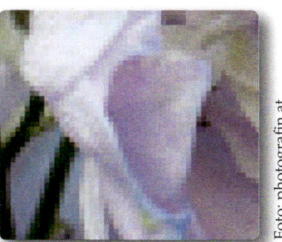

Foto: photografin.at

Diese Bilder wurden auf ca. 30% ihrer Ursprungsgröße verkleinert. Deutlich zu erkennen die Auswirkung der verschiedenen Interpolationsarten, v.l.n.r.: keine, linear, kubisch und Sinc (Lanczos3).

Interpolation im Vergleich beim Vergrößern

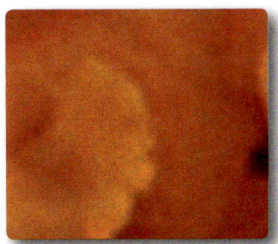 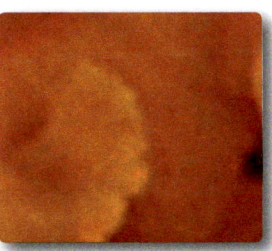

Zugegeben, man braucht schon ein sehr gutes Auge: Dieses Bild wurde um das Doppelte seiner ursprünglichen Größe skaliert. Links mit kubischer Interpolation und rechts mit Sinc (Lanczos3). Die Kanten der Blüten sind rechts mit der höherwertigen Interpolation schöner geglättet.

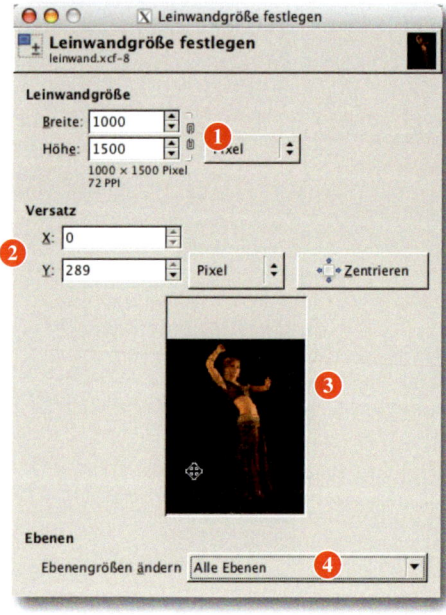

Leinwandgröße

Unter Leinwand versteht man in GIMP die Bildfläche. Mithilfe des Befehls LEINWANDGRÖSSE haben Sie die Möglichkeit, die Fläche eines Bilds zu erweitern oder zu verkleinern. Verwenden Sie den Befehl, wenn Sie ein Bild um einen Bereich erweitern wollen oder um es zu umrahmen. Für die Umrahmung gibt es jedoch unter FILTER > DEKORATION > RAND HINZUFÜGEN ein eigenes Script, daher konzentrieren wir uns in diesem Beispiel auf die Bilderweiterung.

Ein Beispiel: Bei dem Foto mit der Tänzerin soll der Bereich nach oben hin erweitert werden. Dazu benötigen Sie mehr Fläche – also vergrößern wir die Leinwand über BILD > LEINWANDGRÖSSE. Zuvor habe ich noch die Hintergrundfarbe auf Schwarz gesetzt ⬛ (siehe Tipp folgende Seite). Der Leinwandgröße-Dialog:

Leinwandgröße: Zeigt die aktuelle Leinwandgröße an, die (noch) der Bildgröße entspricht. Eingaben im Feld BREITE bzw. HÖHE erweitern/verkleinern die Leinwand um die entsprechende Pixelanzahl.

In unserem Beispiel wollen wir nur die Höhe verändern, daher lösen Sie zunächst die Verkettung der Höhe/Breite, indem Sie auf das kleine Kettchensymbol ▯ klicken **(1)**. Überschreiben Sie den Wert mit der neuen Höhe (hier z.B. mit 1500 Pixel). Sobald Sie ⏎ gedrückt haben, wird das Vorschaufenster **(3)** aktualisiert und das Foto rückt an den oberen Rand der Vorschau. GIMP hat die zusätzlichen Pixel (Differenz zwischen der alten und der neuen Höhe) unterhalb hinzugefügt. Das ändern wir gleich.

Versatz: Damit verändern Sie die Position des aktuellen Bilds auf der Leinwand. Der 0-Punkt befindet sich dabei in der linken oberen Ecke des Bilds.
X: Das Bild wird dabei nach rechts verschoben.
Y: Das Bild wird nach oben verschoben.
Zentrieren: Damit rücken Sie das Bild horizontal und vertikal mittig zur Leinwand.

In unserem Beispiel benötigen wir die zusätzliche Fläche oberhalb. Verschieben Sie im Vorschaufenster **(3)** mit gedrückter Maustaste das Bild in die gewünschte Richtung – der Versatzwert **(2)** aktualisiert sich entsprechend.

Ebenengrößen ändern (4): In dem Pull-down-Menü legen Sie fest, wie sich das Verändern der Leinwand auf die Ebenen auswirken soll:

KEINE: Mit dieser Einstellung wird nur die Leinwand ohne Ebene vergrößert. Achtung! Auf einer Leinwand ohne vergrößerter Ebene können Sie nicht arbeiten.

ALLE EBENEN: Alle in der Datei verfügbaren Ebenen werden auf die Leinwandgröße skaliert (in dem Beispiel empfehlenswert).

ALLE SICHTBAREN EBENEN: Die neue Größe wirkt sich auf alle eingeblendeten Ebenen aus (👁).

ALLE VERKNÜPFTEN EBENEN: Die neue Größe wirkt sich auf alle verknüpften Ebenen aus (⬚).

Welche der oben angegebenen Optionen Sie verwenden, hängt von den Ebenen ab, die in Ihrem Bild vorhanden sind. So sollte eine Textebene beispielsweise besser nicht an die Leinwandgröße angepasst werden. Blenden Sie sie daher vor dem Ändern der Leinwandgröße aus (Klick auf das Auge 👁) und wählen Sie dann die Option ALLE SICHTBAREN EBENEN.

Bei diesem Beispiel war das Erweitern einfach, weil die Tänzerin vor schwarzem Hintergrund fotografiert wurde. Wenn die Erweiterung komplexere Motive (z.B. Himmel) enthält, müssen Sie evt. klonen oder einen Teil komplett ersetzen. Ein Tutorial zum *Himmel umfärben* finden Sie auf Seite 240.

Leinwand auf Ebene anpassen

Mit diesem Befehl reduzieren bzw. erweitern Sie die Bildfläche auf die Bild- bzw. Ebenengröße.

In der oberen Abbildung wurde die Option EBENENGRÖSSEN ÄNDERN: KEINE, beim unteren Bild hingegen ALLE EBENEN eingestellt. Sie sehen, dass eine Bearbeitung der Leinwand erst mit gleichzeitigem Vergrößern der Ebene möglich ist. Bei der oberen Abbildung endet der Pinselstrich mit der Ebene, unten konnte der Pinselstrich fortgeführt werden, weil die Ebene mit der Leinwand erweitert wurde.

63

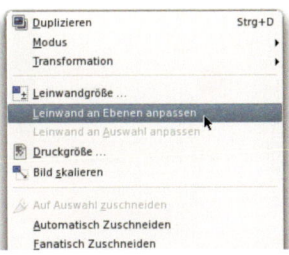

Bild zuschneiden (⇧ + C)

Das Zuschneiden-Werkzeug verwenden Sie, um einen Teil eines Bilds wegzuschneiden.

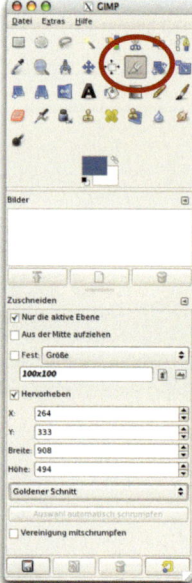

Wie funktioniert es?

Klicken Sie in der Werkzeugleiste auf das ZUSCHNEI-DEN-Werkzeug ✎ oder drücken Sie ⇧ + C.

Ziehen Sie mit gedrückter Maustaste über das Bild und markieren Sie jenen Bildteil, der **erhalten** bleiben soll. Die Auswahl wird heller und der wegzuschneidende Teil dunkler dargestellt. Wenn Sie mit der Auswahl zufrieden sind, bestätigen Sie mit ⏎ oder klicken Sie in die Auswahl – fertig. Drücken Sie die Esc-Taste, um gar keine Änderungen durchzuführen.

Auswahl skalieren bzw. verschieben

Passt die Auswahl nicht, müssen Sie sie nicht nochmals aufziehen, sondern Sie können sie nachträglich verschieben oder skalieren. Je nachdem, an welche Stelle der Auswahl Sie mit der Maus fahren, aktivieren Sie unterschiedliche Funktionen:

❶ Fassen Sie die Auswahl an den Ecken, um die Höhe bzw. Breite zu verändern.

❷ Klicken Sie hier, um die Auswahl in der Breite bei gleichbleibender Höhe zu verändern. Die gleiche Möglichkeit gibt es natürlich auf der Breitseite der Auswahl auch.

❸ Klicken Sie in die Mitte der Auswahl, um sie zu verschieben.

Foto: Lechner

Werkzeugeinstellungen

④ Nur die aktive Ebene: Das Zuschneiden wird nur auf der ausgewählten Ebene durchgeführt.

⑤ Vergrößern zulassen: Der Zuschneide-Rahmen kann über das Bild hinausgezogen und dadurch die Leinwand vergrößert werden, siehe auch *Leinwandgröße*, Seite 62.

⑥ Aus der Mitte aufziehen: Beim Aufziehen des Auswahlrahmens wird in der Mitte begonnen und nach außen hin vergrößert.

⑦ Fest: Damit fixieren Sie die Auswahl abhängig von Ihrer Auswahl im Pull-down-Menü:
Seitenverhältnis: Wird der Befehl aktiviert, können Sie die Zuschneideauswahl nur noch in einem fixen Seitenverhältnis vergrößern oder verkleinern (siehe auch Tipp-Kasten rechts), z.B. 4:3.
Breite/Höhe/Größe: Damit legen Sie eine fixe Breite oder Höhe bzw. Größe für die Auswahl fest. Die Maße geben Sie unterhalb in das Textfeld ein. Achtung – die Eingaben in dem Textfeld haben nur Auswirkung, wenn Sie FEST aktiviert haben!

⑧ Position: Abstand der Auswahl vom linken (X) bzw. oberen (Y) Bildrand. Eigene Eingaben sind möglich.

⑨ Größe: Die Breite/Höhe der Auswahl in Pixel – auch hier sind eigene Eingaben möglich.

⑩ Hervorheben: Wenn diese Option aktiviert ist, wird der wegzuschneidende Bereich dunkler dargestellt.

⑪ Keine Hilfslinien/Mittellinien/Drittregel/ Goldener Schnitt: Damit blenden Sie innerhalb der Auswahl diverse Hilfslinien ein. Sehr nützlich!

Tipp

Seitenverhältnis beibehalten
So behalten Sie beim Zuschneiden das Seitenverhältnis des Bilds bei:
1. Wählen Sie mit dem Zuschneiden-Werkzeug das gesamte Bild aus.
2. Aktivieren Sie in den Werkzeugeinstellungen FEST und wählen Sie im Pull-down-Menü rechts davon SEITEN-VERHÄLTNIS.
3. Verändern Sie die Auswahl an den Ecken und bestätigen Sie mit ↵.

Die eingeblendeten Hilfslinien helfen bei der Auswahl des Motivs.

12 **Auswahl automatisch schrumpfen:** Verkleinert die Zuschneidenauswahl automatisch auf ein Objekt. Funktioniert am besten bei monochromem Hintergrund.

13 **Vereinigung mitschrumpfen:** Alle als sichtbar geschalteten Ebenen werden zugeschnitten.

Workshop:
Bild auf definierte Pixelgröße bringen

Sie wollen Ihr Bild unter Beibehaltung der maximalen Bildmenge auf eine bestimmte vorgegebene Größe bringen. Ausgehend von einer Ursprungsgröße von z.B. 1.529 x 1.019 Pixel soll es 950 x 600 Pixel klein werden.

Foto: photografin.at

1. **Zunächst skalieren Sie das Bild** (BILD > BILD SKALIEREN): Dabei geben Sie entweder die gewünschte Breite oder die Höhe ein, je nachdem, welcher der beiden Werte dann bei der Breite oder Höhe noch so viele Pixel übrig lässt, dass das Zielformat möglich bleibt.

In unserem Beispiel wird die Breite verändert: Sobald Sie den Wert 950 **(1)** über die 1.529 Pixel für die Breite eintragen und ↵ drücken, sehen Sie, dass sich der Wert der Höhe entsprechend ändert: auf 633 Pixel **(2)**. Die 33 zusätzlichen Pixel über die geplanten 600 Pixel schneiden wir im nächsten Schritt weg.
Man könnte versuchen, in diesem Schritt die 633 Pixel mit 600 zu überschreiben – das funktioniert natürlich nicht, da sich dann wiederum die Breite

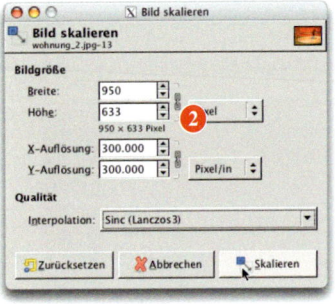

verändern würde. Die beiden Werte sind miteinander verbunden, erkennbar an der geschlossenen Kette 🔗, damit das Bild proportional richtig skaliert wird. Somit vermeidet man ein in der Höhe oder Breite verzerrtes Bild.

Bestätigen Sie nun die Werte (950 Pixel Breite und 633 Pixel Höhe) durch Klick auf SKALIEREN.

2. **Bild zoomen:** Nachdem Sie das Skalieren bestätigt haben, erscheint das Bild nun möglicherweise sehr klein – das liegt am Zoomfaktor. Ändern Sie diesen Wert gegebenenfalls auf 100% **(3)** oder drücken Sie Strg / ctrl + E, um das Bild in das Bildfenster einzupassen.

3. **Bild zuschneiden:** Nochmals: Wir haben bereits die richtige Breite von 950 Pixel, aber die Höhe beträgt noch 633 Pixel statt der gewünschten 600. Daher beschneiden wir das Bild um 33 Pixel.

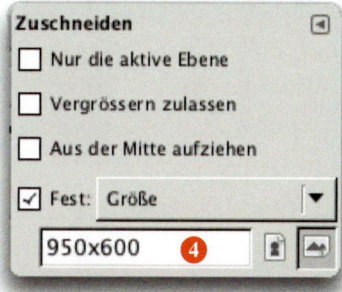

Klicken Sie auf das ZUSCHNEIDEN-Werkzeug ✂ im Werkzeugkasten.
Aktivieren Sie in den WERKZEUGEINSTELLUNGEN die Option FEST, wählen Sie im Pull-down-Menü GRÖSSE aus und geben Sie im Textfeld darunter die Zielgröße 950 x 600 ein.

Ziehen Sie über das Bild den Zuschneide-Rahmen auf. GIMP erstellt die Auswahl nun in der oben eingegebenen Größe **(4)**.

Verschieben Sie die Auswahl noch hinauf bzw. hinunter, indem Sie sie in der Mitte anklicken und mit gedrückter Maustaste ziehen **(5)**. Der dunkle Bereich wird weggeschnitten.

Bestätigen Sie das Zuschneiden mit ⏎. **Fertig**!

Foto: photografin.at

Automatisch und Fanatisch Zuschneiden

Automatisch Zuschneiden

Mit diesem Befehl schneidet GIMP leere Ränder eines Bilds bzw. einer Ebene ab. Sie finden den Befehl daher sowohl im Menü BILD (AUTOMATISCH ZUSCHNEIDEN) als auch im Menü EBENE (EBENE AUTOMATISCH ZUSCHNEIDEN) – je nachdem, auf welchen Bereich Sie den Befehl anwenden möchten.

GIMP hat in diesem Beispiel links den weißen Bereich rund um das Foto abgeschnitten **(1)**.

Häufig verwenden Sie den Befehl EBENE AUTOMATISCH ZUSCHNEIDEN dann, wenn Sie für eine Zeichnung eine neue leere Ebene angelegt haben. Diese neue Ebene hat vorab die Größe der Hintergrundfläche, da Sie sich eventuell noch nicht über die exakte Größe der Zeichnung im Klaren sind **(2)**. Wenn Sie dann das Objekt gezeichnet haben, wenden Sie den Befehl EBENE > EBENE AUTOMATISCH ZUSCHNEIDEN an – die Ebene hat dann exakt die Maße der Zeichnung **(3)** und das gesamte Handling (Verschieben, Färben, Kopieren etc.) wird dadurch leichter.

Fanatisch Zuschneiden

Mit FANATISCH ZUSCHNEIDEN werden neben den Weißräumen rundherum auch leere Bereiche zwischen Objekten entfernt. Hier liegen alle drei Rechtecke auf der gleichen Ebene **(4)**. Nach der Berechnung des Befehls sind alle Weißräume um und zwischen den Rechtecken weggeschnitten **(5)**.

Instant-Rückgängig [Strg]/[ctrl]+[Z]

Die schnellste Möglichkeit, einen Arbeitsschritt rückgängig zu machen, bietet die Tastenkombination [Strg]/[ctrl]+[Z]. Sie finden den Befehl auch im Menü BEARBEITEN > RÜCKGÄNGIG. Sie können den Befehl öfter hintereinander verwenden, um mehrere Arbeitsschritte rückgängig zu machen.

Doch nicht rückgängig? Das nennt sich dann ...

Wiederholen [Strg]/[ctrl]+[Y]

Mit dem Befehl WIEDERHOLEN machen Sie den zuletzt rückgängig gemachten Befehl wieder rückgängig ... Alles klar?!? OK – ganz langsam: Sie haben einen schiefen Pinselstrich gezeichnet, den haben Sie mittels BEARBEITEN > RÜCKGÄNGIG [[Strg]/[ctrl]+[Z]] gelöscht. Nun brauchen Sie den schiefen Pinselstrich doch wieder: Also wählen Sie BEARBEITEN > WIEDERHOLEN [[Strg]/[ctrl]+[Y]]. (Diesen Befehl gibt es in fast allen Programmen. Warum der so heißt, habe ich ehrlich gesagt nie verstanden. Aus meiner Sicht sollte er DOCH NICHT RÜCKGÄNGIG heißen.)

Mehrfach rückgängig mittels Journal

In GIMP werden Arbeitsschritte im JOURNAL mitprotokolliert. Das Journal finden Sie standardmäßig in der Ebenenpalette – klicken Sie dort auf den gelben Pfeil **(1)**, um das Journal in den Vordergrund zu stellen.

Die Arbeitsschritte werden mit kleinen Vorschaubildern gespeichert. Durch Klicken auf eine oberhalb angeordnete Zeile revidieren Sie alle bis dahin durchgeführten Arbeitsschritte. Sie können das Journal auch durch Klick auf den LÖSCHEN-Button am unteren Rand des Journals **(2)** löschen.

Wie viele Arbeitsschritte mindestens mitprotokolliert und damit rückgängig gemacht werden können und wie viel Speicher Sie dafür zur Verfügung stellen, definieren Sie im Menü BEARBEITEN > EINSTELLUNGEN > UMGEBUNG > max. ANZAHL AN JOURNALSCHRITTEN **(3)**.

Rückgängig machen – oder doch nicht?

Wie können Sie einzelne Arbeitsschritte rückgängig machen? Wo findet man in GIMP eine Art Protokoll?

69

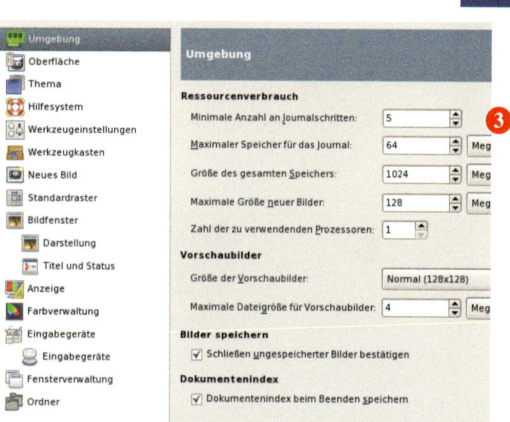

Ebenentechnik

Was sind Ebenen? Wozu Sie Ebenen brauchen und wie Sie in GIMP damit umgehen, erfahren Sie hier.

Was sind Ebenen?

Ebenen sind das A und O in der professionellen Bildbearbeitung. Nur Bildbearbeitungsprogramme, die mit Ebenen arbeiten, sind auch wirklich als hochwertig einzustufen. Ebenen werden sowohl im GIMP-Dateiformat XCF als auch im Photoshop-Dateiformat PSD gespeichert. Speichern Sie daher Ihre Dateien immer im XCF-Format, und erst, wenn Sie mit dem Ergebnis zufrieden sind, speichern Sie die Datei in einem gängigeren Dateiformat wie JPG.

Zurück zur Frage: Was sind Ebenen? Ich möchte Ihnen das anhand eines praktischen Beispiels erklären. Dazu müssen Sie aber etwas tun:

1 Legen Sie ein DIN-A4-Papier auf Ihren Schreibtisch. *In GIMP entspricht das einer neuen Datei.*

2 Kramen Sie nach einem Foto in Ihrer Schreibtischschublade und legen Sie es auf das A4-Blatt. *In GIMP werden wir das Foto als neue Ebene einfügen.*

3 Schneiden Sie nun eine alte Klarsichtfolie so zu, dass sie etwas kleiner als das Foto ist. Legen Sie die Klarsichtfolie auf das Foto und beschriften Sie sie mit einem wasserfesten Stift. Verschieben Sie die Folie über das Bild. *Das entspricht einer Textebene, die wir verschieben.*

4 Suchen Sie ein zweites Bild und legen Sie es auf die Bastelarbeit. *Sie ahnen es schon – das ist wieder eine neue Ebene.*

5 Verschieben Sie z.B. Bild 2 über Bild 1. Sie erkennen, dass eine Ebene eine darunterliegende überdeckt.

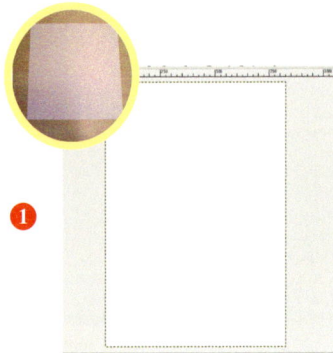

... und so weiter. Wenn Sie wirklich mitgemacht haben, haben Sie nun in der Praxis erfahren, wie Ebenentechnik im Prinzip funktioniert.

Jedes einzelne Element (Papier, Foto, Folie mit Schrift) ist mit einer Ebene gleichzusetzen. Das Blatt Papier wäre eine Hintergrundebene, die GIMP automatisch anlegt, sobald Sie eine neue Datei erzeugen. Diese ist im Ebenendialog **(1)** sichtbar. Das Foto ist ein Bild, das Sie auf die Ebene ziehen, die Folie mit der Schrift entspricht einer neuen Textebene usw.

Ebenen werden immer von oben – quasi aus der Vogelperspektive – betrachtet. Die Summe aller Ebenen ergibt das Bild. Sie können in GIMP jede Ebene unabhängig von den anderen einzeln bearbeiten: ihre Größe verändern, weitere Ebenen hinzufügen, übereinanderlegen (so dass eine Ebene die andere überdeckt), beschneiden u.v.m.

Wann benötigen Sie Ebenen?
Sie benötigen Ebenen, sobald Sie zum Beispiel ...
* einen Text zu Ihrem Bild hinzufügen (wird automatisch auf einer neuen Ebene platziert).
* zwei oder mehr Bilder miteinander kombinieren.
* einen Bildbereich freistellen und diesen in einem anderen Bild platzieren.
* eine Grafik aus mehreren Elementen aufbauen, z.B. einen Button, bestehend aus einem Hintergrund (Ebene) und einem Text (Ebene) – oder eine Website, bestehend aus vielen Elementen, wie Logo, Balken, Contentbereich, Navigationsleiste, Titelleiste.
* die Farbwerte, die Helligkeit, den Kontrast oder Ähnliches ändern wollen und Vergleichswerte (nämlich die des Originals) benötigen.

Wann brauchen Sie keine Ebenen?
Sie können auf Ebenen verzichten, wenn Sie so einfache Dinge erledigen möchten, wie ...
* nur rasch mal die Bildgröße ändern,
* eine Kontrastkorrektur durchführen,
* das Bild in einem anderen Dateiformat abspeichern oder
* das Bild unter einem anderen Namen speichern.

Tipp
Ebene verschieben
Zum Verschieben einer Ebene ziehen Sie sie mit dem VERSCHIEBEN-Werkzeug ✥ an die gewünschte Position. Die entsprechende Ebene muss im Ebenendialog markiert sein. Bei sehr, sehr vielen Ebenen kann es nützlich sein, dass die Maus jene Ebene greift, über der sie gerade steht (also im Ebenendialog automatisch markiert wird). Dazu aktivieren Sie über BEARBEITEN > EINSTELLUNGEN > WERZEUGEINSTELLUNGEN > VERSCHIEBEWERKZEUG: EBENE ODER PFAD AKTIVIEREN.

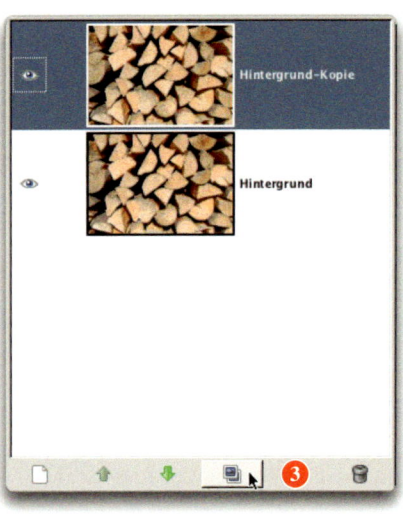

Die Hintergrundebene

Die Hintergrundebene wird automatisch angelegt, sobald Sie eine neue Datei erzeugen **(1)**. Ebenen werden im Ebenendialog angezeigt (FENSTER > ANDOCK-BARE DIALOGE > EBENEN, Strg / ctrl + L). Öffnen Sie ein bereits vorhandenes Foto, ist das Bild selbst die Hintergrundebene.

Die Hintergrundebene kennt standardmäßig keine Transparenz (außer Sie haben eine transparente, neue Datei angelegt). Die Transparenzfähigkeit können Sie jedoch durch Anlegen eines Alphakanals hinzufügen. Klicken Sie dazu im Ebenendialog mit der rechten Maustaste auf die Miniatur der Hintergrundebene und wählen Sie ALPHAKANAL HINZUFÜGEN.
Beim Verschieben der Hintergrundebene im Ebenenstapel wird seit GIMP 2.6 automatisch ein Alphakanal (siehe Dialog KANÄLE > Deckkraft **(3)**) hinzugefügt.

Ebenen hinzufügen bzw. anlegen

Duplikat einer Ebene
Ich empfehle vor größeren Eingriffen, Farbveränderungen etc., stets das Originalbild bzw. die zu bearbeitende Ebene zu duplizieren. So können Sie einerseits vergleichen und verfügen andererseits über eine Sicherheitskopie des ursprünglichen Bilds/der Ebene. Zum Duplizieren einer Ebene klicken Sie im Ebenendialog auf das Symbol mit den zwei Seiten **(3)** oder Sie klicken mit der rechten Maustaste auf die zu duplizierende Ebene (⇧ + Strg / ctrl + D).

Neue Ebene
Eine neue leere Ebene benötigen Sie, um beispielsweise darauf zu zeichnen. Auch hier gibt es mehrere Wege: Klicken Sie im Ebenendialog auf das Symbol mit dem einfachen Blatt **(4)** bzw. rechte Maustaste im Ebenendialog NEUE EBENE (⇧ + Strg / ctrl + N).

In diesem Dialog legen Sie Folgendes fest **(5)**:
1. Ebenenname: Bezeichnung der Ebene
2. Abmessungen der Ebene (Breite, Höhe): Die Maßeinheit ist im Pull-down-Menü verstellbar.
3. Ebenenfüllart: Legen Sie hier die Farbe für die
Ebene fest.

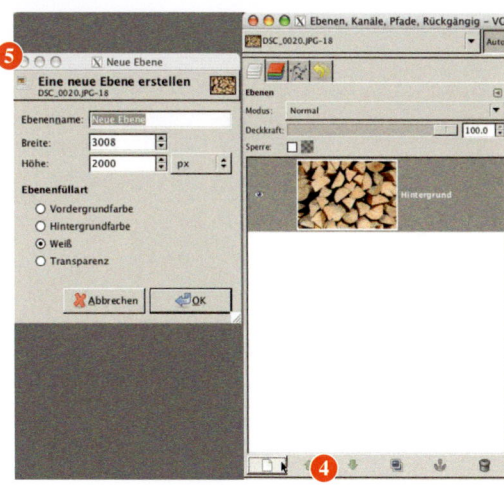

Nachdem Sie den Dialog mit OK
bestätigt haben, ist die neue Ebene im Ebenendialog sichtbar **(6)**.

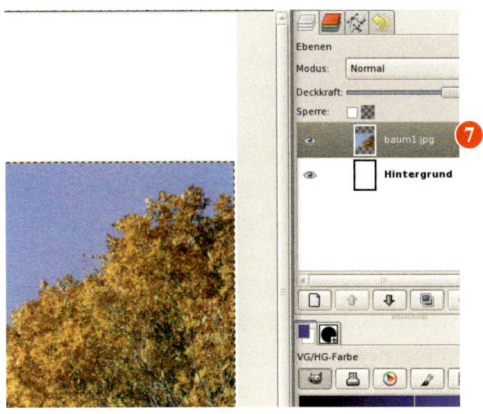

Als Ebene öffnen... Strg/ctrl+Alt+O

Die Ausgangssituation: Sie möchten in eine bereits
geöffnete Datei ein Foto einfügen – dann wählen Sie im
Bildfenster DATEI > ALS EBENE ÖFFNEN... oder drücken
Sie Strg/ctrl+Alt+O. Wählen Sie über den Dia-
log wie gewohnt die Datei aus und bestätigen Sie mit
ÖFFNEN.

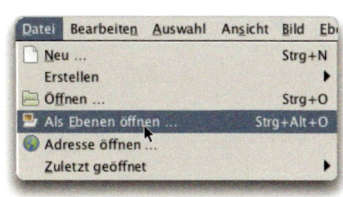

Die Datei (hier die Baumkrone) wird dabei als neue
Ebene abgelegt **(7)**.

Öffnen Sie über diesen Befehl eine XCF-Datei (oder
auch eine Photoshop-PSD-Datei), die bereits eigene
Ebenen enthält, werden diese alle importiert **(8)**.

Neben diesem Menübefehl kann eine Ebene einer Datei
auch mit der Maus in eine andere Datei gezogen werden. Lesen Sie dazu im Folgenden die Beschreibung:

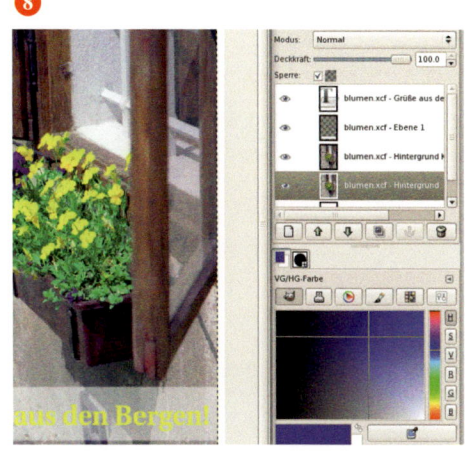

73

Ebene von einem anderen Bildfenster holen

Als Ausgangssituation haben Sie in einer Datei eine Ebene, die Sie in einer anderen Datei ebenfalls gut brauchen können, z.B. eine Textebene oder ein freigestelltes Objekt. In diesem Beispiel ist es der Gletscher **(A)**, der in das Bild im Hintergrund soll **(B)**. Dann ziehen Sie die Ebene der einen Datei in das Bildfenster der anderen. Ich erkläre es Ihnen hier Schritt für Schritt. Vorweg noch ein Hinweis: Achten Sie darauf, dass die beiden Dateien in den Abmessungen zueinander passen. So macht es keinen Sinn, eine 5000 x 4000 Pixel große Datei in eine 300 x 200 Pixel kleine Datei zu ziehen. Besser, Sie passen über BILD > BILD SKALIEREN vorher die Größe an. Betrachten Sie auch die Bilder in den gleichen Zoomstufen (siehe Statusleiste am unteren Bildfensterrand).

1. Öffnen Sie beide Dateien und ordnen Sie sie so an, dass die Datei, aus der Sie die Ebene holen möchten (Quelle), im Vordergrund liegt und die zweite Datei (Ziel) zwar dahinterliegt, aber das Fenster sichtbar ist.

2. Ziehen Sie **aus dem Ebenendialog** die Ebene der Quelldatei in das Bildfenster der Zieldatei: **(1)** + **(2)**.

3. Sobald Sie die Maustaste über der Zieldatei loslassen, wird die Ebene zentriert platziert. Die Ebene ist auch im Ebenendialog **(3)** abgebildet.

Neue Datei aus Ebene erstellen

Als Ausgangssituation haben Sie eine Datei mit mehreren Ebenen und Sie benötigen eine dieser Ebenen als neue Datei – in einem neuen Bildfenster. Nichts leichter als das in GIMP! Gehen Sie dazu wie folgt vor:

1. Klicken Sie im Ebenendialog auf die Ebene, halten Sie die Maustaste durchgehend gedrückt und ziehen Sie die Ebene direkt auf die Werkzeugleiste **(4)**.

2. Sobald Sie die Maustaste loslassen, wird die Ebene in einem neuen Bildfenster angezeigt. Speichern Sie dieses gegebenenfalls wie gewohnt ab.

NEU in 2.6

Neu aus Sichtbarem

Mit diesem Befehl legt GIMP automatisch aus allen sichtbar geschalteten Ebenen eine neue an. Zu finden im Kontextmenü des Ebenen-Dialogs (rechte Maustaste). Sehr praktisch, wenn Sie mit zahlreichen Hilfsebenen gearbeitet haben und nun mit dem Ergebnis daraus weiterarbeiten möchten, ohne die Hilfsebenen zu verlieren, wie das der Fall bei den im Folgenden angeführten Befehlen wäre:

Ebenen zusammenfügen (vereinen)

Um aus mehreren Ebenen eine zu machen, gibt es mehrere Befehle. Alle finden Sie, wenn Sie im Ebenendialog mit der rechten Maustaste klicken, bzw. auch im Menü BILD:

❶ NACH UNTEN VEREINEN: Damit verschmelzen Sie die aktuell markierte Ebene mit der direkt darunter befindlichen.

❷ SICHTBARE EBENEN VEREINEN ([Strg]/[ctrl]+[M]): Damit fügen Sie alle Ebenen zusammen, die Sie eingeblendet haben (👁).

❸ BILD ZUSAMMENFÜGEN: Damit werden alle Ebenen, unabhängig von ihrer Sichtbarkeit, zu einer Ebene verschmolzen und der Alphakanal entfernt.

Textebene

Wenn Sie einen Text auf Ihr Bild schreiben, legt GIMP automatisch eine neue Ebene – die Textebene (4) – dafür an. Die Textebene erkennen Sie im Ebenendialog an dem Symbol ⬚, was bedeutet, dass Sie jederzeit den Text weiterbearbeiten können (mehr zum Textwerkzeug siehe Seite 130) und er nicht gerastert ist (dann hätte er das übliche Ebenensymbol). Text ist zwischen den Buchstaben transparent, das ist besonders beim Verschieben der Textebene wichtig: Klicken Sie unmittelbar auf einen Buchstaben (5), sonst bewegen Sie eine darunterliegende Ebene (6), bzw. achten Sie bei den Werkzeugeinstellungen des VERSCHIEBEN-Werkzeugs ✛ darauf, dass die Option AKTIVE EBENE aktiviert ist (7).

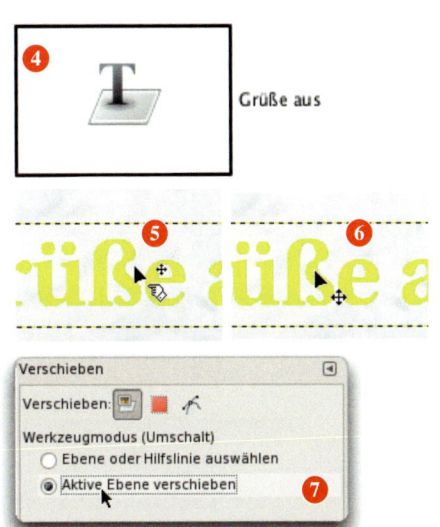

Grüße aus

Ebenen umbenennen

Sobald Sie eine neue Ebene angelegt haben, sollten Sie sie auch gleich umbenennen. Doppelklicken Sie dazu auf den Ebenennamen und überschreiben Sie die vorgeschlagene Bezeichnung.

Ebenenreihenfolge

Die Reihenfolge der Ebenen können Sie ganz leicht ändern, indem Sie sie im Ebenendialog mit gedrückter Maustaste verschieben (1) oder mit den Pfeilsymbolen hinauf- bzw. hinuntersortieren (2).
Achten Sie darauf, dass eine Ebene eine darunterliegende komplett abdecken kann und Letztere nicht mehr sichtbar ist.

Aktive Ebene

Die aktive Ebene ist die Ebene, auf der sich die verwendeten Befehle auswirken. Sie ist erkennbar an der farbigen Unterlegung (Markierung) im Ebenendialog und im Bildfenster am gelben Ebenenrahmen, den Sie über Ansicht > Ebenenrahmen anzeigen aus- bzw. einblenden. Achten Sie immer darauf, auf welcher Ebene Sie arbeiten! Häufig „tut sich nichts", weil Sie eine falsche, eventuell sogar darunterliegende, Ebene markiert haben und diese durch die darüberliegende einfach überdeckt wird.

Automatik – der „wirre" Ebenendialog (nur Mac)

Wenn Sie zwei (oder mehr) Dateien geöffnet haben, reagiert der Ebenendialog mitunter etwas „wirr": Einmal werden die Ebenen der einen Datei angezeigt und dann erscheinen scheinbar willkürlich wieder die der anderen Datei. Das liegt daran, dass die „Automatik"

eingeschaltet ist und GIMP automatisch den Ebenendialog wechselt, sobald die Maus eine der beiden
Dateien berührt hat – unabhängig davon, ob das Bildfenster eventuell sogar im Hintergrund liegt. Sobald
nur ein „Zipfelchen" des einen Bildfensters berührt
wird, wechselt der Ebenendialog seine Anzeige. Diese
Automatik können Sie über den Button Auto (3) – der
sich rechts oben im Ebenendialog befindet – aktivieren
bzw. deaktivieren. Bei deaktivierter Automatik wechselt die Anzeige des Ebenen-Dialogs über die Auswahl
im Pull-down-Menü (4).

Ebene löschen

Eine markierte Ebene löschen Sie, indem Sie auf das
Papierkorbsymbol, das sich rechts unten im Ebenendialog befindet, klicken (5). Oder: Sie ziehen die zu
löschende Ebene auf das Papierkorbsymbol.

Sichtbarkeit der Ebenen (Auge 👁)

Sie können eine Ebene ganz leicht ein- bzw. ausblen-
den, indem Sie das Augensymbol, das links vor jeder
Ebene steht, anklicken. Ist das Auge sichtbar – ist die
Ebene eingeblendet. Klicken Sie das Auge weg – ist die
Ebene ausgeblendet, aber nicht gelöscht.

Tipp

Mehrere Ebenen aus-/einblenden
Wenn Sie mehrere Ebenen gleichzeitig
ausblenden möchten, halten Sie beim
Klicken auf das Augensymbol ⇧
gedrückt. Dadurch werden jeweils alle
anderen Ebenen ausgeblendet bzw.
eingeblendet (je nach Status).

Ebenen verketten

Rechts vom Augensymbol der Ebene befindet sich ein zweites Kästchen. Wenn Sie dort hinklicken, erscheint das Glied einer Kette – damit verketten Sie Ebenen miteinander. Das benötigen Sie, um mehrere Ebenen gleichzeitig zu verschieben oder zu spiegeln. Zum Verschieben verwenden Sie das VERSCHIEBEN-Werkzeug (✥). Zum Aufheben der Verbindung klicken Sie auf die Kette, wodurch sie verschwindet.

Deckkraft

Über die Deckkraft regulieren Sie die Farbintensität einer Ebene. Markieren Sie die Ebene und verringern Sie die Deckkraft über den Schieberegler im Ebenendialog. Dabei gilt: 100 = volle Deckkraft, 0 = unsichtbar, also keine Deckkraft. Reduzieren Sie die Deckkraft einer Ebene, scheint die darunterliegende Ebene durch. Mit dieser einfachen Technik lassen sich interessante Effekte erzeugen. Es lohnt sich, damit zu experimentieren.

In diesem Beispiel links habe ich eine weiße Ebene hinter die Schrift gelegt (zur besseren Lesbarkeit) und dabei die Deckkraft verringert, wodurch das Bild darunter durchscheint.

Foto: photografin.at

Transparenz sperren

Unterhalb des Deckkraft-Schiebereglers finden Sie ein Optionskästchen zum Sperren der transparenten Bereiche einer Ebene. Wenn Sie dieses aktivieren, verhindern Sie ein Bearbeiten der transparenten Bereiche: So kann ich beispielsweise mit einem Klick den weißen Streifen aus dem vorherigen Beispiel umfärben – ohne die Transparenz zu verändern, indem ich die Option aktiviere und mit dem FÜLLWERKZEUG 🪣 auf die Ebene klicke.

Foto: photografin.at

Die Größe einer Ebene ändern

Es gibt drei Möglichkeiten, die Größe einer Ebene zu ändern, alle drei finden Sie im Kontextmenü des Ebenen-Dialogs, klicken Sie dazu mit der rechten Maustaste auf die jeweilige Ebene.

1. Ebene skalieren

Mit dem Befehl EBENE SKALIEREN **(A)** verändern Sie die Größe des Bilds der markierten Ebene – im Gegensatz zum Befehl EBENENGRÖSSE, wo Sie den Bereich um das Bild vergrößern. Legen Sie in dem Dialog **(1)** die neue Größe fest. In diesem Beispiel habe ich die Ebene stark verkleinert. Rundherum kommt nun die schwarze unterhalb liegende Ebene zum Vorschein.

2. Ebenengröße

Die Größe einer Ebene muss nicht unbedingt der des sichtbaren Bilds selbst entsprechen. Genauso wie Sie die Leinwandgröße ändern können, können Sie die Ebenenfläche auch vergrößern, einerseits um den bearbeitbaren Bereich des Bilds zu erweitern. Oder Sie haben eine neue Ebene in einer Bilddatei angelegt und zeichnen aber nur auf einem kleinen Teil der Ebene ein Objekt. Dann sollten Sie die Ebenengröße auf die Objektgröße reduzieren, da die Ebene dann viel leichter verschiebbar ist oder exakt mit anderen ausgerichtet werden kann. Nach Wahl des Befehls EBENENGRÖSSE... **(B)** öffnet sich ein Dialog **(2)**, wo Sie die neuen Maße eingeben (vgl. dazu auch *Leinwandgröße*, Seite 62). Der neue zusätzliche Bereich der Ebene wird mit der eingestellten Hintergrundfarbe (hier: Weiß) gefüllt, die Begrenzungen sind am gelben Ebenenrahmen **(3)** erkennbar. Zum Beschneiden einer Ebene auf die Bildbegrenzungen verwenden Sie den Menübefehl EBENE > AUTOMATISCH ZUSCHNEIDEN.

3. Ebene auf Bildgröße

Mit dem Befehl EBENE AUF BILDGRÖSSE **(C)** passen Sie den Ebenenbereich auf die Hintergrundebene an. Dieser Befehl ändert somit nicht das Bild selbst, sondern – wie im vorherigen Absatz zur EBENENGRÖSSE beschrieben – nur den Bereich der Ebene. Dieser Befehl ist z.B. wichtig, wenn Sie die Leinwand erweitert und dabei nicht die Ebenengröße mitangepasst haben (vgl. auch Seite 62).

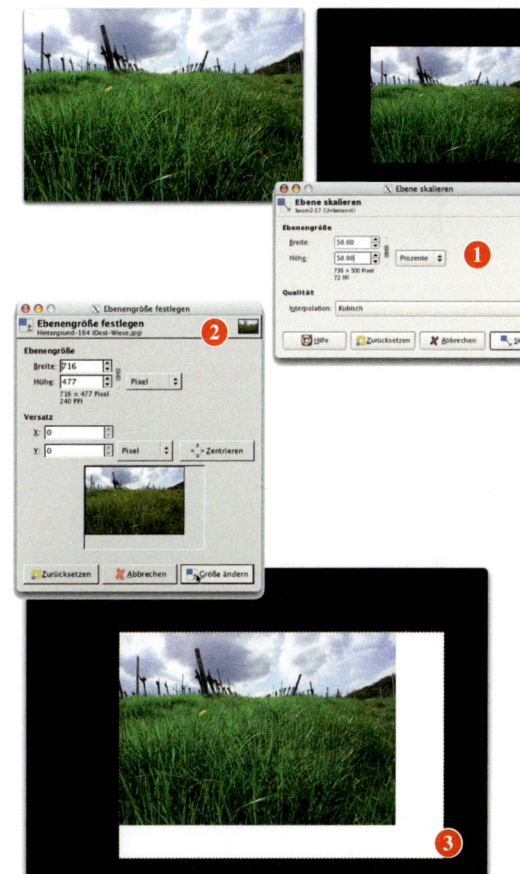

> **Hinweis**
>
> **Bildbereich gelöscht**
> Wenn Sie mit dem Befehl EBENEN-GRÖSSE die Ebene verkleinern, wird eventuell der vorhandene Bildbereich gelöscht (und nicht wie bei EBENE SKALIEREN einfach verkleinert)!

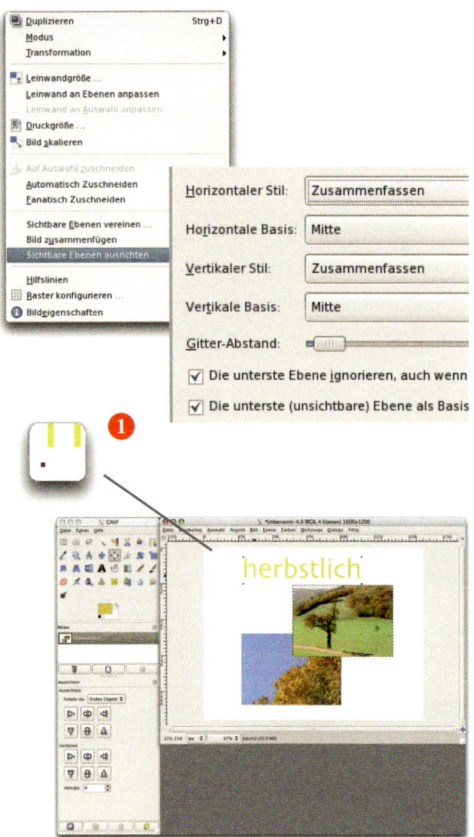

Ebenen ausrichten per Menübefehl

Um Ebenen auszurichten bzw. anzuordnen, wählen Sie BILD > SICHTBARE EBENEN ANORDNEN... Wie schon der Befehl sagt, funktioniert das nur mit sichtbaren Ebenen (👁).

Beispiel: Sie möchten ein Bild auf der Hintergrundebene vertikal und horizontal zentriert anordnen, dann wählen Sie die abgebildeten Einstellungen.

Ebenen ausrichten per Werkzeug

Eine einfachere Methode ist das Ausrichten mit dem AUSRICHTEN-Werkzeug ✛. Aktivieren Sie es und klicken Sie auf das Objekt, das Sie ausrichten möchten – die Markierung wird durch vier Eckpunkte angezeigt **(1)**. Zum Markieren weiterer Objekte klicken Sie diese mit gedrückter ⇧-Taste an. Oder:
Ziehen Sie mit gedrückter Maustaste aus der linken oberen Ecke über das Bildfenster. Alle innerhalb dieses Markierungsrahmens vollständig erfassten Objekte werden markiert **(2)**.

In den Werkzeugeinstellungen im Pull-down-Menü RELATIV ZU wählen Sie aus, an welchem Objekt ausgerichtet werden soll **(3)**:

- **Erstes Objekt:** Es wird an dem ersten markierten Objekt ausgerichtet. Falls nur ein Objekt markiert ist, wird an der Hintergrundebene ausgerichtet.
- **Bild:** Ausrichtung an der Hintergrundebene
- **Auswahl:** Ausrichtung an einer aktiven Auswahl
- **Aktive Ebene:** Ausrichtung an der im Ebenendialog markierten Ebene
- **Aktiver Kanal:** Ausrichtung an der Kanalmaske
- **Aktiver Pfad:** Ausrichtung am Pfad

Abhängig von der Richtung, in die ausgerichtet werden soll, klicken Sie auf die nach der Markierung aktiven Symbole.

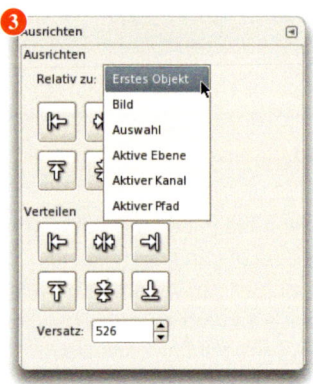

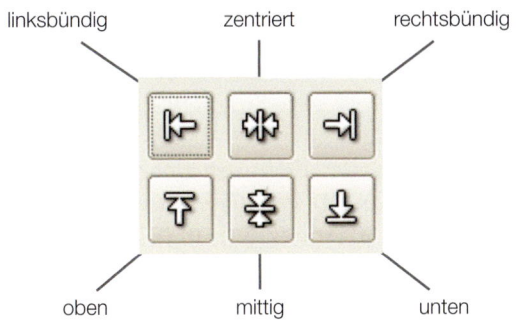

linksbündig   zentriert   rechtsbündig

oben   mittig   unten

Beispiele

Fotos: www.diereiter.at-photography

Ziel: Linksbündiger Text
Realisiert durch: nur Textebene markiert;
RELATIV ZU: ERSTES OBJEKT; linksbündig

Ziel: Text und Bild zentriert zur Hintergrundfläche.
Realisiert durch: Textebene und Foto markiert;
RELATIV ZU: BILD; zentriert

Ebenen verteilen

Das gleichmäßige Verteilen der Ebenen funktioniert
genauso wie das Ausrichten (siehe vorheriger Absatz)
– jedoch mit dem Unterschied, dass Sie den Versatz
angeben müssen.

In diesem Beispiel sollen alle drei Objekte den gleichen
Abstand zueinander haben. Der Versatz ist in diesem
Fall die Höhe eines Bilds („in diesem Fall" deshalb,
weil ich vertikal verteilen möchte; bei einer horizon-
talen Verteilung nehmen Sie die Breite) plus den
Abstand, der dazwischen liegen soll.

Ziel: Alle Bildebenen rechtsbündig
und gleichmäßig verteilt.
Realisiert durch: Alle drei Bilder
markiert; RELATIV ZU: ERSTES OBJEKT;
rechtsbündig; Vertikale Zentren
verteilt und Abstand von 240 px
eingetragen (bei 215 px Bildhöhe)

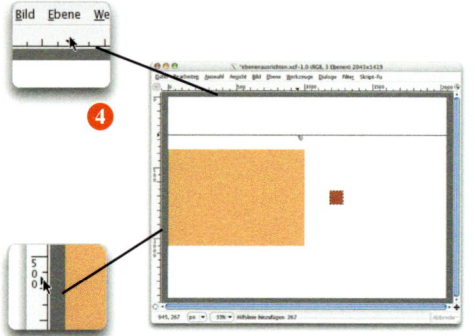

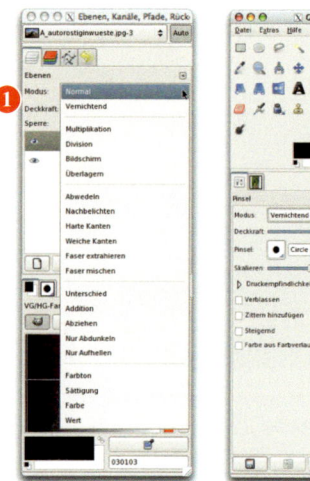

Ebenenmodus: Normal

Ebenenmodus: Vernichtend

Ebenenmodus: Multiplikation

Anordnen mit Hilfslinien

Noch eine Möglichkeit ist das Anordnen der Ebenen mit Hilfslinien.

Neue Hilfslinien ziehen Sie aus dem oberen oder linken Lineal (4) (falls nicht vorhanden: ANSICHT > LINEALE ANZEIGEN). Damit die Ebenen exakt an den Hilfslinien andocken, aktivieren Sie ANSICHT > MAGNETISCHE HILFSLINIEN. Verschieben Sie nun die Ebenen mit dem VERSCHIEBEN-Werkzeug ✛ und richten Sie sie an den Hilfslinien aus.

Ebenenmodus

Mit dem Ebenenmodus (1) bestimmen Sie die Art und Weise, wie die aktive Ebene die darunterliegenden Ebenen über-blenden soll. In GIMP gibt es 21 verschiedene Modi. Die Ebenen-modi stellen Sie auch bei den Eigenschaften der Malwerkzeuge (2) (da gibt es noch zwei zusätzliche Modi), bei den Kanälen bzw. mittels Ebenenmasken ein – die nachfolgenden Erläuterungen gelten für diese Einsatzbereiche gleichermaßen. Zahl-reiche Anwendungsbeispiele finden Sie im Tutorialteil.

> **Hinweis**
> Beachten Sie, dass Sie für den Einsatz eines Ebenenmodus mindestens zwei Ebenen benötigen.

Normal: Das ist die Standardeinstellung, die oberhalb liegende Ebene verdeckt die untere völlig.

Vernichtend: Bei dieser Überblendung werden halb-transparente Pixel zufällig über die darunter-liegenden Ebenen verteilt. Um diesen Modus zu testen, reduzieren Sie die Deckkraft der oberen Ebene und stellen den Ebenenmodus auf VER-NICHTEND. Probieren Sie diesen Modus auch mal zum Beispiel mit der Sprühpistole ✎ !

Multiplikation: Dabei werden die Farbwerte der bei-den Ebenen multipliziert und durch 255 dividiert. Dadurch wird das Bild dunkler; zum Aufhellen reduzieren Sie daher die Deckkraft der oberen Ebene. Damit können Sie Effekte erzielen, als würde man durch eine farbige Milchglasscheibe schauen. Der Modus funktioniert nicht mit Schwarz – das Ergebnis ist unverändert – oder Weiß – das Ergebnis bleibt weiß.

Division: Dabei werden die umgekehrten Farbwerte der oberen und unteren Ebene multipliziert. Das Ergebnis ist sehr hell und wirkt eher überbelichtet. Der Modus funktioniert nicht mit Schwarz – das Ergebnis ist wieder schwarz – oder Weiß – keine Veränderung.

Ebenenmodus: Division

Bildschirm: Dabei wird der Multiplikationsmodus invertiert – dadurch bleiben die Tiefen und Lichter der unteren Ebene erhalten. Der Effekt wirkt bei dunkleren Farben so, als hätte man zwei Dias übereinander projiziert. Der Modus funktioniert nicht mit Schwarz – das Ergebnis bleibt unverändert – oder Weiß – das Ergebnis bleibt weiß.

Ebenenmodus: Bildschirm

Überlagern: Dieser Modus ist eine Kombination aus MULTIPLIKATION und DIVISION, das Ergebnis ist abhängig von den Farben der oberen Ebene. Sind die Farben der oberen Ebene dunkler, verschieben sie die mittleren Werte der unteren Ebene zu dunklen Tönen – helle Bereiche verschieben die mittleren Werte zu helleren Tönen. Im Beispiel hat der obere Streifen **(1)** eine hellblaue Füllfarbe und der untere Streifen **(2)** wurde schwarz gefüllt.

Ebenenmodus: Überlagern

Abwedeln: Der Begriff stammt von der analogen Dunkelkammer, dabei wurde wirklich mit einem Karton gewedelt. Beim Modus ABWEDELN werden die Farben aufgehellt und Details aus schattigen Bereichen können sichtbar gemacht werden. Im Beispiel habe ich den Baum dupliziert und die obere Ebene bei reduzierter Deckkraft abgewedelt. Damit Sie den Unterschied sehen, habe ich die Ebene oben und unten beschnitten. Bei schwarzer Farbe bleibt der Untergrund übrigens unverändert, Weiß bleibt Weiß.

Ebenenmodus: Abwedeln

Nachbelichten: Umgekehrtes Abwedeln – die dunklen Bereiche werden hervorgehoben. Das Beispiel links habe ich genauso wie das Beispiel für Abwedeln aufgebaut. Bei weißer Farbe bleibt der Untergrund hier unverändert und Schwarz bleibt Schwarz.

Ebenenmodus: Nachbelichten

Ebenenmodus: Harte Kanten

Ebenenmodus: Weiche Kanten

Foto: photografin.at

1

2

Ebenenmodus: Faser extrahieren

Ebenenmodus: Faser mischen

Ebenenmodus: Unterschied

Harte Kanten: Dabei werden die hellen Farben stark aufgehellt und die Kanten betont. Das Ergebnis wirkt etwa so, als würde man das Bild mit einem kräftigen Scheinwerfer beleuchten. Das Beispiel ist genauso wie das Beispiel für Abwedeln aufgebaut. Bei Schwarz oder Weiß entsteht wiederum reines Schwarz oder Weiß.

Weiche Kanten: (Achtung, der Modus ist nicht das Gegenteil des zuvor beschriebenen Modus HARTE KANTEN!) Der Modus ähnelt dem ÜBERLAGERN und ist leider aufgrund eines Fehlers sogar in einigen GIMP-Versionen mit ihm identisch. Beim WEICHE KANTEN-Modus werden die Farben gedämpfter dargestellt.

Faser extrahieren (Grain Extract): „Grain-Extrakt" könnte man sehr direkt mit Körnungsentfernung übersetzen: Mit diesem Modus kann die Grobkörnigkeit eines Bilds auf eine extra Ebene extrahiert werden. Duplizieren Sie dazu das Original **(1)** und setzen Sie den Ebenenmodus auf GRAIN-EXTRAKT. Wenn Sie die originale Ebene ausblenden und eine weiße Ebene unter die neue Ebene einfügen, erhalten Sie das Ergebnis rechts **(2)**. Wenn Sie das mit einem sehr grobkörnigen Bild machen, kann das Bild durch die Verdopplung der Körnung wie eine Skulptur wirken.

Faser mischen (Grain Merge): Inverses FASER EXTRAHIEREN, oder direkt übersetzt Körnungsverschmelzung, das heißt, eine mit dem vorherigen Modus extrahierte Körnung wird dadurch mit der unterhalb liegenden Ebene verschmolzen.

Unterschied: Bei diesem Modus werden, grob gesagt, die Farben invertiert dargestellt. Die Farbwerte werden voneinander abgezogen – damit erscheint das Bild fast wie ein buntes Negativ. Im Beispiel setzte ich den Ebenenmodus des Bilds mit dem Herbstbaum auf UNTERSCHIED und es wird eine weiße Ebene (normal) darunter eingeblendet. Nützlich, um Deckungsgleichheit zu prüfen.

Addition: Dabei werden die Farbwerte addiert – das Bild wird heller. Im Beispiel habe ich den Herbstbaum dupliziert und die obere Ebene auf Addition gestellt.

Ebenenmodus: Addition

Subtraktion: Dabei werden die Farbwerte der oberen Ebene von der unteren Ebene subtrahiert – das Ergebnis ähnelt dem Modus UNTERSCHIED, wenn Sie die obere Ebene auf Subtraktion setzen und mit einer weißen Ebene mischen.

Nur Abdunkeln: Bei diesem Modus werden die Farbwerte der beiden Ebenen miteinander verglichen und der kleinere Wert wird übernommen, das heißt, das Ergebnis wird dunkler. Die Farbe Weiß bleibt weiß und Schwarz bleibt schwarz. Sehr geeignet zur Retusche glänzender Hautbereiche, siehe Tutorial *Glanzlichter kaschieren*, Seite 224.

Nur Aufhellen: Das Gegenteil des Modus ABDUNKELN: Die Farbwerte werden verglichen und die größeren Werte übernommen. Das Ergebnis ist aufgehellt. Schwarze bzw. weiße Farbe bleiben unverändert. Sehr geeignet bei Fotoretuschen, wo z.B. dunkle Augenringe aufgehellt werden sollen. Siehe Tutorials.

Farbton: Dabei wird die Luminanz (Helligkeit) der unteren Ebene mit der Sättigung (S = Saturation) der oberen Ebene vermischt, sprich, die Struktur bleibt erhalten.

Sättigung: Umgekehrter Farbtonmodus: Hier wird nun die Luminanz (Helligkeit) der oberen Ebene mit der Sättigung (S = Saturation) der unteren Ebene vermischt, die Struktur wird hier übertragen. Malen Sie mit Grau (Sättigung = null), ändert sich nichts.

Farbe: Bei diesem Modus wird die Sättigung der oberen Ebene mit der Luminanz (Helligkeit) der unteren Ebene überblendet.

Wert: Umgekehrter Modus FARBE: Bei diesem Modus wird die Luminanz (Helligkeit) der oberen Ebene mit der Sättigung der unteren Ebene überblendet.

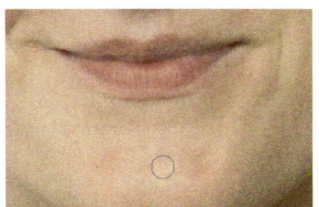

Ebenenmodus: Nur Abdunkeln

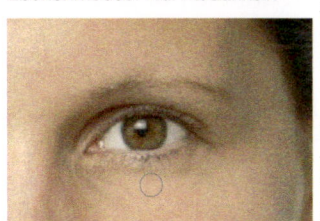

Ebenenmodus: Nur Aufhellen

Foto: Stefan Huger, www.studiohuger.at

Ebenenmodus: Farbton

Ebenenmodus: Sättigung

Ebenenmodus: Farbe

Ebenenmodus: Wert

85

Ebenenmasken

Genauso wie eine Faschingsmaske ein Gesicht verbirgt, decken Ebenenmasken Bildteile ab. Doch sie können weit mehr als nur das: Mit Ebenenmasken haben Sie eine wunderbare Möglichkeit, Bilder professionell miteinander zu kombinieren. Und sogar auch Auswahlen lassen sich damit machen.

Was sind Masken?

Eine Maske ist wie eine Folie, die Sie über ein Bild legen können. Je nach Farbe und Deckkraft, die die Folie aufweist, scheint das darunterliegende Bild unterschiedlich stark durch. Im Unterschied zur Ebenentechnik liegen Maske und Bild auf derselben Ebene. Beim Maskieren bearbeiten Sie nur den Teil des Bilds, den Sie nicht mit der Maske abgedeckt haben.

Masken werden verwendet, um zum Beispiel …

1. … nur einen Teil eines Bilds sichtbar zu machen und den Rest abzudecken, ohne diesen jedoch löschen zu müssen; mit dieser Technik erstellen Sie zum Beispiel auch Fotocollagen.

2. … eine Auswahl für eine Ebene zu erstellen und diese Auswahl zu bearbeiten.

3. … DRI-Bilder zu erstellen (siehe Tutorial Seite 290).

Wenn Sie mit Masken arbeiten, bearbeiten Sie nicht das echte Bild, sondern die Maske. Erst mit dem Befehl EBENENMASKE ANWENDEN übertragen Sie die Arbeiten von der Maske auf das Bild.

Bevor es losgeht

Bevor ich Ihnen hier schrittweise die Ebenenmasken erkläre, müssen Sie noch erfahren, was ein Alphakanal ist.

Alphakanal

Jedes Bild hat auf Basis seines zugrundeliegenden Farbmodells Farbkanäle. Diese werden im Kanäledialog abgebildet (Rot, Grün, Blau). Mehr zu den Kanälen finden Sie im gleichnamigen Kapitel, Seite 140. Um die Transparenz eines Bilds abzubilden, gibt es den Alphakanal. Die Hintergrundebene hat – da sie ja standardmäßig über keine Transparenz verfügt – keinen Alphakanal.

Möchten Sie die Hintergrundebene transparenzfähig machen, fügen Sie ihr mittels rechter Maustaste im Ebenendialog über ALPHAKANAL HINZUFÜGEN diesen hinzu. Der Alphakanal ist unter der Bezeichnung DECKKRAFT im Kanäledialog abgebildet. Beim Alphakanal steht die Farbe Weiß für volle Deckkraft und Schwarz für volle Transparenz, Graustufen sind halbtransparente Pixel.

Nochmals im Überblick

• Weiß = volle Deckkraft, Pixel voll sichtbar
• Schwarz = volle Transparenz, Pixel nicht sichtbar

Wie funktionieren die Ebenenmasken?

Zum Probieren bereiten Sie sich am besten eine Datei mit zwei Bildebenen vor. Um einer Ebene eine Ebenenmaske hinzuzufügen, klicken Sie im Ebenendialog mit der rechten Maustaste auf die Ebene und wählen Sie EBENENMASKE HINZUFÜGEN.

Achtung! Sie können nur bei Bildern mit einem Alphakanal die Maske aktivieren. Wenn der Befehl EBENENMASKE HINZUFÜGEN ausgegraut ist, dann müssen Sie der Ebene noch mittels rechter Maustaste einen ALPHAKANAL HINZUFÜGEN.

Im Dialog wählen Sie aus, mit welcher Eigenschaft die Ebenenmaske angelegt werden soll.

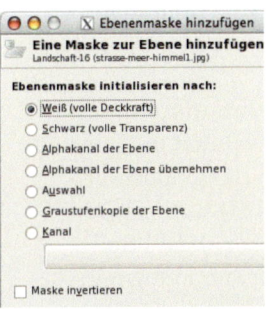

Weiß = volle Deckkraft oder besser: keine Transparenz. Sie sehen das Bild vollständig durch die Maske hindurch **(1)**.

Schwarz = volle Transparenz. Die Ebene, auf der diese Maske abgelegt wird, wird transparent dargestellt, das heißt, Sie sehen entweder ein Schachbrettmuster oder die darunterliegende Ebene voll durch **(2)**.

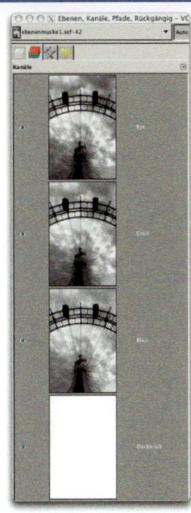
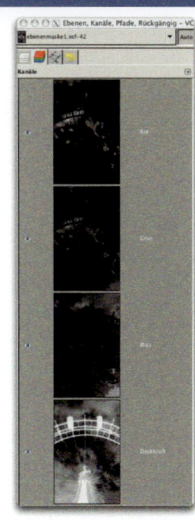

Linke Abb.: Der weiße Alphakanal zeigt, dass das Bild über keine transparenten Bereiche verfügt. Rechte Abb.: Weiße Farbbereiche des Bilds wurden mit dem Befehl FARBE > FARBE ZU TRANSPARENZ transparent gesetzt – beachten Sie bitte nun hier den Alphakanal.

Foto: photografin.at

88

Alphakanal der Ebene: Dabei holt sich die Maske die Informationen über ihre Deckkraft aus dem Alphakanal der Ebene. Transparente Pixel bleiben transparent und nichttransparente bleiben nichttransparent. In diesem Beispiel (3) ersetzte ich bei der oberen Ebene weiße Farbbereiche durch Transparenz (FARBE > FARBE ZU TRANSPARENZ) und darunter legte ich ein zweites Bild.

Alphakanal der Ebene übernehmen: Das sichtbare Ergebnis ist identisch mit der vorherigen Einstellung. Technisch wird hier jedoch der Alphakanal in die Ebenenmaske übernommen und im Kanäledialog wird der Alphakanal auf die volle Deckkraft zurückgesetzt (4) und nicht wie im vorherigen Beispiel gelassen (5). Sprich, wenn Sie hier die Ebenenmaske löschen, gibt es keine Informationen mehr über die Transparenz.

Auswahl: Erstellen Sie eine Auswahl. Durch das Hinzufügen der Ebenenmaske bleiben nur noch jene Bereiche sichtbar (weiß), die sich innerhalb der Auswahl befanden. Und analog dazu werden durch die Ebenenmaske jene Bereiche der aktiven Ebene abgedeckt, die nicht ausgewählt waren. Wie in diesem plakativen Beispiel (6) gut erkennbar: Ich habe eine rechteckige Auswahl innerhalb des Bilds aufgezogen und dann die Ebenenmaske über AUSWAHL hinzugefügt. Alles, was sich innerhalb der rechteckigen Auswahl befindet, ist sichtbar. Durch die nicht ausgewählten Bereiche sieht man die unterhalb positionierte pinkfarbene Ebene.

Graustufen-Kopie der Ebene: Dabei wird die aktuelle Ebene in ein Graustufenbild umgewandelt und sie dient als Basis für Transparenz und damit Deckkraft der Ebenenmaske. Im Beispiel (7) habe ich das Bild mit den nun transparenten Teilen abgebildet und bei (8) eine schwarze Ebene darunter eingezogen. Das Bild wirkt dadurch deutlich düsterer. Die Graustufenmaske verwenden wir in GIMP, um DRI-Bilder zu erstellen, siehe Tutorial Seite 290.

Kanal: Hier holt sich die Ebenenmaske die Information über Transparenz und Deckkraft aus einer Auswahl-maske (Kanal) **(9)**. Die Auswahlmasken finden Sie im Kanäledialog, mehr dazu siehe Seite 118.

Maske invertieren: Dabei wird invertiert – Weiß bedeutet dann volle Transparenz, Schwarz volle Deckkraft.

Die Ebenenmaske wird als zweite Miniatur rechts von der Ebenenminiatur hinzugefügt. Die Ebenenmaske können Sie auch mit diversen Malwerkzeugen (Pinsel, Sprühwerkzeug etc.) bearbeiten **(10)**. Dabei gilt, wie gehabt: Alles, was Sie mit weißer Farbe auf der Maske bearbeiten, bedeutet volle Transparenz. Mit Schwarz decken Sie die Bereiche ab.

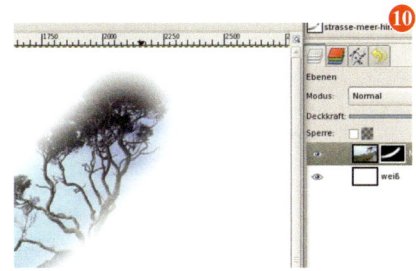

Bildkompositionen mit dem Verlaufswerkzeug

Sie können mit einem Schwarzweißverlauf auf der Maske eine gekonnte Bildkomposition erzeugen. Hier habe ich aus den beiden Bildern **(11 + 12)** eine Kompo-sition mit einem weichen Übergang **(13)** erzeugt, indem ich der oberen Ebene eine Ebenenmaske hinzufügte und über die Ebenenmaske einen Verlauf von Schwarz nach Weiß zog. Probieren Sie auch Graustufen! Mehr zum *Farbverlauf*, siehe Seite 148.

Beachten Sie bitte beim Arbeiten auf Ebenenmasken, dass Sie auch wirklich die Maske und nicht das Bild markiert haben. Die aktuelle Markierung ist leicht erkennbar an der weißen Umrahmung um die Miniatur und am grünen Rahmen im Bildfenster.

89

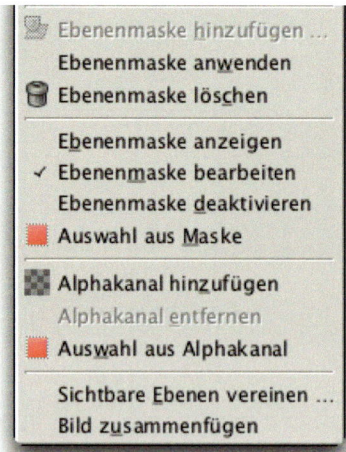

Ebenenmaske anwenden

Um die Arbeiten auf der Ebenenmaske auf das Bild zu übertragen – sprich die Transparenzen –, klicken Sie mit der rechten Maustaste auf die Ebenenmaske und wählen Sie EBENENMASKE ANWENDEN. Dadurch verschmelzen Bild und Ebenenmaske zu einem Ergebnis und verborgene Pixel werden endgültig gelöscht.

Ebenenmaske löschen

Um die Ebenenmaske zu löschen, klicken Sie mit der rechten Maustaste auf die Ebenenmaske und wählen den Befehl EBENENMASKE LÖSCHEN. Die Arbeiten auf der Ebenenmaske haben somit keinen Einfluss auf das Bild.

Ebenenmaske anzeigen

Mit diesem Befehl blenden Sie die Schwarzweißdarstellung der Ebenenmaske im Bildfenster ein – hier der Verlauf für die Bildkombination auf Seite 89. Die Miniatur der Ebenenmaske wird grün umrahmt. Zum Deaktivieren klicken Sie erneut auf den Befehl. Diesen Befehl können Sie auch durch Klicken auf die Ebenenmaske mit gedrückter Alt -Taste aktivieren bzw. deaktivieren.

Wechseln zwischen Maske und Bild

Sie arbeiten bei aktiver Ebenenmaske immer auf der Maske, nie auf dem Bild direkt. Sie können jedoch hin- und herwechseln, dazu brauchen Sie nur die jeweiligen Miniaturen anzuklicken – oder Sie verwenden den Befehl EBENENMASKE BEARBEITEN im Kontextmenü. Ob Maske oder Bildebene aktiv sind, erkennen Sie an dem weißen Rand im Ebenendialog. Und im Bildfenster am gelben Rahmen (Bildebene) bzw. grünen Rahmen (Ebenenmaskte).

Ebenenmaske deaktivieren

Um die Ebenenmaske temporär auszublenden und damit das Bild vollständig zu sehen, klicken Sie im Ebenendialog mit gedrückter Strg / ctrl -Taste auf die Miniatur der Ebenenmaske oder verwenden Sie den Befehl EBENENMASKE DEAKTIVIEREN aus dem Kontextmenü bzw. Sie finden den Befehl auch im Menü EBENE > MASKE. Eine deaktivierte Ebenenmaske erkennen Sie am roten Rahmen rund um die Miniatur. Zum Wiedereinblenden wiederholen Sie den Befehl.

Auswahl aus Maske

Um eine Auswahl aus der Ebenenmaske zu erzeugen, klicken Sie mit der rechten Maustaste auf die Maske und wählen den Befehl AUSWAHL AUS MASKE aus dem Kontextmenü bzw. Sie finden den Befehl auch im Menü EBENE > MASKE. Dabei wird ausgewählt, was als weiße Farbe auf der Ebenenmaske abgebildet ist. Graue Farbe wird weich ausgewählt und schwarze gar nicht.

Grundlegende Auswahltechniken

Rechteckige und runde Auswahl, Freihand-Auswahl, Auswahl nach Farbe und die magnetische Schere – das sind die Werkzeuge, um einfache Auswahlen vorzunehmen.

Hinweis
Mikroauswahl
Falls Sie einen Befehl anwenden möchten und GIMP reagiert scheinbar nicht darauf, dann kann es daran liegen, dass Sie unbeabsichtigt eine Miniauswahl getroffen haben. Wählen Sie AUSWAHL > NICHTS AUSWÄHLEN oder ⇧ + Strg / ctrl + A.

Tipp
Rechteck & Ellipse Zentrum
Seit GIMP 2.6 wird beim Ziehen einer rechteckigen oder elliptischen Auswahl das Zentrum durch ein Fadenkreuz angezeigt. Dieses dockt auch an Hilfslinien an (wenn MAGNETISCHE HILFSLINIEN aktiviert sind).

Was ist eine Auswahl?

Eine Auswahl ist wie eine Markierung: Wenn Sie einen Befehl anwenden, betrifft dieser Befehl nur die ausgewählten – selektierten – Teile eines Bilds. Egal, ob Sie beispielsweise etwas kopieren, die Farbwerte verändern, die Helligkeit reduzieren etc. – alles betrifft dann nur die Auswahl. Sie reduzieren praktisch die Befehle auf einen bestimmten Bereich. Die Auswahl erkennen Sie an dem gestrichelten, sich langsam bewegenden Rahmen („laufende Ameisen").

Wichtig wird eine Auswahl auch, wenn Sie Teile eines Bilds in einem anderen Bild verwenden wollen und auf einen anderen Hintergrund platzieren möchten. Dazu müssen Sie das Objekt (z.B. die Person) selektieren (auswählen) und vom originalen Hintergrund loslösen (ausschneiden). Diesen Vorgang nennt man Freistellen.

Es existieren verschiedene Techniken, wie Sie eine Auswahl vornehmen können. Und es gibt keine wirklichen Vorgaben oder Regeln diesbezüglich. Es obliegt einerseits der farblichen Umgebung des auszuwählenden Objekts und andererseits Ihrer Fingerfertigkeit und Ihrer persönlichen Präferenzen, welches Auswahlwerkzeug Sie für eine bestimmte Aufgabe bevorzugen.

Rechteckige & elliptische Auswahl

Sie wollen zum Beispiel ein Rechteck zeichnen und dieses mit Farbe füllen. Dafür benötigen Sie also eine rechteckige Auswahl. Gehen Sie dazu wie folgt vor:

1. Legen Sie eine neue Datei an, DATEI > NEU, und auch gleich eine neue transparente Ebene (jeder Arbeitsschritt sollte auf einer neuen Ebene erfolgen): EBENE > NEUE EBENE.

2 Für die rechteckige Auswahl klicken Sie im Werkzeugkasten auf das erste Werkzeug, das rechteckige Auswahlwerkzeug.

3. Ziehen Sie mit gedrückter Maustaste auf der neuen Ebene ein Rechteck auf **(1)**. Die exakte Größe der Auswahl und das Verhältnis von Breite zu Höhe sehen Sie in der Statusleiste (eingekreist).

4. Zum Einfärben wählen Sie eine Vordergrundfarbe, und wählen Sie BEARBEITEN > MIT VORDERGRUND-FARBE FÜLLEN oder drücken Sie Strg / ctrl +,.

5. Heben Sie die Auswahl auf: Wählen Sie AUS-WAHL > NICHTS AUSWÄHLEN oder drücken Sie ⇧ + Strg / ctrl + A **(2)**.

Zum Erzeugen einer Ellipse gehen Sie genauso vor.

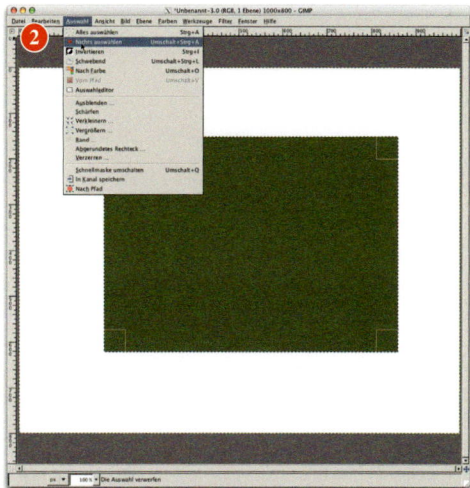

Auswahlen verändern

Eine einmal erzeugte Auswahl können Sie – solange sie aktiv ist – verändern. Beachten Sie bitte, dass die Veränderungen der Auswahl von den Werkzeugeinstellungen abhängig sind (siehe nächster Absatz).

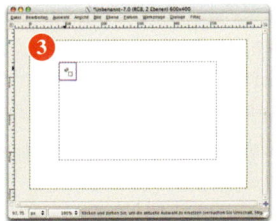

Positionieren Sie den Mauspfeil in die Ecken, klicken und ziehen Sie, um die Auswahl in der Breite bzw. Höhe zu verändern **(3)**.

Positionieren Sie die Maus an den Seiten zwischen den Ecken,

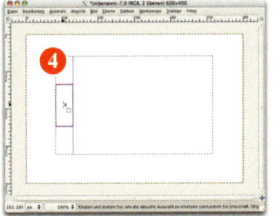
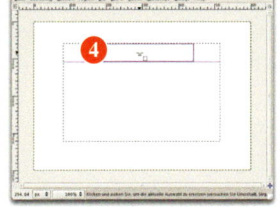

klicken und ziehen Sie, um die Auswahl nur in der Höhe bzw. Breite zu verändern **(4)**.

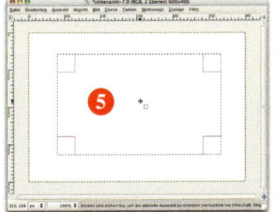

Klicken Sie die Auswahl in der Mitte an und verschieben Sie sie **(5)**.

Tipp
Quadrat & Kreis
Für ein Quadrat oder einen Kreis halten Sie beim Ziehen der Auswahl die ⇧ -Taste gedrückt.
Um die Auswahl vom Mittelpunkt aufzuziehen, halten Sie die Strg / ctrl -Taste gedrückt.

Die Werkzeugeinstellungen für Auswahlwerkzeuge

Sie finden im Folgenden die Werkzeugeinstellungen für die rechteckige und die elliptische Auswahl beschrieben. Zum Teil gelten diese auch für die anderen Auswahlwerkzeuge (Lasso, Zauberstab, nach Farbe auswählen etc.) – entnehmen Sie diese bitte dann auch dieser Beschreibung.

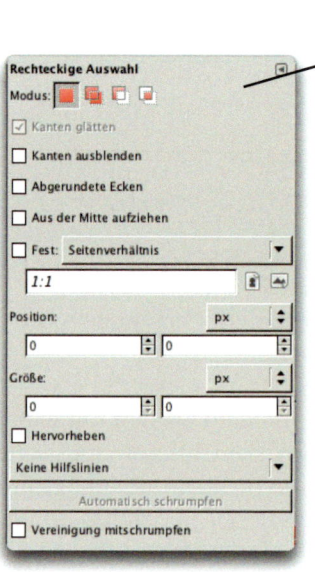

Modus

Der Modus bestimmt, was passieren soll, wenn Sie zu einer bereits bestehenden Auswahl eine zweite Auswahl aufziehen.

❶ **Ersetzen, Standardeinstellung:** Die zweite Auswahl ersetzt die erste. Die erste Auswahl wird aufgehoben, Sie erzeugen mit der zweiten daher eine neue Auswahl.

❷ **Hinzufügen:** Die zweite Auswahl wird der ersten hinzugefügt. Das Gleiche erreichen Sie, indem Sie beim Aufziehen der zweiten Auswahl die ⇧-Taste gedrückt halten.

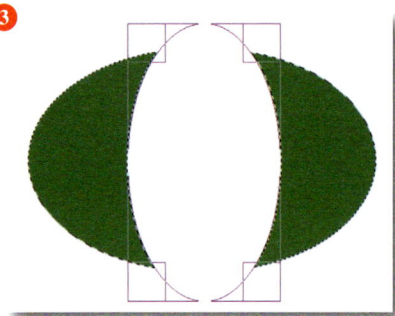

❸ **Abziehen:** Die neue Auswahl wird von der vorherigen Auswahl abgezogen. Dazu muss die zweite Auswahl natürlich die erste teilweise überlagern. Das Gleiche erreichen Sie, indem Sie beim Aufziehen der zweiten Auswahl die Strg/ctrl-Taste gedrückt halten.

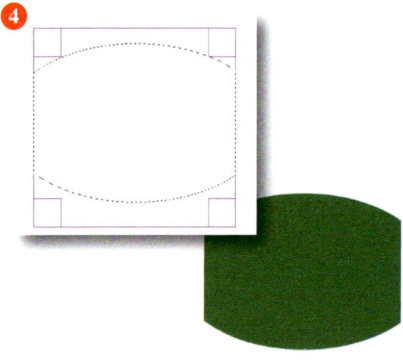

❹ **Schnittmenge:** Aus der ersten und der zweiten Auswahl wird die gemeinsame Fläche gesucht (Schnittmenge), diese bleibt nach dem Aufziehen der zweiten Auswahl übrig. Auch hier gilt: Dazu muss die zweite Auswahl natürlich die erste irgendwo überschneiden.

Kanten glätten

Die Kantenglättung, auch Antialiasing genannt, reduziert bei einer Auswahl die Treppenbildung und lässt daher die Auswahl glatter erscheinen. Diese Option hat bei geraden Kanten keine Auswirkung und wird daher nur zusammen mit dem Befehl ABGERUNDETES RECHTECK (siehe weiter unten) aktiv.

Kanten ausblenden

Mit KANTEN AUSBLENDEN endet die Auswahl nicht exakt an der Begrenzung, sondern es entsteht ein weicher Übergang nach außen. Je höher Sie den Radius einstellen, desto ungenauer und verschwommener wird die Auswahlkante. Falls Sie vergessen haben, die Kanten vor dem Aufziehen der Auswahl auszublenden, holen Sie dies über AUSWAHL > AUSBLENDEN nach.

Abgerundetes Rechteck

Diese Option rundet die Ecken der rechteckigen Auswahl ab. Den RADIUS der Abrundung stellen Sie über den nun sichtbaren Schieber unterhalb der Option ein. Je höher der Radius, desto runder wird das „Rechteck".

Aus der Mitte aufziehen

Beim Aufziehen des Auswahlrahmens wird in der Mitte begonnen und nach außen hin vergrößert.

Fest

Damit fixieren Sie die Auswahl abhängig von Ihrer Auswahl im Pull-down-Menü:

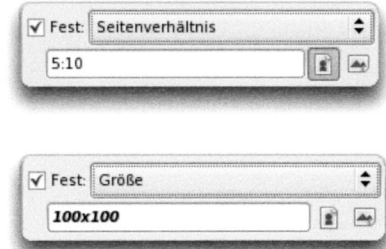

Seitenverhältnis: Mit diesem Befehl können Sie die Auswahl in einem fixen Seitenverhältnis aufziehen, vergrößern oder verkleinern.

Breite/Höhe/Größe: Damit legen Sie eine fixe Breite, Höhe bzw. Größe fest – die Auswahl ist nur noch in der Höhe oder Breite bzw. gar nicht mehr veränderbar. Die gewünschten Maße geben Sie bitte unterhalb in die Textleiste ein.
Achtung: Die Eingaben in der Textleiste haben nur Auswirkungen, wenn Sie FEST aktiv haben!

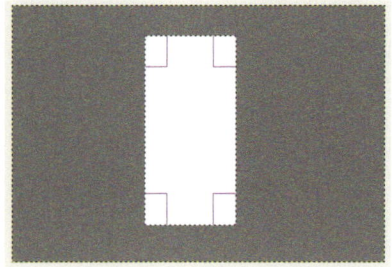

Hervorheben
Damit wird der ausgewählte Bereich hell und der nicht ausgewählte Bereich dunkler dargestellt.

Position
Abstand der Auswahl vom linken bzw. oberen Bildrand. Eigene Eingaben sind hier natürlich möglich.

Größe
Die Breite bzw. Höhe der Auswahl in Pixel – auch hier sind eigene Eingaben möglich.

Keine Hilfslinien/Mittellinien/Drittregel/ Goldener Schnitt
Damit blenden Sie innerhalb der Auswahl diverse Hilfslinien ein. Sehr nützlich!

Auswahl automatisch schrumpfen
Dabei wird eine aufgezogene Auswahl um ein Objekt automatisch auf die Begrenzungen des Objekts verkleinert.

Vereinigung mitschrumpfen
Alle auf sichtbar gestellten Ebenen werden zugeschnitten.

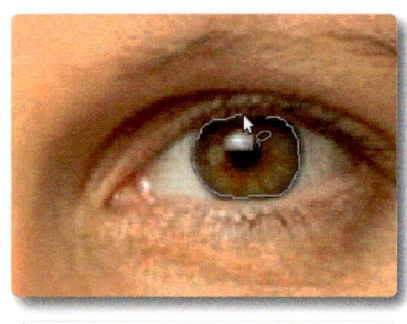

Freie Auswahl

Mit der FREIEN AUSWAHL (oft auch „Lasso" genannt) erstellen Sie eine beliebige Auswahlform. Fahren Sie mit gedrückter Maustaste um das auszuwählende Objekt. Sobald Sie die Maustaste loslassen, wird die Auswahl geschlossen.

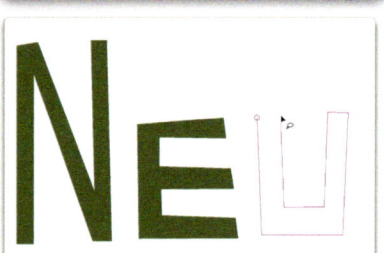

Neu in GIMP 2.6 ist, dass Sie damit auch polygone Auswahlen erzeugen können.

NEU in 2.6

Durch Klick setzen Sie Punkte, die miteinander verbunden werden, durch Klick auf den Anfangspunkt bzw. Doppelklick schließen Sie die Auswahl. Mit [Entf] löschen Sie einen gerade gesetzten Punkt. Sie können aber auch die Standardfunktion der Freihandauswahl mit der neuen Funktionalität in einer Auswahl mixen.

Zauberstab

Mit dem ZAUBERSTAB wählen Sie nach einem Klick ins
Bild ähnliche Bereiche rund um den Klick aus. Im Ge-
gensatz zum nächsten Werkzeug BEREICH NACH FARBE
WÄHLEN beschränkt sich die Auswahl auf benachbarte
Bereiche.

Der Einsatz des ZAUBERSTABS ist vor allem dann sinnvoll, wenn Sie Bereiche eines Fotos haben, die optisch
stark begrenzt sind, zum Beispiel ein Himmel. In dem
Foto rechts wurde der Himmel durch einen Klick
darauf ausgewählt (Schwelle: 30). Nun erhöhen Sie
beispielsweise die Sättigung über FARBEN > FARBTON /
SÄTTIGUNG, damit der Himmel freundlicher wirkt.

Foto : Helmer

Werkzeugeinstellungen
Die folgenden Optionen ergänzen die Optionen, die
bereits zu Beginn dieses Abschnitts erklärt wurden,
siehe Seite 94.

Transparente Bereiche auswählen: Damit wählen Sie
    auch transparente Pixel mit dem Zauberstab aus.

Schwelle: Damit wird die Auswahl erweitert – sprich
    die Toleranz des Werkzeugs wird erhöht und mehr
    Pixel mit ähnlicher Farbe werden aufgenommen. Sie
    können den Schwellenwert auch erhöhen, indem
    Sie beim Klicken auf den Bereich die Maustaste
    gedrückt halten und nach unten oder oben ziehen.
    Probieren Sie es aus!

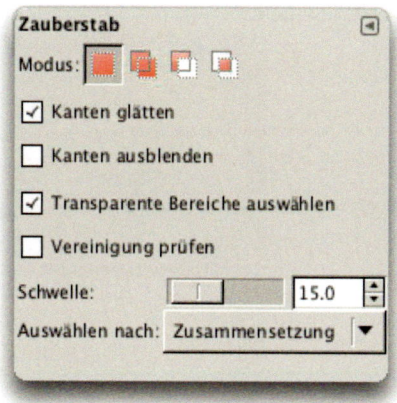

Auswählen nach: Hiermit bestimmen Sie, nach wel-
    chen Farbkriterien die Auswahl erfolgen soll.
    Zusammensetzung: Nimmt die Farben in ihrer
    Gesamtheit.
    Rot/Grün/Blau: Die Selektion erfolgt nach roten,
    grünen bzw. blauen Farben.
    Farbton: Ähnliche Farbtöne werden ausgewählt.
    Sättigung: Farben mit ähnlicher Sättigung werden
    ausgewählt.
    Wert: Farben mit ähnlichen Werten werden aus-
    gewählt.

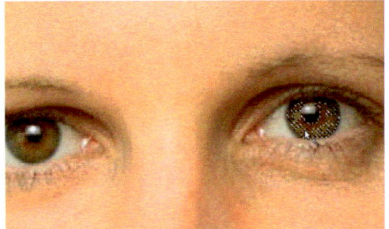

Auswahl mit dem Zauberstab: Es sind nur Bereiche des linken Auges selektiert.

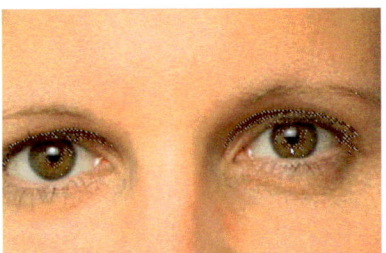

Mit dem Befehl Bereich nach Farbe wählen wurden Farbtöne bei beiden Augen selektiert.

Abhängig von der Auswahl und der zugrunde liegenden Farbe verändern Sie die Werkzeugeinstellungen entsprechend. Wenn Sie beispielsweise eine sehr kleine und exakte Auswahl erzeugen müssen, verringern Sie den Schwellwert.

Nach Farbe auswählen

Dieses Werkzeug funktioniert ähnlich wie der Zauberstab, nur dass hier ähnliche Farben über das gesamte Bild hinweg ausgewählt werden und nicht nur benachbarte Pixel, wie es der Zauberstab macht. Die Werkzeugeinstellungen lesen Sie bitte beim *Zauberstab* nach, Seite 97.

Magnetische/intelligente Schere

Die intelligente oder magnetische Schere ist besonders geeignet, um Objekte auszuwählen, die sich durch eine Kante stark von der Umgebung abgrenzen. Aktivieren Sie die Schere und klicken Sie damit entlang der Kante. Mit jedem einzelnen Klick wird ein Punkt erzeugt und mit einer Linie mit dem vorherigen Punkt verbunden. Wenn Sie bei den Werkzeugeinstellungen Interaktive Begrenzung anzeigen aktiviert haben, erscheint die Linie sofort entlang der Objektkante **(1)**.

Sollte die Linie der Schere sich einmal nicht direkt an die Objektkante legen, ist die Auswahl nicht optimal und Sie können den Punkt mit der Maus verschieben und damit korrigieren **(2)**.

Am Ende klicken Sie auf den Anfangspunkt, um die Auswahl zu schließen **(3)**.

Nun klicken Sie einmal in das Objekt hinein, das Sie umrundet haben. Dadurch wird aus den Punkten und Linien die gewohnte Auswahlkante (laufende Ameisen) **(4)**.

1

2

3

Mit der Auswahl verfahren Sie wie gewohnt. Kopieren Sie z.B. mit einer ausgeblendeten Kante von 2 den Apfel auf eine eigene Ebene, fügen Sie darunter eine neue Ebene ein und färben Sie diese z.B. mit einem sanften Verlauf von Hellgrau bis Weiß.

Auswahl auf neue Ebene

Zum Bearbeiten einer Auswahl ist es meist besser, diese auf eine neue Ebene zu stellen – so behalten Sie das Original immer im Hintergrund. Das erreichen Sie, indem Sie die Auswahl kopieren und als neue Ebene einfügen. Gehen Sie dazu wie folgt vor:

1. Erstellen Sie eine Auswahl.

2. Wählen Sie Auswahl > Schwebend ($\boxed{\Uparrow}$+$\boxed{\text{Strg}}$/$\boxed{\text{ctrl}}$+$\boxed{\text{L}}$).

    Oder Sie nehmen den klassischen Weg: Drücken Sie $\boxed{\text{Strg}}$/$\boxed{\text{ctrl}}$+$\boxed{\text{C}}$ zum Kopieren oder wählen Sie Bearbeiten > Kopieren und anschließend drücken Sie $\boxed{\text{Strg}}$/$\boxed{\text{ctrl}}$+$\boxed{\text{V}}$ zum Einfügen oder wählen Bearbeiten > Einfügen.

Im Ebenendialog finden Sie nun die neue Ebene als Schwebende Auswahl eingefügt. Was das ist, erfahren Sie im folgenden Absatz.

„GIMP-Spezialität": schwebende Auswahl

Die kopierte und wieder eingefügte Auswahl ($\boxed{\text{Strg}}$/$\boxed{\text{ctrl}}$+$\boxed{\text{C}}$, $\boxed{\text{Strg}}$/$\boxed{\text{ctrl}}$+$\boxed{\text{V}}$) wird in GIMP als Schwebende Auswahl quasi als temporäre Ebene eingefügt. Diese ist als solche nicht bearbeitbar. Sie haben zwei Möglichkeiten, was Sie mit der Schwebenden Auswahl machen können:

1. Sie verankern die Schwebende Auswahl mit einer neuen Ebene. Dazu klicken Sie im Ebenendialog auf die neue Ebene (1) oder wählen Ebene > Neue Ebene. Damit ist die kopierte und eingefügte Auswahl auf einer eigenen Ebene bearbeitbar.

99

Nun befindet sich die Auswahl auf einer eigenen Ebene und steht zur weiteren Bearbeitung zur Verfügung **(2)**.

2. Variante: Sie verankern die schwebende Auswahl mit der darunterliegenden Ebene, das heißt, Sie verschmelzen die Auswahl erneut mit der Ebene, aus der sie ausgewählt und kopiert wurde. Dazu klicken Sie im Ebenendialog auf den Anker **(3)** oder wählen EBENE > EBENE VERANKERN (Strg / ctrl + H). Das Verankern mit der selben Ebene wird beim Einfügen auf eine Ebenenmaske der Ebene gern verwendet.

Auswahl nachziehen

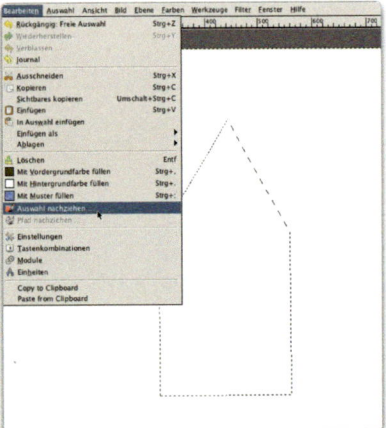

Sie können einen Auswahlrahmen nachziehen lassen – entweder als Rand oder mit einem Zeichenwerkzeug. Erzeugen Sie eine Auswahl, legen Sie im Werkzeugkasten die Vordergrundfarbe bzw. das Muster fest, mit dem die Auswahl nachgezeichnet werden soll, und wählen Sie dann BEARBEITEN > AUSWAHL NACHZIEHEN. Im Dialog legen Sie den Nachziehstil fest (dieser Dialog ist auch zum Nachziehen von Pfaden vorgesehen, daher sind manche Befehle nur dafür sinnvoll):

Linienbreite: Hier legen Sie die Stärke der Linie fest.

Linienstil: Wenn Sie den Linienstil nicht durchgängig, sondern z.B. gepunktet haben möchten, klicken Sie auf das Pfeilchen links von dem Wort Linienstil. Dadurch blenden Sie erweiterte Optionen ein:

Aufsatzstil: Damit bestimmen Sie den Stil am Anfangs- und am Endstück einer Linie.

Verbindungsstil: Die Art, wie die Verbindungsstücke zwischen den Pfadpunkten bzw. die Geraden einer Auswahl nachgezeichnet werden sollen.

Gehrungslimit: Wenn beim Verbindungsstil GEHRUNG gewählt wurde, stellen Sie hier das Gehrungslimit ein. Damit beeinflussen Sie den Winkel an den Verbindungsecken. Diese Einstellung ist bei Pfadverbindungen interessanter. Bei einer Auswahl wird bei einer Gehrung von 100 die Dichte der Linie stärker, der Winkel bei einer Ecke spitzer; bei einer Gehrung von 0 ist die Linie weniger stark durchgängig und der Winkel stumpfer.

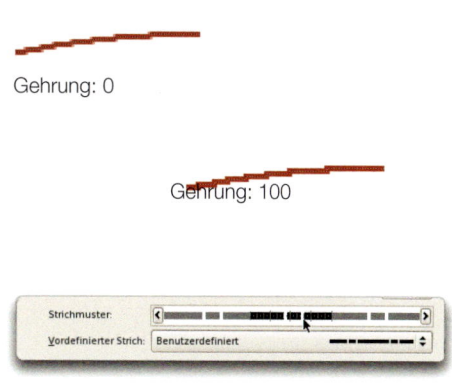

Gehrung: 0

Gehrung: 100

Strichmuster: Hier können Sie Ihr eigenes Strichmuster erzeugen. Klicken Sie in den schwarz markierten Abschnitt, um die Unterbrechungen festzulegen. Achtung! Nicht zu knapp stricheln! Links und rechts davon sehen Sie, wie sich das Muster fortsetzen würde. Möchten Sie eine Unterbrechung der Linie wiederherstellen, klicken Sie erneut darauf.

Strich vordefiniert: Hier können Sie aus Mustervorlagen auswählen. Die Unterbrechungen werden dabei auch oberhalb angezeigt und Sie können sie auch noch weiterbearbeiten.

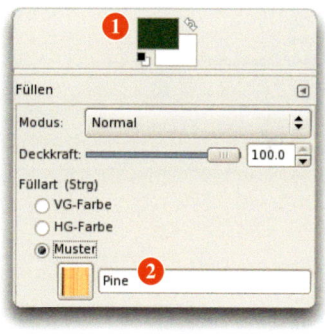

Kantenglättung: Damit verhindern Sie Treppchenbildung.

Durchgezogen: Wenn Sie diese Option aktiviert haben, verwendet GIMP beim Nachziehen die im Werkzeugkasten eingestellte Vordergrundfarbe **(1)**.

Muster: Haben Sie diese Option gewählt, verwendet GIMP das aktuell eingestellte Muster **(2)** (welches das ist, stellen Sie fest, indem Sie auf das Werkzeug Füllen wechseln oder das Menü Fenster > Andockbare Dialoge > Gerätestatus öffnen.

101

Mit Hilfe eines Malwerkzeugs nachziehen: Sie müssen *vor* dem Aufruf des Befehls die Werkzeugeinstellungen wie Farbe, Deckkraft, Pinselstärke etc. vornehmen. Erst, wenn Sie die Einstellungen „draußen" getätigt haben, können Sie über den Befehl Auswahl nachziehen die Malwerkzeuge wunschgemäß einsetzen.

Bei aktivierter Option **Pinseldynamik emulieren** wird die in den Werkzeugeinstellungen des Pinselwerkzeugs voreingestellte Dynamik nachgeahmt.

NEU in 2.6

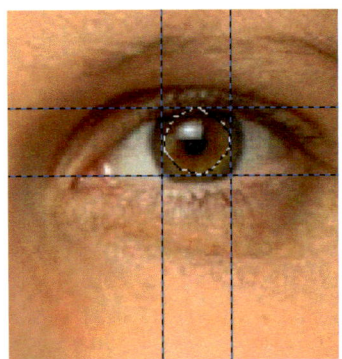

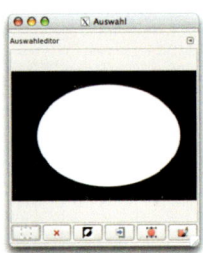

Neue Hilfslinie aus Auswahl

Diese Funktion ist ebenfalls sehr praktisch: GIMP legt um die bestehende Auswahl herum oben, unten, links und rechts Hilfslinien an.

Das Menü Auswahl

Alles auswählen [⎡Strg⎤/⎡ctrl⎤+⎡A⎤]: Damit wählen Sie die gesamte aktive Ebene aus.

Nicht auswählen [⎡⇧⎤+⎡Strg⎤/⎡ctrl⎤+⎡A⎤]: Damit heben Sie die bestehende Auswahl auf.

Invertieren [⎡Strg⎤/⎡ctrl⎤+⎡I⎤]: Damit kehren Sie eine Auswahl um, das heißt, Sie wählen alles aus, mit Ausnahme der Auswahl. Nützlich fürs Freistellen: Wenn Sie einen homogenen Hintergrund mit dem Zauberstab ausgewählt haben und nun das Objekt auswählen möchten, dann invertieren Sie die Auswahl.

Schwebend [⎡Strg⎤/⎡ctrl⎤+⎡L⎤]: Damit fügen Sie die Auswahl als schwebende Auswahl (temporäre Ebene) ein.

Nach Farbe [⎡⇧⎤+⎡O⎤]: Damit erzeugen Sie eine Auswahl nach gleichen Farben.

Vom Pfad [⎡⇧⎤+⎡V⎤]: Damit erzeugen Sie eine Auswahl aus einem Pfad; mehr dazu siehe *Das Pfad-Werkzeug*, Seite 110.

Auswahleditor: Damit öffnen Sie einen Dialog zum Erzeugen und Bearbeiten von Auswahlen.

Ausblenden: siehe KANTEN AUSBLENDEN bei den Werkzeugeinstellungen.

Schärfen: Das Gegenteil von KANTEN AUSBLENDEN (siehe *Werkzeugeinstellungen* Seite 95). Damit sorgen Sie für harte Kanten an der Auswahl.

Verkleinern/Vergrößern: Damit verkleinern/vergrö-
ßern Sie die Auswahl um die angegebenen Pixel.

Rand: Damit erzeugen Sie eine Kontur um die bis-
herige Auswahlkante. Die Stärke des Rands legen
Sie in dem Dialog fest. Der Rand legt sich mittig so
um die Auswahlkante herum, dass 50% des Rands
innerhalb und 50% außerhalb der Auswahlkante
liegen. Aktivieren Sie die Option AUSWAHL AN DEN
BILDKANTEN EINRASTEN, wird bei einer Auswahl,
die bis an die Leinwandkante reicht, der Rand nicht
herumgeführt **(1)**. In der Abbildung **(2)** sehen Sie
das Ergebnis bei deaktivierter Option (beachten Sie
den linken Bildrand).

Abgerundetes Rechteck: Hier können Sie die Ecken
einer rechteckigen Auswahl abrunden lassen. In
dem Dialog wählen Sie den entsprechenden Wert
in Prozent; je höher, desto runder die Ecken (bei
diesem Beispiel **(3)** waren es 50%). Mit der Einstellung KONKAV werden die Ecken nach innen gedreht
abgerundet **(4)**.

Verzerren: Mithilfe dieses Befehls verändern Sie die
Auswahl nach den verschiedenen Kriterien: je
höher der SCHWELLWERT, desto stärker die Verzerrung.
VERTEILEN: Je höher der Wert, desto mehr wird
die Auswahl verteilt (erzeugt im Extremfall sogar
einzelne neue Auswahlen); mögliche Werte von
0 bis 200.
KÖRNUNG: Je höher der Wert, desto gröber die
Verzerrung.
GLÄTTEN: Glättet die Auswahl (maximaler Wert
150). Dann können Sie vertikale und horizontale
Glättung noch getrennt voneinander aktivieren.

Schnellmaske umschalten [⇧+Q]: Damit aktivieren bzw. deaktivieren Sie die Schnellmaske.
Flotter geht es in der linken unteren Bildecke. Mehr
dazu finden Sie in den fortgeschrittenen Auswahltechniken – siehe nächstes Kapitel, ab Seite 108.

In Kanal speichern: Mit diesem Befehl wird die Auswahl in einen Kanal gespeichert. Mehr dazu finden Sie in den fortgeschrittenen Auswahltechniken – siehe nächstes Kapitel, ab Seite 108.

Nach Pfad: Mit diesem Befehl wird die Auswahl in einen Pfad gespeichert. Mehr dazu finden Sie im nächsten Kapitel, ab Seite 108.

Inhalt einer Auswahl löschen Entf

Um den Inhalt einer Auswahl zu löschen, wählen Sie BEARBEITEN > LÖSCHEN oder drücken Sie die Entf -Taste Ihrer Tastatur.

Auswahl mit Farbe füllen

Zum Füllen einer Auswahl mit Farbe stellen Sie die Vordergrundfarbe ein – entweder über den Werkzeugkasten oder im Farbenwählerdialog, den Sie im rechten Dock rechts unten standardmäßig finden. Die Vordergrund- bzw. Hintergrundfarbe ■ tragen Sie über BEARBEITEN > MIT VORDERGRUNDFARBE FÜLLEN (Strg / ctrl + ,) bzw. darunter MIT HINTERGRUNDFARBE FÜLLEN (Strg / ctrl + .) auf. Oder Sie klicken mit dem FÜLLEN-Werkzeug ◌ aus dem Werkzeugkasten auf die Auswahl. Oder Sie ziehen die Vordergrund- bzw. Hintergrundfarbe auf die Auswahl.

Vordergrundauswahl

Seit GIMP 2.4 gibt es Vordergrundauswahl – ein überraschend effizientes Tool zur halbautomatischen Auswahl von Vordergrundmotiven und anschließendem Freistellen. Dahinter verbirgt sich das SIOX-(Simple Interactive Object Extraction)-Plug-in, das an der Freien Universität Berlin, Institut für Informatik, entwickelt wurde – mehr dazu unter *www.siox.org*.

Werkzeugeinstellungen

(Die folgenden Ausführungen erfolgen ergänzend zu den Optionen, die am Anfang dieses Kapitels bereits erklärt wurden, siehe Seite 94.)

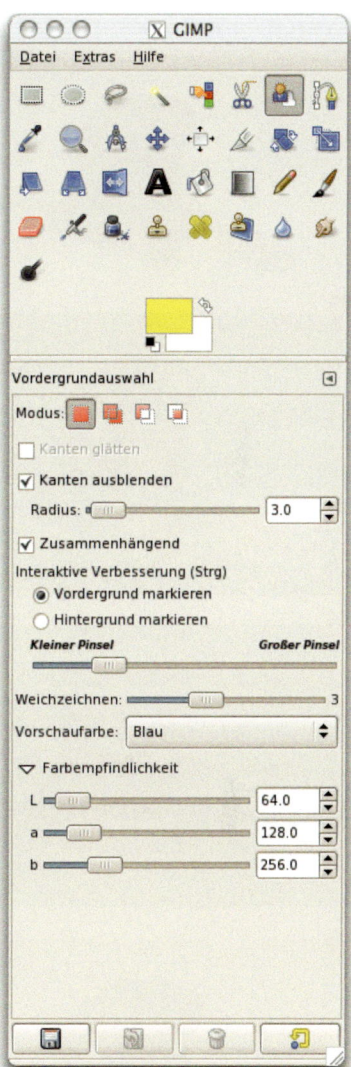

Zusammenhängend: Wenn aktiviert, werden nur Farbbereiche ausgewählt, die beieinander liegen (zusammenhängend sind). Wenn Sie diese Option deaktivieren, werden auch Bereiche ausgewählt, die getrennt voneinander auf dem Bild liegen (Standardeinstellung: aktiviert).

Interaktive Verbesserung – wechseln Sie zwischen den beiden Modi mit [Strg] / [ctrl]:

Vordergrund markieren: Wenn diese Option aktiv ist, wird die im Werkzeugkasten eingestellte Vordergrundfarbe zum Malen und damit zum Auswählen des freizustellenden Objekts verwendet.

Hintergrund markieren: Wenn diese Option aktiv ist, malen Sie mit der im Werkzeugkasten eingestellten Hintergrundfarbe und markieren beim Malen den Hintergrund. Verwenden Sie die Hintergrundfarbe daher, um korrigierend über den Vordergrund zu malen – falls Sie zum Beispiel zu weit mit dem Pinsel aus dem Objekt gefahren sind.

Über den Schieber regulieren Sie die **Pinselgröße**.

Weichzeichnen: Damit regulieren Sie die Auswahl zusätzlich. Erhöhen Sie den Wert, wenn die Auswahl unerwünschte Flecken zeigt. Ist die Auswahl zu ungenau, verringern Sie ihn.

Vorschaufarbe: Hier stellen Sie die Farbe ein, mit der das Vordergrundobjekt eingefärbt werden soll. Verwenden Sie zur besseren Unterscheidung eine andere als die Vordergrundfarbe.

Farbempfindlichkeit: Stellen Sie hier die Farbempfindlichkeit für die Auswahl ein. Das ist vor allem nützlich, wenn Ihre Aufnahme aus ähnlichen Farben besteht. Mehr zum L*a*b*-Farbmodell finden Sie im Kapitel *Farben*, Seite 137.

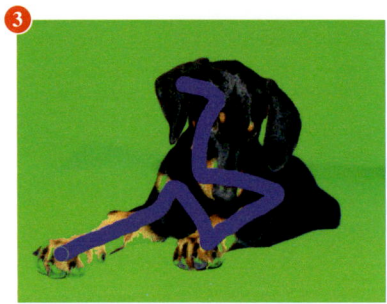

Und so funktioniert es

Das Werkzeug ist insofern ungewöhnlich, als es nacheinander verschiedene Funktionen annimmt – ganz ohne Ihr Zutun. Aber probieren Sie es selbst:

1. Zunächst umrahmen Sie das freizustellende Objekt mit einem ganz dünnen Strich – ähnlich dem Lasso-Werkzeug. Versuchen Sie, das Vordergrundmotiv so knapp wie möglich einzurahmen **(1)**.

2. Sobald Sie mit dem Umrahmen fertig sind und die Maustaste loslassen, färbt sich der Hintergrund automatisch ein – mit jener Farbe, die Sie in den Werkzeugeinstellungen bei VORSCHAUFARBE eingestellt haben **(2)**.

3. Nun wechselt die Mausfunktion zu einer Pinselform. Den Durchmesser wählen Sie in den Werkzeugeinstellungen unter PINSELGRÖSSE. Damit fahren Sie grob über das Vordergrundmotiv. Ziel ist es, dem Werkzeug viele verschiedene Farben „mitzuteilen", die das Motiv ausmachen. Sie müssen es jedoch nicht vollständig ausmalen **(3)**.

4. Das Werkzeug erstellt jetzt eine Vorschau der Auswahl. Abhängig von der Größe des Bilds und der Rechenleistung Ihres Computers kann dies etwas dauern.

5. Nach Fertigstellung der Berechnung sehen Sie die Auswahl. Befinden sich noch farbige Flecken über dem Objekt, malen Sie nochmals mit dem Pinsel darüber. Sind Sie mit dem Pinsel versehentlich aus dem Objekt gefahren, halten Sie die Strg / ctrl -Taste gedrückt und korrigieren Sie es mit der Hintergrundfunktion.

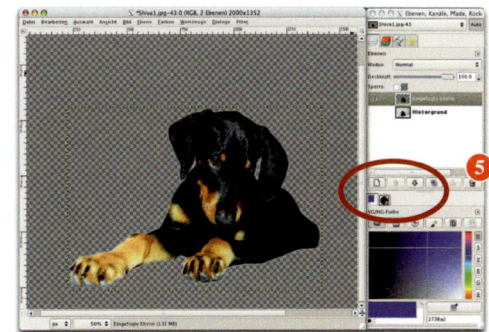

6. Zum Abschließen drücken Sie ⏎. Die Auswahl wird erstellt **(4)** und Sie können das Motiv z.B. mittels Strg/ctrl+C und Strg/ctrl+V auf eine eigene Ebene kopieren. Verankern Sie die schwebende Auswahl, indem Sie auf NEUE EBENE klicken. Fertig! **(5)**

Hinweise & Tipps zur Vordergrundauswahl

» Das Werkzeug funktioniert am besten, wenn das Bild im RGB-Farbmodus vorliegt. Wandeln Sie daher Graustufenbilder bzw. GIF (indizierte)-Bilder über BILD > MODUS > RGB um.

» Verwenden Sie das Werkzeug bei Bildern, die bei Tageslicht bzw. sehr guten Lichtverhältnissen aufgenommen wurden, und nicht bei dämmrigen Abendaufnahmen oder farbarmen Unterwasserbildern.

» Justieren Sie mit dem Weichzeichnenregler die Auswahl noch zusätzlich. Vor allem, wenn Sie viele Farbflecken innerhalb der Auswahl haben, nützt es, den Weichzeichnenregler nach rechts zu verschieben.

» Kombinieren Sie verschiedene Werkzeuge – erzeugen Sie z.B. zunächst eine grobe Auswahl mit dem FREIHAND-Werkzeug und wechseln Sie dann erst auf das VORDERGRUNDAUSWAHL-Werkzeug.

» Das Werkzeug funktioniert überraschend gut – aber es ist computerbasierend und kann das menschliche Auge nicht ersetzen. Gegebenenfalls müssen Sie also von Hand auf die Auswahl zurückgreifen.

Mehr Tipps zum Auswählen und Freistellen von Objekten finden Sie im Tutorial-Teil dieses Buchs (ab Seite 202).

Fortgeschrittene Auswahltechniken

Wenn Sie mit Auswahl nach Farbe & Co. nicht weitergekommen sind, gibt es mit der Schnellmaske oder dem Pfad-Werkzeug fortgeschrittene Möglichkeiten zum Erstellen einer Auswahl. Die Schnellmaske eignet sich für eine flotte Auswahl eines begrenzten Bereichs, mit dem Pfad-Werkzeug wählen Sie vor allem kurvige oder geradlinige Formen aus.

Schnellmaske

Was ist die Schnellmaske?

Die Schnellmaske eignet sich für eine flotte Markierung eines Bereichs, aber auch, um besonders komplexe Objekte auszuwählen, weiterhin verfeinern Sie mit anderen Werkzeugen bereits erstellte Auswahlen.

Stellen Sie sich die SCHNELLMASKE wie eine Folie vor, die sich über das Bild legt. Alles, was Sie von der Folie wegradieren, ist ausgewählt, dort, wo die Folie noch vorhanden ist, ist nichts ausgewählt. Das Wegradieren der Folie funktioniert mit einem Malwerkzeug und der Farbe Weiß. Wenn Sie sich vertan haben und zu viel wegradiert haben, können Sie die Folie wiederherstellen, indem Sie mit der Farbe Schwarz darübermalen. Mit Grau erzeugen Sie eine weiche Kante.

Um die Farben Weiß, Schwarz oder Grau aufzutragen, verwenden Sie die üblichen Malwerkzeuge, wie Pinsel, Bleistift etc. Mit den Malwerkzeugen arbeiten Sie viel exakter als z.B. mit dem Lasso. Und Sie können eine Auswahl jederzeit wieder korrigierend übermalen.

Nochmals im Überblick:
- Weiß = Auswahl erzeugen
- Schwarz = Auswahl löschen
- Grau = weiche Kante

Und so funktioniert es

(1) Aktivieren Sie die Schnellmaske, indem Sie in der linken unteren Ecke des Bildfensters klicken oder das Menü AUSWAHL > SCHNELLMASKE UM-SCHALTEN (⇧+Q) wählen.

2. Eine rote halbtransparente Folie legt sich über das Bildfenster.

> **Tipp**
> **Darstellung**
> Die Darstellung der Schnellmaske können Sie ändern: Klicken Sie mit der rechten Maustaste auf die linke untere Ecke des Bildfensters und wählen Sie FARBE UND DECKKRAFT festlegen.

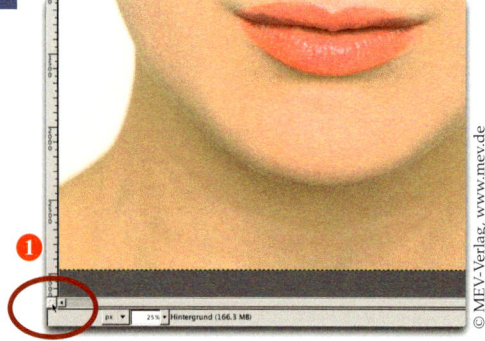

❶

© MEV-Verlag, www.mev.de

3. Setzen Sie die Vorder- und Hintergrundfarbe auf Schwarz und Weiß zurück, indem Sie im Werkzeugkasten auf das kleine Symbol links von der Vordergrund/Hintergrundfarbe klicken oder die Taste D drücken. Klicken Sie auf das kleine Pfeilchen zum Vertauschen der Farben oder drücken Sie die Taste X; Weiß ist jetzt Vordergrundfarbe (2). Aktivieren Sie den Pinsel und wählen Sie eine entsprechende Werkzeuggröße und eine weiche Pinselkante (3).

4. Um mit der Auswahl zu beginnen, malen Sie mit weißer Farbe über die Folie; an diesen Stellen werden nun die Bildteile wieder ganz normal sichtbar (4), ohne die rote Folie darüber. Sie können jetzt testhalber die Schnellmaske deaktivieren mit ⇧+Q bzw. durch Klicken auf die linke untere Ecke des Bildfensters. Sie sehen jetzt die mit Weiß freigelegten Bildteile ausgewählt. Aktivieren Sie wieder die Schnellmaske, ⇧+Q bzw. Klick auf die linke untere Ecke des Bildfensters, um mit der Arbeit fortzufahren.

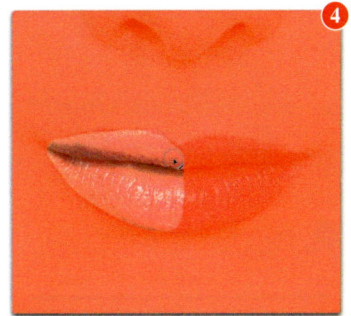

5. Wenn Sie einen Pinselstrich falsch platziert und zu viel der roten Folie weggradiert haben, malen Sie mit schwarzer Farbe darüber. Dadurch stellen Sie die Folie wieder her und löschen damit die Auswahl.

6. Wenn Sie mit der Auswahl zufrieden sind, deaktivieren Sie die Schnellmaske. Jetzt läuft der Auswahlrahmen um das Objekt. Für eine weiche Auswahlkante wählen Sie Auswahl > ausblenden und geben z.B. 2 Pixel ein (abhängig von der Auflösung Ihres Bilds). Bei diesem Beispiel habe ich die Lippenfarbe verändert (Farben > Farbabgleich) (5).

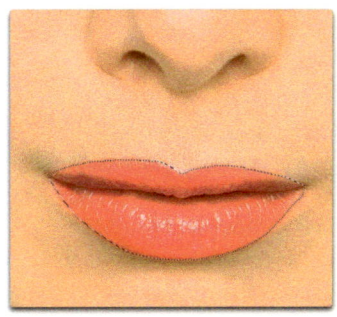

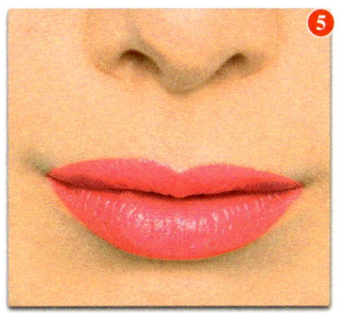

Das Auswählen von Objekten kann eine der aufwändigsten Arbeiten der Bildbearbeitung sein. Daher empfiehlt es sich, Auswahlen abzuspeichern – und zwar indem Sie sie in einer Auswahlmaske sichern. Klicken Sie dazu auf Auswahl > in Kanal speichern. Mehr Informationen zu den *Auswahlmasken* finden Sie ab Seite 118.

Das Pfad-Werkzeug

Was ist ein Pfad?

Ein Pfad ist eine Vektorlinie oder -kurve, die definierte Punkte miteinander verbindet. Einen Pfad können Sie

1. entweder mit einem beliebigen Malwerkzeug nachziehen und damit Grundformen erzeugen oder

2. in eine Auswahl transformieren und damit Objekte auswählen und beispielsweise freistellen, farblich verändern, schärfen, kopieren etc.

Während Sie bei der SCHNELLMASKE die Feinarbeit mit den Malwerkzeugen getätigt haben, sind es hier die Punkte, die den Pfad definieren und die Sie verschieben und korrigieren können. Ein PFADSEGMENT (= Bereich zwischen zwei Punkten) kann eine Linie, aber auch eine Kurve sein.

Die Vorteile von Pfaden sind, dass Sie sie einerseits sehr leicht unmittelbar während des Setzens von Punkten verändern und korrigieren können, und andererseits können Sie Pfade sowohl in der GIMP-XFC-Datei abspeichern als auch in eine SVG-Datei exportieren. Pfade können auch sehr leicht zwischen Dateien mittels Kopieren und Einfügen getauscht werden.

Häufig verwendet man Pfade bei der Auswahl von geradlinigen oder kurvigen Motivkanten. Es kann auch der umgekehrte Fall eintreten, dass Sie eine Auswahl in einen Pfad umwandeln und daher die Auswahl als Pfad gespeichert in einer anderen Datei verwenden.

Außerdem können Sie Text in einen Pfad umwandeln. Mehr dazu siehe Kapitel *Text und Texteffekte*, Seite 130.

Der Nachteil von Pfaden ist, dass bei einer Transformation in eine Auswahl kein weicher Übergang vom Objekt zum Hintergrund erzeugt werden kann. Ein Pfad ist eben eine Linie. Workaround: Sie erzeugen eine neue

NEU in 2.6

> **Tipp**
> **Polygone Auswahl mit Lasso**
> Neu in GIMP 2.6 ist, dass Sie mit dem Freie Auswahl-Werkzeug auch polygone Auswahlen erzeugen können. Eventuell eignet sich das für manche Auswahlen besser als das Pfad-Werkzeug, siehe auch Seite 96.

Auswahl aus dem Pfad und blenden dann die Kanten aus (AUSWAHL > AUSBLENDEN). Daher sollten Sie beim Selektieren ein wenig Abstand zum Objektrand halten, um später genügend Objektmaterial zu haben, oder Sie wählen anschließend AUSWAHL > VERGRÖSSERN.

© MEV-Verlag, www.mev.de

Wie funktioniert es?

Ich möchte bei diesem Foto **(1)** die Suppe selektieren, um sie z.B. durch ein anderes Motiv zu ersetzen. Sobald Sie einmal mit dem PFAD-Werkzeug in das Motiv geklickt haben, wird rechts im Pfaddialog (den dritten Reiter anklicken) **(2)** automatisch ein neuer Pfad angelegt.

Die Werkzeugeinstellungen im Überblick **(3)**:

Design-Modus: Zum Setzen von Punkten und zum Verschieben von Punkten

Bearbeiten-Modus (Strg / ctrl): Zum Setzen von zusätzlichen Punkten auf ein Pfadsegment, zum „Hervorholen" und Editieren der Griffpunkte. Mithilfe von Griffen biegen Sie Linien zu Kurven.

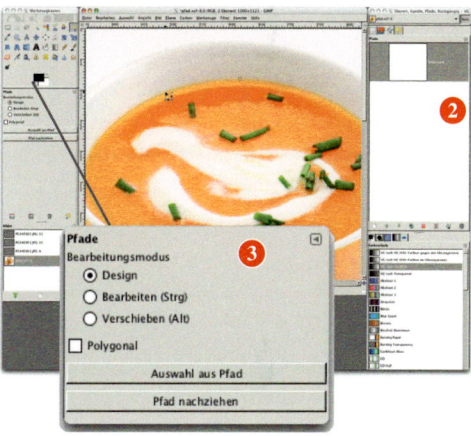

Verschieben-Modus (Strg / ctrl + Alt): Zum Verschieben des gesamten Pfads

Polygonal: Damit werden nur gerade Linien erzeugt und keine Marker aktiviert.

Erstellen eines geraden Pfads

Zoomen Sie falls nötig das Objekt heran. Aktivieren Sie das PFAD-Werkzeug im Werkzeugkasten. Klicken Sie entlang der Umrisse des auszuwählenden Objekts **(1)**. Damit setzen Sie Punkte (=Anker). Die Anker werden automatisch mit einer Linie gerade miteinander verbunden (= Pfadsegment).
Beachten Sie: Ein markierter Anker wird als ungefüllter Kreis, ein nicht-markierter Anker als gefüllter Kreis dargestellt.

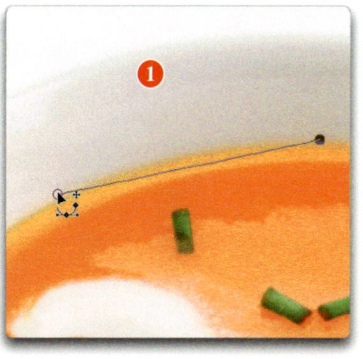

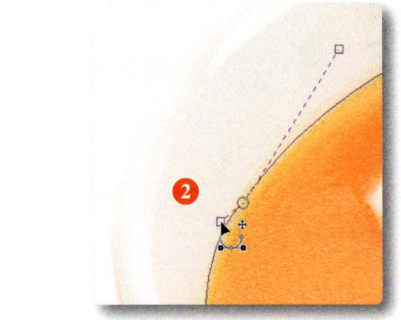

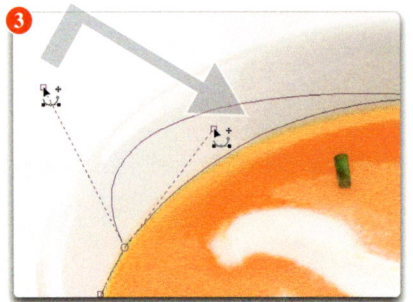

Erstellen einer Kurve – Griffpunkte

Klicken und **ziehen** Sie sofort mit gedrückter Maustaste vom Anker weg, erzeugen Sie Griffpunkte. Über Griffpunkte bestimmen Sie den Grad der Biegung der Linie.

Jeder Anker kann zwei Griffe haben: einen für das linke und einen für das rechte Segment **(2)**.

Mit Distanz und Winkel des Griffpunkts zum Anker beeinflussen Sie die Steilheit der Kurve **(3)**. Beachten Sie dabei bitte, dass ein Teil der Kurve vom Griffpunkt des 2. Ankers beeinflusst wird.

Griffpunkte lassen sich auch nachträglich aus einem Anker ziehen: Klicken Sie dazu mit gedrückter Strg / ctrl -Taste (Modus BEARBEITEN) auf einen Anker und ziehen Sie davon mit gehaltener Maustaste weg.

Mausformen im Überblick

Wenn Sie genau hinsehen, erkennen Sie, dass die Maus verschiedene Formen annimmt, je nachdem was Sie anklicken bzw. mit welchen Zusatztasten Sie arbeiten, hier die verschiedenen Mausformen im Überblick:

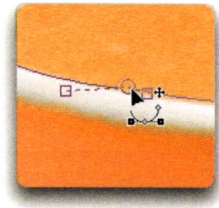

Mausform zum Verschieben eines Ankers

Mausform zum Hinzufügen eines Ankers

Mausform zum Erzeugen von Griffpunkten aus einem Anker

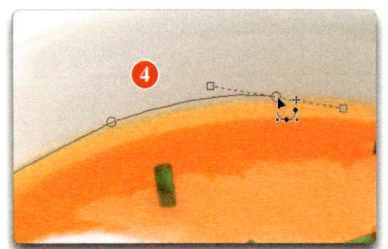

Anker verschieben, zusätzlicher Anker

Wenn Sie sich bei einem Anker verklickt haben, können Sie ihn mit der Maus ganz normal anfassen und verschieben. Mit gedrückter ⇧ -Taste markieren und verschieben Sie mehrere Punkte **(4)**.

Wenn Sie einen zusätzlichen Punkt brauchen, setzen Sie mit gedrückter Strg / ctrl -Taste (Modus BEARBEITEN) einen Punkt auf die Pfadlinie.

Pfad fortsetzen & schließen

Haben Sie am Pfad gearbeitet und wollen nun den Pfad durch ein neues Segment ergänzen, müssen Sie davor dafür sorgen, dass der letzte Anker markiert ist. Erkennbar am ungefüllten Kreis.

Haben Sie irrtümlich einen einzelnen Anker gesetzt, der sich mit keinem anderen verbunden hat, klicken Sie ihn mit Strg + ⇧ an oder drücken Sie die ← -Taste zum Löschen.

Damit Sie aus dem Pfad eine Auswahl erzeugen, vervollständigen Sie die Runde und schließen den Pfad durch Klick auf den ersten Punkt.

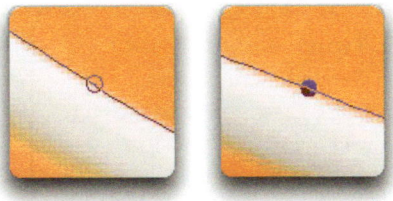

Links ein markierter, rechts ein nicht-markierter Anker

Nochmals zur Veranschaulichung

Hier habe ich zwei Anker erzeugt und beim zweiten ohne die Maustaste loszulassen nach unten gezogen. Dadurch sind sofort die Griffpunkte erschienen, mit denen Sie durch Hinauf- bzw. Hinunterziehen die Biegung der Kurve definieren (5). Sobald Sie die Maustaste loslassen, gilt nur noch der linke Griffpunkt für das linke Segment. Der rechte Griffpunkt gilt für das noch anzuschließende rechte Segment (bei zwei Ankern noch nicht vorhanden).

Bei einer bereits vorhandenen Linie erzeugen Sie mit gedrückter Strg / ctrl -Taste und Mausklick einen neuen Anker mit zwei Griffpunkten (6).

Die Biegung der Kurve ist abhängig von der Position des Markers. Stellen Sie den Marker in die Mitte, auf der Höhe der Kurve, erhalten Sie eine gleichförmige Biegung (7). Halten Sie ⇧ gedrückt, um beide Griffpunkte gleichzeitig zu bewegen.

Stellen Sie den Marker auf die Pfadlinie zurück, verschwindet die Biegung komplett (8).

Zum Biegen der Linie ziehen Sie diese im Designmodus in eine Richtung (9):

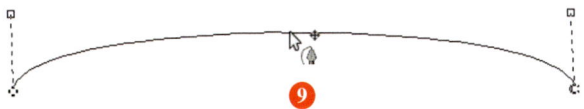

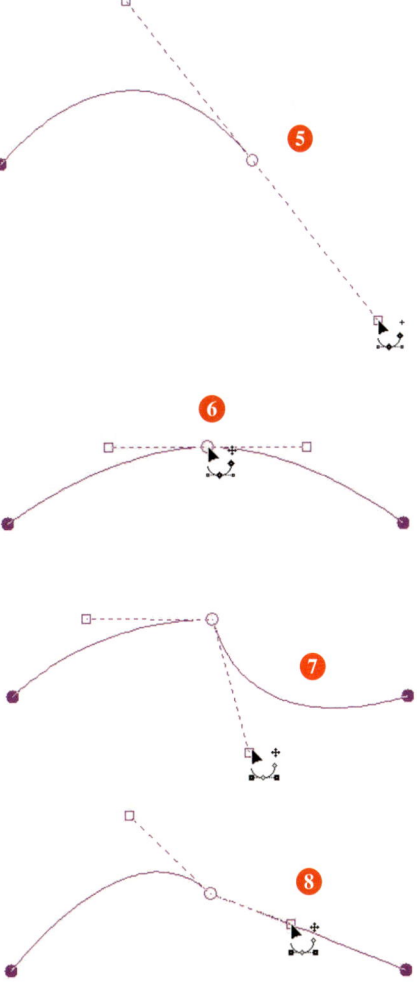

Tipp

Geometrische Formen

Unter FILTER > RENDER > GFIG finden Sie ein tolles Tool zum Erzeugen aufwändiger geometrischer Figuren.

Tipp

Weniger ist mehr

Beim Setzen der Punkte für einen Pfad denken Sie daran: Weniger ist immer mehr. Sie erzeugen mit weniger Punkten und Markern rundere Kurven als mit vielen Punkten.

Punkt löschen

Zum Löschen eines Punkts markieren Sie ihn und drücken Sie die [Entf]-Taste auf Ihrer Tastatur. Zum Markieren mehrerer Punkte halten Sie beim Anklicken der Punkte [⇧] gedrückt und entfernen diese anschließend.

Pfad ein- bzw. ausblenden

Sollten Sie während der Arbeit an dem Pfad das Werkzeug wechseln – zum Beispiel zur LUPE oder um eine Hilfslinie aus dem Lineal zu ziehen –, bedarf es ein paar Klicks, um wieder zur Pfadbearbeitung zurückzugelangen:

Zuerst klicken Sie auf den Pfaddialog. Blenden Sie den Pfad durch Klicken auf das erste Quadrat links in der Pfadzeile wieder ein (Auge) **(1)**. Sie sehen im Bildfenster die Pfadlinie wieder eingeblendet, jedoch ohne Punkte; dazu klicken Sie mit dem PFAD-Werkzeug irgendwo auf die Linie – nun sehen Sie die Punkte wieder und Sie können fortsetzen.

Neuer Pfad

Um einen neuen, zweiten Pfad anzulegen, klicken Sie entweder im Pfaddialog auf das Icon NEUER PFAD **(2)** oder halten Sie beim Klicken für den neuen ersten Punkt die [⇧]-Taste gedrückt.

Pfad in Auswahl transformieren

Wenn Sie den Pfad geschlossen haben, können Sie diesen in eine Auswahl umwandeln. Klicken Sie dazu auf das Icon im Pfaddialog **(3)** oder mit der rechten Maustaste auf den Pfad und wählen Sie AUSWAHL AUS PFAD.

Wie schon in der Einleitung zum PFAD-Werkzeug erwähnt, gibt es bei der Transformation eines Pfads in eine Auswahl keine Möglichkeit, eine weiche Kante festzulegen. Wählen Sie daher AUSWAHL >

AUSBLENDEN. Achten Sie darauf, dass beim Erstellen des Pfads das Objekt nicht zu knapp eingegrenzt wurde, oder erweitern Sie die Auswahl um 1 bis 2 Pixel (AUSWAHL > VERGRÖSSERN).

Auswahl in Pfad transformieren

Eine Auswahl wandeln Sie über AUSWAHL > NACH PFAD in ebendiesen um. Der Vorteil beim Transformieren einer Auswahl in einen Pfad ist, dass der Pfad gespeichert werden kann und so zwischen XCF-Dateien getauscht oder sogar in eine SVG-Datei exportiert werden kann. Beachten Sie, dass ein aus einer Auswahl erstellter Pfad kein 1:1-Abbild der Auswahl ist, weil im Pfad zum Beispiel keine weichen Kanten übernommen werden.

Pfad exportieren/importieren (via SVG)

Da Pfade durch Koordinaten genau beschreibbar sind, können sie leicht zwischen Dateien ausgetauscht werden.

Sie exportieren bzw. importieren einen Pfad aus bzw. in GIMP via SVG-Datei (SVG = scaleable vector graphics). Klicken Sie mit der rechten Maustaste im Pfaddialog auf den Pfad, den Sie exportieren möchten, und wählen Sie PFAD EXPORTIEREN. Im Dialog legen Sie den Dateinamen fest und bestimmen, welcher Pfad (aktiver oder alle in der Datei vorhandenen) exportiert werden soll. SVG-Dateien können Sie in Vektorprogrammen, wie im Adobe Illustrator öffnen. Wenn Sie in GIMP eine SVG-Datei öffnen, erhalten Sie eine Abfrage zur Rasterung.

Der Import von Pfaden aus SVG-Dateien funktioniert ebenfalls über das Kontextmenü im Pfaddialog: PFAD IMPORTIEREN. Wählen Sie eine SVG-Datei aus, der importierte Pfad wird im Pfaddialog angezeigt. Mehr Infos zu SVG-Dateien finden Sie auch auf Seite 46.

Mehr Infos zu SVG-Dateien finden Sie auch auf Seite 46.

Tipp

Antialiasing

Bei der Transformation eines Pfads in eine Auswahl wird automatisch Antialiasing – zum Verhindern der Treppchenbildung – angewandt. Wenn Sie das nicht wollen, schärfen Sie die Auswahl: AUSWAHL > SCHÄRFEN.

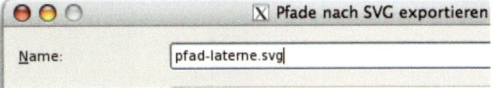

Das Kontextmenü des Pfaddialogs

Durch Klick im Pfaddialog mit der rechten Maustaste auf einen Pfad öffnet sich ein reichhaltiges Kontextmenü. Vieles davon finden Sie in den vorherigen Absätzen bereits erklärt bzw. es ist aus dem Ebenen-Kontextmenü bekannt. Hier ergänzend die weiteren Befehle:

Pfad-Werkzeug: zum Aktivieren des Pfad-Werkzeugs

Pfadeigenschaften: zum Umbenennen des Pfads

Pfad nachziehen: zum Nachzeichnen des Pfads mit einer Linie oder einem beliebigen Malwerkzeug. Es öffnet sich ein Dialog. Details dazu finden Sie beschrieben unter *Auswahl nachziehen*, Seite 100.

Pfad kopieren/einfügen: Damit kopieren Sie einen Pfad, um ihn z.B. in einer anderen Datei einzufügen. Das funktioniert auch, wenn Sie die Pfadminiatur ins Bildfenster der anderen Datei ziehen **(1)**.

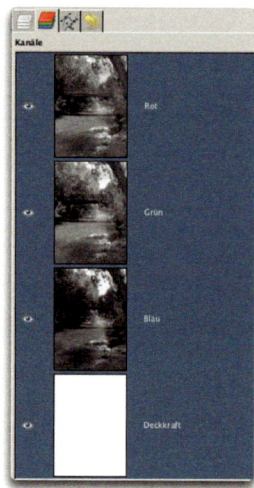

Auswahl aus Kanal

Jeder Kanal im RGB-Farbmodell (Rot, Grün, Blau) wird im Kanäledialog mit einem bestimmten Anteil an Weiß (= hoher Farbanteil) und Schwarz (= kein Farbanteil) und mit Grautönen für die Übergänge dazwischen abgebildet. Aus dem jeweiligen Farbanteil eines Kanals können Sie in GIMP ganz leicht eine Auswahl erzeugen: Klicken Sie im Kanäledialog mit der rechten Maustaste auf den gewünschten Kanal und wählen Sie Auswahl aus Kanal.

Auch hier gilt (analog zur Schnellmaske):
• Ausgewählt wird alles, was weiß ist.
• Nicht ausgewählt wird alles, was schwarz ist und
• einen weichen Übergang bildet Grau.

Mit dieser Auswahltechnik können Sie z.B. sehr feine Farbkorrekturen vornehmen, da Sie nur einen bestimmen Farbanteil auswählen und verändern.

> **Hinweis**
> **Kanäle**
> Mehr über Kanäle finden Sie im gleichnamigen Kapitel ab Seite 140.

Foto: M. Salinger, www.homeofsine.at

Beispiel

Bei diesem Ausgangsfoto (1) soll der Grünanteil verändert werden. Wechseln Sie in den Kanäledialog, klicken Sie mit der rechten Maustaste auf den Grünkanal und wählen Sie AusWAHL AUS KANAL (2). Falls die Auswahl störend wirkt, blenden Sie sie vorübergehend mit ⟨Strg⟩/⟨ctrl⟩+⟨T⟩ aus. Nun öffnete ich beispielsweise aus dem Menü FARBEN > EINFÄRBEN und verschob die Regler wie abgebildet (3). Der Effekt ist ein leicht entsättigtes Bild, wobei die Farbe der Brücke erhalten blieb (4). Eine weitere Variante (5) erzeugte ich mit FARBEN > FARBABGLEICH. Hier erhöhte ich in den Lichtern Gelb und Grün (6). Vergessen Sie bitte zum Schluss nicht, die Auswahl wieder einzublenden (⟨Strg⟩/⟨ctrl⟩+⟨T⟩) und diese aufzuheben (⟨⇧⟩+⟨Strg⟩/⟨ctrl⟩+⟨T⟩).

Ein Tutorial mit *Auswahl aus Kanal* finden Sie auf Seite 240.

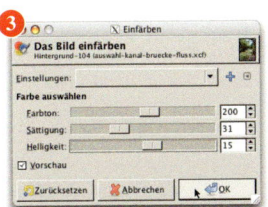

Auswahlmaske

Über Auswahlmasken speichern Sie Auswahlen dauerhaft und können diese nachträglich verändern. So eine abgelegte, gespeicherte Auswahl kann auch in eine andere Datei übertragen werden. Wie das funktioniert, lesen Sie hier.

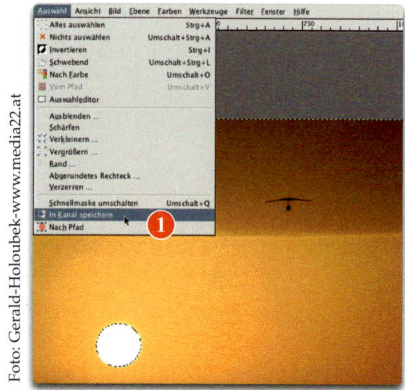

Foto: Gerald-Holoubek-www.media22.at

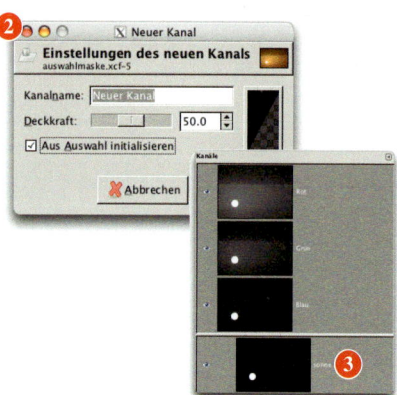

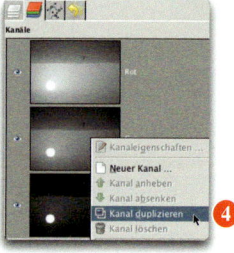

Was ist eine Auswahlmaske?

Eine Auswahlmaske ist vergleichbar mit einer Faschingsmaske, die Teile des Gesichts abdeckt und andere Bereiche freilässt. Bei der Auswahlmaske wird genauso wie bei der Ebenenmaske und der Schnellmaske ebenfalls ein Teil des Bilds abgedeckt (= nicht ausgewählt) und ein Teil des Bilds freigelegt, mit dem Unterschied, dass die Auswahlmaske in dem Bild gespeichert wird. Der jeweils freigelegte Bereich des Bilds gilt als ausgewählt.

Nutzen und Vorteile von Auswahlmasken:

» Auswahlen können in der Auswahlmaske dauerhaft abgelegt und mit der Datei gespeichert und jederzeit wieder aktiviert werden.

» Auswahlmasken werden mit den verschiedenen Malwerkzeugen erstellt und sind besser zu editieren.

» Die Auswahlmaske kann mit feinen Pinselstrichen nachjustiert werden.

» Auswahlmasken können in andere Dateien übertragen werden.

Erzeugen einer Auswahlmaske

Es gibt drei Möglichkeiten, wie Sie zu einer Auswahlmaske kommen:

1. Sie erzeugen eine Auswahl mit einem beliebigen Auswahlwerkzeug und wählen AUSWAHL > IN KANAL SPEICHERN (1) oder Sie klicken im Kanäledialog mit der rechten Maustaste und wählen NEUER KANAL. Aktivieren Sie dort die Option AUS AUSWAHL INITIALISIEREN (2). Die Auswahlmaske finden Sie im Kanäledialog als Schwarz-Weiß-Silhouette abgelegt (3).

2. Sie erzeugen eine Auswahl aus einem Kanal, indem Sie im Kanäledialog mit der rechten Maustaste auf einen Kanal klicken und KANAL DUPLIZIEREN wählen (4). Eine Auswahl aus einem Kanal wird automatisch

als Auswahlmaske abgelegt. Wählen Sie für die Auswahl aus einem Kanal den passenden Kanal (siehe Tipp). Die Auswahlmaske sieht genauso wie der Kanal aus.

3. Dritte Möglichkeit: Sie legen einen ganz neuen Kanal an, indem Sie im Kanäledialog auf das weiße Blatt klicken (bzw. rechte Maustaste > NEUER KANAL) **(5)**. In dem Dialog vergeben Sie den Namen und stellen gegebenenfalls die Deckkraft der Auswahlmaske ein. Der neue Kanal ist eine vollkommen deckende Auswahlmaske, die sich über Ihr Bild legt **(6)**. Sie beginnen bei null: Die Maske deckt alles ab, nichts ist ausgewählt. Sie erzeugen die Auswahl erst manuell mithilfe der Malwerkzeuge (siehe *Auswahlmaske bearbeiten*, weiter unten).

Weitere Befehle im Kontextmenü der Auswahlmasken

Im Kontextmenü der Auswahlmasken **(7)** finden Sie Befehle, die denen der Ebenen sehr ähnlich sind: NEUER KANAL für das Anlegen einer neuen Auswahlmaske, KANALEIGENSCHAFTEN zum Umbenennen der Auswahlmaske, KANAL ABSENKEN/ANHEBEN für die Reihenfolge, KANAL DUPLIZIEREN, KANAL LÖSCHEN und AUSWAHL AUS KANAL mit den verschiedenen Modi, um aus der Auswahlmaske wieder eine aktive Auswahl zu laden.

Auswahlmaske bearbeiten

Eine in einen Kanal gespeicherte Auswahl können Sie nachträglich verändern:
Um die gespeicherte Auswahl zu bearbeiten, müssen Sie zuerst den Auswahlmaske-Kanal sichtbar schalten: Klicken Sie dazu links auf das 1. Quadrat des Kanals **(8)** – dadurch erscheint ein Auge.
Die Sichtbarkeit des Auswahlmaske erkennen Sie auch daran, dass im Bildfenster der nicht ausgewählte Teil sich wie eine dunkle Folie über das Foto legt (abhängig von der im Dialog **(2)** eingestellten Deckkraft). Haben Sie eine Datei mit mehreren Ebenen, ist die Ansicht im Bildfenster abhängig davon, welche Ebene Sie sichtbar geschaltet haben – Sie können die Auswahlmaske mit

Tipp
Auswahl aus Kanal
Rotkanal: kontrastreich bei Porträts; Grünkanal: höchste Detailschärfe, bei Pflanzen der hellste Kanal; Blaukanal: zur Reduktion von eventuell vorhandenem Bildrauschen, zeigt z.B. Himmel hell.

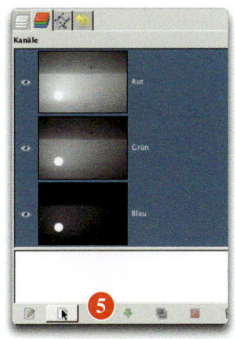

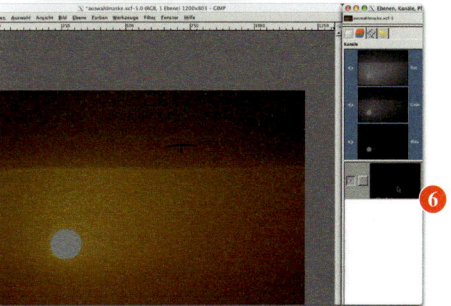

119

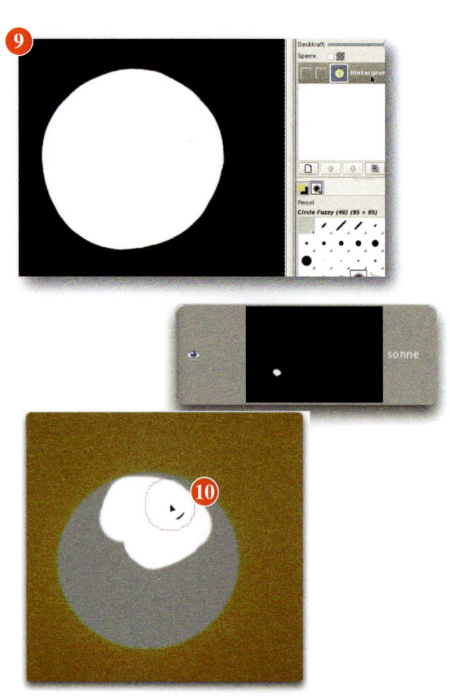

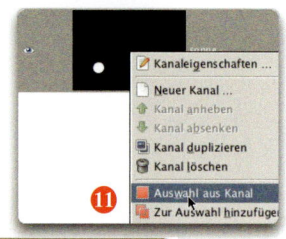

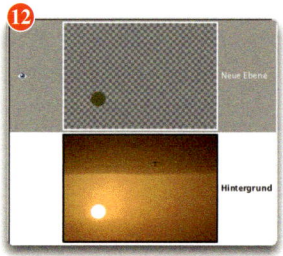

jeder beliebigen Ebene gemeinsam schalten. Wenn Sie keine Ebene sichtbar geschaltet haben, sehen Sie eine Schwarz-Weiß-Silhouette **(9)**.

Wie Sie anhand des Miniaturbilds der Auswahlmaske im Kanäledialog sehen, erscheint das, was ausgewählt war, weiß und der Rest schwarz. Das Editieren der Auswahlmaske funktioniert genauso wie bei der SCHNELLMASKE (vgl. Seite 108) – beachten Sie bitte, dass Sie vor dem Bearbeiten den Kanäledialog eingeblendet und die Auswahlmaske markiert haben:

» Zum **Erweitern** der Auswahl tragen Sie mit einem Malwerkzeug **weiße** Farbe auf **(10)**.
» Zum **Reduzieren** der Auswahl tragen Sie mit einem Malwerkzeug **Schwarz** auf.
» **Weiche** Übergänge erhalten Sie mit **Grau** bzw. mit einer weichen Werkzeugspitze.

Auswahl aus der Maske erstellen

Um aus der Auswahlmaske eine Auswahl zu erzeugen – so dass die „Ameisen laufen" –, klicken Sie im Kanäledialog auf das Symbol AUSWAHL LADEN oder wählen Sie mit der rechten Maustaste AUSWAHL AUS KANAL **(11)**.

Weitere Optionen beim Laden der Auswahl
Halten Sie die ⇧-Taste gedrückt, wird die Auswahl aus dem Kanal zu einer vorhandenen Auswahl hinzugefügt. Halten Sie Strg/ctrl gedrückt, wird die Auswahl aus dem Kanal von einer bereits vorhandenen Auswahl abgezogen.
Bei gedrückter Strg/ctrl-Taste bleibt die Schnittmenge aus der Kanalauswahl und der vorhandenen Auswahl (das heißt, die Auswahlen müssen sich überlappen).

Wenn Sie die Auswahl auf eine eigene, neue Ebene bringen möchten, legen Sie im Ebenendialog eine NEUE EBENE dafür an und markieren Sie sie. Alles was Sie nun tun, wirkt sich auf diese Auswahl in dieser Ebene aus **(12)** – hier z.B. grün eingefärbt.

Wenn Sie die Auswahlmaske weiter editieren möchten, heben Sie die Auswahl auf (AUSWAHL > NICHTS AUSWÄHLEN oder ⇧+Strg/ctrl+A).

Auswahlmaske in andere Datei übertragen

Um eine Auswahlmaske in einer anderen Datei zu verwenden – weil Sie beispielsweise die Auswahl dort auch brauchen können oder die Auswahl mit einem anderen Bild befüllen möchten –, gehen Sie wie folgt vor:

1. Öffnen Sie beide Dateien (Quelldatei und Zieldatei) und verändern Sie gegebenenfalls die Größe der Zieldatei (BILD > BILD SKALIEREN). Ordnen Sie die beiden Dateien so an, dass beide Fenster gut sichtbar sind (13).

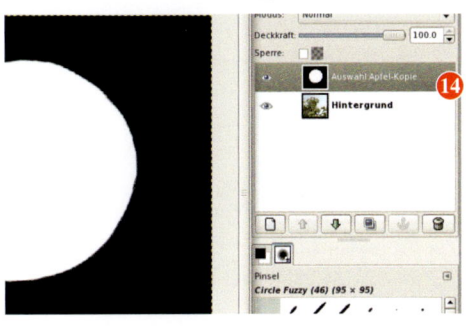

2. Ziehen Sie die Auswahlmaske der Quelldatei aus dem Kanäledialog auf das Bildfenster der Zieldatei. Die Auswahlmaske befindet sich als neue Ebene (noch nicht als Auswahlmaske) in der Zieldatei (14).

3. Klicken Sie mit der rechten Maustaste auf diese neue Ebene und wählen Sie EBENENMASKE HINZU-FÜGEN. Näheres zu den Ebenenmasken finden Sie auf Seite 86. Wählen Sie in dem Dialog GRAUSTUFEN-KOPIE DER EBENE und aktivieren Sie MASKE INVERTIEREN.

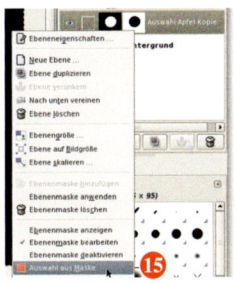 

4. Klicken Sie im Ebenendialog mit der rechten Maustaste auf EBENENMASKE > AUSWAHL AUS MASKE (15). Nun wählen Sie AUSWAHL > INVERTIEREN (Strg / ctrl + I) und AUSWAHL > IN KANAL SPEICHERN (16). Damit haben Sie hier nun die gleiche Auswahlmaske wie in der Quelldatei angelegt.

5. Soll nun beispielsweise der Apfelbaum in der Form der Auswahl ausgeschnitten werden, klicken Sie im Kanäledialog mit der rechten Maustaste auf die Auswahlmaske und wählen Sie AUSWAHL AUS KANAL. Wechseln Sie im Ebenendialog auf das Bild. Drücken Sie Strg / ctrl + C und Strg / ctrl + V und verankern Sie die schwebende Auswahl in einer neuen Ebene.

An apple a day keeps the doctor away!

Transformationen

Wenn Ihre Aufnahme schief geworden ist oder die Kirchtürme stürzende Linien aufweisen – korrigieren Sie es mit GIMP ganz locker!

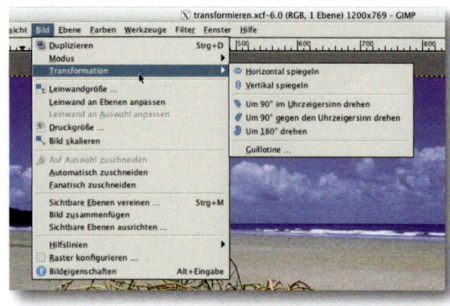

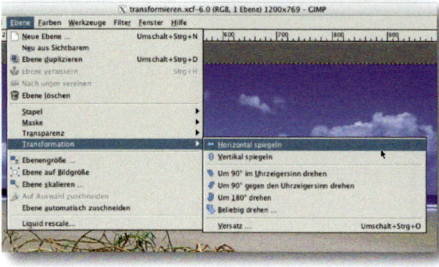

Arten von Transformationen

GIMP bietet eine reichhaltige Auswahl an Transformationswerkzeugen, mit denen Sie Ihr Bild geradestellen, drehen, auf den Kopf stellen und vieles mehr. Hier im Überblick (detaillierte Beschreibung folgt):

Drehen: Damit drehen Sie ein Bild/eine Auswahl/einen Pfad.

Skalieren: Damit verändern Sie die Pixelfläche eines Bilds/einer Auswahl/eines Pfads, mehr dazu finden Sie im Kapitel *Bild zuschneiden*, Seite 64.

Scheren: Mit Scheren verschieben Sie jeweils zwei Kanten eines Bilds/einer Auswahl/eines Pfads.

Perspektive: Damit verändern Sie die Perspektive eines Bilds/einer Auswahl/eines Pfads.

Spiegeln: Mit diesem Befehl spiegeln Sie ein Bild/eine Auswahl/einen Pfad.

Sie finden die Transformationswerkzeuge im Werkzeugkasten. Einige Transformationen, wie das SPIEGELN oder das DREHEN, finden sich auch im Menü BILD bzw. EBENE, je nachdem, was Sie transformieren möchten.

Für Transformationen, die Sie nicht mit den oben erwähnten Werkzeugen durchführen können, gibt es noch zwei Filter, die weiterhelfen: der IWARP-FILTER, mit dem Sie Ihr Bild richtiggehend deformieren können (siehe Seite 127), und der OBJEKTIVFEHLER-FILTER (siehe Seite 128).

> **Tipp**
> **Exakter Ausrichten**
> Zum exakten Ausrichten ziehen Sie vor der Transformation Hilfslinien.

Werkzeugeigenschaften

Die Werkzeugeigenschaften gelten für die meisten Transformationswerkzeuge:

Wirkt auf (1): Hier legen Sie fest, auf was sich die Transformation auswirken soll, v.l.n.r.: auf das gesamte Bild, eine Auswahl oder einen Pfad. Wenn Sie eine Auswahl aktiv haben, behandelt GIMP diese bevorzugt.

Über die **Transformationsrichtung (2)** stellen Sie ein, in welche Richtung die Drehung erfolgen soll:
Normal (vorwärts): im Uhrzeigersinn
Korrigierend (rückwärts): gegen den Uhrzeigersinn

Bei der **Interpolation (3)** legen Sie fest, wie die Pixel des Bilds neu zusammengesetzt werden. Mehr dazu finden Sie im Kapitel *Bild skalieren*, Seite 60.

Beschneidung (4): Bei einer Transformation verschiebt sich ein Teil des Bilds aus der Leinwand.
Legen Sie hier fest, was damit passieren soll:

- Bei ANPASSEN wird das Bild auf die neue Größe angepasst.
- Mit der Option BESCHNEIDEN wird dieser Teil weggeschnitten bzw. eine Auswahl oder ein Pfad auf die ursprünglichen Abmessungen beschnitten.
- AUF ERGEBNIS BESCHNEIDEN wird alles so weit abgeschnitten, dass das gesamte Bild erhalten bleibt.
- AUF SEITENVERHÄLTNIS BESCHNEIDEN: Dabei wird beim Beschneiden das ursprüngliche Seitenverhältnis miteinbezogen.

Vorschau (5): Hier legen Sie fest, was Sie während der Nutzung des Transformationswerkzeugs sehen wollen. Was Sie einstellen, hängt auch von der Leistungsstärke Ihres Rechners ab. Bei Pfaden gibt es nur den Umriss:

- UMRISS: die schnellste Variante für leistungsschwache Rechner. Es wird nur der Rahmen des Transformationswerkzeugs angezeigt und verändert. Das Bild selbst wird erst nach Bestätigung transformiert.

Tipp

Streifige Transformation
Sollte es nach der Transformation Streifen im Bild geben, machen Sie sie rückgängig (Strg / ctrl + Z) und stellen Sie beim erneuten Transformieren die KUBISCHE INTERPOLATION ein.

Bildqualität
Bitte beachten Sie, dass jede Transformation einen Qualitätsverlust bedeutet. Führen Sie daher Transformationen nach Möglichkeit nur einmal aus. Wenn Sie mit dem Ergebnis unzufrieden sind, machen Sie die Transformation rückgängig (Strg / ctrl + Z) und führen Sie sie dann erneut durch.

123

Umriss

Foto: photografin.at

Raster

Bild

Bild & Raster

- RASTER: Auch gut geeignet für leistungsschwache Rechner. Hier sehen Sie zur besseren Orientierung noch ein Gitterraster im Umrissrahmen. Wenn Sie diese Option gewählt haben, legen Sie darunter die ANZAHL und den Abstand der Rasterlinien fest.
- BILD: Für leistungsstarke Rechner. Hier transformieren Sie sofort das Bild. Das erfordert natürlich bei größeren Bildern etwas Rechenarbeit. Führen Sie die Maus daher langsam hin und her, da es sein kann, dass die Vorschau etwas länger zum Aufbau benötigt. Mit der Deckkraft darunter legen Sie fest, mit welcher Transparenz das Vorschaubild angezeigt werden soll.
- BILD & RASTER: Sie sehen bei der Transformation das Bild und erhalten als zusätzliche Orientierungshilfe ein Raster eingeblendet. Wie schon beim Raster alleine, legen Sie bei dieser Option darunter die ANZAHL und den ABSTAND der Rasterlinien fest.

15 Grad (6): Damit rückt jede Transformation um 15-Grad-Schritte vor/zurück. Das Gleiche erreichen Sie, wenn Sie beim Transformieren ⌃Strg/⌃ctrl gedrückt halten.

Drehen ⇧ + R

Mit diesem Befehl drehen Sie ein Bild/eine Auswahl/ einen Pfad. Wenn Sie jedoch nur eine „schnelle Drehung" um 90° bzw. 180° benötigen, wählen Sie im Menü BILD bzw. EBENE > TRANSFORMIEREN. Dort finden Sie die Befehle dazu.

Zur manuellen Festlegung des Drehwinkels klicken Sie auf das DREHEN-Werkzeug im Werkzeugkasten oder drücken Sie ⇧+R. Klicken Sie damit einmal kurz ins Bild, danach erscheint neben dem Drehendialog (1) im Bildfenster ein Rahmen (2). Klicken Sie auf diesen und legen Sie durch Ziehen mit gedrückter Maustaste die Drehung fest. In der Mitte des Bilds sehen Sie einen Kreis: Verschieben Sie diesen, bestimmen Sie ein neues Zentrum für die Drehung.

Sie können diese Eingaben auch im Dialog vornehmen:

Winkel: Eingabe des Drehwinkels mit zwei Nachkom-
mastellen oder Betätigen des Schiebers darunter

Zentrum X/Y: Festlegung des Zentrums, um das die
Drehung erfolgen soll

Scheren ⇧ + S

Mit SCHEREN bewegen Sie zwei Kanten des Bilds. Meist
wird diese Funktion bei Auswahlen benutzt, um aus
einem Rechteck ein Trapez zu erzeugen. Aktivieren Sie
das Werkzeug oder drücken Sie ⇧ + S. Klicken Sie
einmal in das Bild. Danach erscheinen wie schon beim
Drehen sowohl ein Dialog **(3)** als auch der Scheren-
rahmen im Bildfenster.

Wenn Sie den Scherenrahmen genau betrachten, erkennen Sie, dass jeweils zwei nacheinanderfolgende Seiten
des Rahmens farbig gekennzeichnet sind. Es werden
also die beiden Seiten gleichzeitig bewegt. Die Sche-
rung kann links/rechts (X) oder hinauf/hinunter (Y)
erfolgen.

Verändern Sie das Bild bzw. die Auswahl oder den
Pfad, indem Sie den Scheren-Rahmen an einem der
Quadrate mit gedrückter Maustaste ziehen oder die
Eingabe im Dialog vornehmen.

125

Perspektive ⇧ + P

Stürzende Linien

Das PERSPEKTIVE-Werkzeug ist besonders geeignet, um sogenannte „Stürzende Linien" zu
korrigieren. Diese Verzerrungen finden Sie zum
Beispiel bei Aufnahmen von Hochhäusern. Da
Sie meist von unten nach oben fotografieren,
haben Sie von Ihrem Standort aus gesehen einen
anderen Aufnahmewinkel an der unteren Kante
des Hochhauses als an der oberen Kante. An

Foto: Breunlich

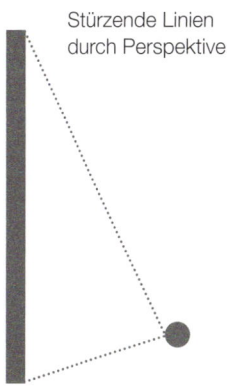

Stürzende Linien
durch Perspektive

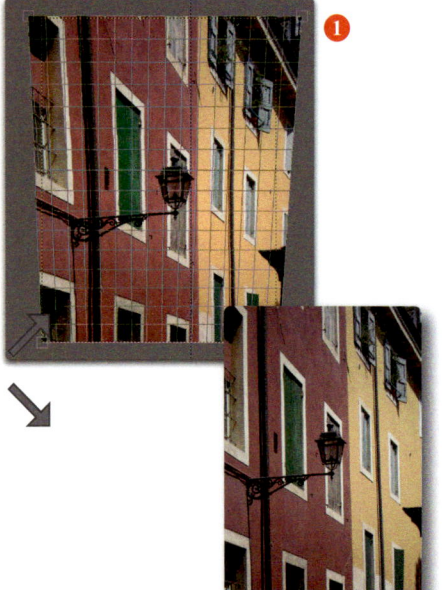

diesem Beispielfoto erkennen Sie deutlich, dass sich die Kanten der Häuser nach oben hin von der Hilfslinie wegneigen.

Perspektive-Werkzeug

Mit dem Perspektive-Werkzeug bewegen Sie alle vier Ecken in beliebige Richtungen. Aktivieren Sie das Werkzeug im Werkzeugkasten oder drücken Sie ⇧+P. Ziehen Sie gegebenenfalls vor der Transformation eine Hilfslinie.

Klicken Sie mit dem Werkzeug einmal auf das Bild. Dadurch erscheint ein Dialog und der Perspektiven-Rahmen für die Transformation für das Bild bzw. die Auswahl oder den Pfad.

Ziehen Sie nun mit gedrückter Maustaste an den Quadraten, die Sie an den Ecken des Rahmens sehen, in die gewünschte Richtung (1). (Tipp: Meist passt es, wenn Sie die oberen beiden Ecken auseinanderziehen.)

Falls Sie in den Werkzeugeigenschaften ERGEBNIS BESCHNEIDEN nicht aktiviert haben, können Sie das Bild trotzdem rasch auf die richtige Größe beschneiden. Klicken Sie dazu im Ebenendialog mit der rechten Maustaste auf die Ebene und wählen Sie EBENE AUF BILDGRÖSSE (2). Etwaige bauchige Verzerrungen korrigieren Sie mit dem Filter OBJEKTIVFEHLER (siehe Seite 128).

Spiegeln ⇧+F

Mit dem SPIEGELN-Werkzeug können Sie ein Bild oder eine Ebene horizontal oder vertikal spiegeln. Aktivieren Sie das Werkzeug im Werkzeugkasten oder drücken Sie ⇧+F.

In den Werkzeugeinstellungen (3) legen Sie fest, ob Sie HORIZONTAL oder VERTIKAL spiegeln wollen. Danach brauchen Sie nur noch einmal auf das Bild zu klicken und schon startet die Transformation.

Foto: Gerald-Holoubek-www.media22.at

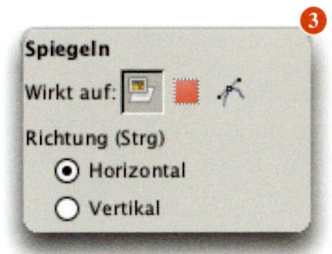

Sie finden diesen Befehl auch im Menü BILD bzw. EBENE > TRANSFORMATION > HORIZONTAL bzw. VERTIKAL SPIEGELN.

IWarp

Der IWARP-Filter verbiegt und verzerrt Ihr Bild. Zusätzlich erzielen Sie erstaunliche Effekte, wenn Sie die Verzerrungen für Animationen verwenden – den Befehl zum Animieren aktivieren Sie im gleichen Dialog (Register ANIMATION). Dabei wird jede Deformation auf eine Ebene gelegt.

Zum Öffnen des IWARP-Filters wählen Sie FILTER > VERZERREN > IWARP. In dem Dialog legen Sie die Deformationen fest, indem Sie zuerst die Art der Deformation wählen (1) und anschließend im Vorschaufenster anwenden (2). Positionieren Sie die Maus über dem Vorschaufenster und ziehen Sie mit gedrückter Maustaste (die Maus hat eine Kreuzform) über das Vorschaubild. Zum Zurücksetzen auf das Originalbild klicken Sie auf ZURÜCKSETZEN (3).

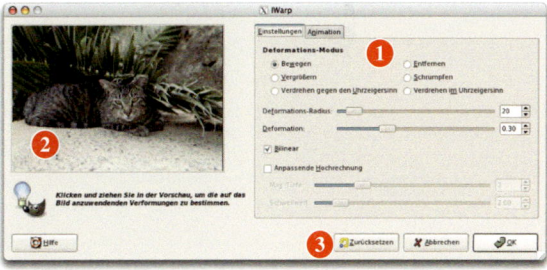

Deformationsarten

Für alle Deformationen gilt, dass Sie den **Deformationsradius** (Umfang der Deformation) und die Stärke der **Deformation** über die entsprechenden Regler einstellen können. **Bilinear** sorgt für eine harmonischere Deformation mit weicheren Übergängen, benötigt aber mehr Rechenzeit.

Bewegen: Damit verschieben Sie einen Teil des Bilds in die Richtung, in die Sie mit der Maus fahren.

Vergrößern: Wirkt wie ein Vergrößerungsglas auf das Bild.

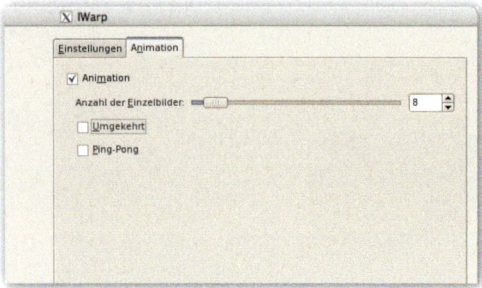

Verdrehen gegen den/im Uhrzeigersinn: Damit erzeugen Sie eine Art Wirbel, der in die jeweilige Richtung verdreht ist.

Entfernen: Damit entfernen Sie Transformationen.

Schrumpfen: Wirkt verkleinernd auf das Bild.

Register Animation: Sobald Sie in diesem Register die
Option **Animation** aktivieren, werden die Deformationen, die Sie an der Bildvorschau vornehmen,
quasi aufgezeichnet.

Über **Anzahl der Einzelbilder** bestimmen Sie, wie viele
Ebenen für die Animation angelegt werden sollen
(je mehr, desto geschmeidiger sind die Übergänge,
maximal 200).

Mit **Umgekehrt** wird die Animation von hinten nach
vorne abgespielt.

Mit aktiviertem **Ping-Pong** wird die Animation zuerst
vorwärts und dann rückwärts abgespielt.

Sobald Sie auf OK geklickt haben, werden die Deformationen auf Ebenen abgelegt. Die Animation sehen
Sie dann über Filter > Animation > Animation abspielen. Mehr dazu siehe auch *Animation leicht gemacht*,
Seite 198.

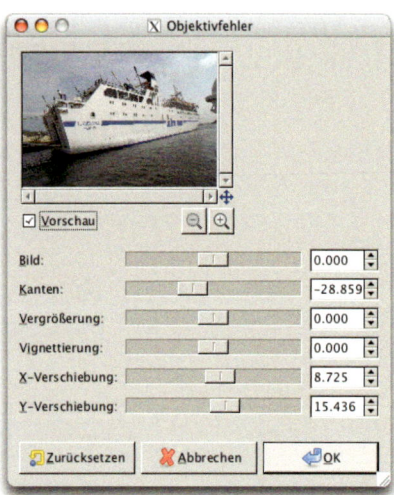

Objektivfehler korrigieren

Eine weitere Möglichkeit zur Korrektur von Aufnahmen finden Sie unter Filter > Verzerren > Objektivfehler. Mit diesem Filter korrigieren Sie Probleme,
die Objektive verursachen, allen voran Vignettierungen
(Randabschattung) und Kissenverzerrungen. Der
Dialog im Detail:

Bild (Verzeichnung): Damit korrigieren Sie Verzerrun-
gen. Mit der Bildverzeichnung verändern Sie das
Bild aus der Mitte heraus: „Bauchige" Aufnahmen
(Tonnenverzerrung) korrigieren Sie, indem Sie den
Regler nach links ziehen. Bei Kissenverzerrungen

(Biegung der Kanten nach innen) ziehen Sie den Regler nach rechts.

Verzeichnung (Kanten): Die Verzeichnung betrifft hier die oberen und unteren Kanten. Die Kanten ziehen Sie nach außen bei positiven Werten (Regler nach rechts) und nach innen bei negativen Werten.

Vergrößerung: Damit verändern Sie die Größe der jeweiligen Korrektur, die Sie oberhalb definieren.

Vignettierung: Verschieben Sie den Regler nach rechts (positive Werte), vermindern Sie die Abdunklung an den Bildkanten. Verschieben Sie den Regler nach links (negative Werte), erhöhen Sie die Abdunklung jedoch.

X-Verschiebung: Mit diesem Befehl verschieben Sie oben beschriebene Korrekturen nach links (negativer Wert) bzw. rechts.

Y-Verschiebung: Mit diesem Befehl verschieben Sie oben beschriebene Korrekturen hinauf bzw. hinunter (negativer Wert).

Tipps ...

... wie Sie diese Fehler schon beim Fotografieren vermeiden Grundsätzlich hängen die Fehler mit der Qualität des Objektivs zusammen.

Wenn Ihr Objektiv bei der kleinsten Brennweite zu starken Verzerrungen neigt, vergrößern Sie den Abstand zum Motiv und zoomen Sie es dann ein wenig heran.

Vermeiden Sie Totalaufnahmen – bringen Sie Perspektive hinein.

Verzerrungen der Längskanten (stürzende Linien) vermeiden Sie, indem Sie die Kamera möglichst auf gleiche Höhe wie das Motiv bringen. Die Korrektur der stürzenden Linien finden Sie auf Seite 125.

Beispiele

Bei dem Schiff ziehen die Ecken nach innen (Kissenverzerrung), verwenden Sie dafür den Regler für die KANTEN.

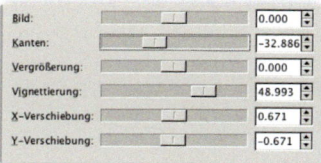

Foto: Gerald-Holoubek-www.media22.at

Randabschattungen (Vignettierungen) korrigieren Sie mit dem Regler VIGNETTIERUNG, je weiter nach rechts Sie ihn ziehen, desto mehr verschwinden die Schatten.

Foto: Bernadett Putz

Text & Texteffekte

Hier erfahren Sie, wie Sie Text schreiben und editieren können und wo es witzige Texteffekte gibt.

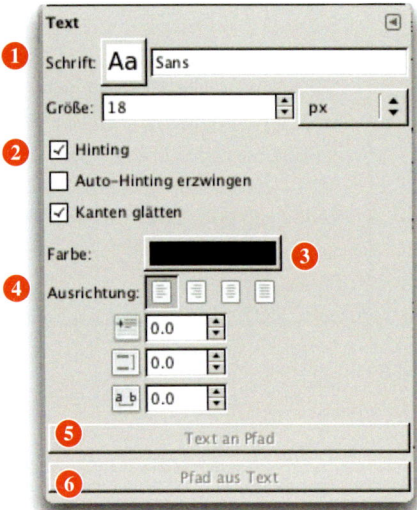

Textwerkzeug A

Sie können Text an beliebigen Stellen Ihres Bildfensters schreiben – über ein Bild, auf eine leere Farbfläche, über einen transparenten Hintergrund etc. Und so funktioniert es:

Aktivieren Sie das Textwerkzeug im Werkzeugkasten. In den Werkzeugeinstellungen nehmen Sie folgende Einstellungen vor. Bitte legen Sie diese Einstellungen *vor* dem Schreiben fest, nur dann haben sie unmittelbar Auswirkung auf Ihren Schriftzug:

Schrift (1): Öffnen Sie die Schriftartenliste, indem Sie auf das Symbol ⒜ klicken. Wählen Sie aus der Schriftliste die Schriftart aus.

Größe: Hier legen Sie die Schriftgröße fest. Die Einheit des Werts wählen Sie über das Pull-down-Menü dahinter aus.

Hinting (2): Hinting sorgt vor allem bei kleinen Schriften für ein optisch ansprechendes und lesbareres Schriftbild. Dabei wurden der Schrift – meist sogar manuell – Pixel an den Außenkanten hinzugefügt. Manche Schriften beherrschen Hinting automatisch.

Auto-Hinting erzwingen: Für Schriftarten, die Hinting nicht verwenden, bedeutet diese Einstellung, dass Hinting dennoch angewendet wird. Kann bei manchen Schriften funktionieren, am besten versuchen Sie es.

Kanten glätten: Dabei werden die Kanten der Schrift geglättet (Antialiasing). Zu empfehlen bei großen Schriften, nicht jedoch bei kleinen Schriften. Bei diesen kann diese Einstellung zu unschönen Ergebnissen führen, weil sie verschwommen wirken.

Farbe (3): Durch Klick auf die Farbleiste gelangen Sie in den Farbauswahldialog.

Ausrichtung (4): Hier legen Sie für mehrzeilige Textabschnitte die Ausrichtung fest. Wählen Sie zwischen links- bzw. rechtsbündig, zentriert oder Blocksatz. Die Ausrichtung hat keine Relevanz, wenn Sie nur einzeilig schreiben.

Einzug ⊞: Damit geben Sie den Einzug der ersten Zeile eines Absatzes vor. Ein positiver Wert lässt die erste Zeile nach rechts einrücken, ein negativer Wert erzeugt eine hängende erste Zeile, die also links außerhalb des Absatzrands hinausragt.

Zeilenabstand ☰: Hier bestimmen Sie den Abstand zwischen den Zeilen.

Zeichenabstand ☷: Hier geben Sie den Abstand zwischen den Zeichen an.

Text an Pfad (5): Mit diesem Befehl passt sich der Text an einen Pfad an. Erzeugen Sie zunächst mit dem PFAD-Werkzeug ✎ eine Form. Wechseln Sie anschließend zum TEXT-Werkzeug und schreiben Sie damit den Text. Klicken Sie nun auf die aktive Schaltfläche TEXT AN PFAD – damit wird der Text selbst in einen Pfad umgewandelt und entlang des Pfads geführt. Erzeugen Sie aus dem Pfad-Text eine Auswahl und füllen Sie sie. Mehr zu Pfaden finden Sie auf Seite 110.

Pfad aus Text erzeugen (6): Mit diesem Befehl können Sie den Text mit dem PFAD-Werkzeug nachbearbeiten. Mehr zu den Pfaden finden Sie auf Seite 110.

Wenn Sie alle Einstellungen vorgenommen haben, markieren Sie bei Bildern mit mehreren Ebenen die oberste Ebene, damit der Text dort geschrieben wird und so alle anderen Ebenen überlagert.

Um nun Text zu schreiben, klicken Sie einmal – vorab „irgendwo" – auf das Bild oder ziehen Sie einen Rahmen für die ungefähre Größe des Texts auf und

> **Tipp**
> **Texteditor verschwunden**
> Wenn Ihnen der Texteditor abhanden gekommen ist, kann es sein, dass er sich hinter dem Bildfenster versteckt. Drücken Sie [Alt] + [⇆], um die Fenster durchzugehen. Irgendwann kommt der Editor dann in den Vordergrund (nur Windows).

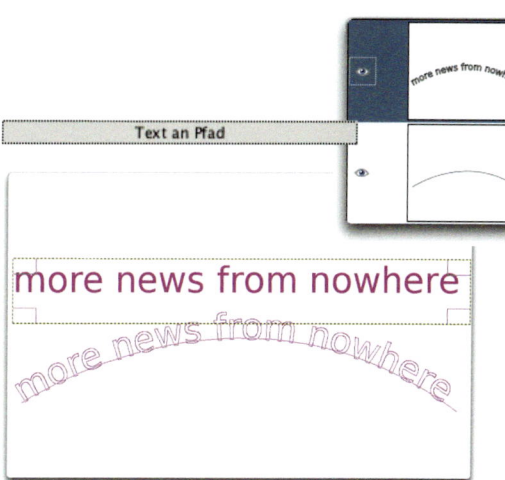

> **Tipp**
> **Text teilweise nicht sichtbar**
> Falls Sie nicht den gesamten Text im Bildfenster sehen, den Sie in den Texteditor eingetippt haben, ziehen Sie den Textrahmen auseinander.

NEU in 2.6

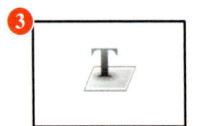

beginnen Sie zu tippen. Gleichzeitig mit dem Klick auf das Bildfenster öffnet sich der TEXTEDITOR **(1)**, ein kleines Fenster. Sie schreiben nicht direkt auf dem Bild, sondern im Editor. Geben Sie hier den Text ein. Mit ⏎ schalten Sie in einen neuen Absatz. Im Bildfenster sehen Sie sofort die Veränderungen.

Solange der Texteditor geöffnet ist, können Sie den Text über die Werkzeugeinstellungen editieren (die Größe, Farbe etc. verändern).
Neu in GIMP 2.6 ist der Textrahmen, darin umbricht Fließtext (ein Absatz) automatisch bzw. verändern Sie durch die Größenveränderung des Textrahmens den Umbruch. Weiterhin verschieben Sie Text damit viel einfacher als in vorherigen GIMP-Versionen: Tragen Sie einfach den Textrahmen mit gedrückter Maustaste an die gewünschte Stelle **(2)**.

Wenn Sie mit den Eingaben fertig sind, klicken Sie im Texteditor auf SCHLIESSEN.
GIMP erstellt für Text automatisch eine neue Ebene. Diese Ebene unterscheidet sich optisch von den anderen Ebenen: Sie erkennen im Ebenendialog eine Textebene an dem Symbol **(3)**.

Text verschieben
Solange Sie aktiv im Editor sind, bewegen Sie wie oben beschrieben den Textrahmen mit der Maus. Später, wenn Sie die Textbearbeitung abgeschlossen haben, können Sie die Textebene auch mit dem VERSCHIEBEN-Werkzeug ✥ bewegen. Achten Sie darauf, dass der Werkzeugmodus auf AKTIVE EBENEN VERSCHIEBEN eingestellt ist und Sie im Ebenendialog die Textebene markiert haben.

Text ändern – der Texteditor
Zum Editieren eines vorhandenen Textes klicken Sie zunächst im Ebenendialog auf die Textebene und dann mit dem TEXT-Werkzeug einmal auf den Text im Bildfenster. Dadurch öffnet sich der Texteditor **(4)** erneut und Sie können dort einerseits den Wortlaut ändern und andererseits in den Werkzeugeinstellungen die gewünschten Formatänderungen durchführen.

Mit der Option AUSGEWÄHLTE SCHRIFTART VERWENDEN wird die Schriftart im Texteditor direkt – quasi als Vor-

> **Hinweis**
> **Verschiedene Formatierungen**
> Im Texteditor kann immer nur eine Formatierung verwendet werden. Wollen Sie einen Teil des Textes anders formatieren, müssen Sie dafür eine weitere Textebene anlegen.

schau – angezeigt. Mit DIREKTIONAL schreiben Sie von links nach rechts, mit BIDIREKTIONAL von rechts nach links.

Text importieren

Texte importieren Sie einerseits aus der Zwischen-ablage: Kopieren Sie den Text z.B. in Word mit Strg / ctrl + C und fügen Sie ihn dann im Texteditor über Strg / ctrl + V ein. Andererseits können Sie Text auch aus *.txt-Dateien importieren. Öffnen Sie dazu den Texteditor und klicken Sie dort auf die Schaltflä-che ÖFFNEN (4). Wählen Sie die txt-Datei aus. Beachten Sie, dass der gesamte eventuell vorhandene Inhalt des Texteditors beim Import des neuen Textes ersetzt (gelöscht) wird.

Text rastern

Die Textebene ist eine ganz eigene Ebene, wo Sie nur ganz wenige Befehle ausführen können. GIMP muss ja immer in der Lage bleiben, den Text zu editieren. Wenn Sie z.B. den Text drehen, werden die Textinfor-mationen verworfen und GIMP wandelt die Textebene in eine ganz normale Ebene aus Bildpunkten um. Sie können diesen Prozess der Textrasterung auch selbst aktivieren. Klicken Sie dazu im Ebenendialog mit der rechten Maustaste auf die Textebene und wählen Sie TEXTINFORMATIONEN VERWERFEN (5). Damit haben Sie die Textebene in eine normale Pixelebene umgewan-delt.

Doch GIMP ist erstaunlich. Wenn Sie eine ehemalige Textebene mit dem TEXT-Werkzeug anklicken, er-scheint folgender Dialog:

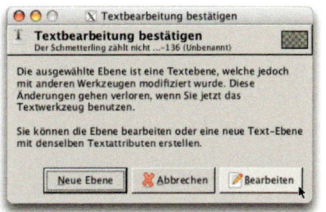

Mit **Neue Ebene** erstellt GIMP eine neue Text-ebene mit dem gleichen Text.
Mit **Bearbeiten** wandelt GIMP die Ebene wieder in eine Textebene um und öffnet den Texteditor. Darin können Sie den Text ganz normal editieren. Die Veränderungen, die Sie an der Ebene vorgenommen hatten, werden dadurch natürlich verworfen.

Tipp
Text kopieren
Wenn Sie mittels Strg / ctrl + C > Strg / ctrl + V die Textebene kopieren, wird diese als gerasterte Ebene eingefügt. Um die Textinfor-mationen zu erhalten, gehen Sie folgendermaßen vor: Entweder duplizieren Sie die Textebene im Ebenendialog. Oder Variante 2: Sie ziehen die Textebene mit der Maus in eine andere Datei.

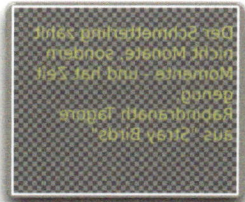

Gerasterte Text-Ebene auf transparentem Hintergrund (Schachbrettmuster): Hier wurde eine Spiegeln-Trans-formation angewandt.

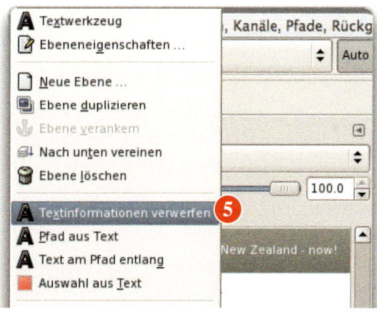

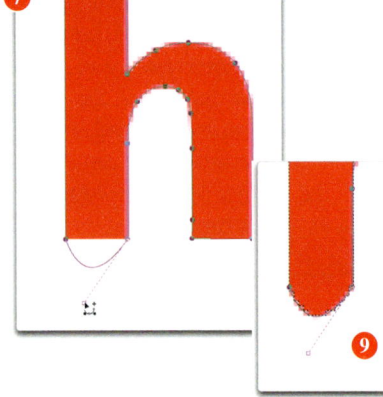

Pfad aus Text

Um aus dem Text einen Pfad zu erzeugen, schreiben Sie zuerst den Text und dann klicken Sie bei den Werkzeugeinstellungen des TEXT-Werkzeugs auf die Schaltfläche PFAD AUS TEXT. Wechseln Sie in den Pfaddialog, schalten Sie den Pfad sichtbar und klicken Sie mit der rechten Maustaste darauf > PFADWERKZEUG (6). Sie sehen nun unzählige Punkte, die den Text begrenzen.

Diese Punkte können Sie bearbeiten – z.B. ziehen, Kurven hinzufügen etc. (7). Zum Befüllen des neuen Pfads mit Farbe klicken Sie im Pfaddialog mit der rechten Maustaste auf den Pfad, wählen Sie AUSWAHL AUS PFAD und befüllen Sie die Auswahl mit Strg / ctrl + , bzw. BEARBEITEN > MIT VORDERGRUNDFARBE FÜLLEN (9). Die Textinformationen werden ab dem Zeitpunkt, an dem Sie einen Punkt des Pfads bearbeiten, natürlich verworfen. Mehr zu den Pfaden finden Sie auf Seite 110.

Texteffekte

Texteffekte werden in GIMP mit Scripts (siehe auch *Stapelverarbeitung* und Script-Fu, Seite 283) erzeugt, das heißt, es wird eine Abfolge verschiedener Befehle gestartet. So – vereinfacht ausgedrückt – dupliziert das Script SCHLAGSCHATTEN den Text und stellt ihn leicht versetzt auf eine neue Ebene darunter ... und schon haben Sie einen Schlagschatten um Ihren Text. Hier ein paar ausgewählte einfache Texteffekte:

Schlagschatten

Um dem Text einen Schatten hinzuzufügen, markieren Sie zunächst im Ebenendialog die Textebene und wählen Sie dann FILTER > LICHT & SCHATTEN > SCHLAGSCHATTEN.

Versatz X/Y: Damit legen Sie den Abstand zwischen Text und Schatten in Pixel fest (links/rechts = X, oben/unten = Y).

Weichzeichnerradius: Damit legen Sie fest, wie weich der Schatten werden soll. Je höher der Wert, desto weicher werden die Kanten.

Deckkraft: Hier legen Sie die Intensität des Schattens fest. Je weiter nach links Sie den Regler schieben, desto transparenter wird der Schatten.

Größenänderung zulassen: Wenn aktiv, wird das Bild in der Größe verändert, falls der Schatten sonst nicht genügend Platz hätte.

Nachdem Sie mit OK bestätigt haben, berechnet GIMP den Schatten. Nach Fertigstellung hat der Text einen Schlagschatten **(1)**. Im Ebenendialog sehen Sie den Schlagschatten unterhalb der Textebene als neue Ebene DROP-SHADOW **(2)**.

Weitere Effekte

Der Schlagschatten war nur ein Beispiel, wie Sie einen Filter auf Text anwenden. Es gibt zahlreiche weitere Filter, die ähnlich im Aufbau bzw. selbsterklärend sind. Probieren Sie sie aus, die meisten Effekte für Texte finden Sie unter FILTER > ALPHA ALS LOGO.

> **Hinweis**
> **Schriftenverwaltung**
> Hinweise zur Schriftenverwaltung in GIMP und wie Sie zusätzliche Schriftarten installieren, finden Sie im Anhang, Kapitel *Schriften*, Seite 348.

FILTER > RENDER > LAVA

FILTER > RENDER > LINIENEXPLOSION

FILTER > ALPHA ALS LOGO > ALIEN GLOW

FILTER > VERZERREN > JEDE ZWEITE ZEILE LÖSCHEN

drehen & drücken

FILTER > VERZERREN > DREHEN UND DRÜCKEN

FILTER > ALPHA ALS LOGO > 3-D UMRISS

135

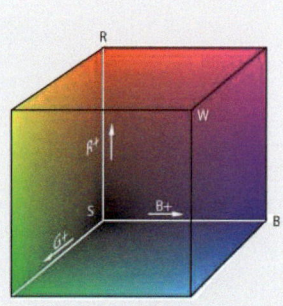

RGB

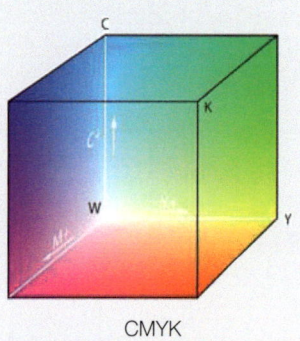

CMYK

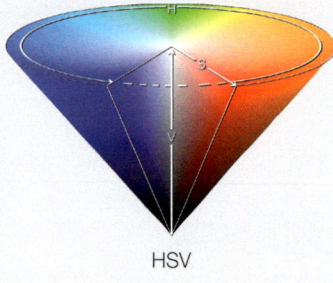

HSV

Exkurs: Farbmodelle bzw. Farbräume

Ein Bild wird immer in einem bestimmten Farbmodell gespeichert, das festlegt, wie Farben dargestellt und Mischfarben erzeugt werden. Zu den wichtigsten Farbmodellen gehören:

RGB – **R**ot/**G**rün/**B**lau. Die Farben werden über Werte zwischen 0 und 255 definiert. Das RGB-Farbmodell ist ein additives. Durch die Summe aller Farbwerte wird Weiß erzeugt. Es wird vor allem im Web, aber auch im Fernsehen verwendet.

CMY(K) – **C**yan/**M**agenta/**Y**ellow/(Blac**k**). Schwarz reguliert dabei nur die Helligkeit einer Farbe und ist keine echte eigene Farbe. Die CMYK-Farben werden über Prozentwerte definiert: 0% (keine Farbe), 100% (Vollton). Dieses Farbmodell wird im Printbereich verwendet. Das CMYK-Farbmodell wird derzeit von GIMP nicht unterstützt. GIMP öffnet zwar CMYK-Bilder, wandelt diese jedoch sofort in das RGB-Farbmodell um. Zum Umwandeln von RGB in CMYK-Bilder gibt es einen Workaround über das Menü ZERLEGEN (siehe weiter unten).

HSV – **H**ue (Farbton)/**S**aturation (Sättigung)/
Value (Helligkeit). Dieses Farbmodell ähnelt der Art und Weise, wie wir Menschen Farben wahrnehmen. Nach der Auswahl einer Farbe bestimmen Sie die Sättigung und die Helligkeit. Das Farbmodell wird meist als Kegel dargestellt, an der Oberfläche ist der Farbkreis abgebildet, der Radius ist die Sättigung, nach unten hin der Grauwert.

L*a*b* – **L**uminance (Helligkeit)/**a** = Rot-Grün-Anteile
/**b** = Blau-Gelb-Anteile der Farbe. Es wurde 1976 entwickelt und basiert – wie HSV – auf der menschlichen Wahrnehmung von Farben.

Farbraum feststellen

Sobald Sie in GIMP ein Bild geöffnet haben, sehen Sie sofort, in welchem Farbmodell es abgespeichert wurde. Werfen Sie einen Blick auf die Titelleiste (hier steht RGB in Klammern):

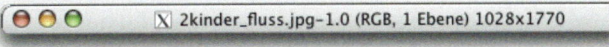

Die Farbmodelle finden Sie im Menü BILD > MODUS **(1)**:

RGB: Damit überführen Sie ein Bild in den RGB-Modus. Da Sie meist im RGB-Modus arbeiten bzw. Bilder im RGB-Modus öffnen, ist dieser Befehl mit einem Punkt als aktiv gekennzeichnet.

Graustufen: Mit diesem Befehl wandeln Sie ein RGB-Bild in ein Graustufenbild um. Es ist vielleicht nicht die beste, aber auf jeden Fall die schnellste Methode, um dies zu erreichen. Beim Graustufenmodus handelt es sich nicht um ein echtes Farbmodell, sondern nur um die Helligkeitsanordnung der Pixel zwischen Schwarz und Weiß.

Indiziert: Damit indizieren Sie ein Bild, das heißt, Sie weisen ihm eine bestimmte Farbpalette zu. Auch hierbei handelt es sich nicht um ein Farbmodell. Mehr dazu finden Sie auf Seite 42.

Farbprofil zuweisen: Mit diesem Befehl weisen Sie einem Bild ein ICC-Farbprofil zu. Verwenden Sie den Befehl, wenn das Bild über noch kein Farbprofil verfügt. Mehr zu Farbprofilen finden Sie unter *Farbverwaltung*, Seite 174.

Zu Farbprofil umwandeln: Mit diesem Befehl konvertieren Sie in ein anderes Farbprofil. Wählen Sie in dem Dialog das Farbprofil aus. Mit RENDERING-ABSICHT legen Sie die Methode fest, mit der das Bild konvertiert werden soll. WAHRNEHMUNG: zur Umrechnung zwischen sehr unterschiedlichen Farbräumen (RGB <> CMYK). KOLORIMETRISCH (RELATIV): gute Darstellung von Pantonefarben und geeignet zur Druckvorbereitung. SÄTTIGUNG: Farben wirken kräftiger. KOLORIMETRISCH (ABSOLUT): nur

Farben

Welche Farbmodelle GIMP kennt, wie Sie in andere Farbräume umwandeln und mit Kanälen arbeiten, Farben selektieren, Auswahlen füllen, eigene Farbverläufe entwickeln und Farben speichern, das erfahren Sie hier.

> **Hinweis**
> **Indiziert**
> Wenn Sie ein Bild öffnen und es steht INDIZIERT in der Titelleiste, handelt es sich um eine GIF-Datei. Bitte wandeln Sie es über BILD > MODUS in RGB um, damit Sie alle Farben zur Verfügung haben.

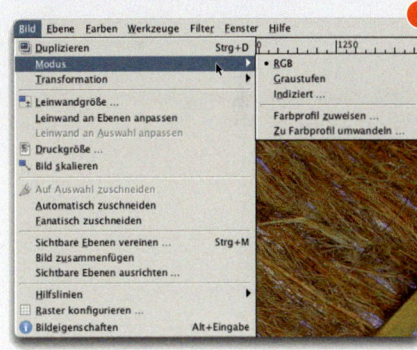

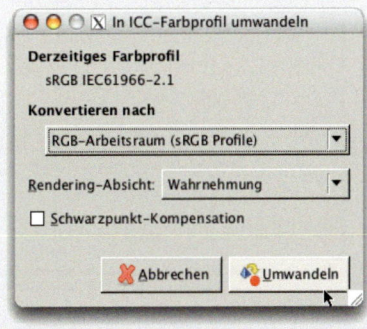

zum Proofen geeignet. Mit Black Point Compensation (BPC) wird der Schwarzpunkt optimal versetzt. Das muss aber nicht immer zu besseren Ergebnissen führen – bitte testen! Mehr zu den Farbprofilen finden Sie im Kapitel *Farbverwaltung*, Seite 174.

Zerlegen in weitere Farbmodelle

GIMP bietet die Möglichkeit, in mehr als die im Menü BILD > MODUS angeführten Farbmodelle umzuwandeln. Klicken Sie dazu in das Menü FARBEN > KOMPONENTEN > ZERLEGEN.

ZERLEGEN teilt ein Bild in verschiedene Farbmodelle. Es wird dabei von einem Farbmodell in das andere nach Farbanteilen zerlegt, wobei von jedem Pixel die Intensität, die er zum Gesamtfarbeindruck beiträgt, gemessen und im Kanal als Graustufenbild abgebildet wird. Sie erhalten daher keine Farbbilder.

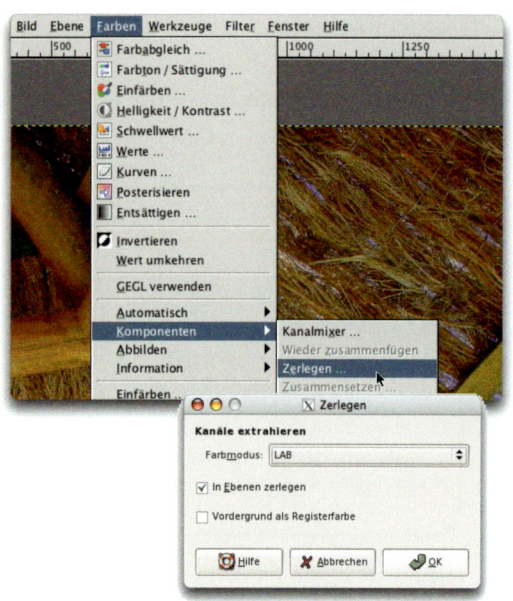

Kanäle nutzen Sie, um z.B. Bildrauschen zu vermindern, siehe Seite 217, oder Sie verwenden einen Kanal für das Erzeugen einer Auswahl, siehe Seite 116 bzw. Tutorial Seite 241.

GIMP und CMYK

In GIMP 2.6 wurde die GEGL-Farbbibliothek implementiert, was die wichtigste Voraussetzung für eine Weiterentwicklung u.a. in den Bereichen Farbtiefe, CMYK-Farbmodell und nicht-destruktive Bildbearbeitung für die kommende Version 2.8 darstellt. Beachten Sie jedoch, dass die Zuverlässigkeit eines CMYK-Farbmodells noch nicht gewährleistet ist und Sie die Umwandlung besser in einem anderen Programm vornehmen oder der Druckerei überlassen.

NEU in 2.6

Der ZERLEGEN-Dialog

In Ebenen zerlegen: Wenn diese Option aktiviert ist, erfolgt die Zerlegung in einzelne Ebenen, das heißt, ein Kanal wird auf einer Ebene abgebildet (empfohlen). Ist diese Option nicht aktiviert, wird für jeden Kanal eine eigene Datei (ein Bildfenster) angelegt.

> **Hinweis**
> **Separate+**
> Noch mehr Möglichkeiten als über das Zerlegen-Menü finden Sie im Separate-Plug-in von Yoshinori Yamakawa. Download & Infos hier:
> *http://cue.yellowmagic.info/ softwares/separate.html*
> (nur Linux und Windows)

Vordergrund als Registerfarbe: Hier werden Pixel in der Vordergrundfarbe auf allen Ebenen bzw. Bildfenstern der zerlegten Datei schwarz dargestellt.

RGB: Abbildung von Rot/Grün/Blau in Graustufen auf je einer Ebene/in je einem Bildfenster. Die Kanäle enthalten Grau und Alpha (für Transparenz).

RGBA: RGB mit Alphakanal. Zerlegung des Bilds in den Rot-/Grün-/Blau-Alphakanal auf je einer Ebene/in je einem Bildfenster. Der Alphakanal wird dabei wie folgt abgebildet: transparente Pixel in Schwarz, nichttransparente, also deckende Pixel erscheinen weiß. Das funktioniert nur, wenn das Bild über einen Alphakanal verfügt (Informationen zum *Alphakanal* siehe Seite 86).

HSV/HSL: Zerlegung in ein Graustufenbild mit den drei HSV-Kanälen Hue (Farbton)/Saturation (Sättigung)/Value (Helligkeit) auf je einer Ebene bzw. in je einem Bildfenster. Der Unterschied zwischen HSV und HSL (L = Lightness = Helligkeit) liegt in einer anderen Anordnung des Weiß-, Schwarz- und Graupunkts.

CMY(K): Zerlegung in ein Graustufenbild mit den vier Kanälen Cyan/Magenta/Yellow/(Black) auf je einer Ebene bzw. in je einem Bildfenster.

Alpha: Der Alphakanal steht für die Transparenz eines Bilds. Wenn das Bild über keinen Alphakanal verfügt, können Sie diesen im Ebenendialog über die rechte Maustaste auf die Ebene ALPHAKANAL HINZUFÜGEN anlegen. Beim Zerlegen wird mit dieser Option der Alphakanal in eine Ebene extrahiert: Dabei werden die transparenten Pixel schwarz und die nichttransparenten Pixel weiß abgebildet.

L*a*b*: Zerlegung in ein Graustufenbild mit den drei Kanälen Luminance (Helligkeit), a = Rot-Grün-Anteile und b = für die Blau-Gelb-Anteile der Farbe auf je einer Ebene bzw. in je einem Bildfenster (1).

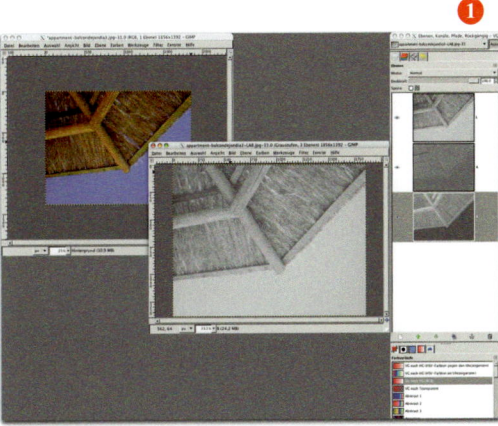

❶

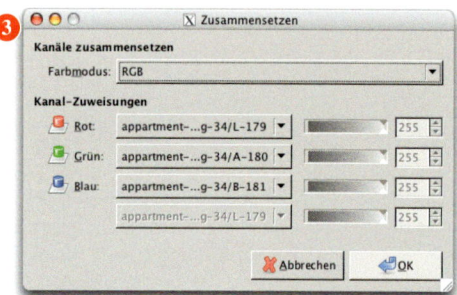

YCbCr (verschiedene): Diese Farbmodelle werden u.a. im digitalen Videobereich verwendet. Hier erfolgt die Zerlegung in ein Graustufenbild mit den Kanälen für Leuchtkraft, Blauanteil und Rotanteil auf je einer Ebene bzw. in je einem Bildfenster.

Wenn Sie die Kanäle bearbeitet haben und die Änderungen in die Originaldatei übertragen möchten, wählen Sie in dem zerlegten Graustufenbild FARBEN > KOMPONENTEN > WIEDER ZUSAMMENFÜGEN (2). Dazu muss es jedoch noch geöffnet sein!

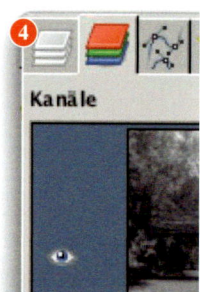

Mit dem Befehl FARBEN > KOMPONENTEN > ZUSAMMENSETZEN (3) setzen Sie die zuvor zerlegten Bilder wieder zu einem zusammen. Der Befehl ist ebenfalls nur in einer zerlegten Datei aktiv, ansonsten ist er ausgegraut. In dem Dialog legen Sie die Zuordnung der extrahierten Kanäle fest. Nach dem Aufruf des Befehls legt GIMP die Datei in einem neuen Bildfenster an. Mit diesem Befehl erzeugen Sie recht interessante Farbeffekte. Es zahlt sich aus, damit zu experimentieren.

Kanäle

Die einzelnen Teile eines Farbmodells – zum Beispiel Rot, Grün und Blau des RGB-Farbmodells – werden in Kanälen abgebildet. Die Kanäle finden Sie in GIMP im gleichnamigen Dialog dargestellt (4):

Viele meiner Schulungsteilnehmer haben ein Problem damit, dass die Miniaturen der Kanäle in Graustufen dargestellt sind, wo sie doch Farben repräsentieren. Doch hier steht Weiß für den vollen Anteil der Farbe des jeweiligen Kanals und Schwarz für keine Farbe des jeweiligen Kanals.

Bei diesem Apfel (5) beispielsweise erkennen Sie die Graustufenabbildung der Kanäle sehr gut: Rot- und Grünkanal sind beide sehr hell dargestellt, das heißt, es gibt einen hohen Anteil an Rot bzw. Grün. Hingegen ist der Blaukanal mit viel Grau abgebildet – das heißt, der Apfel selbst hat kaum Blauanteile.

Foto: Helmer

Die Kanäle sind – genauso wie die Ebenen – als überein-
andergeschichtete Folien zu sehen, die in ihrer Gesamtheit
die Farben des Bilds ergeben. Sie können die Original-
kanäle nicht verändern (umbenennen, löschen), aber Sie
können einen Kanal duplizieren, um damit eine Auswahlmaske zu erzeugen (rechte Maustaste auf den Kanäledialog > KANAL DUPLIZIEREN), und diesen dann editieren.
Mehr zu den *Auswahlmasken* finden Sie auf Seite 118.

Indizierte Bilder haben nur einen Kanal (INDIZIERT).
Wählen Sie BILD > MODUS > RGB, um das Bild in ein
RGB-Bild umzuwandeln (6).

Alphakanal

Der Alphakanal bildet die Transparenz
eines Bilds ab. Wenn Sie z.B. ein Foto geöffnet haben, das keine Transparenz und
nur die Hintergrundebene enthält, hat es
standardmäßig keinen Alphakanal. Um
der Hintergrundebene einen Alphakanal
hinzuzufügen, klicken Sie im Ebenendialog
mit der rechten Maustaste auf die Ebene
und wählen Sie ALPHAKANAL HINZUFÜGEN.
In der Miniatur des Alphakanals steht Weiß
für „Farbe vorhanden" und Schwarz für
Transparenz. Der Alphakanal wird jedoch
mit jeder neuen, zusätzlichen Ebene automatisch angelegt. Mehr Informationen zum
Alphakanal finden Sie auch auf Seite 86.

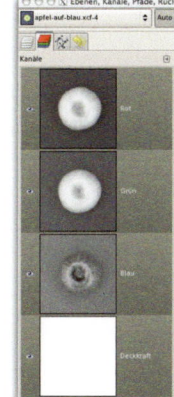

Ein- bzw. Ausschalten eines Kanals

Diesen Befehl sollten Sie üblicherweise nicht benötigen.
Die Kanäle eines Bilds sind standardmäßig alle aktiv,
das erkennen Sie daran, dass alle grau bzw. blau markiert
sind. Sie schalten einen Kanal aus, indem Sie ihn anklicken – damit verschwindet die Markierung, der Kanal
ist weiß hinterlegt (1). Zum erneuten Aktivieren klicken
Sie ihn wieder an. Die Auswirkung eines deaktivierten
Kanals sehen Sie erst, wenn Sie neue Pixel hinzufügen,
diesen fehlt dann der jeweils deaktivierte Farbanteil.
Bei diesem Beispiel (2) habe ich das Rechteck mit einem
satten Dunkelgrün gefüllt, bei deaktiviertem Rotkanal.
Sie sehen das Ergebnis im Bildfenster ...

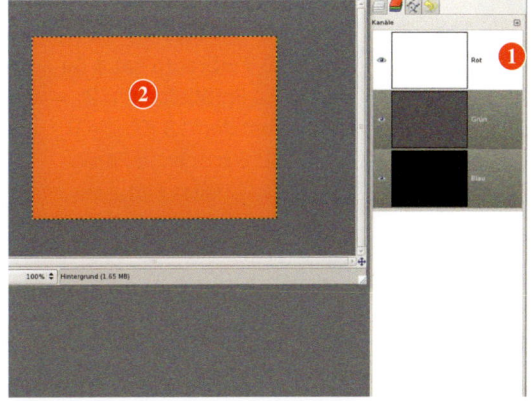

Ein- bzw. Ausblenden eines Kanals

Die Kanäle eines Bilds sind standardmäßig alle eingeblendet, das erkennen Sie im Kanäledialog am Augensymbol 👁. Sie können einen Kanal ausblenden, indem
Sie das Auge anklicken. Sie sehen das Ergebnis sofort
im Bildfenster. Bei diesen Beispielen sehen Sie die RGB-
Kanäle einer Sonnenblume einzeln eingeblendet **(3)**.
Zum Einblenden des Kanals klicken Sie erneut in das
leere Quadrat vor der Kanalminiatur (Auge).

Auswahl aus Kanal

Bei der AUSWAHL AUS KANAL wird eine Auswahl aus
der Farbe des jeweiligen Kanals erstellt. Dabei ist Weiß
voll ausgewählt, Schwarz gar nicht und alle Grautöne
dazwischen sind teilweise ausgewählt. Klicken Sie
dazu im Kanäledialog mit der rechten Maustaste auf
einen Kanal und wählen Sie AUSWAHL AUS KANAL **(4)**.

Manche arbeiten gerne mit den einzelnen Farbanteilen
eines Bilds und verwenden dazu die Kanäle, um diese
zu verändern oder auch um Objekte vom Hintergrund
zu extrahieren.

Mehr Infos finden Sie im Kapitel *Auswahl aus Kanal*,
Seite 116 bzw. Tutorial Seite 241.

Farben messen mit der Pipette 🖋

Mit der PIPETTE messen Sie Farben aus. Aktivieren Sie
die Pipette im Werkzeugkasten und klicken Sie damit
im Bildfenster auf die Stelle, deren Farbe Sie wissen
wollen. Dabei poppt der folgende Dialog auf:

Hinweis

Farbtiefe
Der RGB-Farbraum hat 8 Bit
pro Kanal Farbtiefe, d.h. $2^8 =$
256 Farbstufen * 3 Kanäle =
16.777.216 mögliche Farben.
Mehr zum Thema Farbtiefe
finden Sie auf Seite 162.

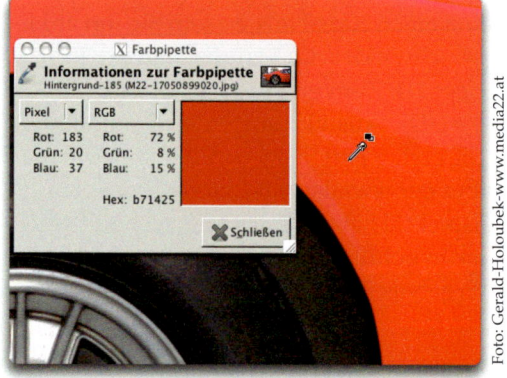

Foto: Gerald-Holoubek-www.media22.at

Sie haben über das Pull-down-Menü die Möglichkeit, zwei unterschiedliche Ansichten einzustellen, damit Sie z.B. links die RGB- und rechts die CMYK-Werte sehen.

Werkzeugeigenschaften

In den Werkzeugeigenschaften **(1)** der Pipette nehmen Sie folgende Einstellungen vor:

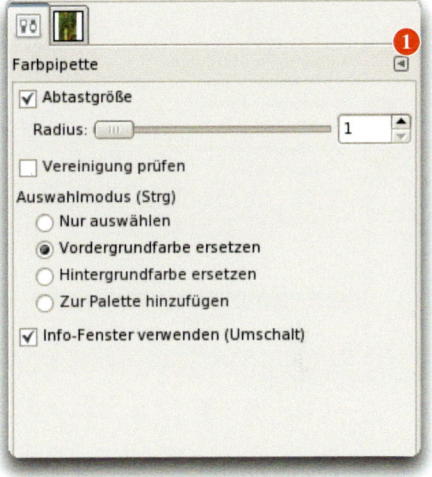

Abtastgröße: Damit legen Sie den Radius fest, in dem die Messung erfolgen soll; einstellbar über den Regler darunter. Je größer der Radius, desto mehr Farben werden gemischt – Sie erhalten dann einen Durchschnittswert.

Vereinigung überprüfen: Dabei werden alle Ebenen berücksichtigt.

Auswahlmodus: Damit legen Sie fest, was mit der gemessenen Farbe passieren soll:
Nur auswählen: Sie messen nur aus, ohne sonstige Folgen.
Vordergrundfarbe/Hintergrundfarbe ersetzen: Wie der Befehl schon sagt – damit ersetzen Sie die Vordergrund- bzw. die Hintergrundfarbe im Werkzeugkasten. Sie wechseln zwischen den Modi *Vordergrundfarbe* bzw. *Hintergrundfarbe* und ersetzen mit gedrückter ⌈Strg⌉/⌈ctrl⌉-Taste.

Zur Palette hinzufügen (⌈⇧⌉): Mit dieser Option wird die ausgemessene Farbe der Palette hinzugefügt, das funktioniert auch mit gedrückter ⌈⇧⌉-Taste. Öffnen Sie den Paletteneditor, die gemessenen Farben werden der Palette hinzugefügt **(2)**. Mehr dazu finden Sie im Kapitel *Farben speichern in der Palette* auf Seite 153.

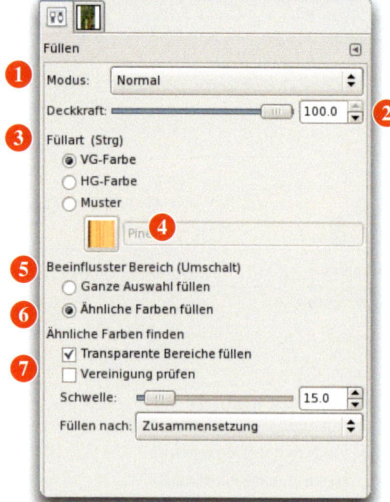

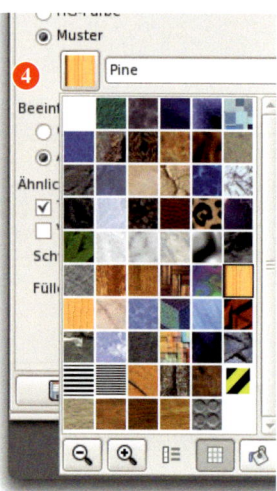

Mit Farbe/Muster füllen

Um eine Auswahl mit Farbe bzw. Muster zu füllen, aktivieren Sie das FÜLLWERKZEUG im Werkzeugkasten und klicken damit einmal in die Auswahl. Mit welcher Farbe und wie gefüllt wird, hängt von den Einstellungen in den Werkzeugeigenschaften darunter ab:

Modus (1): Im Pull-down-Menü MODUS stellen Sie die Art und Weise ein, wie die Füllung sich mit der darunterliegenden Ebene mischen soll. Mehr zu den Modi finden Sie im Kapitel *Ebenenmodus* auf Seite 82.

Deckkraft (2): Damit bestimmen Sie die Deckkraft, mit der die Füllung erfolgen soll. 100% bedeutet dabei volle Farbe, 0% absolute Transparenz.

Füllart (3): Standardmäßig wird die Auswahl mit der **Vordergrundfarbe** gefüllt. Welches die Vordergrundfarbe ist, sehen Sie im Werkzeugkasten: Die Vordergrundfarbe wird im oberen Kästchen angezeigt **(A)**, die Hintergrundfarbe in dem darunterliegenden Kästchen **(B)**. Ein Klick auf das Schwarzweißkästchen setzt die Vordergrund- und Hintergrundfarbe wieder auf Schwarz und Weiß zurück (oder das Drücken der Taste D). Mit Klick auf das Pfeilchen tauschen Sie Vordergrund- und Hintergrundfarbe (oder Drücken der Taste X).
Wenn Sie beim Füllen die Strg / ctrl -Taste halten, wechseln Sie zur jeweils anderen Farbe.
Als dritte Option können Sie die Auswahl mit einem **Muster** füllen. Das Muster ändern Sie durch Klick auf die Mustervorschau **(4)**. Zum Ändern der Farben klicken Sie doppelt auf die Farbkästchen im Werkzeugkasten **(A, B)**. Mehr zum Selektieren der Farben finden Sie im nachfolgenden Absatz.

> **Tipp**
> **Eigenes Muster**
> Zum Anlegen eines Musters kopieren Sie eine Auswahl in den Zwischenspeicher (Strg / ctrl + C). Im Musterdialog (FENSTER > ANDOCKBARE DIALOGE) ist es dann sofort abgebildet und verfügbar. Zum dauerhaften Speichern wählen Sie BEARBEITEN > EINFÜGEN ALS... > NEUES MUSTER.

Beeinflusster Bereich: Wenn Sie beim Füllen die ⇧-Taste gedrückt halten, wechseln Sie zur jeweils anderen Option:

Ganze Auswahl füllen: Dabei wird die gesamte Auswahl mit der Füllfarbe gefüllt **(6)**.

Ähnliche Farben füllen: Dabei werden – abhängig von den Einstellungen darunter – ähnliche Farben in der Auswahl gesucht und gefüllt (ähnlich wie beim Zauberstab).

Beachten Sie bei den beiden Beispielen den Himmel. Im oberen Beispiel **(5)** ersetzte die neue Farbe die gesamte Auswahl.

Im unteren Beispiel **(6)** blieben mit der Einstellung ÄHNLICHE FARBEN Wolken etc. erhalten. Es wurde nur die ursprüngliche Farbe ersetzt, auf die ich geklickt habe.

Ähnliche Farben finden (7):

Transparente Bereiche füllen: Transparente Bereiche werden in jedem Fall gefüllt.

Vereinigung prüfen: Darunterliegende Ebenen werden mitberücksichtigt.

Schwelle: Hier stellen Sie ein, was als ähnliche Farben gelten soll – je höher die Schwelle, desto mehr Farben werden mitberücksichtigt und gefüllt.

Füllen nach: Hiermit bestimmen Sie, nach welchen Farbkriterien die Füllung erfolgen soll:

Zusammensetzung: Nimmt die Farben in ihrer Gesamtheit.

Rot/Grün/Blau: Die Selektion erfolgt nach roten, grünen bzw. blauen Farben.

Farbton: Ähnliche Farbtöne werden ausgewählt.

Sättigung: Farben mit ähnlicher Sättigung werden ausgewählt.

Wert: Farben mit ähnlichen Werten werden ausgewählt.

Farben selektieren

Zum FARBENWÄHLER gelangen Sie, indem Sie auf die Vordergrund- bzw. Hintergrundfarbe im Werkzeugkasten klicken. Sie können aber auch im Farbendialog des rechten Docks die Farben wählen.

Foto: Helmer

> **Hinweis**
> **Vordergrund- und Hintergrundfarbe**
> Die Vordergrund- bzw. Hintergrundfarbe hat nichts mit einer Vorder- oder Hintergrundfläche zu tun. Es handelt sich einfach nur um eine Bezeichnung und könnte auch Farbe 1 und Farbe 2 heißen.

145

Wie der Name schon sagt, wählen Sie in diesem Dialog Farben aus, die dann „draußen" im Werkzeugkasten als Vordergrund- bzw. Hintergrundfarbe abgelegt werden.

Der Farbenwähler bietet zahlreiche Möglichkeiten, eine Farbe einzustellen: Über die Register **(1)** wählen Sie zwischen verschiedenen Farbmodellen bzw. -darstellungen und greifen auf eine Palette zu.

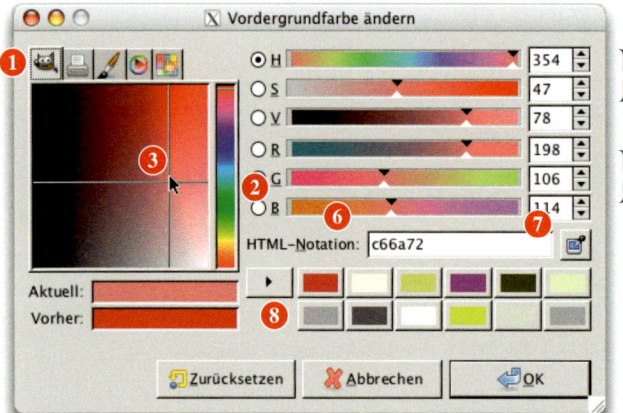

Wir bleiben hier jedoch im ersten Fenster, wo Sie wiederum über zwei Möglichkeiten **(4)** verfügen, wie Sie zu einer Farbe kommen: nach optischen Kriterien **(5)** oder nach Werten.

Auswahl nach optischen Kriterien

Wählen Sie zuerst im Farbbalken **(2)** den grundsätzlichen Farbraum aus. Durch Klick in den Balken versetzen Sie die Querlinie, die Ihnen anzeigt, wo Sie sich befinden. Dann nehmen Sie das Feintuning (Farbsättigung und -intensität) in dem großen Kästchen vor **(3)**. Klicken Sie hier auf die gewünschte Stelle, das Fadenkreuz zeigt Ihnen die Position an. Unterhalb im AKTUELL-Kästchen sehen Sie die gewählte Farbe im Vergleich zu VORHER.

Auswahl nach Werten

Kennen Sie die Werte einer Farbe, können Sie diese in der rechten Hälfte des Fensters eintragen: Die oberen drei Zeilen stellen das HSV-Farbmodell dar **(4)**, die unteren drei Zeilen sind das RGB-Farbmodell **(5)**. Sobald Sie in den rechts befindlichen Textkästchen Farbwerte eintragen, ändert sich die Farbvorschau im gesamten Farbselektor sofort.

Hinweis

CMYK

Kennen Sie nur die CMYK-Parameter einer Farbe, klicken Sie auf das zweite Register des Farbselektors. Dort können Sie diese Werte eingeben.

Einen hexadezimalen Farbcode (Webbereich) geben Sie unterhalb **(6)** in der Textzeile ein bzw. lesen ihn dort aus. Eine weitere Möglichkeit, Farben zu wählen, bietet die Pipette **(7)**. Klicken Sie zuerst die Pipette an und anschließend auf einen Bereich auf Ihrem Bildschirm.

Farbe speichern

Sie haben im Farbselektor eingeschränkte Möglichkeiten zur Farbspeicherung: Wenn Sie den Dialog verlassen, wird die Farbe in der Farbliste **(8)** automatisch abgelegt. Wenn Sie während der Selektion eine Farbe zwischendurch ablegen möchten, klicken Sie auf das kleine schwarze Pfeilchen.
Eine beständigere Sicherung der Farben können Sie über die FARBPALETTE vornehmen. Mehr dazu finden Sie auf Seite 153.

Verlassen Sie mit OK den Farbselektor und tragen Sie mit einem Werkzeug (Füllkübel, Pinsel etc.) die Farbe auf. Gehen Sie genauso für die Auswahl der Hintergrundfarbe vor.

Farbe zu Transparenz

Sie können in GIMP sehr leicht eine Farbe in Transparenz umwandeln. Wählen Sie am besten zuvor mit der Pipette die Farbe aus dem Bild, die Sie in Transparenz umgewandelt haben möchten, und legen Sie die Farbe als Vordergrund- oder Hintergrundfarbe ab (auf die können Sie dann später zugreifen). Klicken Sie im Menü FARBEN (bzw. auch EBENE > TRANSPARENZ) auf FARBE ZU TRANSPARENZ. In dem Dialog sehen Sie eine Vorschau auf Ihr Bild. Die Farbe, die in Transparenz umgewandelt werden soll, wählen Sie im Farbbalken unterhalb der Vorschau. Klicken Sie auf den Farbbalken mit der rechten Maustaste, um im Kontextmenü die Vordergrund- bzw. Hintergrundfarbe bzw. Schwarz oder Weiß zu selektieren.

> **Hinweis**
> **Hexadezimaler Farbcode**
> Die hexadezimale Codierung einer Farbe ist immer sechsstellig, z.B. ca6f0e. Je zwei Werte stehen für Rot, Grün bzw. Blau (= RGB).

Der Befehl ist vor allem sehr praktisch, um einen einge-
scannten Schriftzug (z.B. Ihre Unterschrift) freizustellen.

Außerdem können Sie anschließend eine Auswahl der
Transparenz erzeugen, indem Sie EBENE > TRANSPA-
RENZ > AUSWAHL AUS ALPHAKANAL wählen oder mit
der rechten Maustaste auf die entsprechende Ebene im
Ebenendialog klicken und dort den Befehl wählen. Die
Auswahl lässt sich dann z.B. invertieren und mit einer
Farbe füllen.

Farbverlauf

Ein Farbverlauf wird aus mindestens zwei Farben ge-
bildet und kann auch Transparenz enthalten.

Zum Erstellen des Farbverlaufs aktivieren Sie das VER-
LAUFSWERKZEUG im Werkzeugkasten und ziehen mit
gedrückter Maustaste über die Fläche bzw. Auswahl.
Je länger der Abstand zwischen dem Setzen des ersten
Punkts und dem Loslassen der Maustaste ist, desto
sanfter wird der Verlauf. Die Richtung des Verlaufs bestimmen Sie durch das Aufsetzen des zweiten Punkts.
Mit gedrückter ⇧-Taste wird der Verlauf gerade. Mit
gedrückter Strg / ctrl-Taste versetzen Sie den Verlauf
in 15°-Schritten. Sie können den Verlauf auch außerhalb
einer Auswahl oder des Bilds an- bzw. absetzen und
dadurch nur einen Ausschnitt des Farbverlaufs erzeugen. Standardmäßig wird der Verlauf aus der Vorder-
grund- zur Hintergrundfarbe erzeugt.

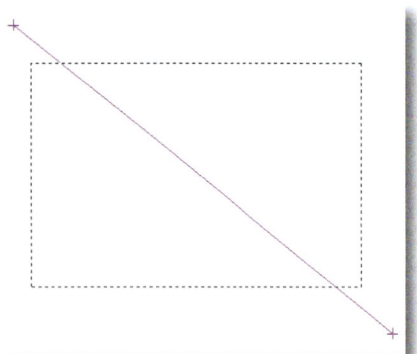

In den Werkzeugeigenschaften nehmen Sie noch
genauere Einstellungen vor. Sie können auch aus einer
Vielzahl mitgelieferter Verläufe auswählen oder eigene
im VERLAUFSEDITOR gestalten, siehe Seite 150.

Die Werkzeugeigenschaften

Modus (1): Mit dem Modus legen Sie fest, wie sich der
Verlauf mit der vorhandenen Ebene/Farbe vermi-

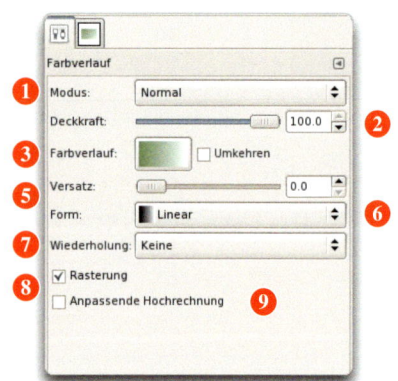

schen soll. Mehr zu den Modi finden Sie im Kapitel *Ebenenmodus* auf Seite 82.

Deckkraft (2): Damit legen Sie die Deckkraft des Verlaufs fest. 100% = volle Deckkraft, 0% = transparent.

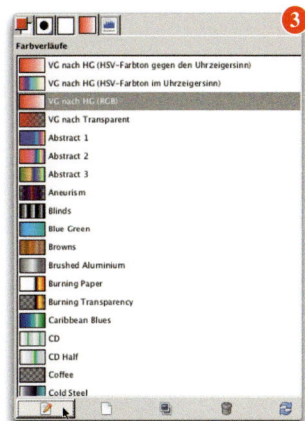

Farbverlauf: Hier bestimmen Sie, mit welchen Farben der Verlauf erzeugt werden soll. Durch Klick auf das Farbkästchen gelangen Sie in eine Auswahl von Verläufen (3). Diesen Dialog öffnen Sie auch über FENSTER > ANDOCKBARE DIALOGE > FARBVERLÄUFE ([Strg] / [ctrl]+[G]). Die ersten vier Einträge in dem Dialog sind Vordergrund-, Hintergrund-Farbvarianten und darunter von GIMP mitgelieferte Farbverläufe. Wie Sie die Farbverläufe editieren bzw. selbst anlegen, erfahren Sie im nachfolgenden Absatz, Seite 150.

Mit **Umkehren** tauschen Sie die Richtung des ausgewählten Verlaufs.

Versatz (5): Damit legen Sie den Übergang zwischen den Farben fest. Mit 0 ist es ein sehr weicher Übergang, mit 100 werden nur die Anfangs- und Endfarbe des Verlaufs aneinandergereiht.

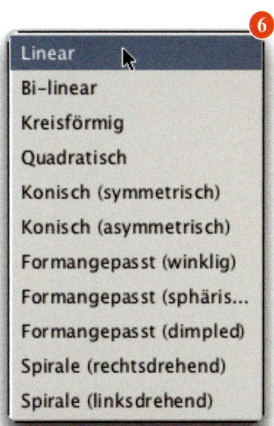

Form (6): Damit bestimmen Sie die Form des Verlaufs.

Linear: ein entlang der gezogenen Verlaufslinie gerade verlaufender Farbverlauf.

Bi-Linear: Der Verlauf wird vom Anfangspunkt nach links und rechts gespiegelt linear aufgezogen.

Kreisförmig: Der Verlauf erfolgt kreisförmig. Durch Klicken und Ziehen definieren Sie den Radius des Kreises. In der Mitte beginnt der Verlauf, nach außen hin endet er.

Quadratisch: Der Verlauf wirkt quadratisch mit einem Sternmuster darin.

Konisch (symmetrisch/asymmetrisch): Der Verlauf erfolgt konisch mit sanftem Übergang (symmetrisch) bzw. hartem Übergang am Ende (asymmetrisch).

Formangepasst (winkelig, sphärisch, dimpled): verschiedene, der jeweiligen Fläche bzw. Auswahl angepasste Verlaufsformen (siehe Abbildungen).

Spirale (rechts-, linksdrehend): Der Verlauf erfolgt spiralförmig um den Anfangspunkt links- bzw. rechtsdrehend.

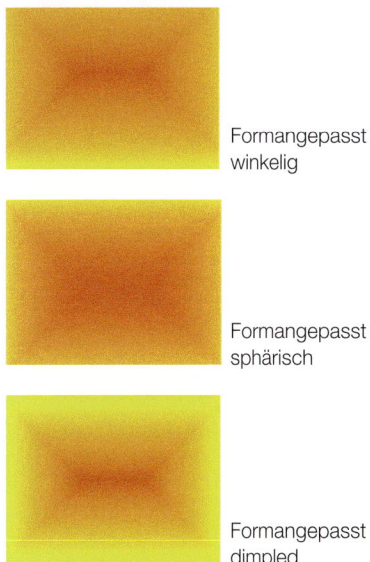

Formangepasst winkelig

Formangepasst sphärisch

Formangepasst dimpled

149

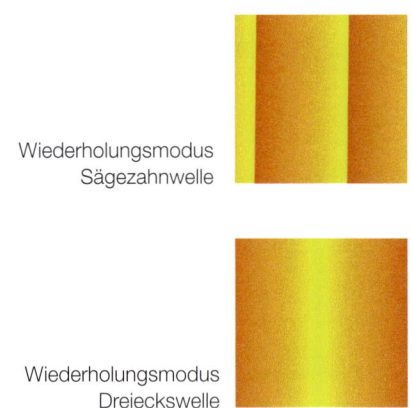

Wiederholungsmodus
Sägezahnwelle

Wiederholungsmodus
Dreieckswelle

Wiederholung (7): Die Verlaufsformen Linear, Bi-Linear, Kreisförmig, Quadratisch und Konisch können Sie mehrfach wiederholen lassen:

Sägezahnwelle: Die Verlaufsformen werden in ihrer ursprünglichen Reihenfolge (Vordergrundfarbe zu Hintergrundfarbe) aneinandergereiht, wodurch aber eine harte Kante entsteht, sobald die nächste Wiederholung beginnt.

Dreieckswelle: Hier startet und endet die Verlaufsform mit der Vordergrundfarbe, wodurch ein schöner Übergang zur nächsten Wiederholung erfolgt.

Rasterung (8): Bei Aktivierung dieser Option wird der Farbverlauf gerastert, das heißt, es entstehen fließendere Farbübergänge, wichtig im Druckbereich.

Anpassende Hochrechnung (9): Kommt es bei Verläufen zu harten Kanten, erfolgt bei Aktivierung dieser Option Antialiasing.

Maximale Tiefe, Schwelle: Einstellungsmöglichkeiten für die Berechnung des Antialiasing. Je höher die Werte, desto mehr Farben werden mit einbezogen.

Eigenen Farbverlauf erzeugen

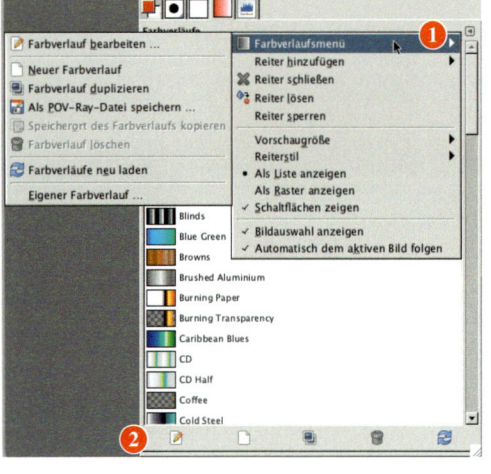

Sie können in GIMP mit dem Verlaufseditor eigene Farbverläufe gestalten und speichern. Der Farbverlauf-Dialog befindet sich standardmäßig in der unteren Hälfte des rechten Docks. Falls nicht, öffnen Sie ihn über FENSTER > ANDOCKBARE DIALOGE > FARBVERLÄUFE (Strg / ctrl + G).

Um in das Menü des Dialogs zu gelangen, klicken Sie auf das kleine Pfeilchen ◀ rechts oben **(1)** oder in der Fußleiste des Dialogs auf die entsprechenden Symbole **(2)**, um …

- einen **bestehenden Farbverlauf** zu **bearbeiten**, das heißt, Sie verändern einen der in der Farbverlaufsauswahl gespeicherten Verläufe (nicht möglich für von GIMP mitgelieferte Verläufe). Achtung! Sie haben hier nicht die Rückgängig-Option.
- einen **neuen Farbverlauf** anzulegen oder
- den ausgewählten **Farbverlauf** zu **duplizieren** und zu verändern oder einen Farbverlauf **als POV-Ray-Datei** zu **speichern** und damit im Programm POV-Ray öffnen zu können (3D-Raytracing) oder einen **Farbverlauf** zu **löschen**.

Wenn Sie einen Farbverlauf bearbeiten, anlegen oder duplizieren, gelangen Sie in den Farbverlaufseditor **(3)**:

Verläufe editieren/erstellen im Farbverlaufseditor

Tragen Sie im Textfeld ganz oben den Namen für den Verlauf ein.
Wenn Sie mit der Maus über die Verlaufsvorschau fahren, werden unterhalb **(4)** die Daten zu Koordinaten und Farben eingeblendet. Wenn Sie hineinklicken, wird die Farbe als Vordergrund-Farbe (bei gedrückter ⌃Strg⌄ / ⌃ctrl⌄-Taste als Hintergrund-Farbe) übernommen. Über die Plus-/Minus-Schaltflächen **(5)** zoomen Sie den Verlauf heran bzw. weg. Der Verlauf wird über die beiden schwarzen Pfeilchen ganz links und ganz rechts begrenzt.
Der weiße Pfeil **(6)** in der Mitte markiert den Übergang zwischen den beiden Farben (MARKER). Diesen können Sie hin- und herschieben.

Über den Klick auf das Pfeilchen in der rechten oberen Ecke des Fensters gelangen Sie in das Menü des Verlaufeditors, wo Sie die Einstellungen vornehmen können **(7)**:

Für einen einfachen Verlauf aus zwei Farben (die Sie am besten zuvor als Vordergrund- bzw. Hintergrundfarbe abgelegt haben) wählen Sie hier einfach nur:

Hinweis

Verlaufsmenü ausgegraut
Wenn das Menü ausgegraut ist, haben Sie versucht, einen originalen, von GIMP gelieferten Verlauf zu bearbeiten – was nicht geht. Duplizieren Sie den Verlauf, um ihn zu verändern.

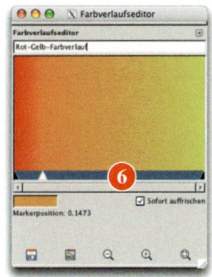

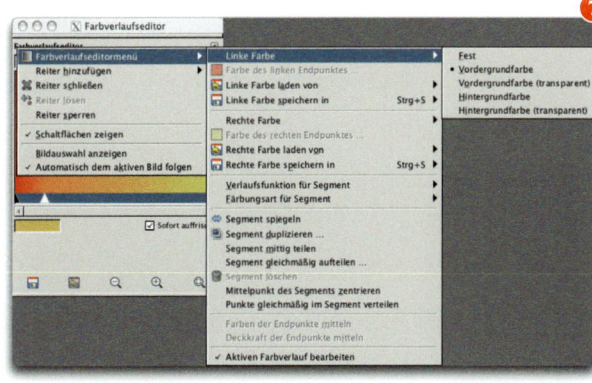

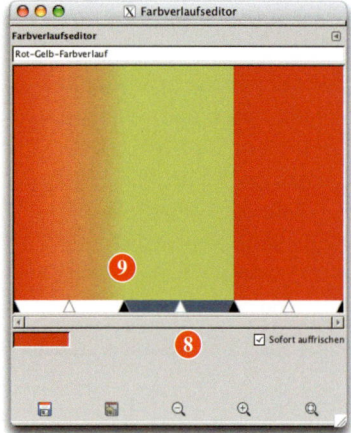

Linke Farbe: VORDERGRUNDFARBE und anschließend:

Rechte Farbe: HINTERGRUNDFARBE.

So weit, so einfach. Für einen mehrfarbigen Verlauf müssen Sie Folgendes vorab wissen: Ein Verlauf besteht aus zumindest einem Segment, das durch die beiden schwarzen Pfeile begrenzt ist. Um einen Verlauf aus mehr als zwei Farben zu erzeugen, müssen Sie weitere Segmente anlegen. Klicken Sie dazu erneut in das Reitermenü und wählen Sie SEGMENT DUPLIZIEREN. Geben Sie die Anzahl der Segmente ein. Markieren Sie das neue Segment durch Klick zwischen die zwei schwarzen Pfeile **(8)**. Für die Farben der einzelnen Segmente verwenden Sie nun die folgenden Befehle:

Linke Farbe laden von: Wählen Sie hier am besten die Farbe RECHTER ENDPUNKT DES LINKEN NACHBARN (so dass sich der Verlauf ohne Kante fortsetzt) oder von der Vordergrund- bzw. Hintergrundfarbe oder aus verschiedenen RGB-Farben.

Linke Farbe speichern in …: Klicken Sie auf einen der vorhandenen Einträge, um die linke Farbe hier abzulegen, bzw. drücken Sie ⌃Strg / ⌃ctrl + ⌃S.

Verlaufsfunktion für Segment (9):
    Linear: linearer, gerader Verlauf
    Kurven: Verlauf in Kurven, das heißt, am Rand erfolgt ein stärkerer Verlauf zur zweiten Farbe.
    Sinusartig: Der Verlauf zur zweiten Farbe erfolgt mehr in der Mitte.
    Sphärisch (zunehmend): Der Verlauf zur zweiten Farbe erfolgt rechts langsamer als links.
    Sphärisch (abnehmend): Umgekehrt zum zunehmenden sphärischen Verlauf: Der Verlauf zur zweiten Farbe erfolgt links langsamer als rechts.

Färbungsart für Segment: Hier bestimmen Sie das Farbmodell, nach dem der Verlauf von der ersten zur zweiten Farbe erfolgen soll (RGB oder HSV).

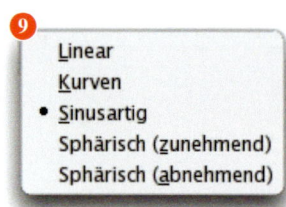

Linear

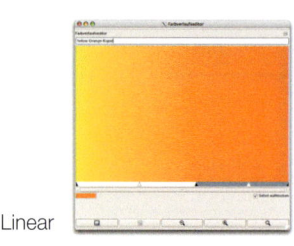

Sinusartig

Verschiedende Verlaufsarten für das linke Segment

Segment spiegeln: Damit spiegeln Sie das ausgewählte Segment.

Segment duplizieren: Sie vervielfältigen das ausge-wählte Segment; im Dialog geben Sie an, wie oft die Vervielfältigung erfolgen soll.

Segment mittig teilen: Sie erstellen innerhalb des aus-gewählten Segments ein weiteres und teilen es so. Die Teilung erfolgt an der Position des Markers.

Segment gleichmäßig aufteilen: Dabei wird exakt in der Mitte geteilt und nicht an der Position des Markers.

Farben der Endpunkte mitteln, Deckkraft der End-punkte mitteln: Es wird automatisch ein weicher Übergang zwischen den Segmenten zu erzeugen versucht – dazu müssen Sie auch zwei Segmente markiert haben.

Verlassen Sie den VERLAUFSEDITOR mit OK. Damit ist Ihr Verlauf in der Farbverlaufswahl gespeichert und verfügbar, sobald Sie das VERLAUFSWERKZEUG ver-wenden.

Sphärisch zunehmend

Sphärisch abnehmend

Farben speichern in der Palette

GIMP bietet mit der Palette die Möglichkeit, ein Sortiment von Ihren ausgewählten Farben dauerhaft zu speichern und nur mit diesen zu malen. Oder Sie verwenden eine Palette, um ein Bild mit nur diesen hier abgelegten Farben zu indizieren (siehe auch Seite 42).

Die Palette öffnen Sie, indem Sie FENSTER > ANDOCK-BARE DIALOGE > PALETTEN wählen. Sie sehen nun die Farbpalettenauswahl mit einer Liste bereits gespeicher-ter Farbpaletten. Hinter den Bezeichnungen in Klam-mern steht die Anzahl der darin enthaltenen Farben.

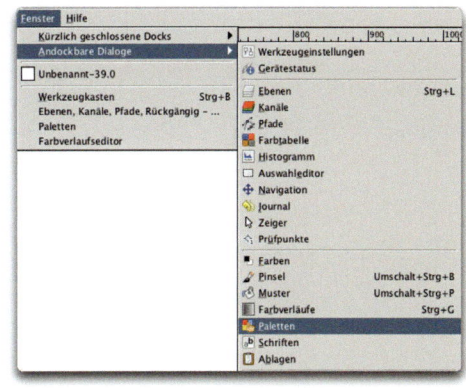

153

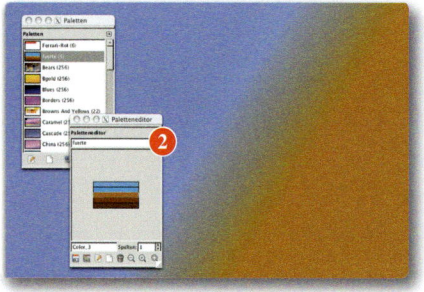

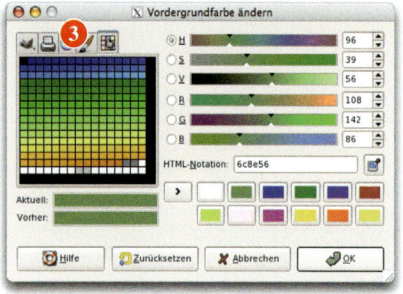

Verwenden der Farben

Zum Öffnen einer Farbpalette doppelklicken Sie auf den Namen der Palette. Sie sehen nun sämtliche in der Palette gespeicherten Farben **(2)**. Durch Klick auf eine der Farben wird diese als Vordergrundfarbe im Werkzeugkasten übernommen und sobald Sie ein Malwerkzeug verwenden, wird damit gemalt. Wenn Sie beim Klick auf eine Farbe der Palette die [Strg]/[ctrl]-Taste gedrückt halten, wird die Farbe als Hintergrundfarbe im Werkzeugkasten abgelegt. Sie finden die Farben der markierten Palette auch im Farbenselektor **(3)**.

Editieren der Palette

Zum Anlegen einer neuen eigenen Palette klicken Sie in der Fußleiste des Paletten-Dialogs auf 🗋; um eine bereits von Ihnen angelegte Palette zu editieren, klicken Sie auf 🖉. Die vordefinierten Farbpaletten sind schreibgeschützt. Sie lassen sich nicht – wie schon bei den Verläufen – direkt bearbeiten. Aber Sie können eine Palette duplizieren **(6)** und diese dann bearbeiten. Um eine Farbpalette zu löschen, klicken Sie auf den Papierkorb **(7)**. Sie können nur eigene Paletten löschen, keine von GIMP mitgelieferten.

Nachdem Sie auf NEUE PALETTE **(4)** geklickt haben, öffnet sich eine neue leere Palette. Zum Einfügen **neuer Farben** wählen Sie zuerst NEUE FARBE AUS VORDERGRUND **(8)** (bzw. mit gedrückter [Strg]/[ctrl]-Taste AUS HINTERGRUND). Damit wird die aktuelle Vordergrundfarbe vom Werkzeugkasten eingefügt. Markieren Sie die eingefügte Farbe und wählen Sie FARBE BEARBEITEN **(9)**. (Sollte die Schaltfläche FARBE BEARBEITEN nicht sofort aktiv sein, klicken Sie einmal etwas anderes an als das Farbkästchen und danach wieder zurück, dann sollte es funktionieren.) Zum **Löschen** einer Farbe klicken Sie auf den Papierkorb **(10)**. Im Textfeld **(11)** vergeben Sie optional einen Namen für die Farbe. Mit der **Spaltenanzahl (12)** bestimmen Sie, in wie vielen Spalten die Farben angezeigt werden sollen. Klicken Sie auf das Diskettensymbol **(13)**, um die Palette **abzuspeichern**.

Weitere praktische Befehle zum Administrieren der Farbpaletten (14)

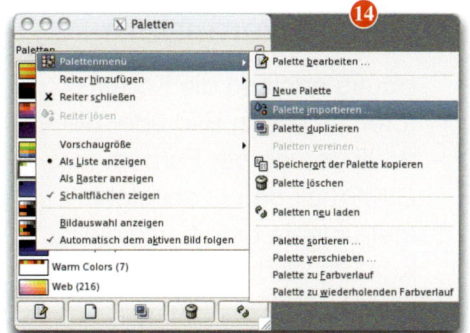

Palette importieren: Es öffnet sich ein Dialog, in dem Sie auswählen, woher die Farben für die Palette importiert werden sollen. Unter anderem steht auch der Farbverlauf zur Auswahl (15).

Speicherort der Palette kopieren: Damit speichern Sie den Pfad der Palette in den Zwischenspeicher. Mit Strg / ctrl + V fügen Sie den Text z.B. in ein Textverarbeitungsprogramm ein: FILE:/// USERS/<RECHNERNAME>/.GIMP-26/PALETTES/ GIMP.GPL.

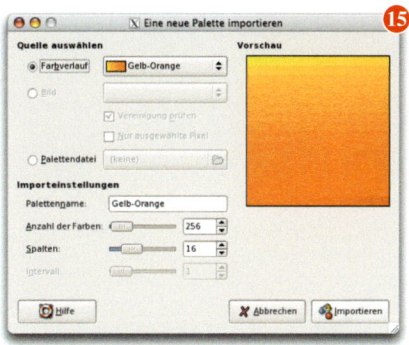

Palette sortieren: Es öffnet sich ein Dialog, in dem Sie festlegen, nach welchen Kriterien die Sortierung der Farben in der Palette erfolgen soll.

Palette verschieben: Geben Sie in dem Dialog die neue Nummer für die Palette ein.

Palette zu Farbverlauf: Damit kopieren Sie die Farben aus der gewählten Palette in einen Farbverlauf. Öffnen Sie ihn über FENSTER > ANDOCKBARE DIALOGE > FARBVERLÄUFE. Dort finden Sie den neuen Farbverlauf unter dem Namen der Palette abgelegt.

Palette zu wiederholenden Farbverlauf: Wie oben (Palette zu Farbverlauf), nur dass der Farbverlauf wiederholend gespeichert wird.

Tipp

Farben auftragen

Sie können eine Farbe (Vordergrundfarbe, Hintergrundfarbe, aus der Farbpalette) auch per Drag & Drop auf eine Ebene oder Auswahl ziehen. Dann wird diese mit der Farbe gefüllt.

Hinweis

Kuler

Kennen Sie die Website *http://kuler.adobe.com*? Auf dieser Website mixen Sie Farben und erhalten passende dazu. Die fertige Farbpalette lässt sich als *.asa-Datei exportieren. Über das Python-Script *http://registry.gimp.org/node/10325* importieren Sie diese Palette nach GIMP. Mehr zu Erweiterungen lesen Sie im Anhang, ab Seite 342.

Farben verändern

Häufig erfolgen die Korrekturen an einem Bild über die Veränderung der Farben. GIMP hält dafür zahlreiche Instrumente bereit, wie die Kurven, Werte, Farbton/Sättigung und viele mehr.

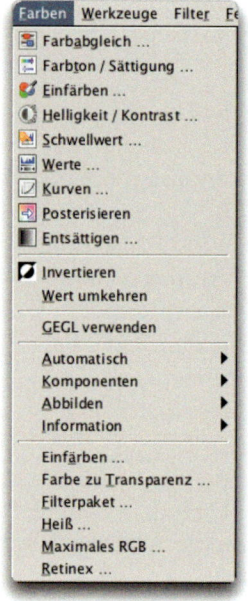

In diesem Kapitel erfahren Sie, wie Sie Farbkorrekturen vornehmen und welche Instrumente GIMP dafür bietet. Sie finden alle Befehle im Menü FARBEN. Es gibt bei der Farbkorrektur oft mehrere Wege, die zum gleichen Erfolg führen. Welches Tool für welches Problem besonders geeignet ist, werde ich Ihnen hier erklären. Vieles ist nur durch persönliches „Try and Error" zu begreifen, doch mit ein wenig Übung werden Sie schnell die für ein Bild passenden Werkzeuge finden.

NEU in 2.6

Hinweis
Speichern
In den meisten nun folgenden Dialogen werden Ihre Einstellungen automatisch mitgespeichert und mit Datum und Uhrzeit abgelegt. Dadurch können Sie die Farbverschiebungen öfter anwenden. Aufrufbar ist die Einstellung über das gleich-

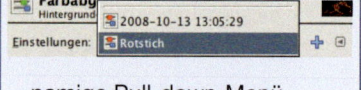

namige Pull-down-Menü in dem Dialog. Natürlich können Sie auch unter einem eigenen Namen abspeichern, klicken Sie dazu auf das ✚. Die Einträge in dem Pull-down-Menü editieren Sie über das Reitermenü ◀.

Farbabgleich

Mit dem FARBABGLEICH (Menü FARBEN) regulieren Sie die Farben hinsichtlich der Tonwertbereiche Schatten, Mitten und Lichter. Es werden dabei keine Farben reduziert, sondern am Farbkreis gegeneinander verschoben.

Wie gut zu erkennen, hat das Bild mit den Blüten offenbar einen Rotstich. Für so einen Fall ist der Farbabgleich bestens geeignet.

Foto: © www.brodegger.at

Der Dialog Farbabgleich

Schatten/Mitten/Glanzlichter (1): Aktivieren Sie zuerst den Tonwertbereich des Bilds, den Sie verändern möchten, z.B. die Schatten. Die drei Bereiche sind unabhängig voneinander änderbar, ohne dass Sie den Dialog verlassen müssen.

Farbwerte anpassen (2): Mithilfe der Regler verschieben Sie den jeweiligen Farbbereich. Wenn Sie Rot reduzieren, erhöhen Sie den Cyanwert, wenn Sie Grün erhöhen, reduzieren Sie Magenta und wenn Sie Gelb reduzieren, erhöhen Sie den Blauwert. Die beiden jeweils durch einen Regler veränderbaren Farben liegen im Farbkreis (4) gegenüber (Komplementärfarben).

Über **Helligkeit erhalten (3)** sorgen Sie dafür, dass das Gesamtbild nicht aufgehellt oder abgedunkelt wird.

Mit aktivierter **Vorschau** sehen Sie sofort, wie sich das Foto verändert.

Im Beispielfoto (5) verschob ich aus den Mitteltönen Rot gegen Cyan, Magenta Richtung Grün und Gelb zu mehr Blau (siehe Dialog oben).

Farbton/Sättigung

Mit FARBTON/SÄTTIGUNG (Menü FARBEN) verändern Sie entlang des HSV-Farbmodells den Farbton respektive die Helligkeit und Sättigung eines Bilds oder ausgewählten Bereichs.

Dieses Tool eignet sich gut für Bilder, die eine zu kräftige, dominierende Farbe haben, oder für Bilder, die etwas zu „blass" sind. Oder auch zum Umfärben eines Objekts.

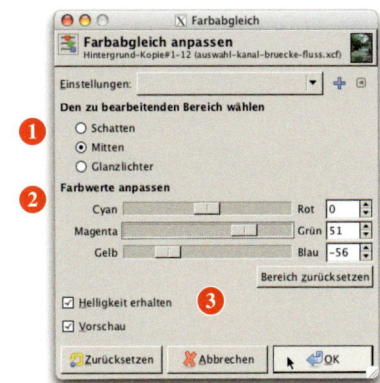

Quelle: http://de.wikipedia.org/wiki/Harald_Küppers

157

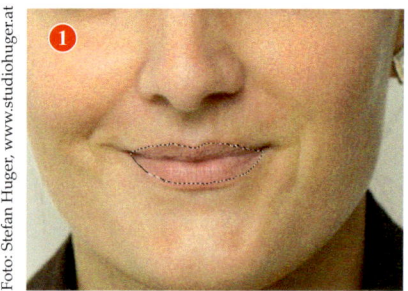

Foto: Stefan Huger, www.studiohuger.at

In diesem Beispielbild möchte ich die Lippenfarbe der Frau etwas intensivieren. Mit der Schnellmaske wählte ich die Lippen mit einer weichen Kante aus (mehr zur *Schnellmaske* siehe Seite 108) **(1)**.

Der Dialog Farbton/Sättigung

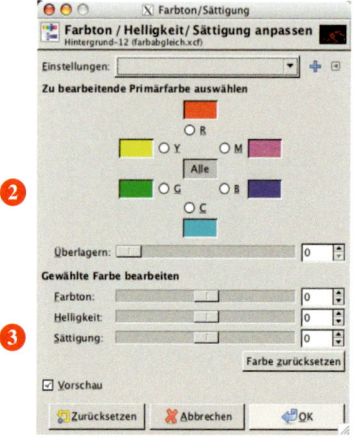

Im oberen Bereich wählen Sie die **Primärfarbe (2)** aus, die Sie bearbeiten möchten. Standardmäßig sind ALLE aktiviert, wodurch Sie alle Farben gleichzeitig ändern. Möchten Sie nur eine ändern, klicken Sie unterhalb in das Optionskästchen. Sie können auch hier zuerst beispielsweise die Helligkeitsänderung für alle Farben zusammen vornehmen und dann noch eine Farbe selektieren und deren Sättigung verändern, ohne den Dialog verlassen zu müssen.

Farbton (3): Mit dem Regler stellen Sie den Farbton ein. Sie durchlaufen dabei den Farbkreis – 180° nach rechts und 180° nach links (Minuswert).

Helligkeit (3): Verschieben Sie den Regler nach links, um die Helligkeit zu reduzieren (-100), oder nach rechts, um sie zu erhöhen (+100).

Sättigung (3): Um die Sättigung der ausgewählten Farbe(n) zu reduzieren, verschieben Sie den Regler nach links (-100), um sie zu erhöhen, nach rechts (+100). Bei der Sättigung durchlaufen Sie den Farbkreis vom Rand zur Mitte hin (Radius).

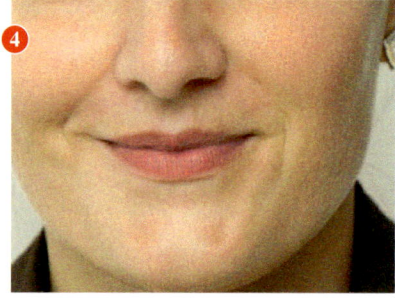

Im Beispielfoto **(4)** habe ich zuerst die Helligkeit aller Farben um 14 reduziert (-14) und anschließend die Sättigung von Rot um +11 erhöht. Die Lippen sind dadurch kräftiger und wirken trotzdem noch natürlich.

Einfärben

Das EINFÄRBEN-Tool (Menü FARBEN) wirkt im ersten Moment ähnlich wie FARBTON/SÄTTIGUNG, man durchläuft das HSV-Farbmodell. Aber: Beim Einfärben wird das Bild zuvor automatisch in Graustufen umgewandelt und dann erst entsprechend Ihren Einstellungen eingefärbt. Das Einfärben nützen Sie z.B. für Sepia-

Tönungen, wie Sie das von älteren Aufnahmen kennen, oder auch, um rote Augen zu korrigieren (siehe Tutorial Seite 236).

Der Dialog Einfärben

Die Einstellungen zu **Farbton, Helligkeit und Sättigung** entsprechen genau denen des Dialogs FARBTON/SÄTTIGUNG (siehe vorheriger Absatz), mit dem einzigen Unterschied, dass Sie keine Primärfarbe selektieren können (das Bild wurde ja auch zuvor in Graustufen konvertiert).

Foto: Lechner

Helligkeit/Kontrast

Im Dialog HELLIGKEIT UND KONTRAST (Menü FARBEN) verändern Sie – tja … genau: die Helligkeit und den Kontrast. Es ist kein besonders professionelles Tool, da Sie hier keine Tonwerte einzeln beeinflussen und dadurch eher eine Art Nebel über Ihr Bild legen, wenn Sie es aufhellen. Ich verwende es nie zur direkten Änderung der Farben – besser ist dafür z.B. das Tool KURVEN geeignet. Es ist aber nützlich bei Korrekturen von Alphakanal bzw. Ebenenmaske.
Neu in GIMP 2.6 ist, dass Sie Einstellungen von diesem Dialog in die WERTE – und von dort in die KURVEN übertragen können.

 NEU in 2.6

Tipp
Maussteuerung
Das HELLIGKEIT/KONTRAST-Tool funktioniert auch per Maussteuerung am Bild. Öffnen Sie den Dialog und fahren Sie anschließend mit der Maus auf dem Bildfenster: In vertikaler Richtung ändern Sie die Helligkeit, in horizontaler den Kontrast.

Schwellwert

Der SCHWELLWERT (Menü FARBEN) wandelt Ihr Bild in ein reines Schwarzweißfoto um. Das sieht nicht besonders gut aus, doch dieses Tool hat zwei Hauptzwecke:

1. Zur Hervorhebung der Kontraste des Bilds, um dadurch eine Auswahl mit einer Ebenen- oder Auswahlmaske zu erstellen (siehe Seite 86 bzw. Seite 118).

2. Um die Tiefen (Schatten) und Lichter (Glanzlichter) des Bilds herauszufinden und diese selektiv zu bearbeiten, z.B. mit dem FARBABGLEICH (siehe Anfang dieses Kapitels).

Foto: Helmer

Hinweis

Bilder korrigieren

Im Tutorial-Teil dieses Buchs finden Sie zahlreiche Anwendungsbeispiele für die Befehle WERTE und KURVEN.

Der Dialog Schwellwert

Das angezeigte Histogramm umfasst die Werte 0–255. Ganz links befindet sich Schwarz, ganz rechts Weiß. Der blau hinterlegte Teil bedeutet, dass dieser Bereich markiert ist.

So finden Sie die Tiefen (Schatten) in einem Bild: Sorgen Sie dafür, dass der Schwellwert des Bilds komplett markiert ist (der linke Pfeil steht ganz links, der rechte ganz rechts). Ziehen Sie den linken schwarzen Pfeil langsam nach rechts hinein, bis Sie erste schwarze Bereiche erkennen. Das sind die Tiefen **(1)**.

So finden Sie die Lichter in einem Bild: Sorgen Sie dafür, dass der Schwellwert des Bilds komplett markiert ist (der linke Pfeil steht ganz links, der rechte ganz rechts). Ziehen Sie den rechten weißen Pfeil langsam nach links hinein, bis Sie erste schwarze Bereiche erkennen. Das sind die Lichter **(2)**.

Um den **Kontrast** für eine **Auswahl** zu erhöhen, experimentieren Sie mit den Reglern, bis das gewünschte Objekt genügend hervorgekehrt ist.

Werte

Den WERTEN (Menü FARBEN) gilt immer mein erster Blick, wenn ich ein Bild korrigiere, denn es ist neben den KURVEN eines der wichtigsten Werkzeuge in der Bildbearbeitung. Sie verbessern damit professionell die Belichtung bzw. den Gamma-Wert (Helligkeitskorrektur, verändert die Mitteltöne) und können dadurch blasse Bilder auffrischen.

Der Dialog Werte

Das **Histogramm** stellt die Häufigkeit der Helligkeitswerte des Bilds dar (siehe auch *Exkurs: Farbtiefe*, Seite 162) – und zwar standardmäßig für alle **Kanäle** **(1)** oder – wenn Sie das Pull-down-Menü öffnen – auch nur für **einen** bestimmten **Kanal**.

Der **Balken** unterhalb des Histogramms **(2)** zeigt Ihnen die **Tiefen** (links, mindestens 0) und die **Höhen** (rechts, maximal 255) an, begrenzt durch die Pfeilchen links und rechts. Das mittlere Pfeilchen steht für den Gamma-Wert. Verschieben Sie es nach links, wird das

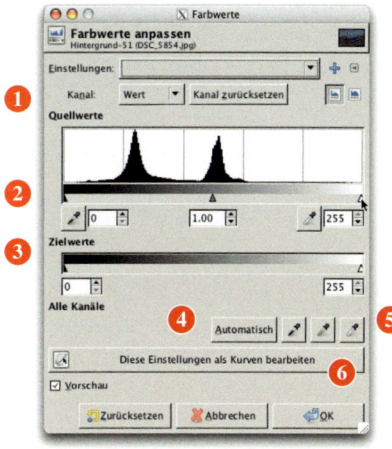

Bild dunkler, verschieben Sie es nach rechts, wird es heller. Sie können den Gamma-Wert also durch Verschieben der Pfeilchen ändern oder unterhalb die Werte eingeben. Im Beispielfoto habe ich den unbelichteten Bereich der Höhen durch Verschieben des rechten Pfeilchens nach links entfernt (7). Dadurch verteilen sich die Tonwerte neu, der Kontrast wird erhöht, weil der dunkelste und der hellste Ton nun so weit wie möglich auseinanderliegen.

Bei den **Zielwerten (3)** bestimmen Sie, in welchem Bereich die Änderungen erfolgen sollen. Verschieben Sie die Pfeilchen, um die Werte einzuschränken.

Mit **Automatisch (4)** führen Sie eine automatisierte Tonwertkorrektur durch. Dadurch werden Ihre bisherigen Einstellungen zurückgesetzt. Dabei werden die Werte so angepasst, dass die dunkelsten Pixel auf Schwarz (0) und die hellsten auf Weiß (255) gesetzt werden. Alle dazwischenliegenden Pixel werden auf das Histogramm verteilt.

Mit den **drei Pipetten (5)** können Sie Bereiche im Bild anklicken und so GIMP „mitteilen", was im Bild schwarz 🖊, weiß 🖊 oder grau 🖊 sein soll. Auf Basis dieser Informationen passt GIMP die restlichen Tonwerte automatisch an. Und so funktioniert es: Klicken Sie auf eine der Pipetten und führen Sie sie über das Bild. Suchen Sie eine Stelle, die Schwarz, Weiß oder Grau darstellen soll, und klicken Sie einmal. Damit wird das Bild hinsichtlich dieser Farbinformation neu berechnet und aufgebaut. Achtung, dadurch werden Ihre bisherigen Einstellungen zurückgesetzt!

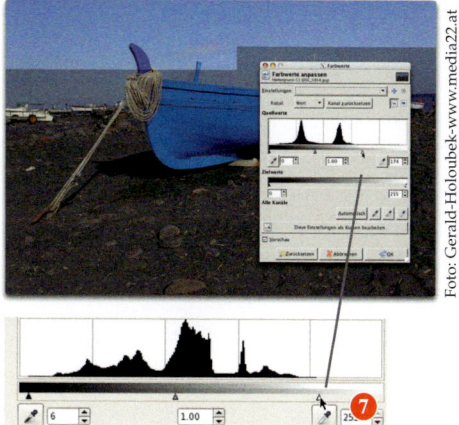

Oben: Beachten Sie die Streifen im Hintergrund, hier baut sich aus dem dunklen Bild gerade das hellere auf.
Unten: Nach der Tonwertkorrektur

Versuchen Sie, mit den Pipetten eine optimale Verteilung der Tonwerte zu erzeugen.

Exkurs: Farbtiefe

Es gibt verschiedene Parameter, die die Eigenschaften eines Bilds beschreiben, eines davon ist die Farbtiefe, also die möglichen Farbvarianten pro Farbe/Farbkanal. Die Farbtiefe wird in Bit angegeben. Je höher die Bit-Zahl, desto mehr Farben sind darstellbar.

0 oder 1

Ein Bit kann zwei Zustände annehmen (0 oder 1). Das heißt, dass ein Bild mit einem Bit Farbtiefe zum Beispiel die Farben Schwarz oder Weiß darstellen kann:

Hier ein Foto mit 1 Bit Farbtiefe. Wenn Sie sich die Werte (FARBEN > WERTE) des Bilds ansehen, erkennen Sie die Verteilung der beiden möglichen Farbtöne auf einerseits ganz links außen, wo sich Schwarz befindet, und andererseits ganz rechts außen, wo sich Weiß befindet.

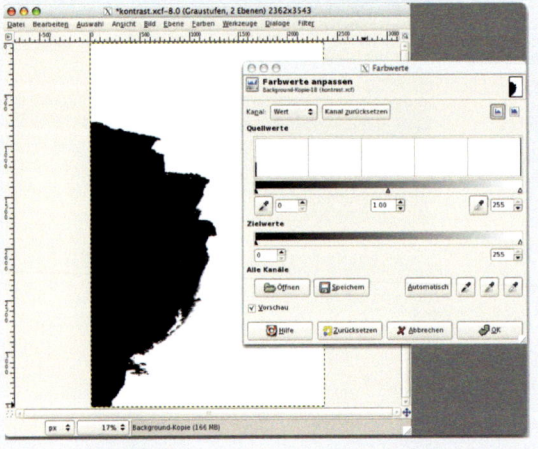

Graustufen

Je mehr Bit verfügbar sind, desto mehr Varianten von Farben können also dargestellt werden. Bleiben wir noch kurz im „farblosen" Bereich und sehen wir uns das oben angeführte Bild mit 8 Bit an.

8 Bit bei den beiden Farben Schwarz und Weiß heißt, dass bereits $2^8 = 256$ Graustufen zur Verfügung stehen:

Wie Sie an den Tonwerten dieses Bilds (FARBEN > WERTE) erkennen, sind diese sehr schön über alle Stufen von Schwarz bis Weiß verteilt. Jetzt können Sie auch das Bild besser erkennen.

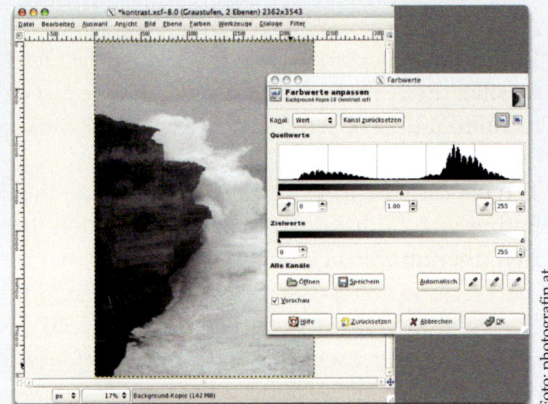

Foto: photografin.at

Farben

Farbbilder werden ja vorwiegend im RGB-Farbmodell bearbeitet und gespeichert. RGB besteht aus den drei Farbkanälen Rot, Grün und Blau. Farbfotos mit 8 Bit Farbtiefe pro Kanal haben demnach $2^8 = 256$ Farbtöne pro Farbkanal, oder anders ausgedrückt: Das Bild hat 24 Bit, denn: 8 Bit pro Kanal * 3 Kanäle = 24 Bit Farbtiefe. $2^{24} = 16,7$ Millionen darstellbare Farben (= TrueColor = Echtfarben). Genauso viele Farben können Monitor oder Farbdrucke darstellen. Sollte doch genügen, oder? Nicht ganz, aber das erfahren Sie gleich, wenn Sie weiterlesen:

16 Bit

Verfügen Sie über eine gute Digitalkamera, können Sie dort Aufnahmen mit 16-Bit-Farbtiefe pro Kanal anfertigen (RAW). Doch – wie erwähnt – sowohl am Monitor als auch im Druck können nur 8 Bit dargestellt bzw. verarbeitet werden. Jetzt werden Sie sich fragen, wozu dann mit 16-Bit-Bildern arbeiten? Es ist grundsätzlich besser, mit höheren Werten zu arbeiten, um mehr Möglichkeiten vor allem bei der Tonwertkorrektur zu haben, denn Sie verfügen über 281 Billionen Farbtöne (2^{48} = HiColor)!

Am Beispiel der Küstenlandschaft wird das sehr deutlich sichtbar: Ich habe eine Tonwertkorrektur vorgenommen und dabei die rechten und linken äußeren unterbelichteten Bereiche weggeschnitten. Danach verteilen sich bei diesem 8-Bit-Bild die verbleibenden Farbtöne auf die 256 Stufen, füllen aber die Zwischenräume nicht mehr aus! Deutlich

sichtbar wird das an dem zerrissenen Histogramm – das Foto hat Farben verloren. Bei einem 16-Bit- Bild wäre das nicht passiert, das Histogramm wäre nach wie vor voll, siehe folgendes Beispiel aus Adobe Photoshop:

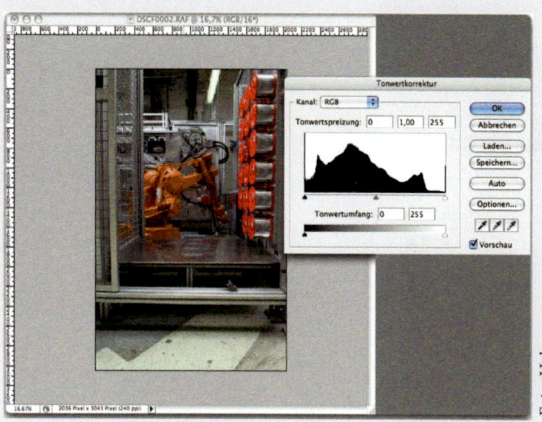

Foto: Helmer

Dateitypen

16-Bit-Bilder können nur im TIFF-Format abgespeichert werden und benötigen entsprechend höheren Speicherplatz. JPG beispielsweise erfasst nur 8 Bit pro Farbkanal.

Mit dem UFRaw-Plug-in für GIMP können Sie 16-Bit-RAW-Fotos laden, verschiedenste Korrekturen vornehmen, das so korrigierte Bild in GIMP übernehmen und als 8-Bit-Foto weiterbearbeiten. Mehr zum *UFRaw-Plug-in* finden Sie auf Seite 344.

Die Entscheidung für 8 oder 16 Bit hängt also von vielen Faktoren ab. Zusammenfassend gilt jedoch: Eine feine Farbkorrektur von 16-Bit-RAW-Bildern ist eine sehr nützliche Sache, doch im semiprofessionellen Bereich sind die 8 Bit ausreichend, vor allem wenn Sie die Bilder vorwiegend am Monitor sehen/herzeigen (Webfotogalerien) und selbst ausdrucken wollen.

Mit den Kurven bearbeiten Sie gezielt die Schatten, also die dunklen Bereiche, die Lichter, also die hellen Bereiche, und die Mitten, also die grauen Bereiche eines Bilds. Darüber hinaus lassen sich auch noch die einzelnen Kanäle selektieren und verändern.

Bei diesem wunderschönen Kronenkranich sind die einzelnen Bereiche gut sichtbar. Bei nicht so deutlichen Bildern verwenden Sie den Schwellwert, um die Lichter und Schatten herauszufinden, siehe Seite 160.

Mit Klick auf die Schaltfläche **Diese Einstellungen als Kurven bearbeiten (6)** übertragen Sie die hier vorgenommenen Einstellungen in den Kurven-Dialog:

Kurven

Neben der Kontrolle der Tonwerte über WERTE ist die KURVE (Menü FARBEN) ein weiteres wichtiges Tool zum Korrigieren eines Bilds. Auch damit bearbeiten Sie die Tonwerte; so können Sie die Kontraste eines Bilds verstärken bzw. punktuell die Höhen und Tiefen verändern. Durch das Einschränken auf einen Kanal (eine Grundfarbe) korrigieren Sie Farbstiche und peppen Farben auf.

Der Dialog Kurven
Kanal (1): Damit wählen Sie aus, auf welchen Kanal sich die Einstellungen beziehen sollen (in der Regel empfiehlt sich die Option WERT).

Kurve (2): Die Kurve ist hier das Hauptinstrument. Durch Klicken setzen Sie Punkte auf die Kurve, die Sie durch Ziehen verändern können. Durch das Verändern der Kurve verändern Sie die Tonwerte zueinander. Im Hintergrund der weißen Fläche sehen Sie das Histogramm des zu bearbeitenden Bilds eingeblendet. Im linken unteren Bereich befinden sich die Tiefen, im rechten oberen Bereich die Höhen des Bilds. An der x-Achse befinden sich die Eingabewerte, an der y-Achse die Ausgabewerte.

Tipps zum Umgang mit der Kurve: Weniger ist mehr, gehen Sie vorsichtig mit der Kurve um und bewegen Sie sie nur wenig! Wenn Sie von ganz vorne wieder anfangen möchten, klicken Sie auf die Schaltfläche **Zurücksetzen (3).**

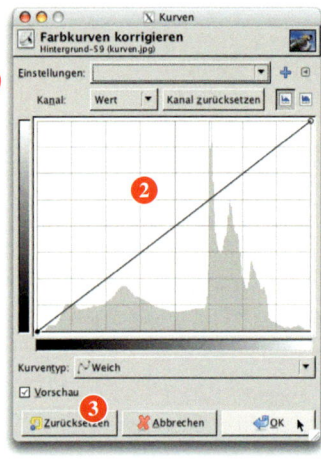

Ausgangsfoto

Foto: photografin.at

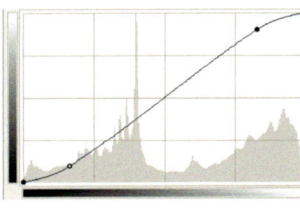

Erhöhen Sie die Kontraste, indem Sie die Kurve in eine leichte S-Form bringen. Dadurch stärken Sie die Höhen und Tiefen.

Steilen Sie die Kurve nach der Kontrasterhöhung („S-Kurve") noch ein wenig auf, um das Bild aufzuhellen.

Automatische Korrektur mit der Pipette (Schwarz-Punkt im Bereich der Haare gesetzt).

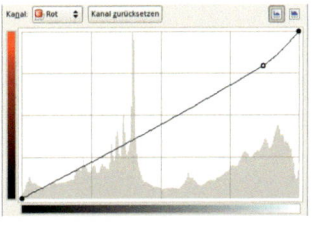

Rotstich entfernen: Nur der Rotkanal ist ausgewählt und die Werte sind in den Höhen gesenkt – dem Bild wurde daher in den Lichtern Rot entzogen, Cyan steigt an.

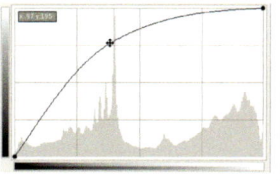

Extremes Anheben der Kurve bewirkt eine Erhöhung der Kontraste. Dadurch erleichtern wir z.B. eine Auswahl aus einem Kanal, siehe Tutorials.

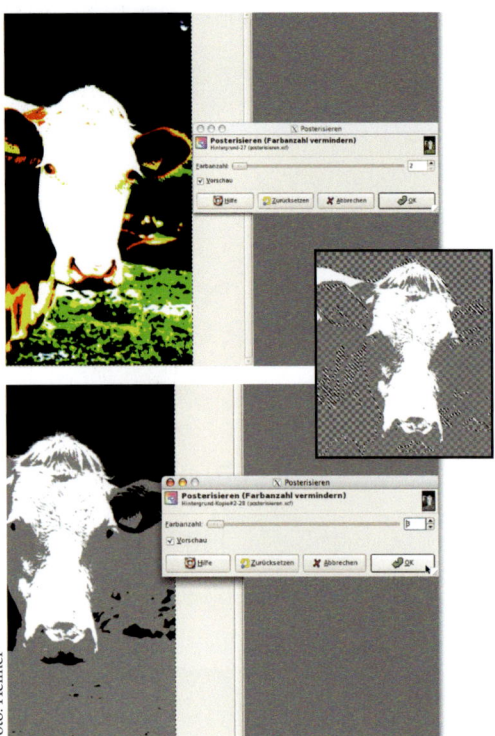

Foto: Helmer

Posterisieren

Mit dem Befehl POSTERISIEREN (Menü FARBEN) reduzieren Sie das Bild auf die eingestellten Farben. Der einstellbare Wert bezieht sich auf alle Kanäle. Wenn Sie z.B. den Regler auf 3 schieben, werden die Werte pro Kanal auf 3 reduziert, bei RGB also 3 für Rot, 3 für Grün und 3 für Blau. Der Maximalwert 256 zeigt Ihnen wieder alle Farben des Bilds an. Mit dem Tool POSTERISIEREN erzeugen Sie also einerseits comicartige Bildeffekte („Posterisieren"). Andererseits können Sie damit aber auch sehr gut Kontraste für Auswahlen ausarbeiten:

1. Duplizieren Sie die Ebene, damit Sie nicht am Original arbeiten (EBENE > EBENE DUPLIZIEREN), und entfernen Sie die Sättigung (FARBEN > ENTSÄTTIGEN (NACH LEUCHTKRAFT).

2. Wählen Sie POSTERISIEREN und geben Sie 3 ein. Damit haben Sie das Bild auf drei Graustufen reduziert und es liegt ein kontrastreiches Bild vor, wo Sie z.B. eine auf Graustufen basierende Ebenenmaske anlegen (mehr zu den *Ebenenmasken* siehe Seite 86) und daraus eine Auswahl erzeugen können.

Entsättigen

Mit diesem Befehl entfernen Sie alle Farben aus dem Bild bzw. der Ebene. Sie behalten jedoch – im Gegensatz zur Umwandlung in Graustufen (BILD > MODUS > GRAUSTUFEN) – die RGB-Kanäle bei, wodurch Sie das Bild jederzeit wieder einfärben können (z.B. über FARBABGLEICH). Ein weiterer Vorteil ist, dass Sie den Befehl FARBEN > ENTSÄTTIGEN auf einzelne Ebenen anwenden können, während die Umwandlung in Graustufen für die gesamte Datei erfolgt.

Im Dialog legen Sie fest, nach welchen Schwerpunkten die Grauumwandlung erfolgen soll: Leuchtkraft, Helligkeit oder Durchschnitt. Bei aktivierter Vorschau (neu in GIMP 2.6) sehen Sie im Bildfenster sofort die Unterschiede der einzelnen Schwerpunkte.

Generell ist Entsättigen jedoch nicht für hochwertige SW-Bilder zu empfehlen. Besser ist zum Beispiel der Kanalmixer geeignet, siehe Seite 168 bzw. Tutorial Seite 262.

NEU in 2.6

Invertieren

Mit dem Befehl INVERTIEREN (Menü FARBEN) werden die Farbwerte umgekehrt, Farben werden in ihre Komplementärfarben umgewandelt. Das heißt, eine Farbe, die zuvor beispielsweise den Wert 10 hatte, wird damit in 246 umgewandelt. Nützlich ist das vor allem im Bereich Ebenenmasken und Alphakanäle.

Wert umkehren

Im Gegensatz zum Invertieren werden mit dem Befehl WERTE UMKEHREN (Menü FARBEN) nur die Helligkeitswerte invertiert.

Automatisch > ...

Mit den Befehlen im Untermenü FARBEN > AUTOMATISCH führen Sie Farbkorrekturen automatisiert durch. Der Erfolg der jeweiligen Korrektur hängt stark von Ihrem Ausgangsbild ab und ist am wirksamsten, wenn das Histogramm voll ausgenutzt ist.

Nachher ↓   Vorher ↓

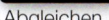

Abgleichen

Foto: Gerald-Holoubek-www.media22.at

Abgleichen
Mit ABGLEICHEN wird versucht, die Helligkeit des Bilds zu optimieren. Die Veränderungen können Sie im Histogramm mitverfolgen (FARBEN > INFORMATION > HISTOGRAMM).

Weißabgleich
Beim Weißabgleich wird das Histogramm – getrennt nach den einzelnen Kanälen – im Bereich der Lichter gestreckt. Das Foto wird dabei heller.

Weißabgleich

Foto: Lechner

Farbverbesserung
Mit diesem Befehl wird die Farbsättigung erhöht. Dabei durchläuft das Bild einige Rechenvorgänge: Zuerst wird es in das HSV-Farbmodell verwandelt, optimiert und anschließend in das RGB-Farbmodell zurückgewandelt.

Farbverbesserung

Foto: Helmer

Nachher ↓   Vorher ↓

Foto: Gerald-Holoubek-www.media22.at

HSV strecken

Foto: Helmer

Kontrastspreizung

Foto: Salinger, www.homeofsine.at

Normalisieren

Fotos: Helmer

HSV strecken

Mit HSV STRECKEN werden ähnlich wie bei der automatischen Kontrastspreizung der hellste/dunkelste Punkt an Weiß/Schwarz herangeführt und die Farbspitzen an ihre höchsten Werte. Das Ergebnis ist meist eine leichte Erhöhung der Sättigung.

Kontrastspreizung

Bei der KONTRASTSPREIZUNG werden einerseits die hellsten und dunkelsten Werte auf Weiß und Schwarz und andererseits Rot, Grün und Blau auf ihre höchsten Spitzen hin verschoben. Dadurch entstehen gerne sehr gute, kontrastreiche Bilder, aber auch manchmal „interessante" Farbeffekte.

Normalisieren

Mit NORMALISIEREN wird der hellste Punkt des Bilds auf Weiß und der dunkelste auf Schwarz hin optimiert, wodurch die Kontraste verbessert werden. Sie erzielen häufig sehr gute Ergebnisse, wenn Sie Normalisieren auf flache, etwas zu helle Bilder anwenden.

Komponenten > ...

Im Untermenü FARBEN > KOMPONENTEN finden Sie die beiden Befehle KANALMIXER und ZERLEGEN.

Kanalmixer

Mit dem Kanalmixer verändern Sie die Farben eines Bilds durch Mischung der RGB-Kanäle bzw. Graustufen. Sie erzeugen damit sehr einfach interessante Farbeffekte. Wählen Sie zunächst einen Quellkanal und ziehen Sie dann die Regler unterhalb nach rechts bzw. links. Damit erhöhen bzw. verringern Sie den Wert des Ausgabekanals (min −200% bis max +200%). Wenn Sie die Option HELLIGKEIT ERHALTEN aktivieren, wird automatisch dafür gesorgt, dass die Summe der Kanäle 100% nicht übersteigt. Mit MONOCHROM erzeugen Sie ein Farbbild, das nur aus Grautönen besteht, dabei werden die Grauanteile der Farbkanäle (Tonwerte) in Graustufen umgewandelt. Für kräftige Schwarzweißbilder (1) reduzieren Sie Rot und erhöhen die Blau- und Grünanteile. Bestätigen Sie mit OK und wählen

Sie anschließend den Kanalmixer erneut, um leichte Tönungen zu erzeugen (2).

Für ein weiteres Beispiel siehe Tutorial *Schwarzweißbild mit Farbakzent*, Seite 262.

Zerlegen, siehe Seite 138

Abbilden > ...

In diesem Untermenü finden Sie zahlreiche fantastische Möglichkeiten, Ihre Bilder farblich zu verändern (z.B. Farben drehen, siehe Abbildung (3)). Die Befehle sind alle selbsterklärend und haben meist eine Vorschau. Kurze Beschreibungen finden Sie in der Statusleiste des Bildfensters, indem Sie die Maus über einen Befehl stellen. Probieren Sie sie aus!

Information > ...

Im Untermenü FARBEN > INFORMATION finden Sie Befehle, die Informationen über die Farbzusammensetzung des Bilds liefern.

Histogramm
Damit öffnen Sie das aktuelle HISTOGRAMM des Bilds hier ohne Korrekturmöglichkeit. Das Histogramm ist ein wichtiger Indikator für Ihr Bild, es bildet die Helligkeitswerte ab. Mehr Infos dazu finden Sie unter *Werte*, Seite 160, bzw. *Kurven*, Seite 164.

Farbraumanalyse
Die FARBRAUMANALYSE gibt Ihnen einen Überblick über die Verteilung der einzelnen Farbkanäle. Unterhalb finden Sie Informationen zu Bildgröße und Anzahl der Farben.

Randmittelwert
Sehr praktische Funktion – denn damit wird eine Durchschnittsfarbe aus den Rändern des Bilds berechnet und als Vordergrundfarbe im Werkzeugkasten abgelegt. Sehr gut geeignet, um z.B. die passende Farbe

Mit dem FARBEN DREHEN-Dialog (FARBEN > ABBILDEN) tauschen Sie Farben ganz leicht gegeneinander aus.

169

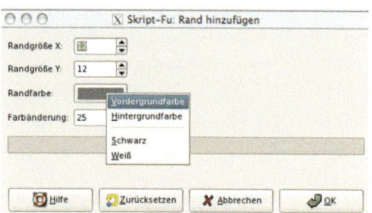

für eine Umrahmung des Bilds zu finden. Stellen Sie die Werte für Dicke und Eimergröße nicht zu hoch ein, da sonst das Ergebnis eine sehr dunkle Farbe bzw. nur Grau wird. Den Befehl zum Hinzufügen eines Rands finden Sie unter FILTER > DEKORATION. Klicken Sie dort mit der rechten Maustaste auf die Farbauswahl, um zur zuvor errechneten Vordergrundfarbe zu gelangen.

Palette glätten

Der Befehl PALETTE GLÄTTEN leitet automatisch eine einfache Palette auf Basis des Bilds ab. Die BREITE, HÖHE und die SUCHTIEFE legen Sie im Dialog fest.

Weitere interessante Befehle im Menü FARBEN:

Einfärben

Legt einen Farbfilter über Ihr Bild.

Farbe zu Transparenz, siehe Seite 147

Filterpaket

Mit diesem Befehl haben Sie auf einen Klick mehrere verschiedene Filter zur Farbveränderung zur Verfügung. Der besondere Vorteil dieses Filterpakets liegt darin, dass Sie FARBTONKORREKTUREN bezogen auf Lichter, Schatten und Mitten durchführen können.

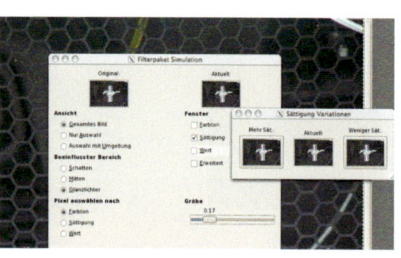

Maximales RGB

Mit MAXIMALES RGB reduzieren Sie die Farben des Bilds auf reines Rot, Grün und Blau. Im Dialog legen Sie fest, ob die hohen Werte oder die niedrigen erhalten bleiben sollen. Die restlichen Werte werden verworfen. Eignet sich zum Erzeugen von Comics.

Retinex

Damit erhöhen Sie auf Basis der Retinex-Methode den Kontrast. Die Bilder werden jedoch meist unansehnlich. Der Befehl eignet sich jedoch bedingt für unterbelichtete Bilder bzw. um eine Auswahl aus den nun verstärkten Kanälen zu erzeugen.

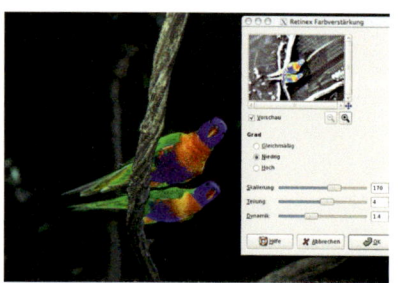

Fotos: Helmer

Exkurs: Farbmanagement

Farbmanagement ist ein sehr, sehr umfassendes Thema, viele Bücher gibt es darüber, Tausende von Websites beschäftigen sich damit. Ich möchte Ihnen hier nur einen groben Überblick bieten – gerade so viel, dass Sie wissen, um was es geht, und die Informationen auch gleich praktisch anwenden können.

Wozu Farbmanagement?
Jedes Gerät, das mit Ihren Bildern und Grafiken „zu tun" hat, arbeitet einerseits in einem bestimmten Farbraum, zum Beispiel RGB, CMYK, andererseits haben die Geräte ihre ganz eigene individuelle Art und Weise, Farben darzustellen. Es gibt also Abweichungen zwischen den Farben am Monitor und denen im Ausdruck. Deutlich sichtbar wird der Unterschied auch, wenn Sie eine Website auf zwei verschiedenen Monitoren betrachten.

Mit dem Farbmanagement sorgen Sie für stimmige Farben und dass beispielsweise am Drucker das herauskommt, was Sie am Monitor sehen. Konkreter ausgedrückt, weisen Sie jedem einzelnen Gerät, das mit Ihren Fotos zu tun hat, ein ICC-Profil (ICC = International Color Consortium) zu bzw. Sie legen den Farbraum fest, in dem es arbeiten soll: Ihrem Monitor, Ihrem Drucker, dem Scanner. Das Erstellen eines ICC-Profils nennt man Kalibration. Sie sollten die Geräte in der Reihenfolge kalibrieren, wie ich sie aufgezählt habe. Die ICC-Profile sind Dateien, die für jedes Gerät spezifisch erzeugt und zugewiesen werden. Zur Vereinheitlichung aller Geräte gibt es Color-Management-Systeme (CMS), unter Apple als ColorSync zu finden. Im Folgenden finden Sie eine Beschreibung der Methoden zur Kalibration der einzelnen Geräte.

Monitor
Das Kalibrieren kann mittels Software oder Hardware erfolgen.

1. Softwarebasierende Kalibration: Diese Form der Kalibration ist vielleicht die schnellere und kostengünstigere – weil gratis –, aber auch die schlechtere Wahl, da Sie hier mit Augenmaß arbeiten. Das ist viel zu ungenau, aber immer noch besser als gar keine Kalibration. Für **Windows XP** gibt es Color Control Panel gratis zum Download unter *www.microsoft.com* (Suche nach „Color Control Panel"). Das Programm findet sich nach der Installation unter START > EINSTELLUNGEN > SYSTEMSTEUERUNG. Achtung! Voraussetzung ist das Microsoft .NET Framework ab Version 1.1. Unter **Windows Vista** wurde von Microsoft mit dem Windows Color System ein neues Farbmanagement entwickelt – weg von den ICC-Profilen.
Unter **Mac OS X** finden Sie das Kalibrationsprogramm im Finder unter PROGRAMME > SYSTEMEINSTELLUNGEN > MONITORE > Register FARBEN. Für **Linux** gibt es unter *http://applications.linux.com* eine detaillierte Beschreibung, wie Sie Ihren Monitor kalibrieren können.
Digital Quality Tool
Mit dem von namhaften Firmen entwickelten Tool stimmen Sie Ihren Monitor rasch und unkompliziert für die Ausgabe der Bilder bei Fotolabors ab. Infos und die Bilder zur Kalibration laden Sie z.B. von *www.cipho.de*. Natürlich gibt es auch noch zahlreiche weitere Programme, von Freeware, über Open Source (z.B. *www.littlecms.com*) bis hin zu teurer Luxussoftware.

171

Tipps & Hinweise
Monitore verändern sich im Laufe der Zeit, daher sollten Sie die Kalibration alle paar Monate erneut durchführen.

Sie sollten für gleichbleibendes Licht in Ihrem Arbeitszimmer sorgen.

Verwenden Sie einen grauen Bildschirmhintergrund.

2. Hardwarebasierende Kalibration: Im Gegensatz zur betriebssystemeigenen Kalibration müssen Sie die hardwarebasierende Kalibration bezahlen (ab 100 Euro). Im Kalibrationsset ist neben der Software ein Sensor enthalten, den Sie über den Monitor hängen. Dieser misst entweder automatisch die Farben Ihre Monitors aus und legt ein Profil dafür an oder aber Sie justieren den Monitor manuell.

Barbara Wilding von photografin.at, die viele Bilder für das Buch beigesteuert hat und eine begnadete Fotografin ist, verwendet zum Kalibrieren die Software iColor Display und zum Messen Silver Haze Pro (beides *www. quato.com*). Damit kann auch eine Gamma-Korrektur durchgeführt werden.

Reinhard Helmer von no limits advertising, der ebenfalls zahlreiche Bilder für dieses Buch beigesteuert hat, verwendet das Colormanagement System Eye-One von Gretag-Macbeth (*www.xrite.com*), mit dem sowohl Monitor als auch Scanner justiert werden können. Es ist einfach in der Handhabung und liefert rasch optimale Ergebnisse.

Das Monitorfarbprofil wird von der Bildbearbeitungssoftware automatisch erkannt.

Drucker
Wie schon beim Monitor, gibt es auch für Drucker die einfachere Variante, das Profil mittels Software anzulegen. Dazu laden Sie die aktuellen Treiber von der Website des jeweiligen Herstellers herunter. Abhängig vom Treiber können Sie aus verschiedenen Profilen für die unterschiedlichen Papiertypen, auf denen Sie drucken, wählen. Sie können aber auch mittels eigener Hardware ein Druckerprofil erstellen (Preise dafür ab 500 Euro).

Scanner
Den Scanner können Sie ebenfalls gratis per Augenmaß kalibrieren. Lesen Sie in der

Gebrauchsanweisung des Scannerherstellers nach, welches Verfahren Sie verwenden sollen. Ansonsten scannen Sie – nachdem Sie Ihren Monitor und Ihren Drucker kalibriert haben – ein Foto mit möglichst vielen Farben oder, falls vorhanden, eine IT8-Farbkarte. Justieren Sie Ihren Scanner so lange, bis die Farben übereinstimmen. Zum professionellen Anlegen eines ICC-Profils verwenden Sie spezielle Software. Diese Software wird zusammen mit so genannten Scann-Targets geliefert, genormte Farbkarten und -bilder, die Sie einscannen. Mit der Kalibrationssoftware wird Ihr Scanner dann automatisch justiert.

Überblick über die gängigsten Farbprofile
sRGB: Kleinster verfügbarer Farbraum, ausreichend, wenn die Bilder zum Beispiel nur im Web veröffentlicht werden. Dieser und der Adobe RGB (1998) werden von Digitalkameras angeboten.
Adobe RGB (1998): Größerer Farbraum als sRGB, höherwertigere Monitore können auch diesen Farbraum bereits darstellen (ab 4000 Euro). Adobe RGB ist der Standardfarbraum, wenn Sie noch nicht wissen, wie die Bilder später ausgegeben werden. Gamma: 2,2, Weißpunkt 6500°K.
ECI-RGB (ECI = European Color Initiative): Enthält alle Druckfarben und wird für Agenturen und die Druckvorstufe empfohlen (Download unter *www.eci.org*).
ColorMatch-RGB: Kleiner als Adobe RGB, wird aber gerne von Agenturen verwendet, weil es dem CMYK-Farbraum ähnelt. Gamma: 1,8.

> ### Hinweis
> Konvertieren Sie so wenig wie möglich von einem Farbmodus in einen anderen, denn jede neue Umwandlung führt zu Verlusten und schadet der Bildqualität.

Kamera

Bei höherwertigen digitalen Kameras können Sie bestimmen, in welchem Farbraum die Aufnahmen erfolgen sollen. Wenn Sie es einstellen können, verwenden Sie den Adobe-RGB (1998)-Farbraum. Auch wenn viele Monitore größere Farbräume als sRGB nicht darstellen können, sollten Sie trotzdem Aufnahmen in Adobe RGB machen. Es ist nur eine Frage der Zeit, bis erschwingliche Monitore technisch nachziehen.

Bildbearbeitungssoftware

Ihrer Bildbearbeitungssoftware weisen Sie einen Farbraum zu, in dem die Bilder dargestellt werden sollen. Der Farbraum ist abhängig davon, was nach der Bildbearbeitung mit dem Bild passieren soll:

Veröffentlichen Sie die Fotos im Web?
Dann genügt es, wenn Sie durchgehend im farblich kleineren sRGB-Farbraum bleiben.

Drucken Sie auf Ihrem Home-Drucker?
Dieser sollte kalibriert sein und daher mit den Farben Ihres Monitors stimmig sein.

Senden Sie die Daten an ein Fachlabor?
Fragen Sie dort nach, in welchem Farbraum die Daten verarbeitet werden.

Senden Sie die Daten an eine Druckerei?
Dann müssen die Daten in CMYK umgewandelt werden. Falls die Umwandlung durch die Druckerei erfolgt, sollten Sie die Bilddaten vor dem Druck überprüfen (Proof).

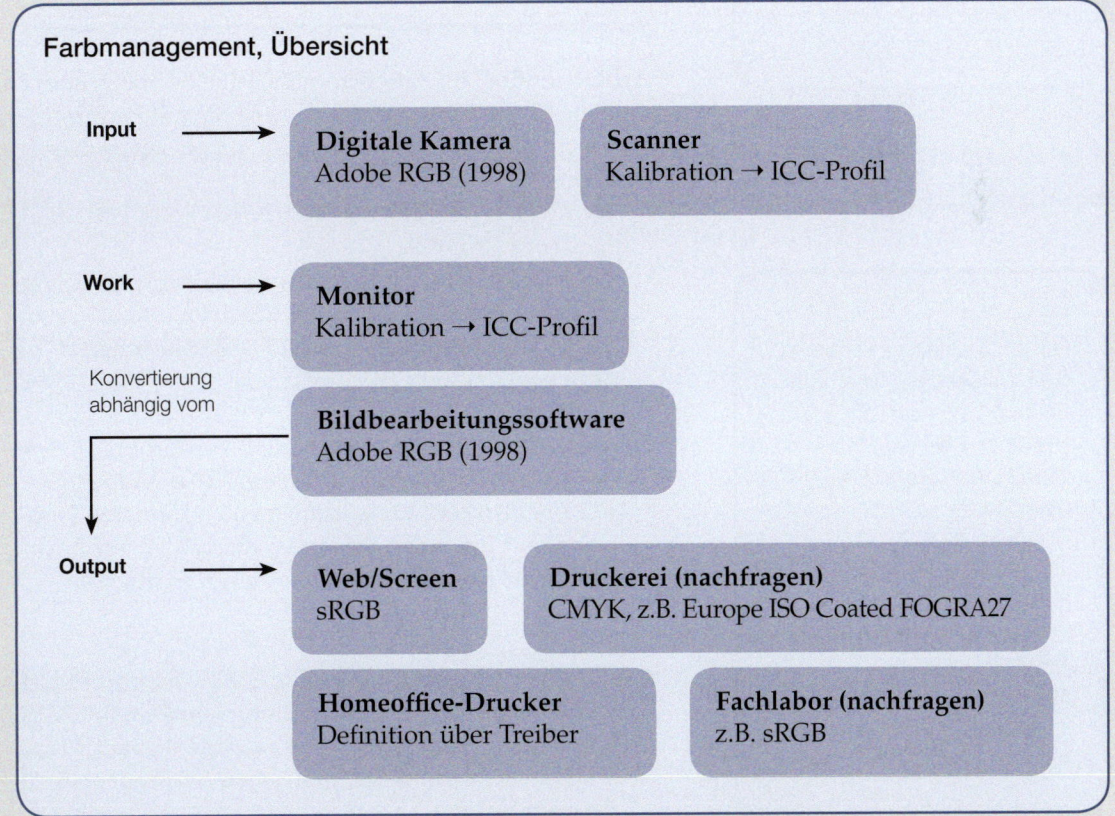

Farbmanagement, Übersicht

Input → **Digitale Kamera** Adobe RGB (1998)   **Scanner** Kalibration → ICC-Profil

Work → **Monitor** Kalibration → ICC-Profil

Konvertierung abhängig vom → **Bildbearbeitungssoftware** Adobe RGB (1998)

Output → **Web/Screen** sRGB   **Druckerei (nachfragen)** CMYK, z.B. Europe ISO Coated FOGRA27

Homeoffice-Drucker Definition über Treiber   **Fachlabor (nachfragen)** z.B. sRGB

Farbverwaltung

Bereits seit GIMP 2.4 gibt es die Farbverwaltung und sie wird mit jeder neuen GIMP-Version professioneller. Über die Definition von Farbprofilen arbeiten Sie durchgängig in korrekten Farbräumen. Wie Sie die Farbprofile in GIMP einrichten und zuweisen, lesen Sie hier.

> **Hinweis**
> Hintergrundinformationen zum Thema Farbmanagement lesen Sie im gleichnamigen Exkurs, Seite 171.

> **Hinweis**
> Farbprofile sind ganz normale Dateien. Sie haben die Endung *.icc oder *.icm. Hier finden Sie vorinstallierte Farbprofile auf Ihrem Computer:
> Windows XP & Vista: c:\windows\system32\spool\drivers\color
> Mac OS X: /System/Library/ColorSync/Profiles/
> Auch andere Verzeichnisse sind möglich, z.B. von Ihrer Scannersoftware.

Farbprofile definieren

Als ersten Schritt der Farbverwaltung auf der GIMP-Seite legen Sie die Farbprofile fest. Klicken Sie dazu im Werkzeugmenü auf BEARBEITEN > EINSTELLUNGEN und wählen Sie dort den Eintrag FARBVERWALTUNG:

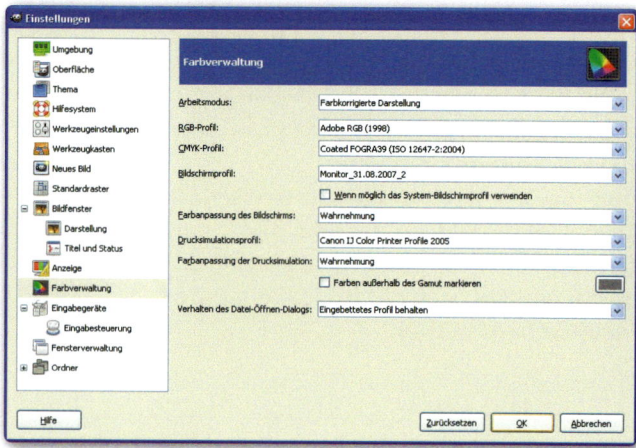

Arbeitsmodus: Im Arbeitsmodus legen Sie die grundsätzliche Einstellung fest, ob und wie Sie mit Farbprofilen arbeiten möchten. Folgende Möglichkeiten stehen zur Auswahl:
  Keine Farbverwaltung: Sie arbeiten komplett ohne Farbverwaltung.
  Bildschirm mit Farbverwaltung: Sie verwenden Farbprofile zur Darstellung am Bildschirm.
  Drucksimulation: Sie weisen Farbprofile nur bei Druckanwendung zu.

RGB-Profil: Legen Sie hier das RGB-Farbprofil fest. Die gängigsten RGB-Farbprofile sind sRGB und Adobe RGB 1998, wobei Ersteres über einen kleineren Farbraum verfügt. Wenn Sie keines der beiden auf Ihrer Festplatte gespeichert haben, suchen Sie im Web danach.

CMYK-Profil: Legen Sie hier das CMYK-Farbprofil fest. Dieses wird für die Umwandlung von RGB in CMYK verwendet. Da es noch keine besonders gute CMYK-Unterstützung in GIMP gibt, ist dieses Profil eher zu vernachlässigen.

Bildschirmprofil: Legen Sie hier das Farbprofil für Ihren Monitor fest. Wenn Sie ihn kalibriert haben, weisen Sie ihm das aus der Kalibration generierte Farbprofil zu. Falls Sie über kein Monitorprofil verfügen, aktivieren Sie die nachfolgende Option.

Versuchen, das Bildschirmprofil vom Fenstersystem zu übernehmen: Wenn Sie diese Option aktivieren, versucht GIMP, das Farbprofil aus dem Fenstersystem zu übernehmen. Bei Linux und Mac ist dies das X Window System, unter Windows ist es integrativer Bestandteil des Betriebssystems. Falls GIMP das Farbprofil nicht aus dem Fenstersystem übernehmen kann, wird das oben angegebene Bildschirmprofil verwendet.

Farbanpassung des Bildschirms: Wählen Sie hier aus, wie Farben auf Ihrem Monitor dargestellt werden sollen: **Wahrnehmung:** eine Mischung aus Sättigung und relativ kolorimetrisch. **Kolorimetrisch (relativ):** gute Darstellung von Pantonefarben (= Vollton-farbe, vordefinierte Farbe, die anhand einer Nummer eindeutig erkennbar ist), geeignet zur Druckvorbereitung. **Sättigung:** Farben wirken kräftiger. **Kolorimetrisch (absolut):** nur zum Proofen (Simulation von Druckergebnissen) geeignet.

Drucksimulationsprofil: Wählen Sie hier das Farbprofil, das zur Simulation einer Druckversion (Druckprobe) verwendet werden soll. Falls vorhanden, verwenden Sie das Ihres Druckertreibers.

Farbanpassung der Drucksimulation: (s. o. Bildschirm)

Verhalten des Datei-öffnen-Dialogs: Legen Sie hier fest, was mit Dateien passieren soll, die über ein eingebettetes Farbprofil verfügen. **Nachfragen:** Sie entscheiden von Fall zu Fall. **Eingebettetes Profil behalten** oder **in RGB-Farbraum umwandeln:** Die Datei wird in den von Ihnen unter RGB-Profil festgelegten Farbraum umgewandelt.

Farbprofile einzeln zuweisen

Die unter Einstellungen festgelegten Profile gelten global. Einzelnen Dateien weisen Sie Profile manuell zu über Bild > Modus: Farbprofil zuweisen bzw. In Farbprofil konvertieren. Mehr dazu finden Sie im Kapitel *Farben* auf Seite 137.

Farbprofil auslesen

Welches Farbprofil in ein Bild eingebettet ist, finden Sie über Bild > Bildeigenschaften > Farbprofil heraus.

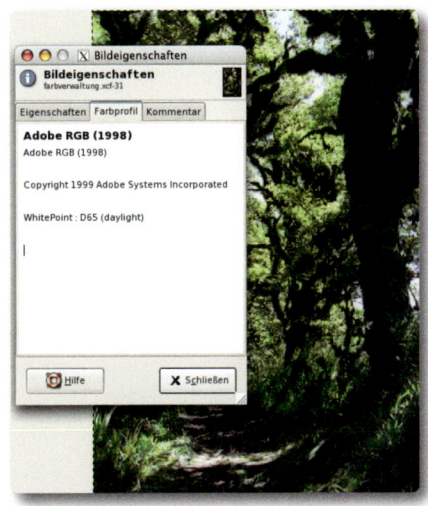

Malwerkzeuge

Stift, Pinsel, Sprühpistole und Tinte. Das sind die vier Malwerkzeuge. Sie erfahren hier, wie Sie damit umgehen und sich eigene Pinselformen gestalten und auch wie Sie wieder etwas wegradieren.

Vorweg

Die Malwerkzeuge malen in ihren Standardeinstellungen ähnlich wie ihre echten Vorbilder: der Pinsel dick und rund, der Stift schmal und exakt, die Sprühpistole weitläufig und grob und die Tinte kann auch mal danebenklecksen :-). Scherz beiseite. Alle Malwerkzeuge funktionieren so, dass Sie sie mit gedrückter Maustaste über die Fläche führen, die Sie bemalen möchten. Sobald Sie die Maustaste loslassen, hören Sie mit dem Malen auf. Wie im richtigen Leben, nicht wahr?

Grafiktablett

Ein Grafiktablett eignet sich für diese Malwerkzeuge natürlich viel besser als eine Maus. Sie zeichnen damit exakter und bei den meisten Grafiktabletts regulieren Sie durch Druck die Strichstärke. Um das Grafiktablett für GIMP zu konfigurieren, wählen Sie im Werkzeugfenstermenü BEARBEITEN > EINSTELLUNGEN, dort EINGABEGERÄTE und dann ERWEITERTE EINGABEGERÄTE KONFIGURIEREN.

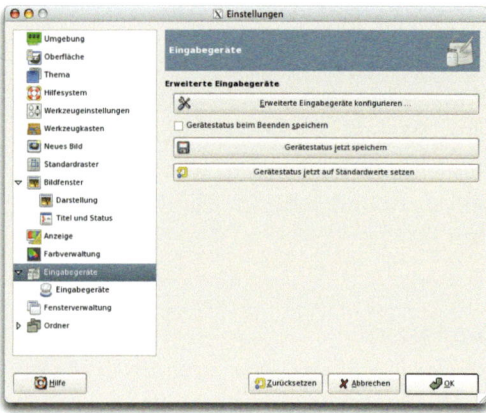

Foto: Bamboo Fun, Wacom

Auswahlen

Die Malwerkzeuge sind nicht nur zum Auftragen von bunten Pinselstrichen gedacht, sondern sie werden auch bei der Erstellung von Auswahlen genutzt. Mehr dazu finden Sie in den Kapiteln *Schnellmaske*, Seite 108, *Auswahlmaske*, Seite 118 und *Ebenenmasken*, Seite 86.

Die Werkzeugeinstellungen

Für die Malwerkzeuge gibt es Werkzeugeinstellungen, die für alle gleichermaßen gelten. Daher finden Sie eine Beschreibung hier im Überblick.

Die Malwerkzeuge holen sich die Farbe grundsätzlich aus der eingestellten Vordergrundfarbe **(1)** bzw. durch drücken der Taste ⬚X⬚ Wechsel zur Hintergrundfarbe **(2)** im Werkzeugkasten. Skalierbare (in der Größe veränderbare) Pinselspitzen sind mit einem blauen Dreieck gekennzeichnet.

Modus: Mit Modus bestimmen Sie, wie sich Malfarbe und Untergrund mischen. Mehr zu den Modi finden Sie im Kapitel *Ebenenmodus* auf Seite 82.

Deckkraft: Damit stellen Sie die Deckkraft ein, mit der das Auftragen der Farbe erfolgen soll, bzw. mit welcher Stärke ein Instrument wirken soll (100% = deckend, 0% = transparent).

Pinsel: Hier wählen Sie die Form, mit der Sie zeichnen möchten. Es gibt eine Vielzahl an Formen, die standardmäßig von GIMP mitgeliefert werden. Sie können aber auch ganz leicht Ihre eigene Malform erstellen. Wie das funktioniert, lesen Sie im nächsten Kapitel.

Skalieren: Mit Skalieren verändern Sie die Größe der Werkzeugspitze. Verwenden Sie dazu auch die Tastenkombination für Vergrößern ⬚AltGr⬚+⬚8⬚ bzw. für Verkleinern ⬚AltGr⬚+⬚9⬚.

Pinseldynamik: Die Pinselwerkzeuge sind seit GIMP 2.6 mit neuer Dynamik aufgewertet: So ändert zum Beispiel ein Pinselstrich seine **Deckkraft** oder seine **Größe** abhängig von der **Geschwindigkeit,** mit der Sie mit der Maus über das Blatt ziehen, oder er mixt mit der **Hintergrundfarbe.** Diese Möglichkeiten waren früher nur Grafiktablett-Benutzern vorbehalten.

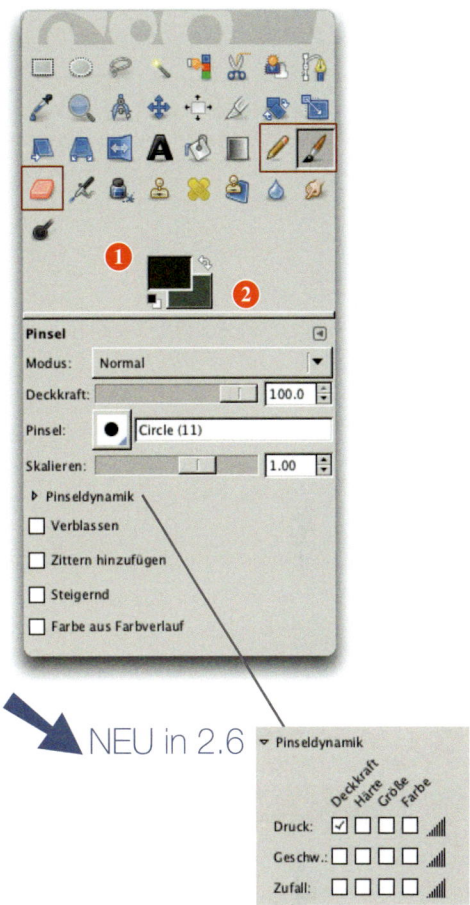

NEU in 2.6

GIMP-Standard-Werkzeugspitzen

177

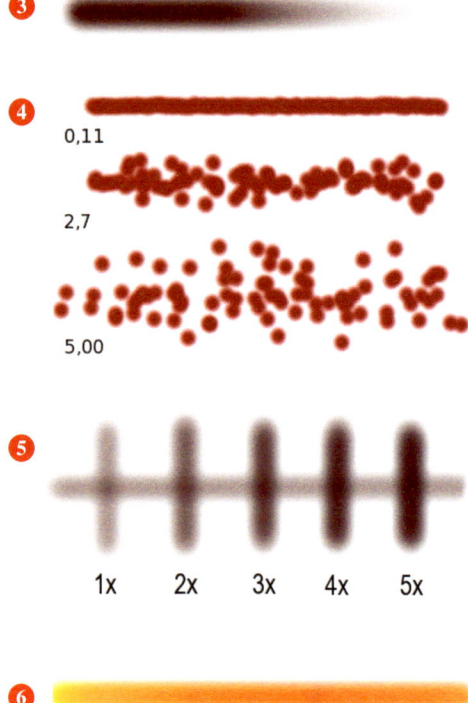

Veränderte Pinselgröße durch schnellere Mausbewegung beim Auftragen

Die Dynamiken betreffen – abhängig vom gewählten Werkzeug – die **Deckkraft** (transparent bis voll deckend), die **Härte** der Werkzeugspitze (von harten Kanten bis weich), die **Größe** der Werkzeugspitze, die **Farbe** (Verlauf von Vordergrund- zu Hintergrundfarbe) und die **Rate** (betrifft die Reaktionszeit bei den Werkzeugen WEICHZEICHNEN bzw. SCHÄRFEN und VERSCHMIEREN). Über den Regler ▟ steuern Sie die Stärke der Wirkung.

Druck: betrifft Grafiktablett-Benutzer: je stärker Sie mit dem Stift aufdrücken, desto intensiver die jeweilige Dynamik.

Geschwindigkeit: Je schneller Sie mit der Maus oder mit dem Stift ziehen, desto intensiver die jeweilige Dynamik.

Zufall: Hier überlassen Sie GIMP die Entscheidung.

Verblassen: Mit dieser Option wird die Deckkraft des aufgetragenen Strichs nach einer festgelegten Länge reduziert **(3)**.

Zittern hinzufügen: Der Pinselstrich wirkt zittrig. Je höher Sie den Regler hinaufschieben, desto „zittriger"**(4)**. Bei einem Wert von 5,00 kann man dann schon gar nicht mehr von Zittern, sondern nur noch von Patzen sprechen :-).

Steigernd: Diese Option wirkt nur, wenn Sie mit reduzierter Deckkraft malen: Je häufiger Sie erneut über eine Stelle malen, die mit reduzierter Deckkraft aufgetragen wurde, desto kräftiger wird der darübergemalte Strich **(5)**.

Farbe aus Farbverlauf: Wenn Sie diese Option aktivieren, malen Sie mit Farbverlauf. Im Untermenü wählen Sie den Farbverlauf und seine Länge aus. Wenn Sie über die angegebene Länge hinausfahren, wird der Verlauf wiederholt, die Art der Wiederholung stellen Sie unterhalb über das Pull-down-Menü ein **(6)**. Mit UMKEHREN können Sie den Farbverlauf verkehrt herum starten.

Mehr zum Thema Farbverlauf finden Sie im Kapitel *Farben*, Seite 137.

❸

❹

0,11

2,7

5,00

❺

1x 2x 3x 4x 5x

❻

Sägezahnwelle

Dreieckswelle

Eigene Pinselform anlegen

Für das Verwalten der Pinselformen gibt es in GIMP einen eigenen Dialog, der standardmäßig beim rechten Dock EBENEN, KANÄLE, PFADE UND RÜCKGÄNGIG unterhalb angehängt ist. Wenn Sie den Pinseldialog dort nicht finden, öffnen Sie ihn über FENSTER > ANDOCKBARE DIALOGE > PINSEL ⇧ + Strg / ctrl + B.

Im Pinseldialog finden Sie sämtliche in GIMP verfügbaren Pinselformen. Diese Pinselformen sind nicht nur für das Pinselwerkzeug selbst verfügbar, sondern auch für Stift, Radierer, Sprühpistole und sogar für die Werkzeuge Klonen, Perspektivisch Klonen, Heilen, Weichzeichnen bzw. Schärfen, Verschmieren und Abwedeln bzw. Nachbelichten.

Einfache Pinselform mit dem Pinseleditor erstellen
Eine neue einfache Pinselform erstellen Sie, indem Sie auf die Schaltfläche NEUER PINSEL (2) klicken. Es öffnet sich der Pinseleditor.

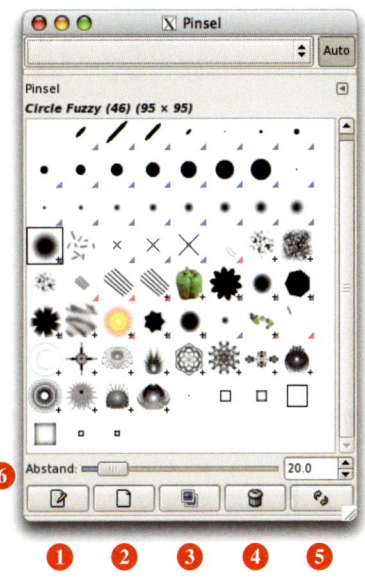

> **Hinweis**
> **Menü ausgegraut**
> Ist das Menü zum Editieren einer Pinselform ausgegraut, haben Sie vermutlich versucht, eine Original-GIMP-Pinselform zu editieren. Diese sind schreibgeschützt.

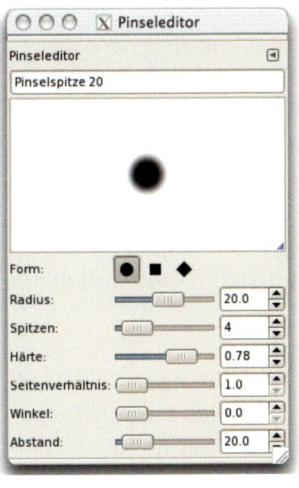

Im obersten **Textfeld** geben Sie den **Namen** für den Pinsel ein. Es empfiehlt sich, den Radius des Pinsels anzugeben.

Form: Hier legen Sie die Grundform des Pinsels fest. Sie haben die Wahl zwischen Kreis, Quadrat und Karo („Diamant").

Radius: Hier stellen Sie den Radius des Pinsels ein (in Pixel).

Spitzen: Damit stellen Sie die Anzahl der Ecken ein und können damit z.B. Sternformen **(A)** bei der Grundform Karo und Polygone **(B)** bei der Grundform Quadrat erzeugen. Für die Grundform Kreis haben die Spit-

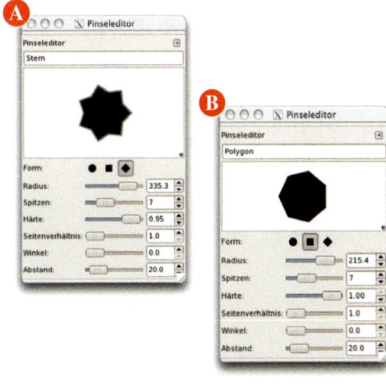

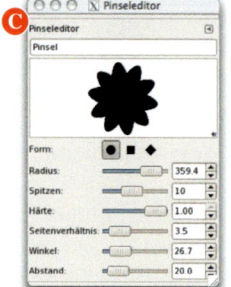

zen nur Auswirkung, wenn Sie das SEITENVERHÄLTNIS größer 1 einstellen.

Härte: Damit legen Sie die Kantenhärte fest; je niedriger der Wert, desto weicher wird die Kante.

Seitenverhältnis: Das SEITENVERHÄLTNIS bestimmt das Verhältnis der Seiten des Pinsels zueinander. Wenn Sie zusätzlich die Spitzen verändern, können Sie z.B. Formen mit abgerundeten Ecken (Grundform Kreis) **(C)** oder abgeflachten Ecken (Grundform Quadrat) **(D)** erstellen.

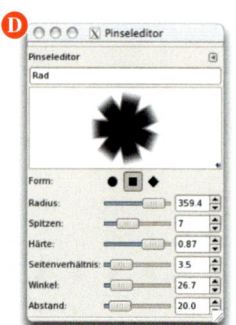

Winkel: Mit WINKEL verdrehen Sie die Pinselform.

Abstand: Wenn Sie mit gedrückter Maustaste die Pinselform auftragen, wird mit ABSTAND die Distanz zwischen den Wiederholungen bestimmt (Wert in Prozent der Pinselbreite) **(E)**. Den Abstand können Sie jederzeit – auch außerhalb des Pinseleditors – im Pinseldialog direkt verändern **(6)**.

E 40%

75%

140%

Schließen Sie den Pinseleditor – ab sofort ist die neu erstellte Pinselform für sämtliche Malwerkzeuge im Pinseldialog verfügbar. Mit Klick auf ▤ **(1)** editieren Sie eine von Ihnen erstellte Pinselform, mit Klick auf ▣ **(3)** duplizieren Sie sie und mit Klick auf ▤ **(4)** löschen Sie sie. Mit Klick auf ↻ **(5)** aktualisiert GIMP die Ansicht im Dialog und lädt damit neu installierte Spitzen.

Pinselform aus einem Bild erstellen

Sie finden im Pinseldialog einige farbige Pinselformen. Diese werden, unabhängig von der eingestellten Vordergrundfarbe, mit ihrer mitgespeicherten Farbe aufgetragen. Außer Sie malen mit Farbverlauf, dann überstimmt der Farbverlauf die Pinselformfarbe.

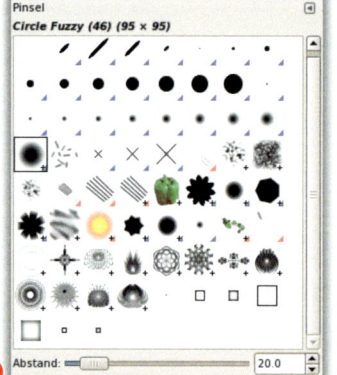

Diese farbigen Pinselformen sind aus Bildern entstanden und Sie können sie auch selbst erzeugen.

Und so funktioniert es

1. Erstellen Sie das gewünschte Bild (RGB-Modus mit Alphakanal).

2. Kopieren Sie es (Strg / ctrl + C).

3. Klicken Sie auf BEARBEITEN > EINFÜGEN ALS > NEUER PINSEL. Hier geben Sie den Pinsel- und Dateinamen ein. GIMP erstellt aus dem Bild automatisch die Pinselform und Sie finden sie nach Abschluss der Berechnung im PINSELDIALOG.

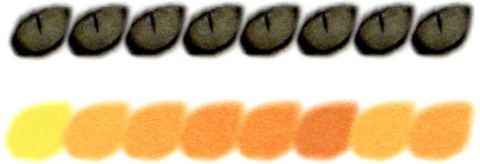

Eine selbst erstellte Pinselform aus einem Bild kann auch Text enthalten. Sie können sich über diesen Weg z.B. einen praktischen Copyright-Stempel für Fotos erzeugen. Mehr dazu finden Sie im Tutorial-Teil, *Copyright-Stempel erstellen*, Seite 284.

Animierte Pinsel

 Es gibt in GIMP sogar animierte Pinselformen. Diese erkennen Sie an dem kleinen roten Pfeilchen neben der Form, mit dem sie im Pinseleditor gekennzeichnet sind.

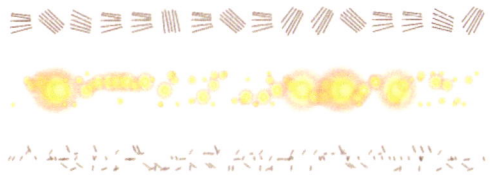

Tipp
Pinselform aus Bild
Stellen Sie das Bild auf eine transparente Fläche, denn sonst haben Sie auch den (z.B. weißen) Hintergrund bei der Pinselform dabei. Das wirkt sich besonders bei Wiederholungen unschön aus.

Tipp
Photoshop-Pinsel
Sie können einen Photoshop-Pinsel in GIMP importieren – speichern Sie dazu einfach den Photoshop-Pinsel in Ihrem persönlichen GIMP-Pinselverzeichnis. Dieses finden Sie im Werkzeugfenstermenü BEARBEITEN > EINSTELLUNGEN > ORDNER > PINSEL.

Animierte Pinselformen verändern ihre Form während des Auftragens.

Sie können animierte Pinsel selbst erzeugen. Für Unterstützung klicken Sie auf den Hilfe-Button. Sie finden eine sehr genaue Dokumentation vor (vorausgesetzt, Sie haben eine GIMP-Version mit Hilfe installiert; ansonsten finden Sie auch Hilfe unter *http://docs.gimp.org/de/*).

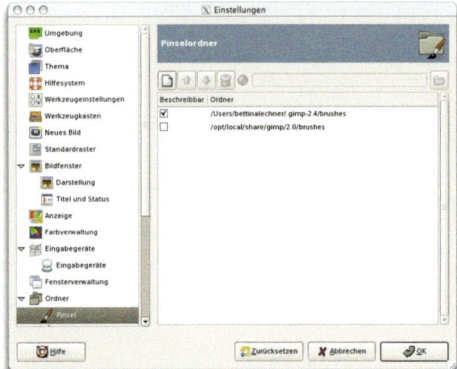

Alternativ zum Selbsterstellen können Sie animierte Pinsel aus dem Web herunterladen, es gibt eine Fülle davon. Suchen Sie über eine Suchmaschine nach „gimp animated brush". Speichern Sie die Pinselform in Ihrem persönlichen Pinselformenverzeichnis. Wo dieses Verzeichnis ist, finden Sie unter BEARBEITEN > EINSTELLUNGEN, dann ORDNER und PINSEL. Merken Sie sich dort den Pfad für den als beschreibbar gekennzeichneten Ordner und kopieren Sie dort die Datei hinein. Klicken Sie im Pinseleditor auf die Schaltfläche PINSEL NEU LADEN. Damit wird die Ansicht reinitialisiert und Sie haben den Pinsel sofort zur Verfügung.

Stift ✏

Der STIFT malt im Gegensatz zum Pinsel immer mit harten Kanten, egal, wie weich die Pinselform gewählt wurde.

Aktivieren Sie den STIFT im Werkzeugkasten und nehmen Sie die Werkzeugeinstellungen vor (siehe vorherige Seiten). Der Stift wird für sehr exakte Zeichnungen verwendet.

Von oben nach unten:
1. Stift mit einer dünneren Form
2. Pinsel
3. Sprühpistole

182

Pinsel

Im Gegensatz zum Stift malt der Pinsel eher weich, abhängig von der in den Werkzeugeinstellungen gewählten Pinselform.
Hier zum Vergleich ein Pinselstrich mit exakt den gleichen Einstellungen wie zuvor beim Stift:

Sprühpistole

Mit der Sprühpistole malen Sie noch weicher und softer als mit dem Pinsel.

Werkzeugeinstellungen

- Mit RATE stellen Sie ein, wie schnell die Farbe aufgetragen werden soll. Je höher Sie den Regler ziehen, desto schneller erfolgt der Auftrag.
- Wenn Sie den Regler bei DRUCK erhöhen, wird mehr Farbe aufgetragen.

Hier zum Vergleich eine Linie mit der Sprühpistole: mit der gleichen Pinselform, wie ich sie vorn für den Stift und den Pinsel verwendet habe, jedoch mit geringem Druck, wodurch weniger Farbe aufgetragen wird. Verwenden Sie die Sprühpistole zum großflächigen Zeichnen.

Tinte

Mit dem Tintenwerkzeug können Sie ähnlich wie mit einer realen Füllfeder arbeiten. Je länger Sie beispielsweise an einer Stelle verharren, desto mehr Farbe wird aufgetragen. Das Tintenwerkzeug hat – im Gegensatz zum Stift, Pinsel und zur Sprühpistole – ganz spezielle Werkzeugeinstellungen:

Tipp

Linie zeichnen

Zum Zeichnen einer geraden Linie wählen Sie zuerst das Malinstrument, klicken für den Startpunkt, halten dann die ⇧-Taste gedrückt und klicken ein zweites Mal für den Endpunkt. Oder Sie erzeugen mit einer Auswahl oder dem Pfad-Werkzeug eine Linie und ziehen diese nach (AUSWAHL > NACHZIEHEN). Mehr zum Nachziehen einer Auswahl/eines Pfads finden Sie auf Seite 100.

Tipp

Farbe holen mit der Pipette

Für alle Malwerkzeuge gilt: Drücken Sie die Strg/ctrl-Taste, um zur Pipette zu wechseln, und klicken Sie auf eine Farbe im Bild. Diese Farbe wird dann automatisch als Vordergrundfarbe abgelegt.

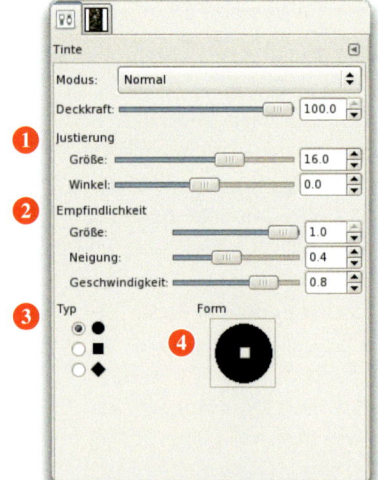

Justierung (1):
    Größe: Durchmesser, mit dem die Tinte aufgetragen werden soll.
    Winkel: Winkel, in dem die Tinte aufgetragen wird.

Empfindlichkeit (2): Diese Einstellungen haben mehr Relevanz, wenn Sie ein Grafiktablett statt einer Maus verwenden
    Größe: Größe der Tintenspitze. Je höher Sie hier den Wert einstellen, desto mehr Tinte wird abgegeben.
    Neigung: Neigungswinkel der Tintenspitze.
    Geschwindigkeit: Die Reaktionsgeschwindigkeit, je niedriger der Wert, desto mehr Tinte wird aufgetragen.

Typ (3): Hier stellen Sie die Grundform des Werkzeugs ein (Kreis, Quadrat und Karo).

Form (4): Dieses Fensterchen ist mehr als nur eine Vorschau auf die Tintenform: Hier können Sie den Mittelpunkt der Form durch Klicken und Ziehen verschieben (5,6).

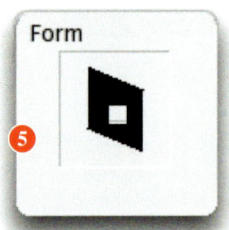

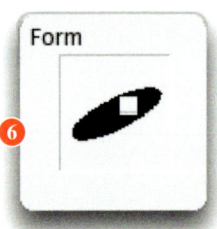

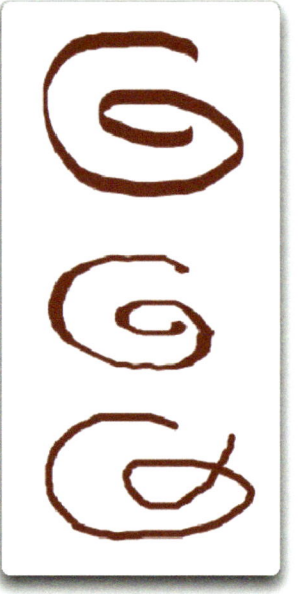

Verschiedene Tintenformen, am besten Sie kombinieren unterschiedliche Einstellungen.

Radierer

Der Radierer radiert auf der aktiven Ebene Bildele-
mente, Malstriche etc. weg. Was genau dabei passiert,
hängt von der aktiven Ebene ab. Verfügt diese über
einen Alphakanal (Transparenz), wird bis zur Transparenz alles wegradiert **(1)**, das heißt auch, dass eine
darunterliegende Ebene sichtbar wird. Verfügt die
Ebene über keinen Alphakanal (z.B. standardmäßig die
Hintergrundebene), dann „malt" der Radierer mit der
Hintergrundfarbe **(2)**.

Neben den schon für Pinsel & Co. beschriebenen
Werkzeugeinstellungen (siehe Seite 177) gibt es für
den Radierer noch die folgenden beiden zusätzlichen
Optionen:

Harte Kanten: Wenn aktiviert, radieren Sie mit harten
Kanten, auch wenn Sie eine weiche Pinselform gewählt haben; nützlich bei Screenshots und GIFs.

Un-Radieren: Damit stellen Sie zuvor wegradierte Bildbereiche wieder her **(2, 3)**, jedoch keine Malbereiche.
Sie können stattdessen auch während des Radierens
die Alt-Taste gedrückt halten.

Foto: Helmer

Tools für Bildkorrekturen

Hier finden Sie die in GIMP am häufigsten verwendeten Werkzeuge zur Bildkorrektur bzw. -retusche. Dazu gehören neben dem Weichzeichnen bzw. Schärfen, Verschmieren, Abwedeln bzw. Nachbelichten vor allem der Kopierstempel, der fantastische Heilen-Pinsel, aber auch Filter wie der Selektive Gaußsche Weichzeichner oder Unscharf Maskieren.

Fotos: Gerald-Holoubek-www.media22.at

Weichzeichnen bzw. Schärfen

Dieses Werkzeug wird mitunter auch Verknüpfen genannt. Es hat zwei Funktionen: das Weichzeichnen sowie das Schärfen von kleineren Bildbereichen (bei gedrückter Strg / ctrl-Taste). Es ist nicht zum Bearbeiten eines ganzen Bilds geeignet. Dazu verwenden Sie besser die Filter Selektiver Gaussscher Weichzeichner bzw. Unscharf Maskieren (siehe weiter hinten in diesem Kapitel). Das Werkzeug Weichzeichnen bzw. Schärfen benutzen Sie ähnlich wie den Pinsel. Sie fahren mit gedrückter Maustaste über die zu bearbeitenden Bildbereiche. Je häufiger Sie den Vorgang wiederholen, desto stärker fällt der Effekt aus.

Beim Schärfen werden ähnliche Farben zusammengefasst, was jedoch bei häufigem Darüberstreichen zu Halos (Lichtflecken) führen kann. Beim Weichzeichnen werden die Farben verwischt.

Die Beschreibung der entsprechenden Werkzeugeinstellungen finden Sie im vorherigen Kapitel *Malwerkzeuge* bereits ausführlich beschrieben (Seite 177). Hinzugekommen sind hier noch zwei weitere Optionen:

Harte Kanten: Wenn aktiviert, radieren Sie mit harten Kanten, auch wenn Sie eine weiche Pinselform gewählt haben. Eher zu vermeiden.

Rate: Mit dem Regler Rate bestimmen Sie die Stärke, mit der das Werkzeug wirken soll.

Bei diesem Beispielbild habe ich den Kopf der wunderschönen Echse geschärft (vorher (1) und nachher (2)).

Verschmieren

Mit dem „Wischfinger" verschmieren Sie kleinere Bildbereiche. Dabei werden ähnliche Farben miteinander vermischt. Das VERSCHMIEREN-Werkzeug verwenden Sie ähnlich wie einen Pinsel: Maustaste gedrückt halten und über die Bildbereiche fahren. Die Beschreibung der Werkzeugeinstellungen dazu finden Sie im vorherigen Kapitel *Malwerkzeuge* bereits ausführlich beschrieben (Seite 177). Hinzugekommen ist hier noch die Rate:

Rate: Mit dem Regler RATE bestimmen Sie die Stärke, mit der das Werkzeug wirken soll.

Meist nutze ich das Verschmieren-Werkzeug zum Unkenntlichmachen von Nummernschildern: Ich erzeuge eine polygone Auswahl (siehe Seite 97) um zu verhindern, dass ich mit dem Werkzeug rausfahre, und wische dann mit dem Wischfinger darüber **(1)**.

Fotos: Gerald-Holoubek-www.media22.at

Abwedeln bzw. Nachbelichten

Mit dem Abwedeln bzw. Nachbelichten können Sie Bildbereiche aufhellen (abwedeln) bzw. abdunkeln (nachbelichten) (bei gedrückter Strg / ctrl -Taste).

Die Beschreibung der Werkzeugeinstellungen finden Sie im vorherigen Kapitel zu den Pinselformen bereits ausführlich beschrieben (Seite 177). Hinzugekommen sind hier noch:

Modus: Schatten, Mitten, Glanzlichter: Damit bestimmen Sie, welche Tonwerte durch das Abwedeln bzw. Nachbelichten verändert werden sollen. Die Schatten sind die dunklen, die Mitten die mittleren und die Glanzlichter die hellen Bereiche Ihre Bilds.

Belichtung: Je höher der Wert, desto stärker wirkt das Werkzeug.

(2): Aufgehellter Bereich (links)

(3): Nachbelichteter Bereich unterhalb der Werkzeugspitze

Fotos: Salinger, www.homeofsine.at

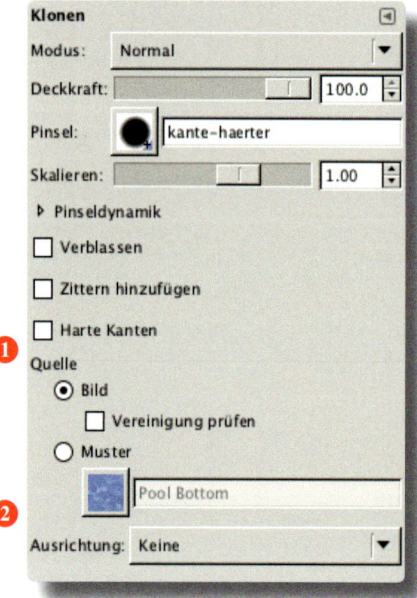

Klonen

Mit dem Klonen-Werkzeug kopieren Sie Bildteile. Es ist ein sehr mächtiges und wichtiges Werkzeug. Profis verwenden es sehr häufig und erzielen damit ausgezeichnete Ergebnisse. Das Werkzeug bedarf nur etwas Übung.

Sie entfernen mit dem KLONEN-Werkzeug beispielsweise Staubkörner, Hautunreinheiten, Härchen, aber auch unerwünschte Flugkörper von einem Bild. Durch Verändern des Modus können Sie jedoch weit mehr als nur Himmel kopieren und einfügen. So können Sie z.B. Glanzstellen der Haut reduzieren, Muttermale entfernen und vieles mehr. Beispiele dazu finden Sie im Tutorial-Teil.

Auch der Kopierstempel verwendet die Pinselformen als Werkzeugspitze. Die Beschreibung der Werkzeugeinstellungen dazu finden Sie im vorherigen Kapitel *Malwerkzeuge* bereits ausführlich beschrieben (Seite 177). Hinzugekommen sind hier noch zwei Optionen:

Quelle (1): Damit legen Sie fest, was zum Kopieren aufgenommen werden soll:
  Bild: Die Kopierinformationen kommen aus dem Bild selbst. **Vereinigung prüfen:** Zum Klonen über mehrere Ebenen hinweg
  Muster: Es wird ein Muster aufgetragen.

Ausrichtung (2): Das Klonen-Werkzeug besteht aus zwei Teilen: dem Aufnahmeteil und dem Auftragenteil. Damit bestimmen Sie, wo sich der Aufnahmeteil im Verhältnis zum Auftragenteil bewegen soll, während Sie Information auftragen.
  Keine: Der Aufnahmeteil bewegt sich im gleichen Abstand mit.
  Ausgerichtet: Der Aufnahmeteil bewegt sich immer im gleichen Abstand und Winkel zum Auftragenteil fix mit.
  Registriert: Aufnahme- und Auftragenteil stehen exakt übereinander. Diese Funktion benötigen Sie, um von einer Ebene auf eine andere zu kopieren.
  Fest: Hier wird beim Auftragen der Aufnahmeteil immer wiederholt.

Und so funktioniert es

Im Grunde geht es sehr einfach: Sie nehmen Bildteile auf (kopieren sie) und fügen sie an einer anderen Stelle wieder ein.

- 1. Zum Aufnehmen der Bildteile halten Sie die ⌜Strg⌟/⌜ctrl⌟-Taste gedrückt (3) und klicken auf den Bereich. Wenn der Stempel nicht weiß, was er kopieren soll – weil Sie noch nichts aufgenommen haben –, sehen Sie ein Stopp-Zeichen im Kopierstempel (4).
- 2. Nun fügen Sie die aufgenommenen Bildteile durch Klicken (ohne eine Taste zu halten) an den Stellen wieder ein, wo Sie etwas zu korrigieren haben (5).
- Größe und Art der eingestellten Pinselform bestimmen, wie viel aufgenommen und aufgetragen wird.

Bei diesem Beispielbild sollen die störenden Flecken am Himmel entfernt werden. Bevor ich mit dem Kopierstempel starte, vergrößere ich mir das erste Staubkorn mit der Lupe. Dann aktiviere ich den Kopierstempel und stelle abhängig von der Auflösung des Bilds und des zu retuschierenden Bereichs die Pinselform und -größe ein. Das vorliegende Foto hat eine Auflösung von 4.256 x 2.484 – ist also wirklich groß. Das Staubkorn ist winzig, der Pinsel hat 17x17 Pixel und eine weiche Kante. Dann nehme ich mit gedrückter ⌜Strg⌟/⌜ctrl⌟-Taste ein Stück Himmel auf (3), lasse die ⌜Strg⌟/⌜ctrl⌟-Taste los und klicke mit dem Stempel auf das Staubkorn (5, 6). Anschließend wiederhole ich den Vorgang (Aufnehmen (3) und Auftragen (5)) für die Artefakte. Am Ende (8) ist der Himmel im Vergleich zu vorher (7) sehr aufgeräumt.

Sie können damit auch Flugzeuge, Vögel, Wolkenfetzen, und vieles mehr entfernen.

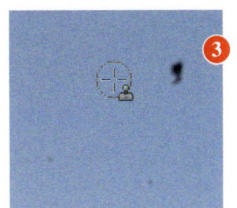

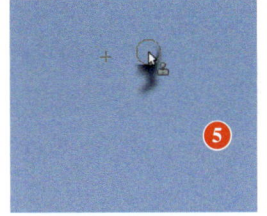

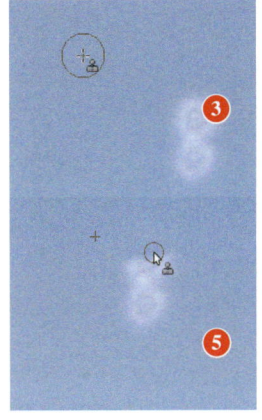

Fotos: Helmer

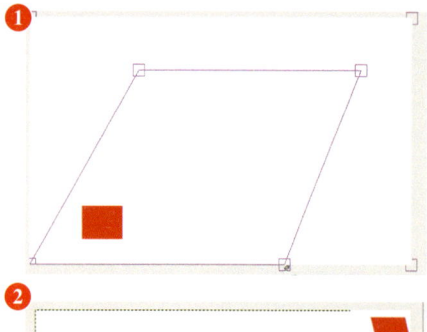

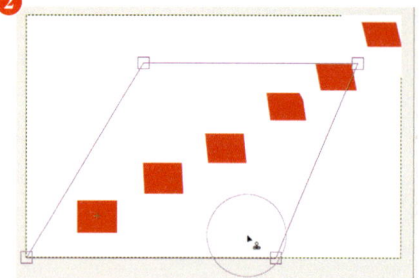

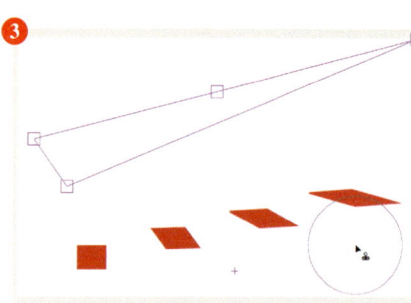

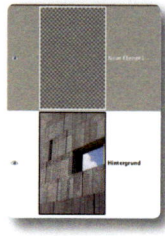

Perspektivisches Klonen

Mit PERSPEKTIVISCHEM KLONEN kopieren Sie auf Basis einer zuvor eingestellten Perspektive – die eingefügten Bereiche passen sich dann automatisch an diese Perspektive an. Verwenden Sie das Werkzeug überall dort, wo Sie Elemente von „vorne" nach „hinten" klonen und es daher nötig ist, dass die kopierten Bereiche dem Fluchtpunkt angepasst werden.

Hier zum besseren Verständnis, wie das Werkzeug grundsätzlich funktioniert:

(1) Zunächst legen Sie die Perspektive fest. Damit „zeigen" Sie GIMP, wie das Bild perspektivisch aufgebaut ist. In den Werkzeugeinstellungen ist dafür standardmäßig die Option PERSPEKTIVE ÄNDERN aktiv.

(2) Wechseln Sie danach in den Werkzeugeinstellungen auf die Option PERSPEKTIVISCHES KLONEN. Erst dann können Sie auch wirklich klonen. Wie an diesem roten Rechteck deutlich sichtbar ist, wird es auf Basis der zugrundeliegenden Perspektive am Fluchtpunkt ausgerichtet – völlig automatisch.

Wie Sie an Bild (3) erkennen, muss der Rahmen, der die Perspektive anzeigt, nicht einmal das zu klonende Objekt umfassen.
Eine detaillierte Erklärung zum Klonen finden Sie im vorherigen Kapitel, Seite 188.

Und so funktioniert Perspektivisches Klonen
Bei diesem Bild vom Museumsquartier in Wien tricksen wir und verdoppeln kurzerhand das Fenster. Legen Sie zuvor eine neue transparente Ebene über dem Bild an, denn wir klonen darauf, damit das Original nicht verändert wird.

1. Zunächst legen Sie die Perspektive fest. Aktivieren Sie in den Werkzeugeinstellungen PERSPEKTIVE ÄNDERN und klicken Sie mit der Maus einmal ins Bildfenster. Es erscheint ein Rahmen mit vier Quadraten an den Ecken. Verziehen Sie den Rahmen nun an den Quadraten so, dass er die Perspektive des Bilds widerspiegelt. Orientieren Sie sich an Gebäude-

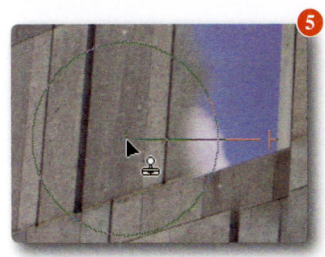

linien, Straßenverläufen und Ähnlichem. Hier ist es der Fensterrahmen **(4)** (zur besseren Sichtbarkeit rot nachgerahmt).

Achtung! Wenn Sie jetzt das Werkzeug wechseln (z.B. zur Lupe), setzen Sie den Rahmen wieder zurück.

2. Aktivieren Sie in den Werkzeugeinstellungen PERSPEKTIVISCHES KLONEN, VEREINIGUNG PRÜFEN, Ausrichtung: AUSGERICHTET. Stellen Sie eine passende Pinselspitze ein, positionieren Sie die Maus an den aufzunehmenden Bereichen, halten Sie die ⌈Strg⌉/⌈ctrl⌉-Taste gedrückt und klicken Sie, um zu kopieren. Anschließend versetzen Sie die Maus. Tipp: Wenn Sie dabei ⌈⇧⌉ drücken, kontrollieren Sie anhand der eingeblendeten Hilfslinie, ob Sie gerade klonen **(5)**.

3. Positionieren Sie die Maus über den Bereich, wo Sie auftragen wollen, und klicken Sie. Wiederholen Sie den Vorgang so lange, bis das Fenster dupliziert ist **(6)**.

> **Tipp**
>
> **Heilen & Klonen**
> Aktivieren Sie beim KLONEN- und HEILEN die Einstellung VEREINIGUNG PRÜFEN und fügen Sie eine transparente Ebene ein. Klonen Sie darauf, bleibt Ihr Original unverändert.

Heilen-Werkzeug

Das HEILEN-Werkzeug entfernt auf unkomplizierte Art und Weise Unregelmäßigkeiten in einem Bild. Der Vorteil im Vergleich zum KLONEN-Werkzeug ist, dass der Heilenpinsel automatisch Beleuchtung und Schattierung berücksichtigt.

Die Werkzeugeinstellungen des HEILEN-Werkzeugs sind eine Mischung aus *Pinsel* und *Klonen*. Bitte lesen Sie auf Seite 177 und 188 nach.

Und so funktioniert es

Halten Sie die ⌈Strg⌉/⌈ctrl⌉-Taste gedrückt, nehmen Sie Bildteile auf und klicken Sie auf den zu korrigierenden Bereich. Hier klone ich die Bartstoppeln weg.

Gegebenenfalls wechseln Sie die Werkzeuge und versuchen Teilbereiche mit dem normalen KLONEN-Stempel nachzubessern.

191

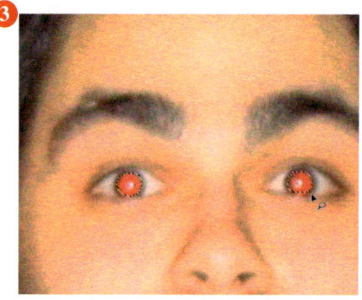

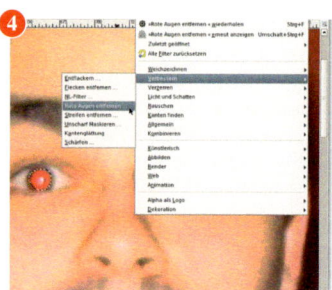

Rote Augen entfernen

Rote Augen sind bekannterweise ein Problem des Blitzes – dieser wird von der Netzhaut ins Objektiv zurückreflektiert. Eine Variante zur Vermeidung des Problems ist, nicht auf gleicher Höhe zu fotografieren. Drehen Sie daher den Blitz, falls möglich, von der Person oder dem Tier weg, z.B. auf die Wand oder Decke, um so eine indirekte Beleuchtung zu erzeugen. Viele Kameras haben einen automatischen Vorblitz, der dafür sorgt, dass sich vor der eigentlichen Aufnahme die Pupille so weit zusammenzieht, dass keine Reflexion nötig ist. Dies nützt aber auch nur dann, wenn die Person bzw. das Tier nicht direkt in das Objektiv blickt.

Wenn es also schon passiert ist, gibt es zahlreiche Möglichkeiten, die roten Augen zu retuschieren. Seit GIMP 2.4 gibt es einen Filter dafür:

Und so funktioniert es

1 Zoomen Sie die roten Augen zunächst stark heran.

2 (ohne Abbildung) Aktivieren Sie das FREIE-AUS-WAHL-Werkzeug, stellen Sie in den Werkzeugeinstellungen KANTEN GLÄTTEN ein und KANTEN AUSBLENDEN (abhängig von der Auflösung des Bilds, zwischen 1 und 4 Pixel).

3 Markieren Sie das erste rote Auge, halten Sie die ⇧-Taste gedrückt und markieren Sie das zweite.

4 Wählen Sie FILTER > VERBESSERN > ROTE AUGEN ENTFERNEN.

5 Im Dialog stellen Sie nur noch die Stärke der Korrektur mit dem SCHWELLWERT-Regler ein. Ziehen Sie ihn nach rechts, um die Korrektur zu verstärken. Sie sehen sofort in der Vorschau das Ergebnis. Wenn Sie zufrieden sind, bestätigen Sie mit OK.

6 Heben Sie mit AUSWAHL > NICHTS AUSWÄHLEN bzw. ⇧+Strg/ctrl+A die Auswahl auf. Mit ⇧+Strg/ctrl+E passen Sie das Bild wieder an das Fenster an.

Wenn der Filter unbefriedigende Ergebnisse liefert, finden Sie im Tutorial-Teil eine manuelle Anleitung zur Roten-Augen-Retusche, siehe Seite 234.

(Selektiver) Gaußscher Weichzeichner

Der (SELEKTIVE) GAUSSSCHE WEICHZEICHNER gehört
zu den wichtigsten Filtern für Bildkorrekturen. Der
Weichzeichner basiert auf der Gaußschen Normalver-
teilung (Glockenkurve), wobei der Kontrast verringert
wird, aber auch „Fehler" gestreut werden, wodurch das
Bild unscharf wird, ohne die Luminanz (Helligkeit) zu
beeinflussen.

Der Weichzeichner wird beispielsweise eingesetzt
* bei Bildern mit zu intensiver Schärfe,
* um den Hintergrund unscharf zu stellen und dadurch den Fokus auf das (zuvor selektierte) Vordergrundobjekt zu verstärken,
* um Hautpartien weicher zu machen oder auch
* um grobkörnige Aufnahmen zu verbessern.

Wie Sie an der Klammersetzung des Titels erkennen,
gibt es einerseits den GAUSSSCHEN WEICHZEICHNER
und andererseits den SELEKTIVEN GAUSSSCHEN WEICH-
ZEICHNER: Letzterer schützt die Kanten (B) eines Bilds,
während der normale GAUSSSCHE WEICHZEICHNER (A)
das gesamte Bild weichzeichnet.

Gaußscher Weichzeichner
Öffnen Sie FILTER > WEICHZEICHNEN > GAUSSSCHER
WEICHZEICHNER. Im Dialog legen Sie die Einstellungen
für das Weichzeichnen fest.

Wählen Sie für die **Vorschau (1)** einen Bereich Ihres
Bilds aus, der Ihnen einen guten Eindruck vom Ergeb-
nis verschafft, beispielweise den Übergang zwischen
See, Hügel und Hintergrund oder die Augen einer
Person. Klicken Sie dazu auf das dicke schwarze Pfeil-
kreuz in der rechten unteren Ecke der Vorschau, halten
Sie die Maustaste gedrückt und fahren Sie an dem klei-
nen Gesamtvorschaubild entlang, bis Sie eine geeignete
Stelle erreichen.

Tipp

Filter nur auf Auswahl
Nicht vergessen: Sie können
jeden Filter natürlich auch
nur auf eine Auswahl an-
wenden und so zum Beispiel
das Objekt im Vordergrund
schärfen oder den Hinter-
grund weichzeichnen.

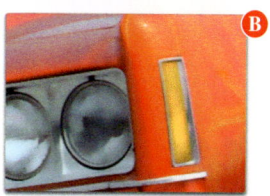

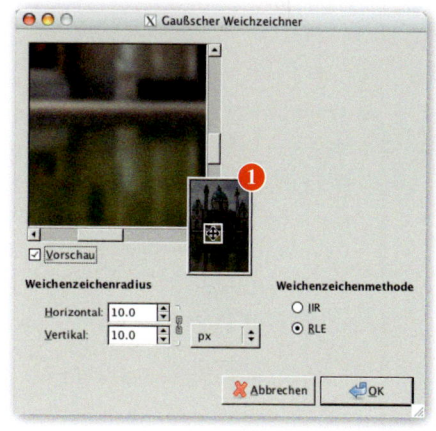

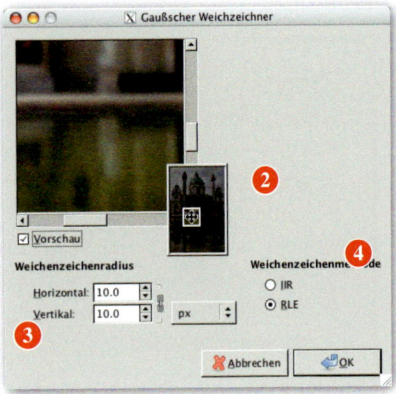

Danach nehmen Sie die Einstellungen vor:

Radius (3): Hier bestimmen Sie, in welchem Radius die Pixel für die Berechnung des Filters einbezogen werden sollen. Je höher Sie den Wert stellen, desto unschärfer wird das Bild.

Methode (4): Es gibt zwei verschiedene Methoden für das Weichzeichnen, beide liefern jedoch dasselbe Ergebnis:
IIR: Ist schneller bei Fotos.
RLE: Ist schneller bei Zeichnungen.

Nach dem OK wird das Bild weichgezeichnet. Hier habe ich das Wasser im Vordergrund der Wiener Karlskirche vor dem Weichzeichnen mit der polygonen Auswahl selektiert und anschließend den Filter angewandt.

Vorher ↓

Nachher ↓

Fotos: © Kreativphotos Kristine Kamm

194

Tipp
Schnelle Wiederholung
Sie können Filter auch mehrmals hintereinander anwenden. Drücken Sie dazu Strg/ctrl + F oder wählen Sie FILTER > FILTER ... WIEDERHOLEN, um den gleichen Filter mit den vorherigen Einstellungen zu wiederholen, oder FILTER ... ERNEUT ANZEIGEN, um erneut den Filterdialog zu öffnen.

Selektiver Gaußscher Weichzeichner
Wie schon in der Einleitung erwähnt, berücksichtigt der selektive Gaußsche Weichzeichner die Kanten und Abgrenzungen in einem Bild und ist daher für Motive geeignet, die detaillierter dargestellt werden.

Öffnen Sie den Filter über FILTER > WEICHZEICHNEN > SELEKTIVER GAUSSSCHER WEICHZEICHNER. Im Dialog wählen Sie für die Vorschau einen Bildteil, an dem Sie gut die Weichzeichnung erkennen können. Nun zu den Einstellungen im Detail (der RADIUS wurde bereits beim GAUSSSCHEN WEICHZEICHNER erklärt):

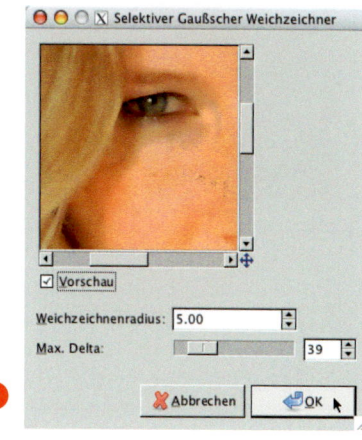

Max. Delta (1): Je höher dieser Wert, desto weniger werden Kanten beim Weichzeichnen berücksichtigt.

Gerne verwendet man den Filter, um Haut zu glätten oder als Weichzeicheneffekt, siehe auch Tutorial, Seite 218.

Vorher ↓

Nachher ↓

Fotos: © Kreativphotos Kristine Kamm

Unscharf Maskieren

Mit dem Filter UNSCHARF MASKIEREN werden Bilder geschärft. Dabei wird der Kontrast entlang der Kanten (farbig unterschiedliche Pixel) erhöht. Kontrasterhöhung bedeutet für unsere Wahrnehmung höhere Schärfe. Ausnahmsweise beginnen wir bei dem Filter von unten:

Was als Kante gilt, legen Sie mit dem Regler **Schwellwert (1)** (folgende Seite) fest. Je kleiner der Schwellwert, desto eher werden benachbarte Pixel als Kante gewertet und geschärft und umso stärker wirkt der Filter. Mit null wird alles scharf gezeichnet.

195

Tipp
Helligkeitskanal
Gezielter setzen Sie die beiden Filter zum Schärfen bzw. Weichzeichnen ein, wenn Sie im Helligkeitskanal arbeiten. Siehe auch Tutorial Seite 214.

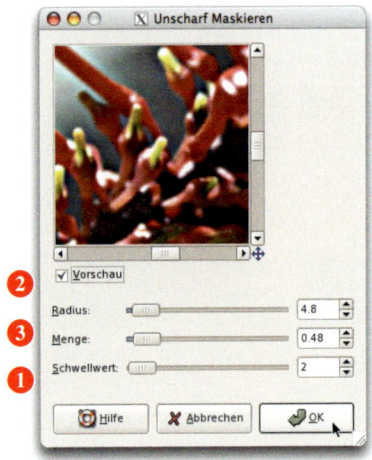

Der **Radius** (2) bestimmt den Umfang der Kontrast-erhöhung entlang der Kanten. Je höher der Wert, desto stärker der Filter, und

mit **Menge** (3) bestimmen Sie schlicht und einfach die Stärke des gesamten Filters.

UNSCHARF MASKIEREN gehört zum Standardwerkzeug in der digitalen Fotografie, denn fast jedes Foto muss mehr oder weniger nachgeschärft werden. Wie schon bei den Weichzeichnern gilt auch hier: Wenden Sie den Filter erst an, wenn Sie die Pixelzahl endgültig festgelegt haben.

Vorher ↓

Nachher ↓

Foto: photografin.at

Der UNSCHARF MASKIEREN-Filter funktioniert wunderbar bei qualitativ hochwertigen Fotos. Liegt ein solches nicht vor oder sind Sie mit dem Ergebnis nicht zufrieden, versuchen Sie den NL-FILTER, den Sie ebenfalls unter FILTER > VERBESSERN finden.

Tipp

... und woher kommt der Name des Filters?

Wie viele andere Programmfunktionen in der digitalen Bildbearbeitung hat auch der UNSCHARF MASKIEREN-Filter seinen Ursprung in der analogen Fotografie: Damals hat man ein unscharfes Negativ über das Original gelegt und anhand der Unterschiede in der Helligkeit die Kanten festgelegt. Entlang der Kanten wurden die Schatten und Lichter verstärkt und dadurch der Kontrast erhöht.

Flecken entfernen

Ein weiterer sehr effizienter Filter bei der Bildkorrektur ist FLECKEN ENTFERNEN. Er ist sehr gut geeignet für Bilder, die so viele kleine Flecken und Fehlerchen haben, dass Sie für eine Korrektur mit dem KLONEN-Werkzeug (siehe Seite 188) zu lange brauchen würden. Häufig haben eingescannte ältere Aufnahmen Flecken.

Sie finden den Filter über FILTER > VERBESSSERN > FLECKEN ENTFERNEN. Im Dialog nehmen Sie folgende Einstellungen vor:

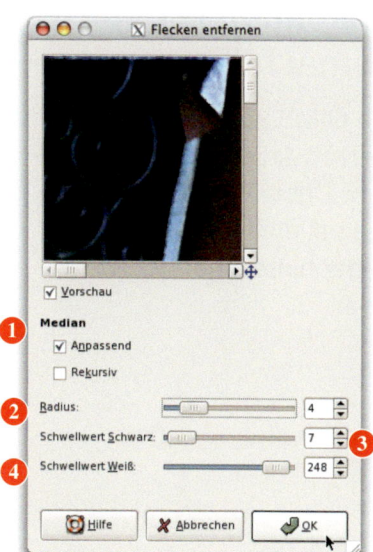

Median (1):
>   **Anpassend:** Dabei wird anhand des Histogramms des Bilds von GIMP ein optimaler Radius für den Filter ermittelt.
>   **Rekursiv:** Der Filter wird öfter aufgerufen, dadurch erhöht sich zwar der Speicherbedarf, doch das Ergebnis ist häufig besser.

Radius (2): Hier stellen Sie ein, wie hoch der Radius der zu vergleichenden Pixel sein soll, je höher der Wert, desto stärker wird der Kontrast. Der Radius-Regler hat keine Auswirkung, wenn MEDIAN ANPASSEND aktiviert ist.

Schwellwert Schwarz/Weiß (3+4): Damit werden die Schwarz- bzw. Weißwerte reduziert.

Hier im Vergleich zum Original das Ergebnis, betrachten Sie die Hauswand im Hintergrund, aber auch die schwarze Hose:

Vorher ↓

Nachher ↓

Foto: Lechner

197

Animation leicht gemacht

Mit GIMP können Sie ganz einfach Animated Gifs erzeugen. Dabei werden ähnlich wie bei einem Daumenkino Bilder hintereinander abgespielt.

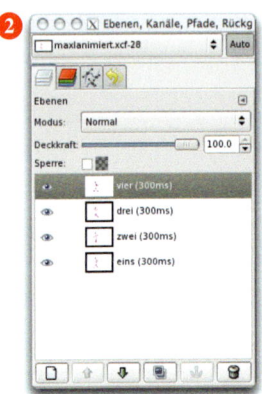

Tipp
Für aufwändigere Animationen verwenden Sie das GIMP Animation Package (GAP). Download: *http://sourceforge.net/project/showfiles.php?group_id=121075/*

Animationen in GIMP

Eine Animation ist eine selbstständig ablaufende Abfolge von Bildern, Texten oder Grafiken. Animationen werden im Dateiformat *.gif abgespeichert („Animated Gif") und sind daher z.B. im Web abspielbar. Da das GIF-Dateiformat nur maximal 256 Farben kennt, ist ein Foto eher ungeeignet für eine Animation.

Wie funktioniert es?

Bereiten Sie eine Datei vor, die die einzelnen Ebenen für die Animation enthält. Das kann beispielsweise eine Grafik sein, deren Deckkraft auf jeder neuen Ebene reduziert ist – und die in der Animation dann langsam ausgeblendet wird. Oder Sie anmieren ein Wort, bei dem auf jeder Ebene ein Buchstabe dazukommt – dadurch entsteht der Eindruck, das Wort würde mit der Schreibmaschine getippt. Oder Sie erzeugen eine Diashow etc. Ich bin mir sicher, Sie haben genügend Ideen! Anregungen finden Sie über FILTER > ANIMATION.

Um das Prinzip zu erklären und nicht vom Wesentlichen abzulenken, habe ich mal ein ganz simples Strichmännchen gezeichnet. Auf je einer Ebene befinden sich Arme bzw. Beine in einer anderen Position **(1)**.

Für die Erstellung der Animation schreiben Sie nun einfach die Zeitangabe, nach der die nächste Ebene eingeblendet werden soll, hinter den Ebenennamen **(2)**. Doppelklicken Sie auf den Ebenennamen und fügen Sie die Zeitangabe hinzu: Diese wird in Klammern geschrieben. Das sieht z.B. dann so aus:

```
Ebene 1 (200ms)
(1 Sekunde = 1000 ms)
```

Optional können Sie noch angeben, ob die Ebene ersetzt (replace) oder mit der darunterliegenden kombiniert (combine) werden soll, z.B.:

```
Ebene 1 (200 ms) (combine)
```

Vorschau auf die Animation

Sie können die Animation zum Glück schon in GIMP direkt testen, ohne die Datei ständig als GIF abspeichern zu müssen. Zum Testen der Animation wählen Sie FILTER > ANIMATION > ANIMATION ABSPIELEN (3). Im Dialog (4) klicken Sie auf die Schaltfläche ABSPIELEN zum Starten der Animation.

Animation optimieren

Unbedingt zu empfehlen! Meist werden ja Animationen im Web veröffentlicht, daher sollte die Dateigröße so klein wie nur möglich sein. Mit dem Befehl FILTER > ANIMATION > OPTIMIEREN (GIF) (5) führt GIMP einen Check durch, löscht überflüssige Hintergrundfarben und reduziert somit die Dateigröße. Für das Ergebnis wird automatisch eine neue Datei angelegt.

Abspeichern als Animated Gif

Wählen Sie DATEI > SPEICHERN UNTER... Markieren Sie unter DATEITYP Gif-Bild (*.gif) (6).

Im Dialog (7) wählen Sie die Option ALS ANIMATION SPEICHERN.

Im nächsten Dialog (8) können Sie noch Folgendes einstellen:

Unendliche Schleife: Wenn aktiv, wird die Animation so lange wiederholt, bis die Datei geschlossen wird (oder die Webseite gewechselt wird).

Pause zwischen Einzelbildern, wo nicht angegeben: Falls Sie bei den Ebenen keine Zeitangaben vorgenommen haben, können Sie dies hier noch nachholen.

Den oben eingegebenen Übergang für alle Einzelbilder verwenden: Art der Überblendung der Ebenen (kombinieren oder ersetzen, egal = keine Auswahl)

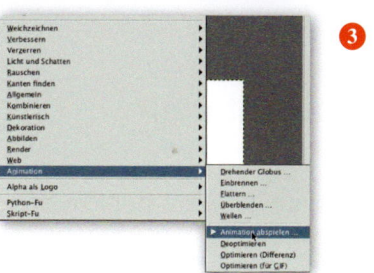

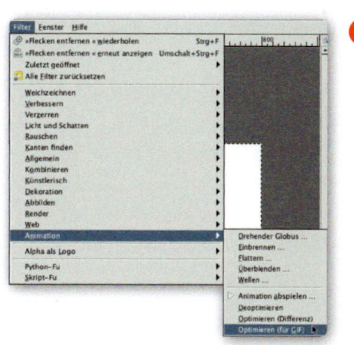

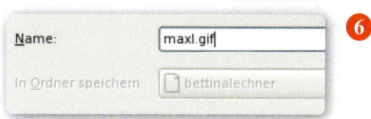

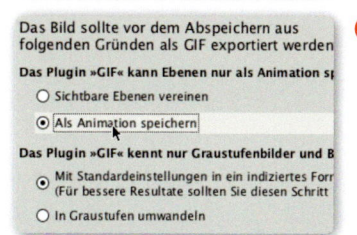

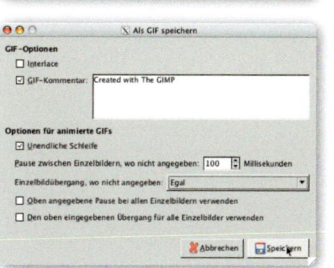

199

Präsentation

Die Vollendung! Sie wollen endlich Ihr Werk herzeigen. Lesen Sie hier, wie Sie Bilder per E-Mail versenden, im Web als Fotoalbum platzieren und was Sie beim Drucken beachten sollten.

Bitte trennen Sie die digitale Verwendung der Bilder strikt von der ausgedruckten Version. Denn beim Versenden per E-Mail und beim Veröffentlichen im Web stehen kleine, handliche Dateigrößen im Vordergrund, die Betrachtung erfolgt über verschiedene Monitore – Sie können daher auch von keiner Farbverbindlichkeit ausgehen. Anders die Handhabung für den Druck. Hier dürfen Sie nicht mit Dateigröße sparen und Farbmanagement ist eine wichtige Voraussetzung für ein qualitativ hochwertiges Bild. Die meisten dazu wichtigen Themen wie Dateigröße, Dateitypen, Farbmanagement etc. finden Sie auf den vorherigen Seiten bereits ausführlich erläutert. Die Seite hier bietet lediglich einen kurzen Überblick über die jeweilige Vorgehensweise.

> **Tipp**
> Übersicht
> Dateiformate:
>   siehe Seite 36 bzw. 40
> Bild-, bzw. Druckgröße:
>   siehe Seite 58
> Bild skalieren:
>   siehe Seite 60
> Bild zuschneiden:
>   siehe Seite 64
> Farben verändern
>   siehe Seite 156
> Farbmanagement:
>   siehe Seite 171 bzw. 174

Bilder per E-Mail versenden

Bereiten Sie das Bild vor: Skalieren Sie es z.B. auf eine Breite von max. 500 Pixel – das genügt meistens für eine Ansicht in E-Mail und speichern Sie die Datei als *.jpg, *.gif oder *.png, die gängigsten Dateiformate.
Sie können ein Bild erstens als Dateianhang oder zweitens als sofort sichtbares Bild in eine E-Mail-Nachricht platzieren. Wie Sie dabei vorgehen, hängt von dem jeweiligen E-Mail-Programm ab; suchen Sie nach Befehlen wie EINFÜGEN > DATEI bzw. BILD (MS Outlook). Beachten Sie bitte, dass beim direkten Einbau des Bilds im E-Mail-Fenster, die E-Mail als HTML-Mail versendet wird und nicht bei allen Empfängern auf die gleiche Art und Weise angezeigt wird. So wird z.B. bei manchen Webmail-Programmen das eingebettete Bild zu einem Dateianhang umgewandelt.

> **Tipp**
> Für Web speichern
> Auf Seite 318 finden Sie die Anleitung zur Installation und Verwendung eines Plug-ins mit dem Sie Ihre Dateien fürs Web bzw. für den E-Mail-Versand aufbereiten.

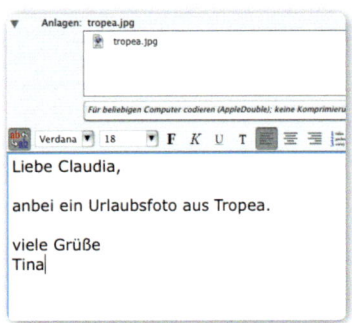

Bild als Dateianhang – für die meisten Empfänger optimal

Bilder im Web als Fotoalbum

Um Ihre Bilder im World Wide Web zu veröffentlichen, gibt es viele Wege: Sie programmieren eine Website, Sie legen einen Blog an (z.B. unter *www.wordpress.com*) oder Sie verwenden eines der zahlreichen, oft kostenlosen Angebote zum Veröffentlichen eines Fotoalbums. Zu den größten Anbietern zählen:

Flickr (*www.flickr.com*): Ein gigantisches Fotoportal, wo Sie auch Bilder herunterladen können, achten Sie dabei auf die jeweiligen Lizenzbedingungen. Zum Hinaufladen Ihrer eigenen Bilder müssen Sie sich registrieren (Yahoo-ID). Danach gibt es mehrere Möglichkeiten für den Upload – am schnellsten geht das mit Flickr-Uploadr, einem Programm (nur Win und Mac), das Sie lokal auf Ihrem Rechner installieren.

Picasa (*www.picasa.com*): Auch hier laden Sie nach erfolgter Registrierung (Google-Konto) ein Programm herunter, mit dem Sie Ihre Bilder ganz praktisch und intuitiv verwalten und hochladen.

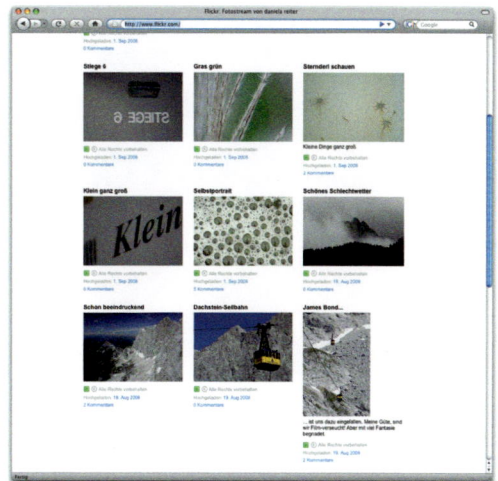

Drucken mit GIMP

Um ein Bild aus GIMP heraus zu drucken, wählen Sie DATEI > DRUCKEN. Über EINSTELLUNGEN gelangen Sie in das Druckfenster Ihres installierten Druckers. Für aufwändigere Druckaufträge gibt es das Gutenprint-Plug-in, das Sie jedoch gesondert installieren müssen.

Fotoabzüge vom Dienstleister

Meist hochwertiger und preislich günstiger als der Home-Office-Druck sind Fotoabzüge vom Dienstleister. Die Dateien werden in Labors jedoch nicht gedruckt, sondern ausbelichtet. Um das richtige Labor zu finden, recherchieren Sie im Web – suchen Sie über eine Suchmaschine nach den Stichwörtern **fotofachlabor**, **fotodiscounter**, **digitalfotos online**. Lesen Sie Testberichte und fragen Sie auch andere Leute nach ihren Erfahrungen.

Hinweis
Automatisch mehrere Bilder auf eine Seite drucken
Dafür gibt es auch eigene Programme, z.B. GNOME Foto Printer, *http://www. fogman.de/?page_id=7.*

Tipp
Druckgröße
Prüfen Sie die Größe des Ausdrucks über BILD > DRUCKGRÖSSE.

201

Praxis

Während Sie im ersten Teil dieses Buchs die Beschreibung der meisten Menübefehle und Werkzeuge erklärt finden, enthält der nun folgende zweite Teil praxisorientierte Beispiele. Zahlreiche Schritt-für-Schritt-Tutorials zeigen Ihnen den Weg von der einfachen Standardbildkorrektur über Fotoretusche, Freistellentechniken bis hin zu effektvollen Webdesign-Vorlagen. Der Praxisteil gliedert sich in drei Kategorien: Bildbearbeitung, Fotografen-Extra und Webdesign.

Jedes Tutorial ist eine in sich abgeschlossene Einheit, die Sie auch als GIMP-Anfänger problemlos nacharbeiten können. Ich lade Sie ein, zu experimentieren und einzelne Teile der Tutorials mit anderen zu mixen. Viel Spaß!

flickr.com: perledivetro

Inhaltsverzeichnis

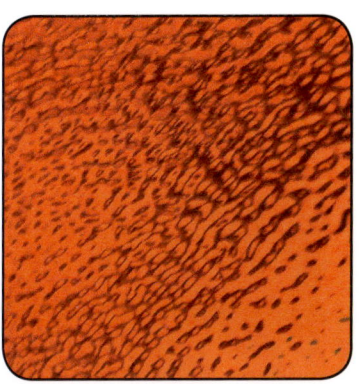

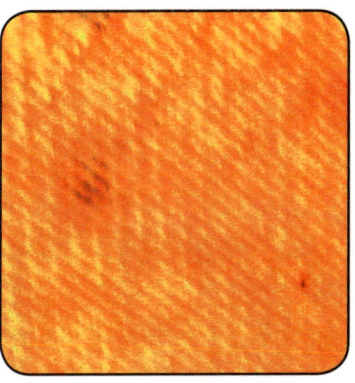

GIMP 💣✳☠!?☹

Bevor oder weil Sie GIMP ärgert, sollten Sie dieses FAQ-Kapitel lesen – ich bin mir sicher, dass dadurch so mancher Ärger vermieden wird oder bereits aufkeimende Wutanfälle abebben. Es sind klassische Anwenderprobleme, die immer wieder auftreten.

GIMP reagiert auf keinen Befehl

F: Es ist zum Verzweifeln – GIMP reagiert auf nix!

A: Ein Grund, warum GIMP scheinbar auf keinen Befehl reagiert, kann sein, dass irgendwo noch eine Auswahl aktiv ist. Diese kann natürlich so klein sein, dass Sie sie gar nicht sehen und daher nicht beachtet haben. Wählen Sie AUSWAHL > NICHTS AUSWÄHLEN oder drücken Sie ⇧ + Strg / ctrl + A.

(Natürlich will ich nicht ausschließen, dass GIMP ganz, ganz selten auch wirklich abstürzen kann –

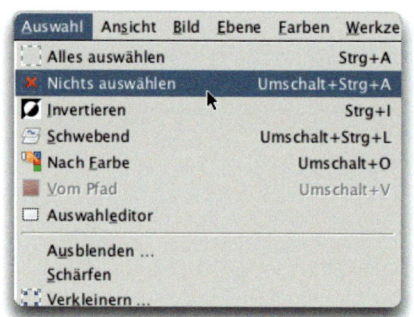

beenden Sie es in so einem Fall mit dem jeweiligen Abwürgen-Befehl Ihres Betriebssystems (Windows: Strg + Alt + Entf > TASKMANAGER – TASK BEENDEN. Mac: Alt + ⌘ + Esc > SOFORT BEENDEN), Linux: Kommandozeile killall gimp bzw. xkill und klicken Sie dann auf GIMP.

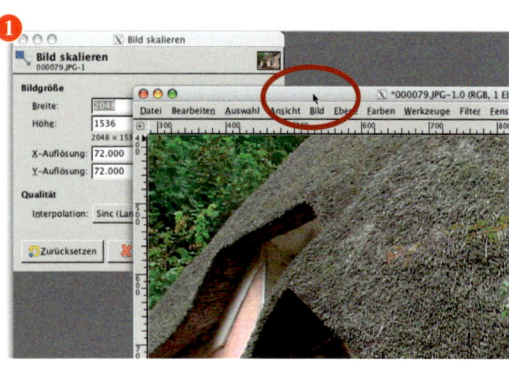

Dialog verschwunden

F: Ich finde den Dialog DRUCKGRÖSSE/BILDGRÖSSE etc. nicht mehr und kann den Arbeitsschritt nicht abschließen.

A: In den meisten Fällen ist der Dialog hinter das Bildfenster gerückt – dies passiert, wenn Sie einmal auf das Bildfenster klicken. Viele Dialoge rücken wieder in den Vordergrund, sobald Sie den Befehl erneut aufrufen (z.B. SPEICHERN UNTER …, alle FILTER) oder sich mit der ⇄-Taste durchdrücken. Wenn dies nichts nützt, verschieben Sie das Bildfenster: Klicken Sie dazu auf die Titelleiste des Bildfensters, halten Sie die Maustaste gedrückt und ziehen Sie es auf die Seite **(1)**. Ziehen Sie dann den nun (hoffentlich) sichtbaren Dialog auf die andere Seite und ordnen Sie die Fenster so an, dass Sie sie beide gleichzeitig sehen **(2)**.

Neue Ebene angelegt?

F: Ich habe mit dem Pinsel ein paar Striche auf ein Foto gemalt und bekomme sie nicht mehr weg.

A: Dann haben Sie direkt auf das Foto gemalt und nicht – wie es selbstverständlich sein sollte – eine neue Ebene angelegt. Es ist unumgänglich, für fast jeden Arbeitsschritt, der die Bildansicht direkt verändert, eine neue Ebene anzulegen und auf dieser zu malen. Nur für Text legt GIMP automatisch eine neue Ebene an. Lösung: Wenn Sie die Datei noch nicht geschlossen hatten, machen Sie Ihre Aktion rückgängig: BEARBEITEN > RÜCKGÄNGIG bzw. ⌷Strg⌷ / ⌷ctrl⌷ + ⌷Z⌷ bzw. JOURNAL > EINEN SCHRITT ZURÜCK.

Verschieben der Textebene?

F: GIMP bewegt beim Verschieben immer ein anderes als das von mir angeklickte Element!

A: Meist passiert es beim Verschieben von Textebenen: Sie aktivieren das VERSCHIEBEN-Werkzeug, klicken vermeintlich auf den Text, halten die Maustaste gedrückt und verschieben .... den Hintergrund! Das passiert deshalb, weil der Textzwischenraum – also der Bereich zwischen den Buchstaben – transparent ist. GIMP greift – wenn Sie nicht exakt einen Buchstaben erwischt haben – „durch" und verschiebt die darunterliegende Ebene. Die Lösung: Aktivieren Sie in den Werkzeugeinstellungen des VERSCHIEBEN-Werkzeugs (⌷M⌷) die Option AKTIVE EBENE VERSCHIEBEN **(3)** und achten Sie vor dem Verschieben immer darauf, im Ebenendialog die Textebene selektiert zu haben **(4)**.

Ebene ist kleiner als Bild

F: Beim Klonen oder beim Malen ist plötzlich Schluss und ich kann über einen bestimmen Bereich nicht hinausarbeiten.

A: Ursache dafür kann eine zu kleine Ebenengröße sein. Diese muss sich nicht unbedingt mit dem sichtbaren Bildbereich decken. Sie erkennen die Größe der Ebene am gelb-schwarz gestrichelten Rahmen – falls Sie diesen nicht über ANSICHT > EBENENRAHMEN ausgeblendet haben. Erweitern Sie die Begrenzungen mit EBENE > EBENE AUF BILDGRÖSSE.

... und was Sie sich stets fragen sollten:
Ist die richtige Ebene selektiert?

Bildtuning – GIMP up my Pix!

Fast jedes Bild, das mit einer digitalen Kamera aufgenommen wurde, benötigt drei Schritte zur Verbesserung der Bildqualität. Sie gehören zu den Standardhandgriffen jedes Fotografen.

>> vorher

Foto: Michael Palliardi *

Schritt [1] Tonwertumfang ausdehnen

Schritt [2] Kontraste in Schatten und Lichtern anheben

Schritt [3] Schärfen mit Unscharf Maskieren

Tools & Techniken
» Werte
» Kurven
» Unscharf Maskieren

Tipp
Unscharf Maskieren verstehen
Zum Filter Unscharf Maskieren finden Sie auf Seite 196 eine ausführliche Erklärung.

nachher >>

[1] Tonwertumfang ausdehnen

Öffnen Sie über FARBEN > WERTE den Tonwertedialog. Erweitern Sie den Tonwertumfang, indem Sie die Pfeilchen links bzw. rechts außen auf die Höhe der Werte ziehen. Bei der Abbildung links sind es die Schatten und die Höhen, die ich verstärke. Verlassen Sie den Dialog mit OK.

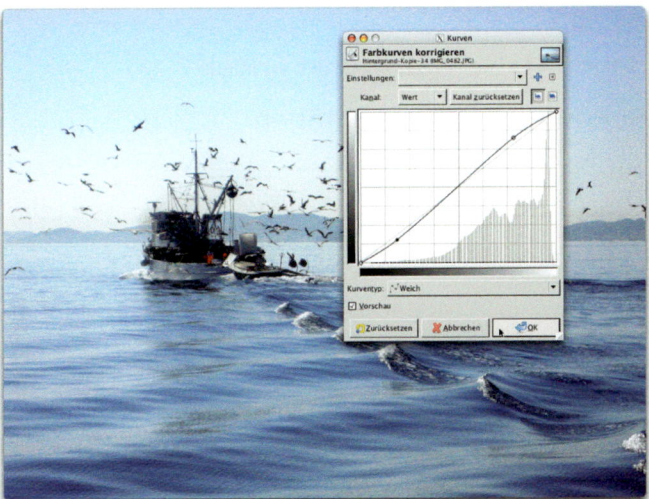

[2] Kontraste in Schatten und Lichtern anheben

Im nächsten Schritt erhöhe ich die Kontraste des Bilds über FARBEN > KURVEN. Verändern Sie die Kurve zu seiner sanften S-Form wie in der Abbildung. Bestätigen Sie mit OK.

> **Tipp**
> Ist das Bild zu hell oder zu dunkel, öffnen Sie erneut KURVE und ziehen Sie sie ein wenig hinunter bzw. hinauf.

207

[3] Schärfen

Nun erhöhen Sie die Schärfe. Öffnen Sie FILTER > VERBESSERN > UNSCHARF MASKIEREN. Zoomen Sie an eine aussagekräftige Stelle des Fotos. Die Eingabewerte hängen von Ihrem Foto ab, hier genügte ein RADIUS von 8,7 bei einer MENGE von 0,48 und SCHWELLWERT 6. Achten Sie beim Schärfen darauf, dass es zu keinen „Halos" kommt (helle Stellen um Objekte).

Kontrast erhöhen

Die Farben Ihrer Aufnahme wirken stumpf? Dann hilft dieses Tutorial, um dem Bild mehr Farbe zu geben. Die Herausforderung dabei ist, festzustellen, wo in dem Bild die dunkelste Stelle ist. Dazu verwenden wir das Tool SCHWELLWERT.

>> vorher

Foto: photografin.at *

Schritt [1] Schwarzpunkt finden

Schritt [2] Kontrast erhöhen

Tools & Techniken
» Schwellwert
» Werte

nachher >>

[1] Schwarzpunkt finden

1. Ebene duplizieren
Zunächst duplizieren Sie die Hintergrundebene. Klicken Sie dazu im Ebenenfenster auf das Icon mit den zwei Seiten. Sie arbeiten auf der oberen Ebene weiter (einmal anklicken).

2. Schwellwert
Klicken Sie ins Menü FARBEN > SCHWELLWERT. Das Bild wird sofort Schwarz/Weiß umgewandelt. Um den dunkelsten Punkt des Bilds zu finden, ziehen Sie den linken schwarzen Pfeil ganz nach links hinaus. Das Bild wird weiß. Ziehen Sie jetzt den schwarzen Pfeil langsam wieder nach rechts hinein – so lange, bis Sie die ersten schwarzen Flecken sehen. Das sind die Schwarzpunkte. Bestätigen Sie mit OK.

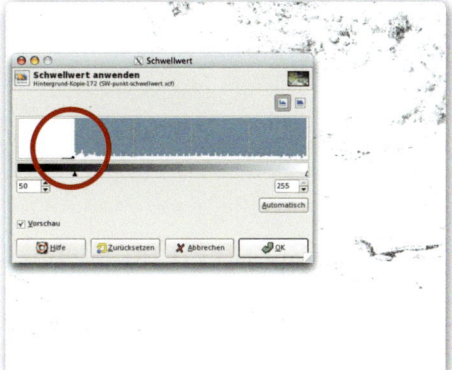

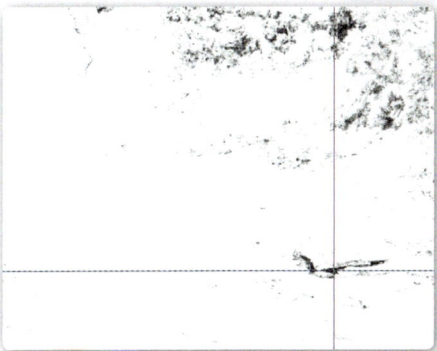

3. Markieren mit Hilfslinien
Ziehen Sie mit gedrückter Maustaste aus dem Lineal eine horizontale und eine vertikale Hilfslinie genau zu einem der schwarzen Bereiche, um den Schwarzpunkt damit zu markieren. Blenden Sie diese Ebene durch Klick auf das Augensymbol 👁 aus und wechseln Sie auf die Hintergrundebene.

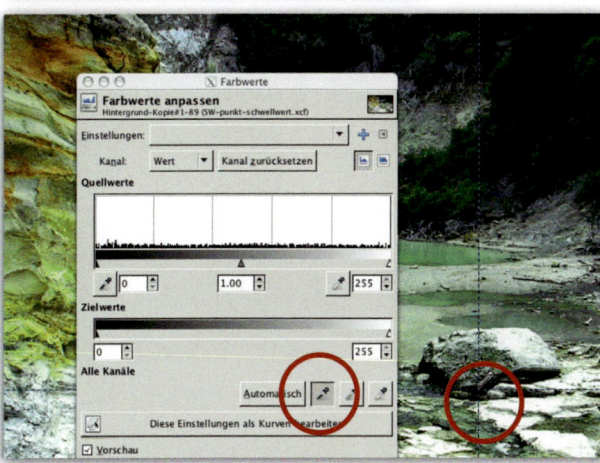

[2] Kontrast erhöhen

Wechseln Sie zu FARBEN > WERTE. Aktivieren Sie die Pipette für den Schwarzpunkt 🖉 und klicken Sie damit auf die zuvor markierte Stelle. Das Bild wird sofort kräftiger. Bestätigen Sie mit OK.

Ziehen Sie die Hilfslinien mit dem VERSCHIEBEN-Werkzeug ✚ aus dem Bild hinaus.

Aufhellen

Die Zeiten, wo man zu dunkel geratene Fotos wegwarf, gehören der Vergangenheit an! Ich zeige Ihnen hier, wie Sie solche Aufnahmen verbessern.

>> vorher

Foto: Lechner *

Schritt [1] Auswahl

Schritt [2] Aufhellen

> **Tools & Techniken**
> » Lasso
> » Normalisieren
> » Kurven

nachher >>

[1] Auswahl

Verwenden Sie für die Auswahl des unter-
belichteten Bereichs das Lasso. Aktivieren
Sie in den Werkzeugeigenschaften die
KANTENGLÄTTUNG und geben Sie bei der
Option KANTEN AUSBLENDEN einen Wert
von ca. 35 ein (unterschiedlich je nach
Pixelzahl Ihres Bilds). Dadurch wird der
Übergang zum unbearbeiteten Bereich
weniger hart. Rahmen Sie mit gedrückter
Maustaste das Gesicht ein – die Auswahl
muss nicht superperfekt sein.

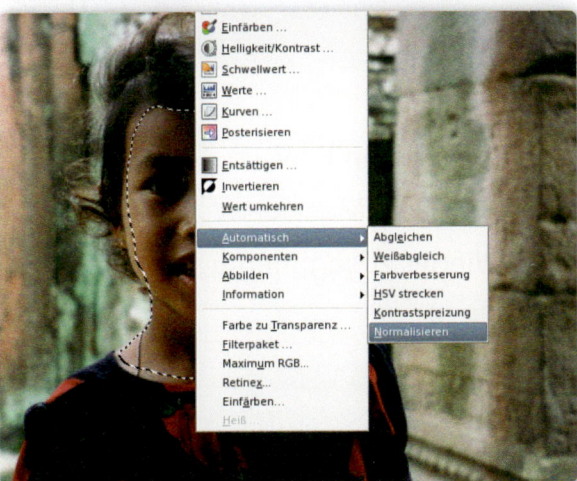

[2] Aufhellen

1. Normalisieren

Wählen Sie FARBEN > AUTOMATISCH >
NORMALISIEREN. Damit verteilen Sie
die Farbwerte so, dass der dunkelste
Punkt auf Schwarz und der hellste
Bildpunkt auf Weiß hingeschoben
wird – der Bereich erhält dadurch
mehr Kontrast.

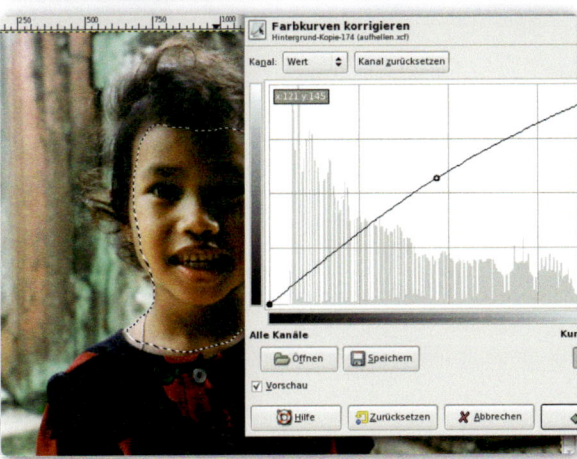

2. Kurven

Wählen Sie FARBEN > KURVEN. Klicken Sie
die Kurve in der Mitte an und ziehen Sie
sie leicht hinauf. Bei aktivierter Vorschau
sehen Sie sofort, wie der ausgewählte
Bereich heller wird. Bestätigen Sie mit
OK und heben Sie die Auswahl auf über
AUSWAHL > NICHTS AUSWÄHLEN oder
drücken Sie dazu die Tastenkombination
⇧+Strg / ctrl+A. Falls das Bild noch
Helligkeit vertragen kann, öffnen Sie erneut die Kurve und steilen Sie sie für das
gesamte Bild etwas auf. Ist es rotstichig,
stellen Sie den KANAL auf Rot und reduzieren Sie den Farbstich, indem Sie die
Kurve in der Mitte nach unten ziehen.

211

Noch mehr Schärfe!

Die Profis schärfen nur im Helligkeitskanal und vermeiden so die gefürchteten Halos (Lichtkränze), die beim Überschärfen entstehen. Sehen wir uns in diesem Tutorial an, wie wir das Federkleid dieses prächtigen Vogels deutlicher herausarbeiten.

>> vorher

Foto: Helmer *

Tools & Techniken

» Farben zerlegen und wieder zusammensetzen
» Unscharf Maskieren

Tipp

Mit dieser Technik reduzieren Sie auch Bildrauschen – indem Sie statt Unscharf Maskieren weichzeichnen, siehe auch Seite 214.

Schritt [1] Zerlegen in HSV

Schritt [2] Unscharf Maskieren

Schritt [3] Wieder zusammenfügen

nachher >>

[1] Zerlegen in HSV

1. Ebene duplizieren

Zunächst duplizieren Sie die Hintergrundebene. Klicken Sie dazu im Ebenenfenster auf das Icon mit den zwei Seiten. Sie arbeiten auf der oberen Ebene weiter (einmal anklicken).

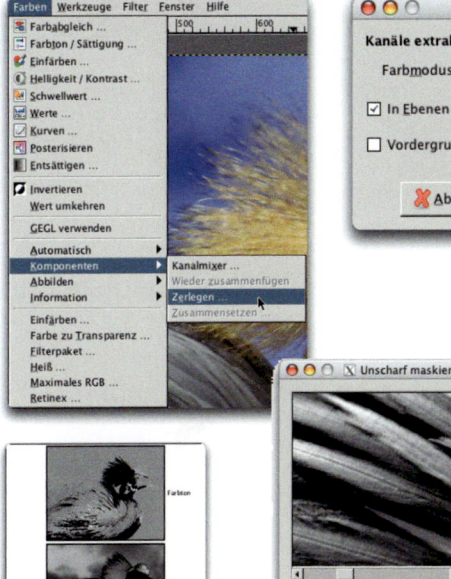

2. Zerlegen

Eine Umwandlung in ein anderes Farbmodell erfolgt in GIMP über FARBEN > KOMPONENTEN > ZERLEGEN. Wählen Sie hier HSV und lassen Sie IN EBENEN ZERLEGEN aktiviert.

[2] Unscharf Maskieren

In der neuen Graustufen-Datei blenden Sie im Ebenendialog die Ebenen *Farbton* und *Sättigung* aus und markieren Sie die Ebene *Wert* (= Helligkeitskanal). Öffnen Sie FILTER > VERBESSERN > UNSCHARF MASKIEREN. Stellen Sie hier eine – sogar etwas zu starke Schärfung ein. Die Werte hängen von Ihrem Bild ab, ich verwendete hier RADIUS: 20.3, MENGE 1.57 und SCHWELLWERT 0. Bestätigen Sie mit OK.

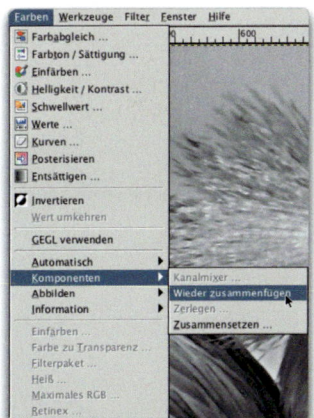

[3] Wieder zusammenfügen

Übertragen Sie die Schärfung auf das farbige Original über FARBEN > KOMPONENTEN > WIEDER ZUSAMMENFÜGEN. Falls Sie mit dem Ergebnis nicht zufrieden sind, brauchen Sie nur in die HSV-Graustufendatei zurückzuwechseln, dort rückgängig zu machen (Strg/ctrl+Z) und mittels ⇧+Strg/ctrl+F den Filter erneut zu öffnen und zu korrigieren. Wiederholen Sie dann den Schritt zum wiederzusammenfügen.

Moiré-Effekt bzw. Bildrauschen reduzieren

Wie der Moiré-Effekt entsteht und wie Sie ihn vermeiden, finden Sie im Teil *Einstieg in die GIMPologie*, auf Seite 50. Leider lässt sich der Fehler nicht gänzlich beseitigen, sondern nur reduzieren, indem die Pixel durch Weichzeichner „verwischt" werden. Ich stelle Ihnen hier einige Möglichkeiten zur Verbesserung Ihres Bilds vor. All diese Techniken lassen sich auch bei Bildrauschen einsetzen.

Tools & Techniken
» Selektiver Gaußscher Weichzeichner
» NL-Filter, Flecken-entfernen-Filter

>> vorher

Schritt [1] Selektiver Gaußscher Weichzeichner

Schritt [2] Bild skalieren

Schritt [3] Arbeiten im Helligkeitskanal

Schritt [4] NL-Filter

Schritt [5] Flecken entfernen

nachher >>

[1] Selektiver Gaußscher Weichzeichner

Wir beginnen mal mit einem leichten Weichzeichnen: Öffnen Sie FILTER > WEICHZEICHNEN > SELEKTIVER GAUSSSCHER WEICHZEICHNER. Wählen Sie einen RADIUS von 2 und ein MAX. DELTA von 11. Bestätigen Sie mit OK. Falls der Moiré-Effekt bzw. das Bildrauschen nicht allzu stark ist, überspringen Sie diesen Schritt.

Hinweis
Scannen Sie mit 600 ppi, denn dann können Sie das Bild verkleinern und erhöhen dadurch die Schärfe.

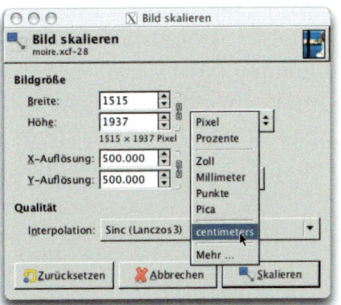

[2] Bild skalieren

Wenn Sie das Bild mit mehr als 300 ppi gescannt haben, verfügen Sie über genug Pixelmaterial, um das Bild zu verkleinern und dadurch die Schärfe zu erhöhen.

Wählen Sie BILD > BILD SKALIEREN. Wechseln Sie die Maßeinheit oben auf ZENTIMETER – diese finden Sie in dem Pull-down-Menü > MEHR.... Merken Sie sich kurz die Maße.

Überschreiben Sie darunter die Auflösung mit 300 ppi. GIMP verändert automatisch die Breite und Höhe auf den doppelten Zentimeterwert. Überschreiben Sie diese Werte mit der ursprünglichen Originalgröße oder verringern Sie gegebenenfalls noch weiter die Größe, wenn Sie das Bild nicht so groß benötigen. Zum Feststellen der Druckgröße wählen Sie Zentimeter statt Pixel.

[3] Arbeiten im Helligkeitskanal

Sind die Fehler in Ihrem Bild besonders schlimm, wenden Sie die nun folgenden Korrekturmöglichkeiten im Helligkeitskanal an. Dort können Sie mit den Filter-Einstellungen auch etwas übertreiben. Zerlegen Sie das Bild über FARBEN > KOMPONENTEN > ZERLEGEN. Wählen Sie HSV und aktivieren Sie IN EBENEN ZERLEGEN. Arbeiten Sie danach nur auf der *Wert*-Ebene, die anderen blenden Sie aus (siehe auch Seite 213).

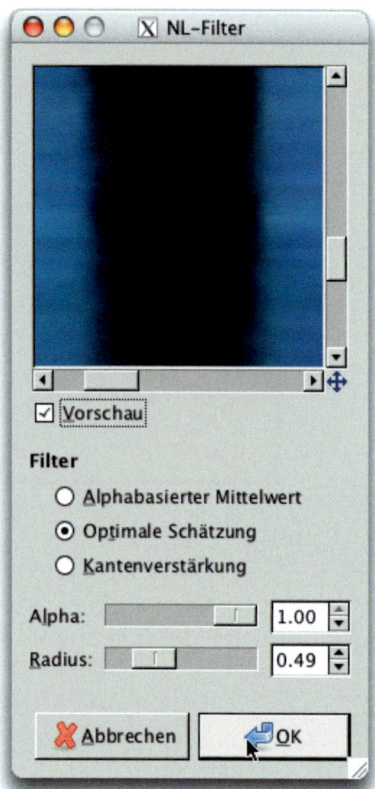

[4] NL-Filter (Nicht-Linear-Filter)

Öffnen Sie FILTER > VERBESSERN > NL-FILTER. Der NL-FILTER ist ein richtiges Allround-Talent: Sie können mit diesem Filter sowohl weichzeichnen als auch schärfen. Wir verwenden ihn im Bereich OPTIMALE SCHÄTZUNG, was so viel heißt, wie, wir verlassen uns auf dich, NL-Filter!

In diesem Beispiel hier zeichnen wir weich und zwar unter Beibehaltung der größtmöglichen Schärfe. Wählen Sie einen hohen ALPHA-WERT (z.B. 1.00) und einen eher niedrigeren RADIUS (z.B. 0.49).

Ausgegraut??

Ist der Filterbefehl ausgegraut, haben Sie bei der zu bearbeitenden Ebene einen Alphakanal dabei. Der Filter funktioniert jedoch nur ohne Alphakanal und Sie müssen der Ebene den Alphakanal entziehen: Klicken Sie dazu im Ebenendialog mit der rechten Maustaste und wählen ALPHAKANAL ENTFERNEN. Das betrifft vor allem die jenigen unter Ihnen, die im Helligkeitskanal (siehe Schritt 3, Seite 215) arbeiten.

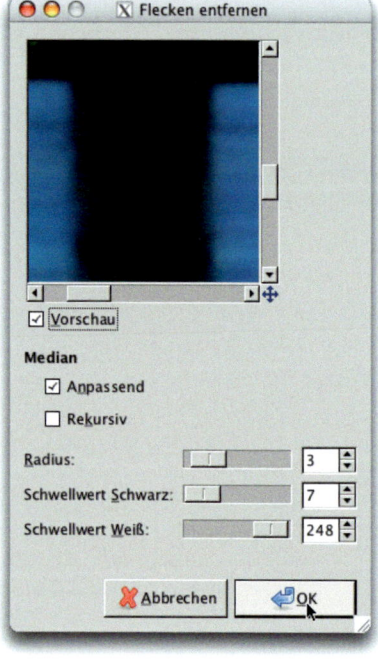

[5] Flecken-entfernen-Filter

Öffnen Sie FILTER > VERBESSERN > FLECKEN ENTFERNEN. Die genaue Funktion des Filters finden Sie detailliert auf Seite 197 erklärt.

Versuchen Sie hier zuerst mittels ANPASSEND eine automatische Korrektur, das heißt, die unterhalb befindlichen Regler haben keine Funktion. Bestätigen Sie mit OK. Ist die Korrektur zu schwach, machen Sie mittels ⌈Strg⌋/⌈ctrl⌋+⌈Z⌋ rückgängig und verwenden Sie die Option REKURSIV. Damit verstärken Sie den Filter. Versuchen Sie z.B. RADIUS 5, SCHWELLWERT SCHWARZ: 7 und WEISS: 240. Experimentieren Sie mit den Werten.

[6] Weichzeichnen-Werkzeug

Sind die Problemzonen eher nur lokal begrenzt – so sieht man z.B. bei diesem Scan die Moiré-Flecken ganz besonders in den ehemals „glatten" Bereichen wie am Boden oder auch stark im Baumstamm –, dann ist es besser, nicht alles weichzu-zeichnen, sondern lokal mit dem WEICH-ZEICHNER-Werkzeug zu korrigieren.

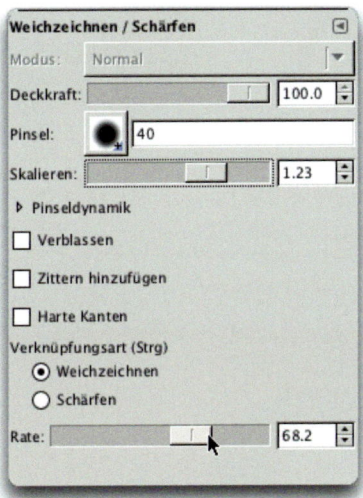

Klicken Sie im Werkzeugkasten auf das WEICHZEICHNEN/SCHÄRFEN-Werkzeug . Ändern Sie unterhalb in den Werkzeugeinstellungen die Option auf WEICH-ZEICHNEN, stellen Sie eine RATE von etwa 60–70 ein und wählen Sie einen entsprechend großen Pinsel mit weicher Kante. Klicken Sie ein paar Mal auf die proble-matischen Stellen, justieren Sie gegebe-nenfalls in den Werkzeugeinstellungen die Rate nach (je höher, desto stärker).

[7] Zusammenfügen

Haben Sie im HSV-Farbraum gearbeitet, fügen Sie die Ebenen wieder zusammen: FAR-BEN > KOMPONENTEN > WIEDER ZUSAMMENFÜ-GEN. Damit setzt GIMP das Bild wieder in der ursprünglichen Datei zusammen (beachten Sie im Verlauf der ersten Datei den Eintrag, falls Sie sich nicht sicher sind).

Hinweis

Bildrauschen sind störende, meist farbige Pixel, die über das Bild verteilt sind. In der analogen Fotografie nannte man es Körnung. Es gibt verschiedene Formen von Rauschen (Chroma-Rauschen bzw. Luminanz-Rauschen). Die Ursachen sind schlechte Lichtverhältnisse bzw. zu hohe ISO-Werte (ab 400). Um das Rauschen schon bei der Aufnahme zu verhin-dern, versuchen Sie eine größtmögliche Blende (kleine Blendenzahl), ist bei der Programmautomatik die Belichtungszeit dann kürzer als 1/60, drücken Sie ab. Bei längerer Belichtungszeit verwenden Sie lieber ein Stativ.

Haut verschönern

Viele Aufnahmen benötigen nur winzige Verbesserungen, um sie perfekt zu machen. In diesem Tutorial zeige ich Ihnen, wie Sie unschöne Flecken im Gesicht und am Dekolleté entfernen und die Haut softer erscheinen lassen. Die Technik eignet sich auch prächtig für die pubertierende Haut.

>> vorher

Foto: photografin.at

Tools & Techniken
» Klonen
» Auswahl
» Ebene aus Auswahl
» Selektiver Gaußscher Weichzeichner
» Ebeneneigenschaft

Schritt [1] Flecken entfernen

Schritt [2] Haut soften

nachher >>

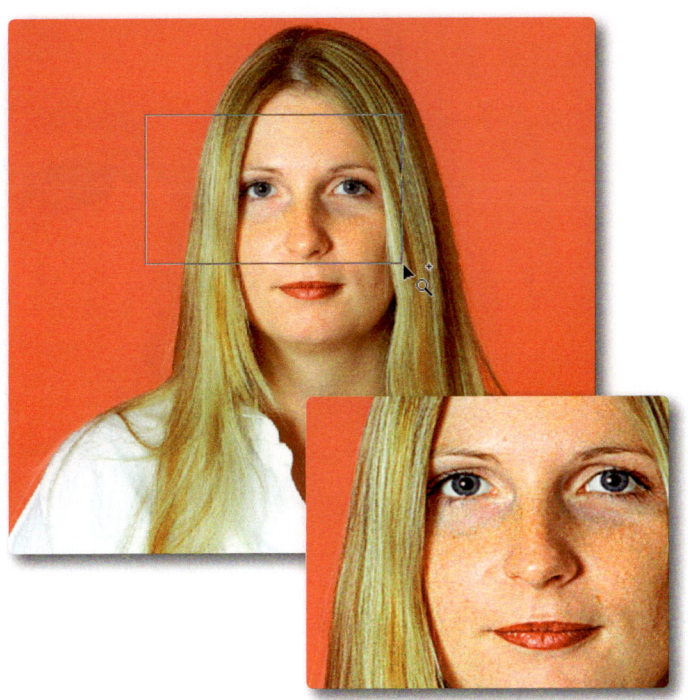

[1] Flecken entfernen

1. Zoomen
Um die Flecken genauer zu bearbeiten, vergrößern Sie den Ausschnitt, indem Sie mit der Lupe einen Rahmen aufziehen und anschließend mit ⊞ oder ⊟ den Ausschnitt nach Bedarf noch exakter hinein- oder herauszoomen.

Jetzt erkennen Sie genauer die kleinen Unschönheiten der Haut. Es geht uns dabei nicht darum, die gesamten Sommersprossen zu retuschieren, sondern nur die intensiveren Fleckchen zu entfernen.

2. Heilen-Einstellungen
Verwenden Sie zum Entfernen der Flecken das HEILEN-Werkzeug. Dazu kopieren Sie ein Stück schöne Haut und fügen es über die Hautflecken ein. Aktivieren Sie dazu das HEILEN-Werkzeug durch Klick im Werkzeugkasten oder mit der Taste H. Nehmen Sie folgende Einstellungen vor:
Die DECKKRAFT reduzieren Sie auf einen Wert zwischen 50% und 60%. Die PINSELGRÖSSE wählen Sie abhängig von der Größe und Auflösung Ihres Bilds (hier: 15) – der Pinsel soll im Durchmesser die Fleckchen einkreisen. Wählen Sie einen Pinsel mit weicher Kante, bei Modus stellen Sie NUR AUFHELLEN ein. Die Ausrichtung stellen Sie auf AUSGERICHTET.

219

3. Heilen-Werkzeug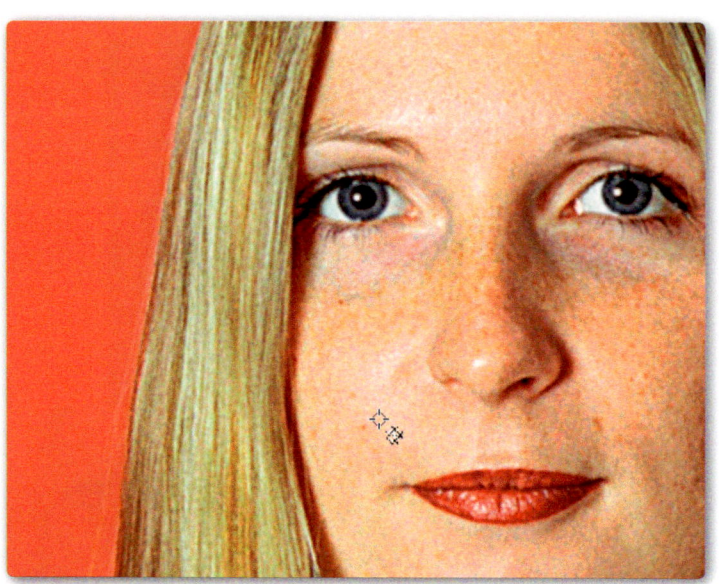

Zum Aufnehmen eines schönen
Hautbereichs klicken Sie mit
gedrückter ⌜Strg⌝/⌜ctrl⌝-Taste
möglichst knapp neben einem
Fleck und klicken Sie dann auf
den Fleck. Eventuell müssen Sie
zwei- bis dreimal darauf klicken
und immer wieder neue Haut-
information von der Umgebung
aufnehmen, bis es passt.

Wiederholen Sie den Heilen-
Vorgang, bis die deutlichsten
Fleckchen im Gesicht und auch
am Dekolleté entfernt sind.

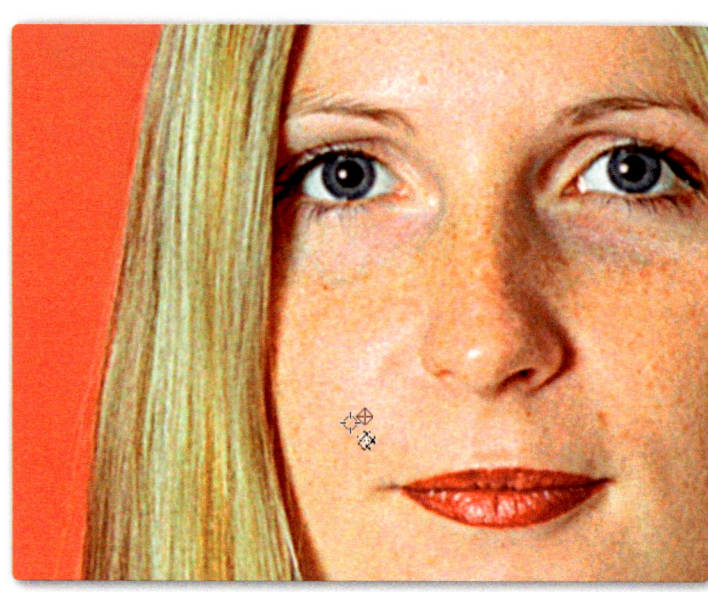

[2] Haut soften

1. Ebene duplizieren

Als Erstes duplizieren Sie die Hintergrundebene. Das hat den Vorteil, dass Sie stets das Original behalten und des ein- und ausblenden können und somit immer ein Referenzbild griffbereit (klickbereit) haben. Gerade bei heiklen Angelegenheiten sollten Sie nur auf einer Kopie arbeiten. Klicken Sie dazu im Ebenendialog auf das Icon mit den zwei Seiten, damit haben Sie die aktive Ebene dupliziert. Sie arbeiten an der oberen Ebene weiter (einmal anklicken bitte).

2. Gesicht auswählen

Erstellen Sie eine Auswahl des Gesichts. Klicken Sie dazu im Werkzeugkasten auf das Werkzeug FREIE AUSWAHL oder drücken Sie F. In den Werkzeugeinstellungen aktivieren Sie die Option KANTEN AUSBLENDEN mit einem Wert von ca. 10 (abhängig von der Bildgröße). Wählen Sie nun alle sichtbaren Hautbereiche aus. Sie müssen dabei nicht besonders exakt vorgehen. Versuchen Sie, entlang der Gesichtskante zu bleiben, und vergessen Sie den Hals nicht. Wenn Sie zu früh abgesetzt haben, brauchen Sie in den Werkzeugoptionen nur ZUR AUSWAHL HINZUFÜGEN zu aktivieren bzw. die ⇧-Taste gedrückt zu halten – dadurch fügen Sie die neue Auswahl der vorherigen hinzu.

221

3. Auswahl auf neue Ebene

Die Auswahl (das Gesicht) kopieren Sie jetzt auf eine neue Ebene. Drücken Sie dazu Strg / ctrl + C, dann zum Einfügen Strg / ctrl + V. Die SCHWEBENDE AUSWAHL verankern Sie durch Klick auf NEUE EBENE im Ebenendialog.

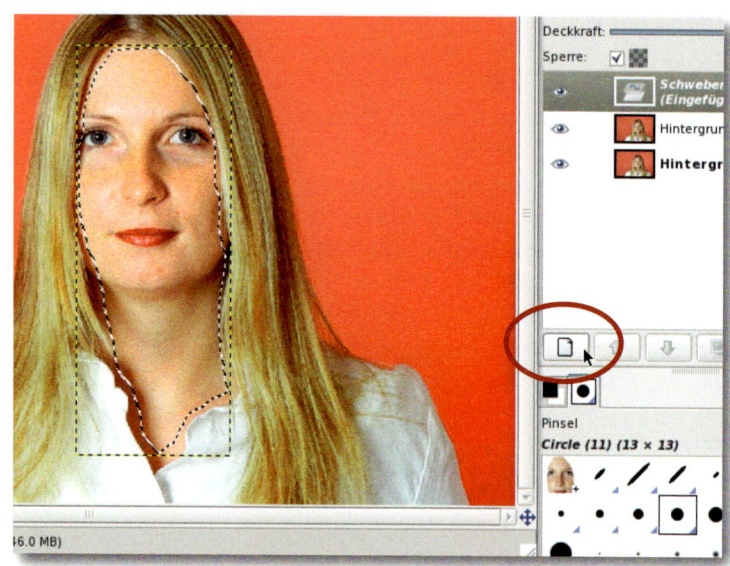

4. Selektiver Gaußscher Weichzeichner

Stellen Sie sicher, dass Sie im Ebenendialog die Ebene mit dem Gesichtsausschnitt markiert haben, und wählen Sie FILTER > WEICHZEICHNEN > SELEKTIVER GAUSSSCHER WEICHZEICHNER. Der Filter erkennt bis zu einem gewissen Grad Kanten in dem weichzuzeichnenden Bereich.

Im Dialog scrollen Sie zu einem repräsentativen Ausschnitt des Gesichts und beobachten Sie das Ergebnis, während Sie die Werte RADIUS und MAX. DELTA verändern. Ich habe RADIUS 13 und MAX. DELTA 35 eingestellt. Das Gesicht wirkt damit sehr plastisch – aber das ist genau das, was wir brauchen.

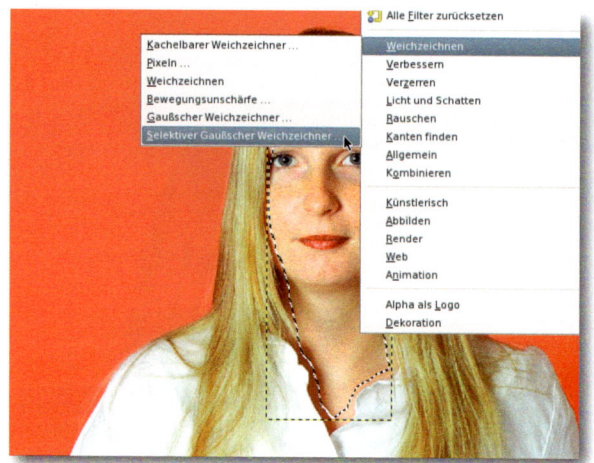

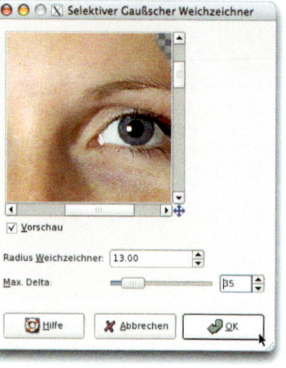

Achtung!
Je nach Bildgröße und Rechenleistung Ihres Computers kann die Berechnung des Filters schon etwas dauern … Zeit für eine kurze Pause :-)! Kontrollieren Sie den Verlauf und die Dauer der Berechnungen in der Statusleiste.

5. Deckkraft und Ebeneneigenschaft

Stellen Sie im Ebenendialog für die obere Ebene den Ebenenmodus VERNICHTEND ein. Damit werden die Pixel gleichmäßig verteilt und Sie erhalten ein natürliches, schöneres Hautbild. Als Nächstes reduzieren Sie von derselben Ebene noch die DECKKRAFT auf ca. 45.

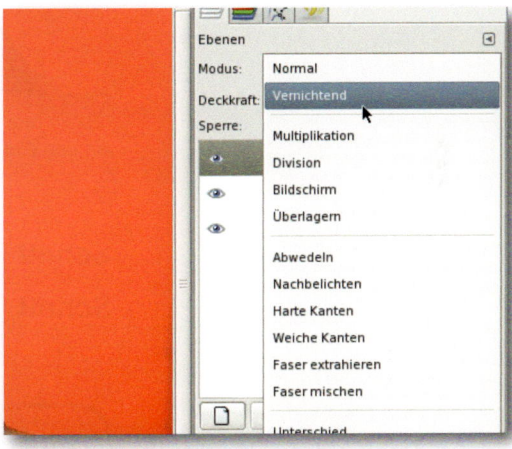

6. Ebenen zusammenfügen

Wenn Sie mit dem Ergebnis zufrieden sind, fügen Sie optional noch die Ebenen zusammen. Klicken Sie im Ebenendialog mit der rechten Maustaste auf die oberste Ebene und wählen Sie NACH UNTEN VEREINEN. Damit verschmelzen die beiden Ebenen zu einer und Sie können weitere Arbeitsschritte bezogen auf das gesamte Motiv absetzen.

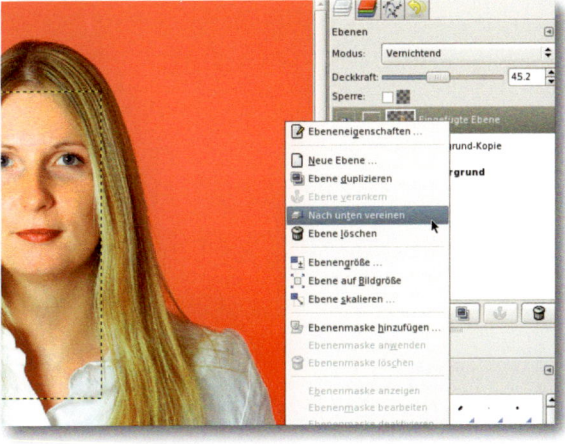

Glanzlichter kaschieren

Unschöne Glanzlichter im Gesicht entstehen durch Blitzen oder zu direkte Beleuchtung. Sie lassen sich mit diesem Trick aber ganz leicht entfernen.

>> vorher

Foto: Stefan Huger, www.studiohuger.at

Glanzlichter finden sich häufig an der Stirn und am Kinn, aber auch auf den Wangen und den Lippen.

Schritt [1] Heilen-Werkzeug

Schritt [2] Verschmieren

Tools & Techniken
» Heilen-Werkzeug
» Verschmieren

nachher >>

[1] Heilen-Werkzeug

1. Zoomen
Ziehen Sie mit der Lupe einen Rahmen um die Glanzlichter auf, um den Ausschnitt deutlicher zu sehen.

2. Heilen-Werkzeug
Aktivieren Sie in der Werkzeugleiste das HEILEN-Werkzeug. Reduzieren Sie in den Eigenschaften die DECKKRAFT auf 45% und stellen Sie den Modus auf NUR ABDUNKELN. Verwenden Sie einen Pinsel mit weicher Kante. Holen Sie mit gedrückter Strg / ctrl -Taste passende Pixel und klicken Sie mit dem HEILEN-Werkzeug auf die Glanzlichter. Wiederholen Sie das Aufnehmen und Auftragen, bis alle Stellen korrigiert sind.

Setzen Sie den Vorgang bei allen Glanzlichtern des Gesichts, Wangen, Nase, Lippen und Stirn, fort.

[2] Verschmieren

Aktivieren Sie das VERSCHMIEREN-Werkzeug, stellen Sie 70% DECKKRAFT und 50% RATE ein. Wählen Sie eine Pinselgröße mit weicher Kante, die die gesamte Glanzstelle abdeckt. Fahren Sie einmal ganz kurz mit der Maus kreisartig über die Stelle. Großporige bzw. pixelige Stellen werden glatter. Wiederholen Sie den Vorgang bei allen Glanzlichtern.

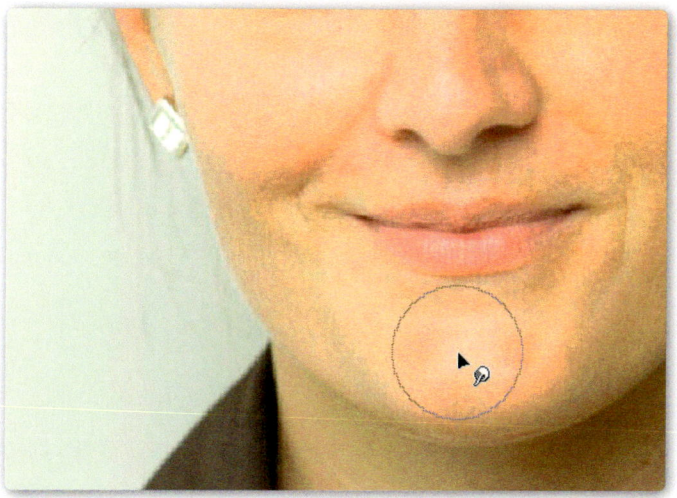

Lippenrot verstärken

Wenn Lippen etwas zu blass wirken, hilft Ihnen dieses Tutorial. Dabei malen wir die Lippen nicht einfach an, sondern verstärken bzw. verschieben die vorhandene Farbe. Mit dieser Technik lässt sich jede beliebige Lippenstiftfarbe auftragen.

>> vorher

Foto: Stefan Huger, www.studiohuger.at

Tools & Techniken
» Schnellmaske
» Pinsel
» Farbton/Sättigung
» gegebenenfalls Kurven

Schritt [1] Auswahl erzeugen

Schritt [2] Ebene duplizieren

Schritt [3] Sättigung erhöhen

Schritt [4] Mitteltöne reduzieren

nachher >>

[1] Auswahl erzeugen

1. Zoomen

Ziehen Sie mit der LUPE einen Rahmen um die Lippen auf, um den Ausschnitt deutlicher zu sehen.

2. Schnellmaske

Klicken Sie zum Aktivieren der SCHNELLMASKE in die linke untere Ecke des Bildfensters. Tragen Sie mit einem weichen Pinsel Weiß auf – dadurch erstellen Sie die Auswahl. Wenn Sie aus dem Bereich der Lippen irrtümlich hinausgefahren sind, malen Sie mit Schwarz darüber – dadurch verkleinern Sie die Auswahl. Durch die Verwendung einer weichen Pinselform sorgen Sie für einen sanften Übergang zwischen den Lippen und der Haut rundherum.

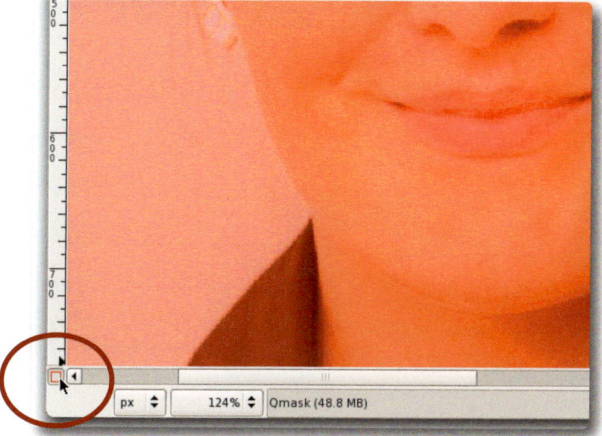

Deaktivieren Sie in der linken unteren Ecke die SCHNELLMASKE – die Auswahl wird stattdessen aktiv („laufende Ameisen"). Auch jetzt können Sie die Auswahl noch korrigieren – aktivieren Sie erneut die SCHNELLMASKE und malen Sie mit dem Pinsel über die betroffenen Stellen.

Wählen Sie AUSWAHL > AUSBLENDEN, geben Sie einen Wert zwischen 1 und 5 Pixel ein (abhängig von der Auflösung Ihres Bilds). Dadurch mindern wir die Härte der Auswahlkanten ab.

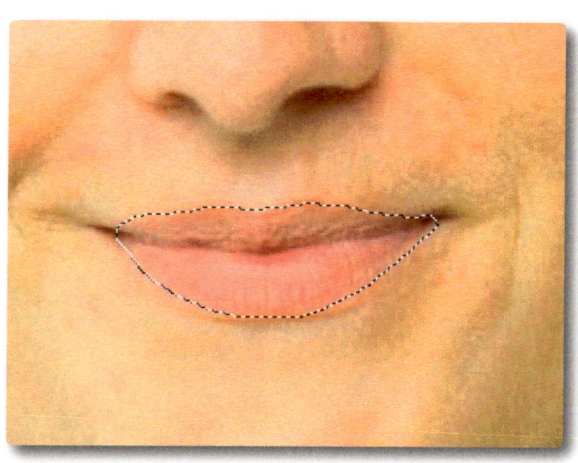

[2] Ebene duplizieren

Klicken Sie im Ebenendialog mit der rechten Maustaste auf die Ebene oder drücken Sie ⇧ + Strg / ctrl + D. Dadurch arbeiten Sie nicht direkt auf dem Original und können durch Aus- und Einblenden der oberen Ebene diese mit der darunterliegenden Ebene vergleichen. Die Auswahl ist nach wie vor aktiv.

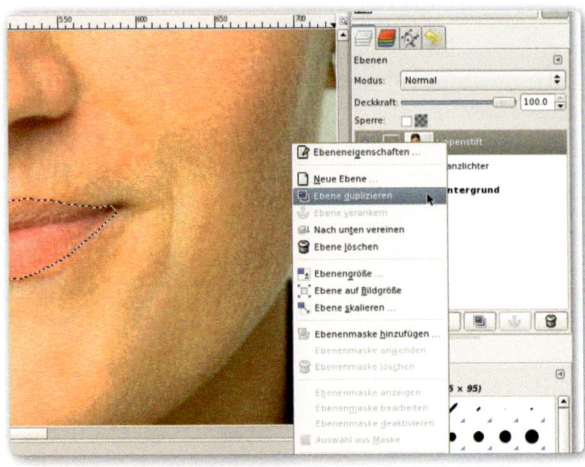

[3] Sättigung erhöhen

Jetzt ist Ihre Kreativität bzw. Ihr Blick für einen gelungenen Lippenstift bzw. Lippenrot gefordert: Klicken Sie auf FARBEN > FARBTON/SÄTTIGUNG. Wählen Sie in dem Dialog ROT aus, reduzieren Sie z.B. FARBTON und die HELLIGKEIT und erhöhen Sie die SÄTTIGUNG. Bestätigen Sie mit OK.

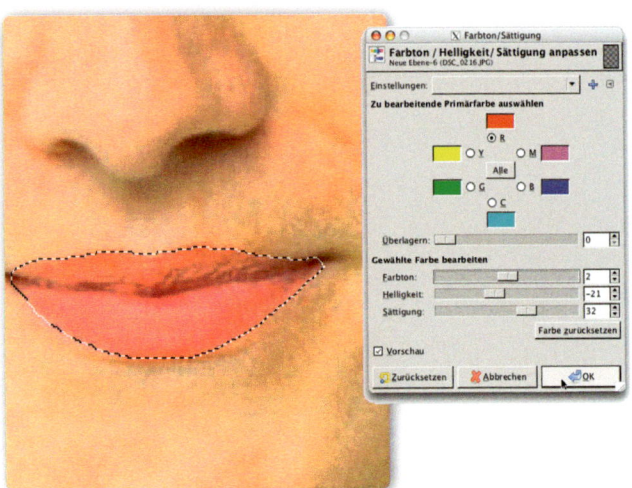

> **Tipp**
> Falls Sie der Auswahlrahmen bei der Arbeit stört: Blenden Sie ihn mit Strg / ctrl + T aus bzw. wieder ein.

[4] Mitteltöne reduzieren

Wählen Sie FARBEN > KURVEN. Verschieben Sie die Kurve in der Mitte ganz leicht nach unten. Das Rot wird dadurch satter. Fügen Sie die beiden Ebenen zusammen: Rechtsklick auf EBENENDIALOG > BILD ZUSAMMENFÜGEN. Übertreiben Sie nicht! Es soll nach wie vor natürlich wirken. Am Ende heben Sie die Auswahl auf (AUSWAHL > NICHTS AUSWÄHLEN bzw. ⇧ + Strg / ctrl + A).

>> vorher

Foto: Stefan Huger, www.studiohuger.at

Augenfarbe intensivieren

Intensivere Augenfarben erzielen Sie durch das Aufhellen des Weiß-bereichs und durch das Nachbelichten der Glanzlichter und Schatten der Iris.

Schritt [1] Ebene duplizieren

Schritt [2] Auswahl erzeugen

Schritt [3] Augenweiß aufhellen

Schritt [4] Iris nachbelichten

Tools & Techniken
» Freie Auswahl
» Pinsel
» Deckkraft reduzieren
» Nachbelichten

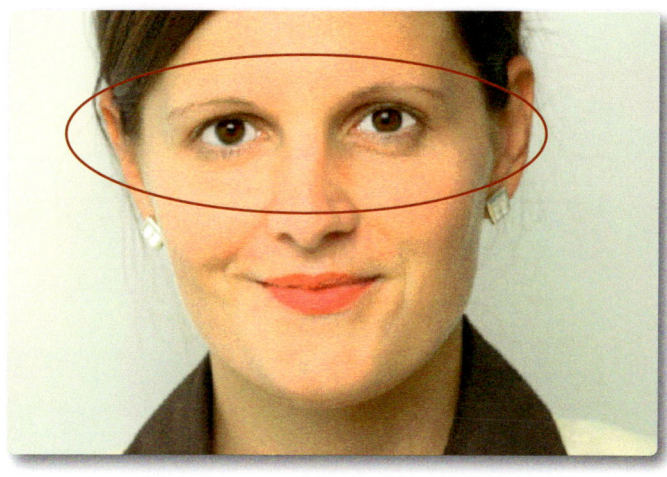

nachher >>

[1] Ebene duplizieren

Klicken Sie im Ebenendialog mit der rechten Maustaste auf die Ebene und wählen Sie EBENE DUPLIZIEREN oder drücken Sie ⇧ + Strg / ctrl + D.

[2] Auswahl erzeugen

1. Zoomen
Ziehen Sie mit der LUPE einen Rahmen um ein Auge auf, um den Ausschnitt deutlicher zu sehen.

2. Freihand-Auswahl
Aktivieren Sie im Werkzeugkasten das FREIHAND-Werkzeug und stellen Sie in den Werkzeugeinstellungen KANTEN AUSBLENDEN einen RADIUS von 1,5 ein. Wählen Sie bei beiden Augen das Weiß aus, halten Sie die ⇧-Taste gedrückt, um die weiteren Auswahlen den vorherigen hinzuzufügen.

[3] Augenweiß aufhellen

Aktivieren Sie den PINSEL und stellen Sie in den Eigenschaften die DECKKRAFT auf 30 und den MODUS auf NUR AUFHELLEN. Tupfen Sie mit einer nicht ganz reinweißen Vordergrundfarbe (R: 253, G: 249, B: 249) auf die Auswahlen.

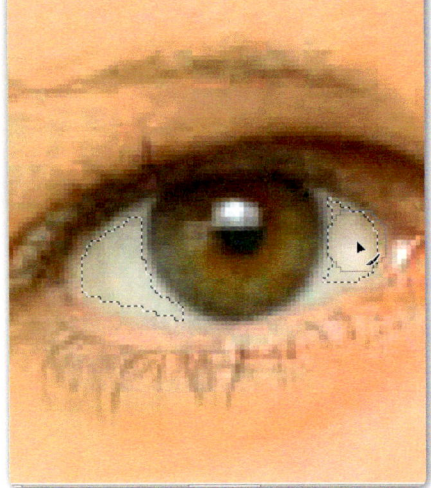

> **Tipp**
> Sind die Auswahlkanten zu hart, wählen Sie AUSWAHL > AUSBLENDEN mit 2 bis 4 Pixel (abhängig von der Auflösung des Bilds).

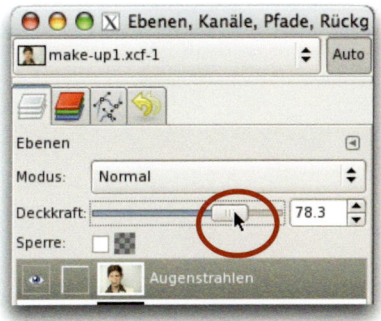

Wenn die Farbe noch etwas zu stark ist, reduzieren Sie die DECK-KRAFT der EBENE im Ebenendialog.

Heben Sie die Auswahl auf: AUS-WAHL > NICHTS AUSWÄHLEN bzw. ⇧ + Strg / ctrl + A.

[4] Iris nachbelichten

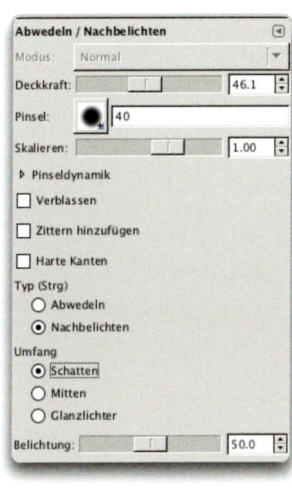

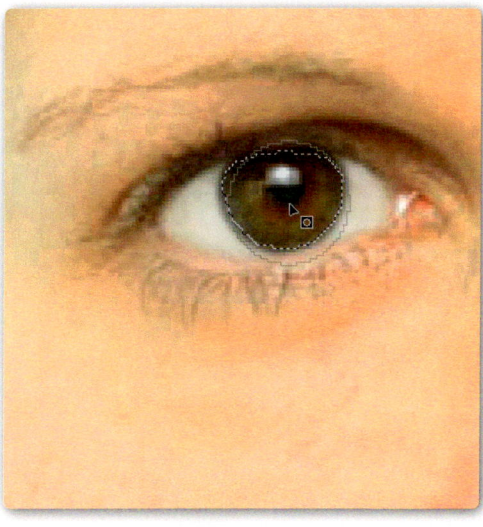

1. Auswahl
Aktivieren Sie das FREIHAND-Werkzeug, stellen Sie KANTEN AUSBLENDEN auf 3 und umrahmen Sie die Iris. Halten Sie zum Hinzufügen der zweiten Auswahl die ⇧-Taste gedrückt.

2. Nachbelichten
Aktivieren Sie im Werkzeugkasten das NACHBELICHTEN-Werkzeug. Stellen Sie die DECKKRAFT auf ca. 45, TYP auf NACHBELICHTEN und MODUS auf SCHATTEN. BELICHTUNG: 50. Wählen Sie eine Pinselgröße, die etwa das Auge umfasst. Halten Sie die Maustaste gedrückt und umfahren Sie damit die Iris. Stellen Sie in den Eigenschaften des NACHBELICHTEN-Werkzeugs den Modus auf GLANZLICHTER und tupfen Sie nochmals mit dem Pinsel auf die Iris.

3. Ebenen zusammenfügen
Klicken Sie mit der rechten Maustaste auf den Ebenendialog und wählen Sie BILD ZUSAMMEN-FÜGEN, wenn Sie die Ebenen nicht mehr einzeln benötigen.

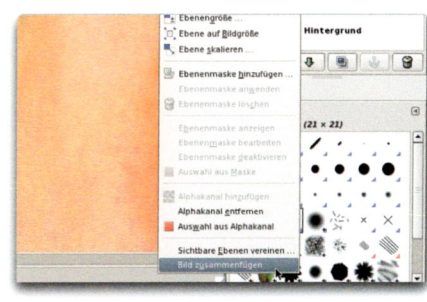

Augenringe retuschieren

Dunkle Augenringe lassen sich mit wenig Aufwand wegretuschieren – viel einfacher als im richtigen Leben.

>> vorher

Foto: Stefan Huger, www.studiohuger.at

Schritt [1] Klonen-Werkzeug

Schritt [2] Schärfen

Tools & Techniken
» Lupe
» Klonen-Werkzeug
» Schärfen

nachher >>

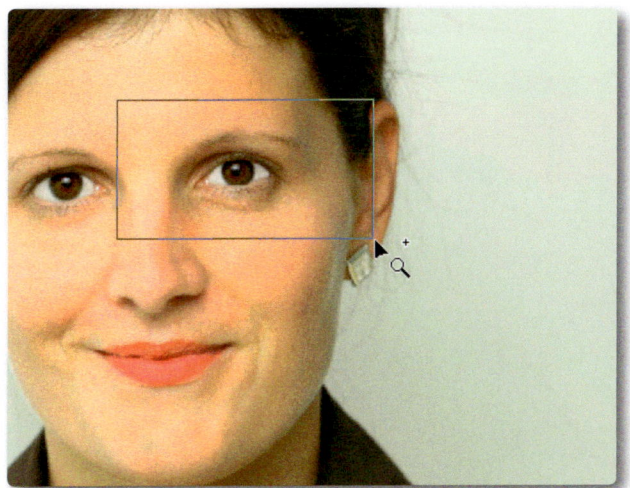

[1] Klonen-Werkzeug

1. Zoomen

Ziehen Sie mit der LUPE einen Rahmen um ein Auge auf, um den Ausschnitt deutlicher zu sehen.

2. Heilen-Werkzeug

Aktivieren Sie in der Werkzeugleiste das HEILEN-Werkzeug. Reduzieren Sie in den Eigenschaften die DECKKRAFT auf ca. 45% und stellen Sie den MODUS auf NUR AUFHELLEN. Verwenden Sie einen Pinsel mit weicher Kante. Holen Sie mit gedrückter Strg / ctrl -Taste passende Pixel aus dem unteren hellen Bereich des Auges und klicken Sie mit dem HEILEN-Werkzeug auf die Augenringe. Wiederholen Sie das Aufnehmen und Auftragen, bis alle Stellen – also auch jene beim zweiten Auge – korrigiert sind.

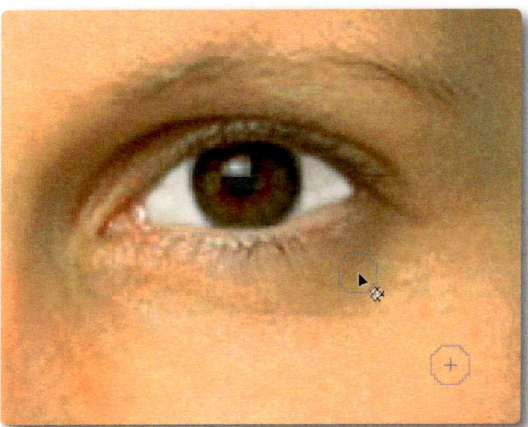

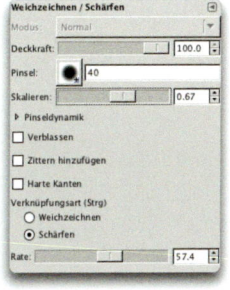

[2] Schärfen

233

Damit die Haut noch realistischer wirkt, schärfe ich ein wenig nach: Aktivieren Sie das SCHÄR-FEN-Werkzeug, stellen Sie sicher, dass in den Eigenschaften SCHÄRFEN aktiviert und RATE: 50 eingestellt ist. Klicken Sie mit einem weichen Pinsel ein paar Mal in den Bereich unterhalb der Augen.

Haut bräunen

Hautschonendes Sonnenbad – garantiert ohne Sonnen-brand! Und das mit nur ein paar Mausklicks – wie das geht, erfahren Sie hier.

Diese Technik eignet sich ebenfalls hervorragend zum Abdunkeln von Haaren, Augenbrauen oder Kleidungsstücken.

>> vorher

Foto: Stefan Huger, www.studiohuger.at

Schritt [1] Auswahl erstellen

Schritt [2] Ebenenmodus

Tipp

Wenn der Ebenenmodus MULTIPLIZIEREN ein zu schwaches Ergebnis bringt, erhöhen Sie mit EBENE > FARBE > FARBTON/ SÄTTIGUNG die Sättigung von Rot und Gelb.

Tools & Techniken

» Pipette
» Freihand-Werkzeug
» Ebene duplizieren
» Ebenenmodus Multiplikation

nachher >>

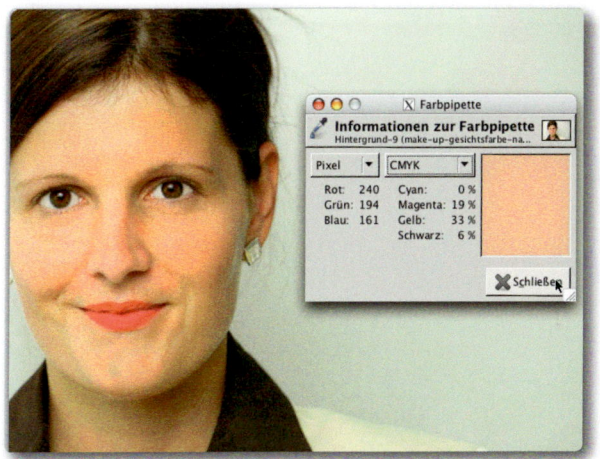

[1] Auswahl erstellen

1. Pipette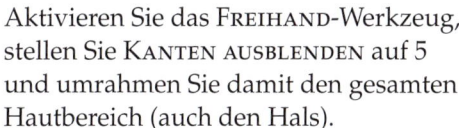

Wenn Sie nicht über einen kalibrierten Monitor verfügen, messen Sie zuerst die Hautfarbe aus. Klicken Sie mit der Pipette auf eine Stelle im Gesicht. Ideale Werte sind Rot: 219–227, Grün: 160–175, Blau: 111–137 (bzw. Cyan: 0–5%, Magenta: 30–40%, Gelb: 40–55% und Black: 0–10%). Die Haut der Frau in diesem Beispiel kann eine Tönung vertragen.

2. Auswahl

Aktivieren Sie das FREIHAND-Werkzeug, stellen Sie KANTEN AUSBLENDEN auf 5 und umrahmen Sie damit den gesamten Hautbereich (auch den Hals).

3. Auswahl auf neue Ebene

Drücken Sie Strg / ctrl + C und Strg / ctrl + V zum Kopieren und Einfügen der Auswahl. Klicken Sie auf NEUE EBENE im Ebenendialog, um die schwebende Auswahl zu verankern.

[2] Ebenenmodus

235

1. Ebenenmodus

Stellen Sie den Ebenenmodus der neuen Ebene auf MULTIPLIZIEREN. Das Gesicht erscheint sehr dunkelbraun. Reduzieren Sie daher die DECKKRAFT der Ebene (hier: 37, abhängig von der ursprünglichen Gesichtsfarbe). Messen Sie mit der Pipette nach und verändern Sie gegebenenfalls die Deckkraft der Ebene.

2. Weichzeichnen

Wählen Sie abschließend noch FILTER > WEICHZEICHNEN > WEICHZEICHNEN, um die obere Ebene zu soften.

Rote Augen entfernen

Rote Augen entstehen durch die Reflexion der Netzhaut, die das Blitzlicht ins Objektiv zurückwirft. Der Effekt lässt sich mit dem neuen Filter ROTE AUGEN ENTFERNEN beseitigen, siehe Seite 192. Wenn Sie damit jedoch nicht erfolgreich sind, lesen Sie hier, wie Sie den Fehler manuell entfernen.

>> vorher

Foto: www.flickr.com, Creative Commons-Lizenz, zur komm. Nutzung

Schritt [1] Auswahl erstellen

Schritt [2] Entfärben

Schritt [3] Weißer Punkt

Tools & Techniken
» Freihand-Werkzeug
» Einfärben
» Pinsel

nachher >>

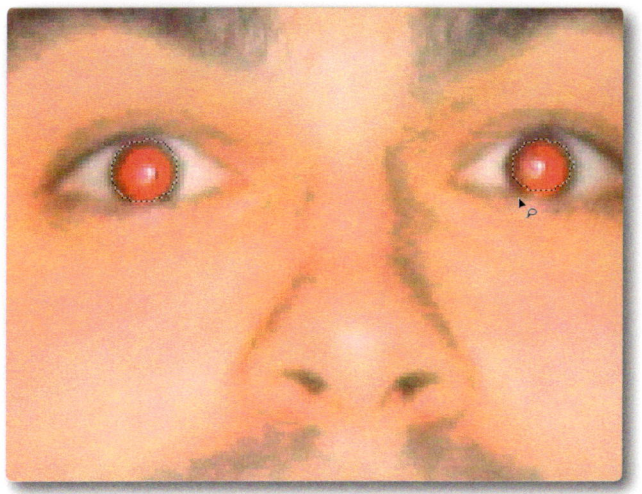

[1] Auswahl erstellen

1. Zoomen
Rahmen Sie mit der Lupe die Augen ein, um sie herzuzoomen.

2. Auswahl
Aktivieren Sie das Freihand-Werkzeug, stellen Sie Kanten ausblenden auf 5 und umrahmen Sie damit den roten Teil des Auges. Halten Sie die ⇧-Taste gedrückt und wählen Sie das zweite Auge aus. Ist das Rot schön rund, verwenden Sie die Kreisauswahl ⬭.

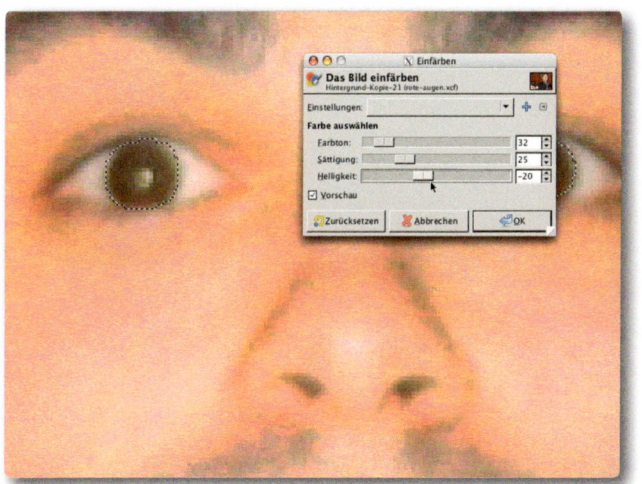

[2] Einfärben

Wählen Sie Farben > Einfärben. Die Einstellung des Farbtons ist abhängig von der ursprünglichen Farbe der Iris. Verringern Sie jedenfalls die Sättigung und eventuell auch die Helligkeit. Bei diesen Augen erzielte ich mit Farbton: 32, Sättigung: 25 und Helligkeit: -20 das beste Ergebnis.

237

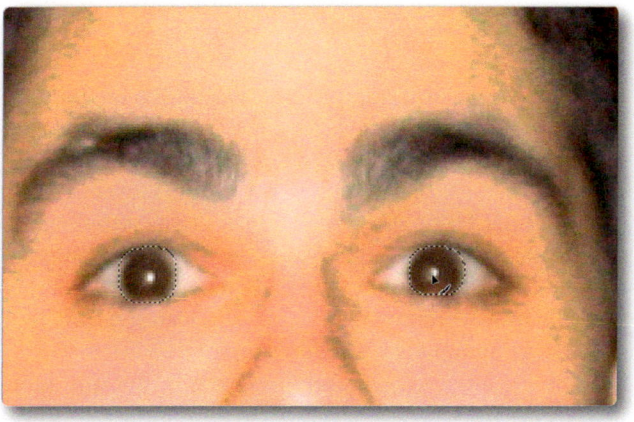

[3] Weißer Punkt

Falls nötig, malen wir das Weiß wieder auf. Legen Sie dazu eine neue transparente Ebene an. Aktivieren Sie das Pinsel-Werkzeug, wählen Sie als Vordergrundfarbe Weiß und verwenden Sie eine ganz kleine, weiche Pinselspitze. Stellen Sie die Deckkraft auf 70. Klicken Sie ein paar Mal auf das Auge. Dadurch wirkt das Auge wieder natürlich strahlend.

Panorama erstellen

Eine traumhafte Szenerie vor Ihren Augen – nur leider ging nicht alles auf ein Bild? Erfahren Sie in diesem Tutorial, wie Sie prinzipiell vorgehen und welche Techniken und Möglichkeiten es gibt, um die Bilder nachträglich zusammenzusetzen.

>> vorher

Foto: Michael Palliardi *

nachher >>

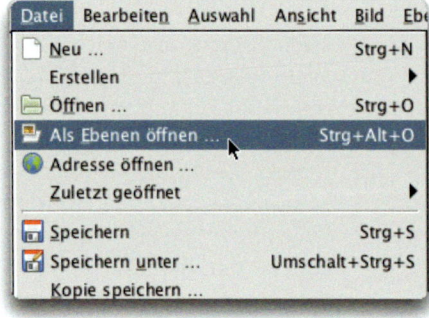

[1] Bilder sammen und ausrichten

Öffnen Sie eines der Bilder und stellen Sie die Pixel-Auflösung fest (Titelleiste). Multiplizieren Sie die Breite mit der Anzahl der Bilder und wählen Sie Datei > Neu. Geben Sie hier die Gesamtbreite und die Höhe ein, jeweils plus etwas Arbeitsfläche (ca. +15%), Hintergrund: TRANSPARENT. Wählen Sie dann DATEI > ALS EBENE ÖFFNEN, markieren Sie mit ⇧ bzw. Strg / ctrl alle Dateien für Ihr Panorama. Diese werden nun jeweils auf einer Ebene angeordnet. Ziehen Sie die Bilder mit dem VERSCHIEBEN-Werkzeug ✥ auseinander.

[2] Perspektive

Markieren Sie die unterste Ebene und wechseln Sie im Werkzeugkasten zum PERSPEKTIVE-Werkzeug. Klicken Sie auf die Ebene und ziehen Sie das Bild an den Ecken so auseinander, dass die Kanten mit dem des nächsten in etwa zusammenpassen. Bestätigen Sie, wechseln Sie zur nächsten Ebene und richten Sie auch diese aus. Das kann eine recht aufwändige Arbeit sein ...

Ein paar Tipps dazu

Blenden Sie über ANSICHT > EBENEN-RAHMEN den gelb/schwarz-strichlierten Rand aus. Orientieren Sie sich an Punkten, die einander überlappen. Nutzen Sie in den Werkzeugeinstellungen des PERSPEKTIVE-Werkzeugs die Vorschau-Option BILD und reduzieren Sie dort die DECKKRAFT für eine bessere Voransicht.

Tipp

Für das Erweitern der Leinwand, das Auseinandersortieren der Bilder und das Hinzufügen der Ebenen-masken gibt es das Pandora-Plug-in: *http://registry.gimp.org*.

[3] Ebenenmaske

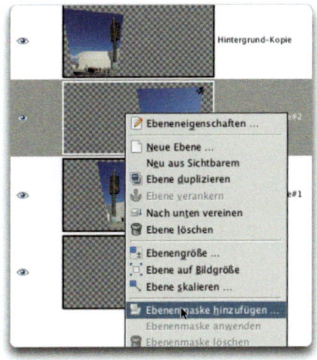

Wenn Sie die Bilder sauber aneinander ausgerichtet haben, bearbeiten wir die Überlappungen, diese müssen an den Kanten teilweise gelöscht werden. Dazu nutzen wir Ebenenmasken: Klicken Sie im Ebenendialog mit der rechten Maustaste auf die Ebene > EBENENMASKE HINZUFÜGEN (Weiß). Wiederholen Sie den Befehl für alle anderen Ebenen auch. Bearbeiten Sie die Maske mit schwarzer Farbe und einem weichen Pinsel (mehr zu den Masken siehe Seite 86).

[4] Feinarbeit

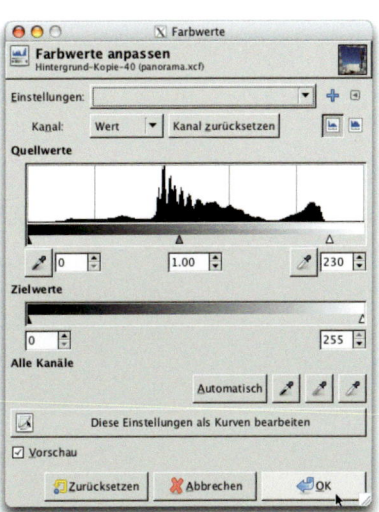

Bei Farbdifferenzen nutzen Sie FARBEN > WERTE bzw. KURVEN. Bearbeiten Sie die Ebenen, bis sie zueinanderpassen.

Am Ende schneiden Sie mit dem ZUSCHNEIDEN-Werkzeug das Ergebnis aus.

Tipp

Falls die Himmelfarbe nicht richtig zueinanderpasst, wählen Sie im Kontextmenü des Ebenen-Dialogs > NEU AUS SICHTBAREM und ersetzen Sie dann auf der Ebene den Himmel, siehe Seite 240.
Im Web finden Sie zum automatischen Zusammensetzen zahlreiche Freeware, z.B. hugin.

239

Himmel umfärben

Der Himmel ist der Stimmungsmacher eines Bilds. An ihm erkennen wir das Wetter – wir erleben damit die Stimmung eines Bilds als fröhlich oder getrübt. In diesem Tutorial zeige ich Ihnen, wie Sie den Himmel mittels Auswahl aus einem Kanal vom restlichen Bild extrahieren (freistellen) und einfärben – Sie können ihn selbstverständlich auch durch einen anderen ersetzen.

>> vorher

Foto: Helmer *

Schritt [1] Himmel freistellen

Schritt [2] Himmel einfärben

Schritt [3] Farbstich korrigieren

Tools & Techniken
- » Auswahl aus Kanal
- » Radieren
- » eventuell Pfad-Werkzeug
- » Verlauf
- » Kurve
- » Pipette

nachher >>

[1] Himmel freistellen

1. Auswahl erzeugen

Klicken Sie im Kanäledialog mit der rechten Maustaste auf den Blaukanal und wählen Sie Auswahl aus Kanal. Geben Sie im Menü Auswahl > Ausblenden 1 bis 5 Pixel (abhängig von der Auflösung) ein, um die Auswahlkante abzusoften.

2. Auswahl auf neue Ebene

Drücken Sie [Strg]/[ctrl]+[C] und dann [Strg]/[ctrl]+[V] zum Kopieren und Einfügen der Auswahl. Klicken Sie auf neue Ebene zum Verankern der schwebenden Auswahl. Blenden Sie die Hintergrundebene aus.

3. Überflüssiges löschen

Radieren Sie mit einer harten Pinselspitze die Teile weg, die nicht zum Himmel gehören.

4. Teile extrahieren

Teile, die noch in den Himmel ragen, schneiden wir aus und bringen sie auf eine neue Ebene. In diesem Fall ragt der hintere Tragflügel des Fliegers in den Himmel. Rahmen Sie den Teil mit dem Pfad-Werkzeug oder Polygon-Werkzeug ein und wählen Sie Auswahl > vom Pfad ([⇧]+[V]) zum Erzeugen der Auswahl. Drücken Sie [Strg]/[ctrl]+[C] und [Strg]/[ctrl]+[V] zum Kopieren und Einfügen der Auswahl. Klicken Sie auf neue Ebene zum Verankern der schwebenden Auswahl und blenden Sie sie aus. Die Tragfläche auf der Himmelebene kümmert uns nun nicht mehr – diese wird später übermalt.

Tipp

Beim Ausschneiden und Einfügen wird das Objekt an einer anderen Stelle als ursprünglich platziert. Verwenden Sie stattdessen Kopieren – das Objekt wird beim Einfügen an der gleichen Stelle platziert. Löschen Sie anschließend das ursprüngliche Objekt.

241

[2] Himmel einfärben

1. Himmelfarbe wählen

Klicken Sie im Werkzeug-
kasten auf die Vorder-
grundfarbe und wählen
Sie ein Himmelblau Ihrer
Wahl. Suchen Sie für die
Hintergrundfarbe eine
hellere bzw. dunklere
Abstufung des gewählten
Himmelblaus.

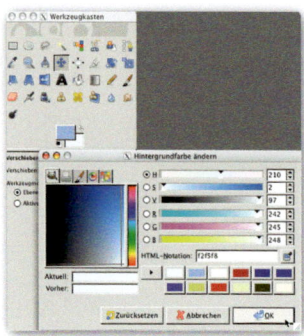

3. Auswahl laden

Um den Himmel wieder auszuwählen, blenden Sie die obere Ebene
mit der Tragfläche aus. Wechseln Sie
auf die Himmelebene und klicken
Sie mit der rechten Maustaste auf
die Himmelebene im Ebenendialog
– wählen Sie Auswahl aus Alphakanal.

4. Verlauf auftragen

Ziehen Sie mit gedrückter Maustaste
den Verlauf auf. Wiederholen Sie den
Vorgang so lange, bis die Himmelfär-
bung Ihrer Vorstellung entspricht. Der
Verlauf kann ruhig schräg aufgezogen
werden oder auch außerhalb der Auswahl an- bzw. abgesetzt werden.

Falls Sie über einen schönen „fertigen"
Himmel verfügen, ist hier die Gelegen-
heit, diesen einzufügen: Datei > als
Ebene öffnen.

Ich habe für die Vordergrundfarbe
R: 155, G: 183 und B: 224 gewählt
und für die Hintergrundfarbe:
R: 242, G: 245, B: 248.

2. Verlauf einstellen

Aktivieren Sie das
Verlaufswerkzeug
und stellen Sie in den
Eigenschaften beim
Farbverlauf VG nach
HG ein – oder um-
gekehrt, das ist jetzt
Geschmacksache.

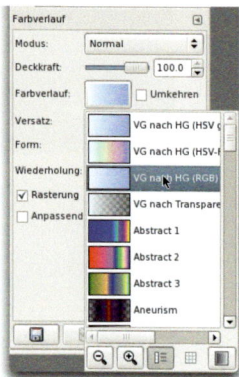

> **Hinweis**
> Wie Sie dem Verlauf mehr
> als zwei Farben hinzufügen,
> lesen Sie auf Seite 148.

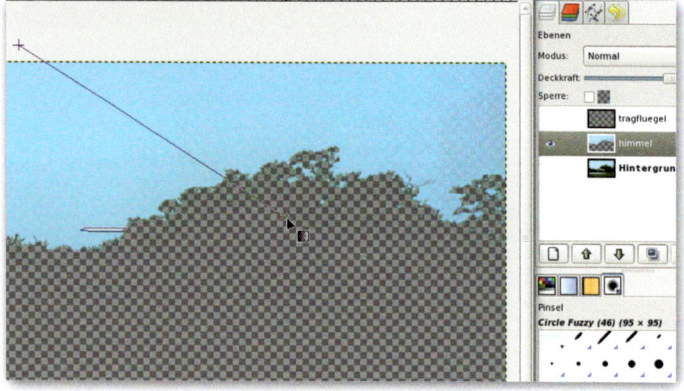

5. Ebenen einblenden

Blenden Sie die Hintergrundebene und die Tragflächenebene ein. Das Ergebnis
sollte so wie links abgebildet
aussehen.

[3] Farbstich korrigieren

1. Kurve

Nun passen wir das restliche Bild – also alles außer dem Himmel – farblich der neuen Stimmung an, die der umgefärbte Himmel vermittelt. Blenden Sie die neue Himmelebene und die Tragfläche gegebenenfalls ein, klicken Sie im Ebenendialog auf die Hintergrundebene und wählen Sie FARBEN > KURVEN.

Fahren Sie mit der Maus aus dem Kurvendialog auf das Bild. Sie sehen, dass der Mauszeiger eine Pipette ist. Klicken Sie mit gedrückter ⌜Strg⌝ / ⌜ctrl⌝-Taste auf eine eindeutig weiße Stelle (Tragflügel). Nun sehen Sie in der Kurve die Position der Farbe markiert. Verschieben Sie das obere Ende der Kurve auf der X-Achse nach links hinein, um die vermeintlich weißen Farbwerte des Bilds wirklich als Weiß darzustellen. Wiederholen Sie den Vorgang für die Tragflächenebene.

2. Pipette

Zur finalen Kontrolle eignet sich die Pipette. Damit messen Sie die Farbwerte von bestimmten Bereichen des Bilds: Klicken Sie dazu auf Stellen, die eindeutig beispielsweise weiß oder schwarz sein sollen. In diesem Fall sind es die Tragflächen. Im Dialog erkennen Sie, dass diese jetzt weiß sind (RGB: 255, 255, 255).

243

Person freistellen mit Ebenenmaske

Eine der schwierigsten Aufgaben in der Bildbearbeitung ist das Extrahieren von Objekten aus dem Hintergrund – das so genannte „Freistellen". Eine besondere Herausforderung ist das Freistellen von Personen – insbesondere deren Haare. GIMP bietet dazu das VORDERGRUNDAUSWAHL-Werkzeug, siehe Seite 104 Wenn es damit nicht klappt, versuchen Sie die folgende Technik.

Tools & Techniken
» Ebene duplizieren
» Pfad-Werkzeug
» Auswahl vom Pfad
» Ebenenmaske
» Pinsel & Stift
» Klonen-Werkzeug
» Auswahl aus Maske

>> vorher

Foto: photografin.at

Jedes Bild erfordert seine eigene Technik, abhängig vom Hintergrund. In diesem Tutorial zeige ich Ihnen das Freistellen mittels Ebenenmaske.

Schritt [1] Freistellen mittels Ebenen- maske, Pinsel & Co.

Schritt [2] Haare klonen

nachher >>

[1] Freistellen mit Ebenenmaske

1. Ebene duplizieren
Duplizieren Sie die Hintergrundebene. Klicken Sie dazu im Ebenenfenster auf das Icon mit den zwei Seiten. Sie arbeiten an der oberen Ebene weiter.

2. Pfad-Werkzeug
Zunächst erzeugen Sie eine grobe Auswahl aus dem inneren Teil der Person. Ich verwende dazu das PFAD-Werkzeug, weil ich damit leicht Korrekturen an der Auswahl vornehmen und Kurven erzeugen kann. Klicken Sie zum Setzen der Punkte. Zum Schließen der Auswahl klicken Sie für den letzten Punkt einmal, setzen Sie ab und ziehen Sie dann den Punkt direkt auf den ersten Punkt. Für eine grobe Auswahl genügt auch das FREIE AUSWAHL-Werkzeug in seiner Polygon-Funktion.

3. Auswahl aus Pfad
Für die Auswahl aus dem Pfad wählen Sie AUSWAHL > VOM PFAD. Sie sehen jetzt die Auswahl aktiv („laufende Ameisen"). Diese Auswahl übertragen Sie im nächsten Schritt in die Ebenenmaske.

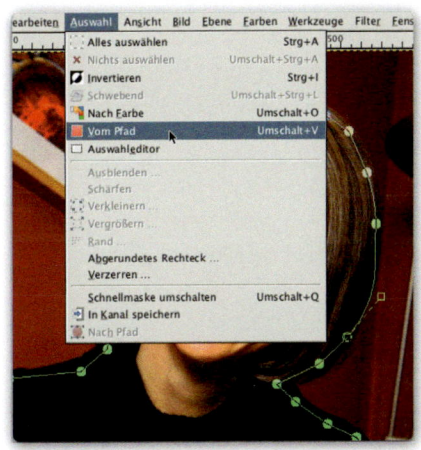

4. Ebenenmaske
Zum Anlegen einer Ebenenmaske klicken Sie mit der rechten Maustaste im Ebenendialog auf die Ebene und wählen EBENENMASKE HINZUFÜGEN. Im Dialog wählen Sie AUSWAHL.

5. Auswahl aufheben

Heben Sie die Auswahl auf: AUSWAHL > NICHTS AUSWÄHLEN oder drücken Sie ⇧ + Strg / ctrl + A .

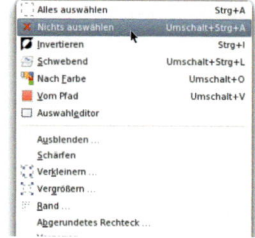

6. Ansichten

Im Ebenendialog sehen Sie nun die Ebenenmaske als Miniatur rechts von der Originalminiatur liegen. Weiße Flächen stehen dabei für sichtbare Ebenenbereiche, schwarze gelten als nicht abgedeckt (1).

Zur Voransicht auf die freigestellte Person klicken Sie die untere Ebene auf unsichtbar (Auge vor der Ebene) (2).
Jetzt sehen Sie, dass alles von der Ebenenmaske verdeckt wird, was nicht in der Auswahl enthalten war. Diese war nur ganz grob, daher ist das Ergebnis bis jetzt auch nicht schön.
Im nächsten Schritt arbeiten wir uns mit dem PINSEL-Werkzeug immer weiter vor und legen ähnlich wie Archäologen Teil für Teil der Person weiter frei.

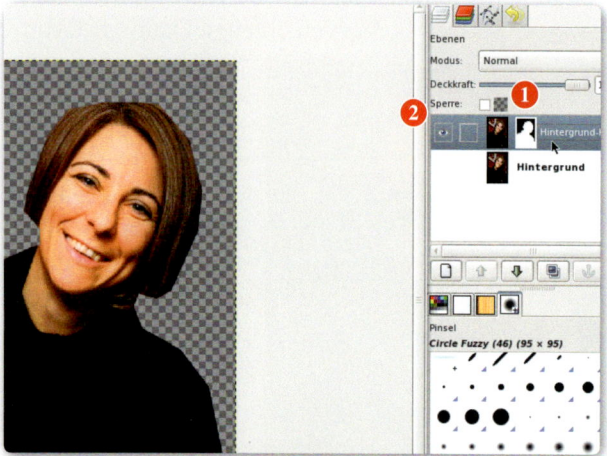

7. Ebene als Vorlage

Um sich einen besseren Überblick über die Teile zu verschaffen, reduzieren Sie die Deckkraft der HINTERGRUNDEBENE auf ca. 50%. Wechseln Sie zurück auf die Ebenenmaske der mittleren Ebene, indem Sie sie anklicken (3). Dass Sie nun die Ebenenmaske markiert haben, erkennen Sie an der weißen Umrandung.

8. Feinarbeit mit Pinsel

Aktivieren Sie das PINSEL-Werkzeug, drücken Sie die Taste D zum Zurücksetzen der Vordergrund- und Hintergrundfarbe auf Schwarz/Weiß. Verwenden Sie eine Pinselspitze mit weicher Kante. Die Größe ist abhängig von der Auflösung des Bilds und davon, welchen Bereich Sie bearbeiten – am besten probieren.

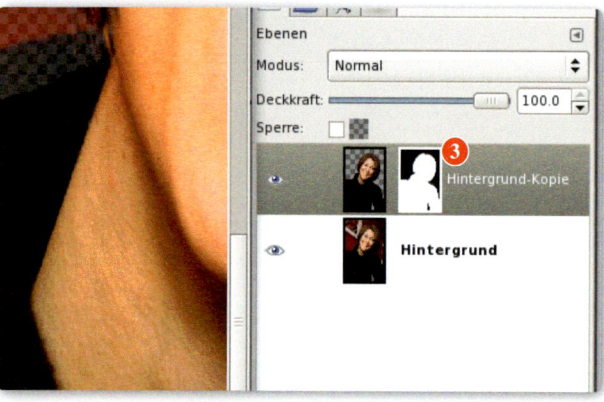

246

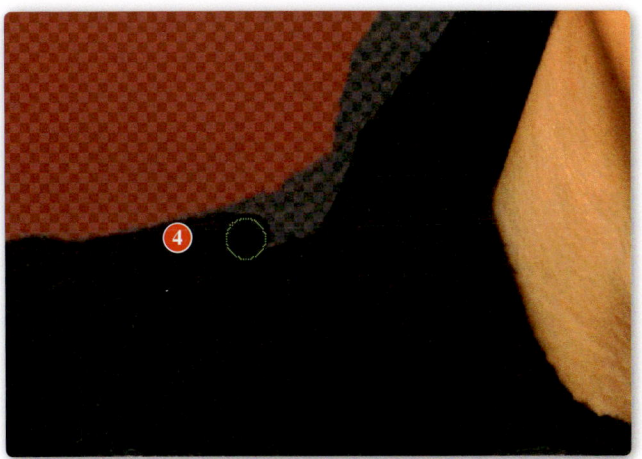

Aktivieren Sie die Ebene mit der Ebenenmaske und klicken Sie auf die Ebenenmaskenminiatur – diese muss weiß umrahmt sein, dann ist sie aktiv.

Stellen Sie als Vordergrundfarbe Weiß ein und fahren Sie mit dem Pinsel vorsichtig die Kanten der freizustellenden Teile entlang **(4)**. Bei diesen Arbeiten ist ein Grafiktablett von unschätzbarem Wert!

Wenn Sie zu weit hinausgefahren sind, korrigieren Sie den Bereich, indem Sie Schwarz als Vordergrundfarbe einstellen und dann darüberpinseln. Dadurch löschen Sie die Maske an der Stelle **(5)**. Zum Wechseln zwischen schwarzer bzw. weißer Vordergrundfarbe brauchen Sie nur die Taste ⊡ X zu drücken.

[2] Haare klonen

1. Haare mit dem Pinsel freistellen

Die Haare sind der schwierigste Teil. Verwenden Sie zum Freistellen eine ganz kleine Pinselspitze (1–2 Pixel), stellen Sie VERBLASSEN ein und zeichnen Sie einen Teil der vorhandenen originalen Haare nach. Es ist unmöglich, jedes einzelne Haar freizustellen, das Ergebnis muss ja nicht Haar für Haar identisch mit der Vorlage sein, sondern nur natürlich aussehen. Holen Sie mit dem Pinsel oder auch dem Stift immer mehr Haare rund um den Kopf hervor.

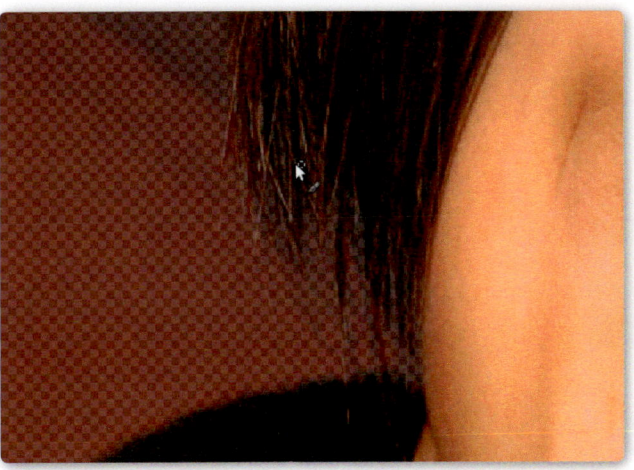

247

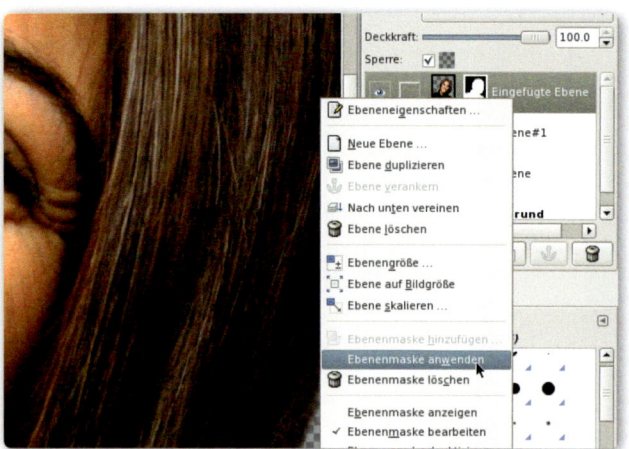

2. Ebenenmaske anwenden

Wenn Sie fertig sind, klicken Sie im Ebenendialog mit der rechten Maustaste auf EBENENMASKE ANWENDEN. Die Ebenenmaske wird damit auf das Bild übertragen. Oder:

3. Auswahl aus Maske

Alternativ zu Punkt 10 übertragen Sie die Auswahl aus der Ebenenmaske auf das Originalbild: Klicken Sie dazu mit der rechten Maustaste auf die Ebenenmaske und wählen Sie AUSWAHL AUS MASKE. Die Auswahl „läuft". Klicken Sie auf die unterste originale Hintergrundebene – drücken Sie Strg / ctrl + C, dann Strg / ctrl + V zum Kopieren und Einfügen der Person auf eine Ebene. Verankern Sie die schwebende Auswahl durch Klick auf NEUE EBENE. Der Vorteil dieser Variante ist, dass Sie die Ebenenmaske weiter editieren und aus dieser immer wieder neue Auswahlen generieren können.

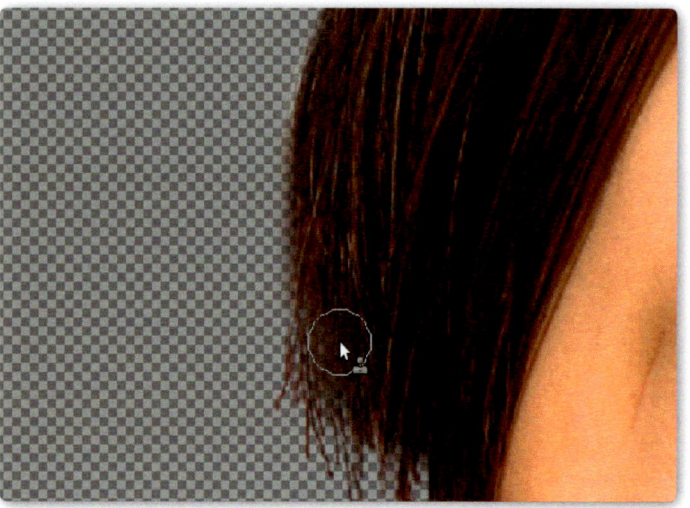

4. Klonen-Werkzeug

Als Feinschliff für das natürliche Haarvolumen verwenden Sie das Klonen-Werkzeug. Aktivieren Sie das Klonen-Werkzeug, holen Sie sich mit gedrückter Strg / ctrl -Taste passende Pixel und klicken Sie mit dem KLONEN-Stempel auf die Zwischenräume. Wiederholen Sie das Aufnehmen und Auftragen, bis alle Stellen korrigiert sind. Zur Voransicht legen Sie eine neue Ebene mit der neuen Hintergrundfarbe (z.B. Weiß) an und legen sie unter die Freistellebene.

>> vorher

Foto: photografin.at

Tiefenunschärfe erzeugen

Gut passend zum vorigen Tutorial: Zeichnen Sie den Hintergrund eines freigestellten Objekts unscharf. Dadurch erzielen Sie eine Tiefenunschärfe und lenken den Fokus noch mehr auf den Vordergrund.

Schritt [1] Auswahl erzeugen

Schritt [2] Gaußscher Weichzeichner

Tools & Techniken
» Auswahl aus Alphakanal
» Invertieren
» Gaußscher Weichzeichner

Hinweis
Falls sich das Hauptmotiv bereits auf einer separaten Ebene befindet, überspringen Sie Schritt 1, Auswahl erzeugen.

249

nachher >>

Durch den weichgezeichneten Hintergrund verstärken Sie den Fokus auf das Vordergrundmotiv.

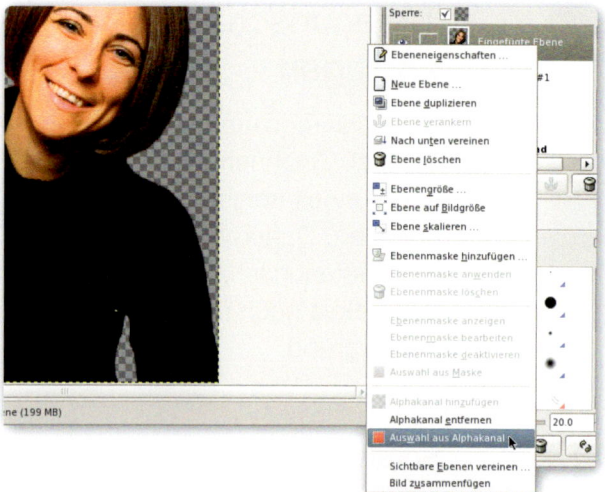

[1] Auswahl erzeugen

1. Auswahl Vordergrundobjekt
Wenn Sie das vorherige Tutorial mitgemacht haben, klicken Sie mit der rechten Maustaste im Ebenendialog auf die freigestellte Person und wählen Sie AUSWAHL AUS ALPHAKANAL. Ansonsten erzeugen Sie eine Auswahl rund um das Motiv. Diese muss nicht allzu genau sein.
Markieren Sie dann die Ebene, die Sie weichzeichnen wollen – in diesem Fall die Hintergrundebene.

2. Auswahl invertieren und ausblenden
Um den Hintergrund auszuwählen, wählen Sie AUSWAHL > INVERTIEREN oder drücken Sie Strg / ctrl + I .

Zum Absoften der Auswahl wählen Sie AUSWAHL > AUSBLENDEN. Geben Sie ca. 5 Pixel ein, abhängig von der Auflösung des Bilds.

[2] Gaußscher Weichzeichner

Zum Weichzeichnen des Hintergrunds wählen Sie FILTER > WEICHZEICHNEN > GAUSSSCHER WEICHZEICHNER. Wählen Sie die Option IIR und geben Sie einen RADIUS von ca. 17 ein (abhängig von der Auflösung Ihres Bilds). Bestätigen Sie mit OK. Wiederholen Sie gegebenenfalls diesen Schritt (Strg / ctrl + F). Abschließend heben Sie die Auswahl auf, AUSWAHL > NICHTS AUSWÄHLEN oder drücken Sie ⇧ + Strg / ctrl + A .

Tipp
Bei sportlich-dynamischen Aufnahmen probieren Sie den Filter BEWEGUNGSUNSCHÄRFE.

Fotos: Michael Palliardi *

>> vorher

Montage aus drei Bildern

Blickfang! Wie kann ein und dieselbe Person drei Mal auf einem
Foto vorkommen? Erfahren Sie hier,
wie Sie mit Ebenenmasken diesen
Trick bewerkstelligen.

Schritt [1] Einfügen und Ausrichten

Schritt [2] Ebenenmaske

Schritt [3] Auswahl aus Maske
　　　　　übertragen

Tools & Techniken
» Rotieren
» Ebenenmaske
» Pinsel
» Auswahlmaske/Ebenen-
　maske

nachher >>

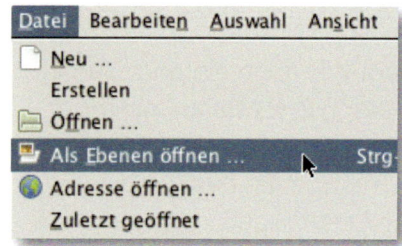

[1] Einfügen und Ausrichten

1. Ebenen einfügen
Öffnen Sie die erste Datei (falls Sie mit den Beispiel-Dateien arbeiten, beginnen Sie mit *bildkombi-vh3.jpg*) und öffen Sie die anderen beiden über DATEI > ALS EBENE ÖFFNEN (*vh2, vh1*).

Der Ebenendialog sieht dann also so aus, wie hier abgebildet.

Doppelklicken Sie auf die Ebenennamen, um sie umzubenennen: Die unterste Ebene heißt hier: *rechts*, die mittlere *mitte* und die oberste *links* (in Anlehnung an den Standort der Person).

2. Ausrichten
Falls Sie nicht mit einem Stativ gearbeitet haben, müssen Sie eventuell die Dateien ein wenig ausrichten. Verwenden Sie dazu das DREHEN bzw. SKALIEREN-Werkzeug aus der Werkzeugleiste. Zur besseren Orientierung reduzieren Sie einerseits im Ebenendialog die Deckkraft der jeweils auszurichtenden Ebene, aber auch die Deckkraft der Vorschau des jeweiligen Transformationswerkzeugs.

[2] Ebenenmaske

Zum Herausarbeiten der einzelnen Personen benötigen wir auf der Ebene *mitte* und *links* jeweils eine weiße Ebenenmaske. Klicken Sie im Ebenendialog mit der rechten Maustaste auf die Ebenenminiatur und dann im Kontextmenü > EBENENMASKE HINZU-FÜGEN. Bestätigen Sie im Dialog die Option (WEISS) VOLLE DECKKRAFT.

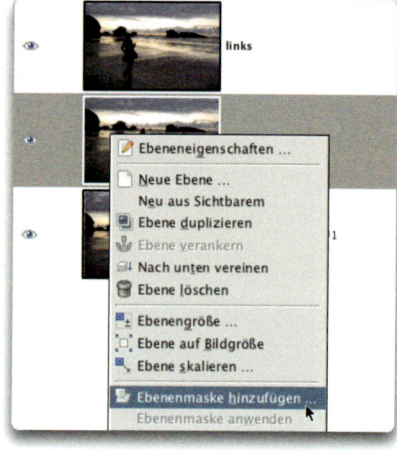

1. Ebenenmaske mit Pinsel bearbeiten

Beginnen Sie bei der obersten Ebene *links*. Stellen Sie die Deckkraft der Ebene auf etwa 65%, damit die untere durchscheint. Wir arbeiten hier also die „2. Person" von der *mitte*-Ebene heraus. Aktivieren Sie das PINSEL-Werkzeug. Verwenden Sie eine Pinselspitze mit weicher Kante. Die Größe ist abhängig von der Auflösung des Bilds und davon, welchen Teil des Bilds Sie bearbeiten. Klicken Sie die Ebenenmaskenminiatur an – sie muss weiß umrahmt sein, dann ist sie aktiv. Stellen Sie als Vordergrundfarbe Schwarz ein – (drücken Sie die Taste D zum Zurücksetzen der Farben). Malen Sie die Person nun auf der Ebenenmaske schwarz aus – dadurch wird sie sichtbar.

Haben Sie sich vertan, holen Sie Weiß als Vordergrundfarbe hervor (Taste X) und malen Sie damit über den Fehler. Sie stellen damit die Ebenenmaske wieder her. Beobachten Sie auch immer wieder die Miniatur der Ebenenmaske – hier sehen Sie sehr schön, wie die Person als Silhouette abgebildet wird.

Vergessen Sie nicht, auch den Schatten der Person herauszuarbeiten.

Die Ebenenmaske der *links*-Ebene sollte also so aussehen, wie hier abgebildet.

Stellen Sie die Deckkraft der oberen *links*-Ebene wieder auf 100%. Sie sehen jetzt also schon zwei der drei Personen auf einmal!

253

Blenden Sie anschließend die *links*-Ebene aus und bearbeiten Sie die *mitte*-Ebene. Bearbeiten Sie auch diese wie im vorherigen Schritt beschrieben. Am Ende sollte der Ebenendialog wie hier abgebildet aussehen.

Jetzt haben wir noch eine kleine Herausforderung zu meistern: Sobald Sie die oberste *links*-Ebene wieder einblenden, sehen Sie die ganz unterste Ebene – wo die Person rechts außen steht – nicht durch. Wir müssen also auf der obersten Ebenenmaske **beide** Personen herausarbeiten: die mittlere und die rechts außen.

Doch wir wollen nun nicht die Arbeit doppelt machen, sondern fügen die Auswahl aus der *mitte*-Ebene der obersten *links*-Ebene **hinzu**. Folgen Sie mir Schritt für Schritt – und es wird gleich klarer werden:

[3] Auswahl aus Maske übertragen

1. Auswahl aus Maske

Duplizieren Sie zur Sicherheit die *links*-Ebene und DEAKTIVIEREN Sie die EBENENMASKE der ursprünglichen *links*-Ebene. Beide Befehle finden Sie mit der rechten Maustaste. Das Duplikat der *links*-Ebene nennt sich automatisch *links#1* – belassen wir den Namen.

Klicken Sie dann mit der rechten Maustaste auf die *mitte*-Ebene > AUSWAHL AUS MASKE.

2. In Kanal speichern

Wählen Sie AUSWAHL > IN KANAL SPEICHERN. GIMP wechselt sofort in den Kanäledialog und zeigt dort den neuen zusätzlichen Kanal wie abgebildet an **(1)**.

Genau diese Silhouette benötigen wir also auf der *links*-Ebene **zusätzlich**.

Heben Sie die Auswahl auf (⇧ + Strg / ctrl + A) und klicken Sie auf den Reiter für den Ebenen-Dialog.

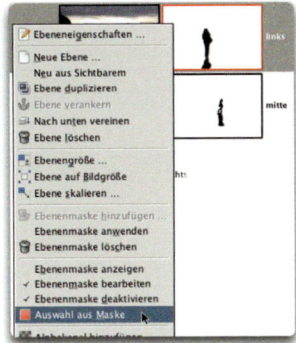

Klicken Sie nun auf die *links*-Ebene einmal mit der linken Maustaste, um sie zu markieren (wichtiger Schritt!), und dann mit der rechten Maustaste auf die Ebenenminiatur und wählen Sie AUSWAHL AUS MASKE (auch mit deaktivierter Ebenenmaske kein Problem).

Wechseln Sie in den Kanäledialog (Klick auf Reiter für Kanäle) und wählen Sie hier mit der rechten Maustaste > SCHNITTMENGE BILDEN.

Sie sollten nun den Auswahlrahmen um beide Personen (und das Bildfenster) laufen sehen (2).

Wechseln Sie wieder vor in den Ebenendialog.

Klicken Sie mit der rechten Maustaste auf die *links#1*-Ebene (in Schritt 1. duplizierte *links*-Ebene) und LÖSCHEN Sie hier die EBENENMASKE. Diese ersetzen wir kurzerhand mit der Auswahl:

Klicken Sie dazu nochmals mit der rechten Maustaste auf die *links#1*-Ebene > EBENENMASKE HINZUFÜGEN. In dem Dialog wählen Sie AUSWAHL. Der Ebenendialog sieht dann wie abgebildet (3) aus und Sie sollten die fertige Montage im Bildfenster sehen.

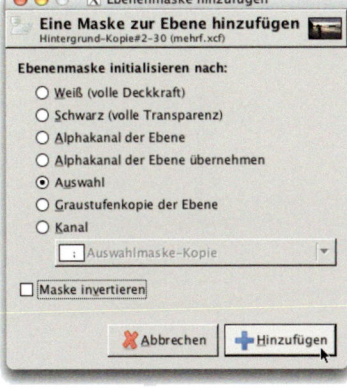

Out of the Bounds

(Bound = Rahmen) Damit wird der Eindruck erzeugt, das Objekt würde aus dem Bild heraussteigen. In diesem Tutorial zeige ich Ihnen, wie Sie diesen eindrucksvollen Effekt erzeugen. Die Idee dazu stammt von einem Wettbewerb der Website *www.worth1000.com*.

>> vorher

Fotos: Helmer *

Tools & Techniken
» Schnellmaske
» Auswahl
» Perspektive
» Auswahl nachziehen
» Schatten

Schritt [1] Freistellen mit Schnellmaske

Schritt [2] Neue Datei mit zwei Ausschnitten

Schritt [3] Bound

nachher >>

[1] Freistellen mit Schnellmaske

1. Auswahl

Zum Freistellen arbeite ich in diesem Tutorial mit der SCHNELL-MASKE. Sie können jedoch jede andere Freistelltechnik genauso gut verwenden. Aktivieren Sie die SCHNELLMASKE, indem Sie in der linken unteren Ecke des Bildfensters einmal auf das Symbol klicken **(1)**. Zum Freistellen malen Sie mit Weiß die SCHNELLMASKE quasi weg. Drücken Sie die Taste D, damit setzen Sie die Vordergrund- und Hintergrundfarbe auf Schwarz/Weiß zurück. Wählen Sie Weiß als Vordergrundfarbe (Taste X) und aktivieren Sie den Pinsel. Malen Sie zunächst großflächig mit einer großen Pinselspitze.

Verwenden Sie für die feineren Teile einen ganz kleinen Pinsel – das kann an manchen Stellen sogar nur 1 Pixel Durchmesser sein.

Tipp

Wie Sie im Ebenendialog sehen, habe ich die Hintergrundebene dupliziert. Dadurch habe ich jederzeit Zugriff auf das Original.

Wenn Sie die Auswahlkante und das Bild vollständig sehen möchten, blenden Sie zwischendurch die SCHNELLMASKE aus: Klicken Sie dazu erneut in die linke untere Ecke des Bildfensters **(1)**. Zum Weiterarbeiten klicken Sie erneut dorthin. So aktivieren Sie die SCHNELLMASKE wieder.

257

2. Freistellen auf neue Ebene

Wenn Sie mit der Auswahl fertig sind, deaktivieren Sie die SCHNELLMASKE – die Auswahl ist aktiv ("Ameisen laufen").

Drücken Sie Strg / ctrl + C und Strg / ctrl + V zum Kopieren und Einfügen des Objekts auf eine neue Ebene. Verankern Sie die schwebende Auswahl durch Klick auf NEUE EBENE.

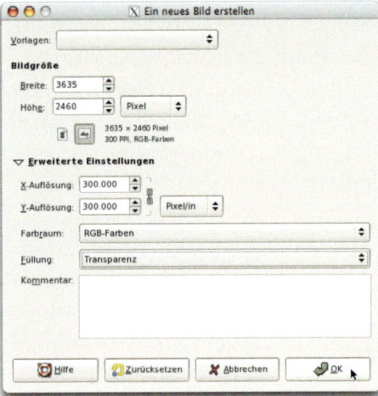

[2] Neue Datei mit zwei Ausschnitten

1. Neue Datei anlegen

Zum Anlegen einer neuen Datei klicken Sie auf DATEI > NEU. Bei BREITE und HÖHE nehmen Sie etwa nochmals die Hälfte der Auswahl dazu – Sie benötigen viel Fläche rund um das zuvor freigestellte Objekt. Wählen Sie QUER-FORMAT und gegebenenfalls eine AUFLÖSUNG von 300 ppi. Als Füllung verwenden Sie TRANSPARENZ. Bestätigen Sie mit OK. Speichern Sie die Datei sogleich unter "out-of-the-bound-final.xcf".

2. Auswahl zweite Datei

Öffnen Sie die zweite Datei und wählen Sie einen Ausschnitt, der eine Größe in einem geeigneten Verhältnis zum Objekt hat. Erzeugen Sie eine rechteckige Auswahl. Drücken Sie Strg / ctrl + C, wechseln Sie zu der neuen Datei "out-of-the-bound-final.xcf" und drücken Sie Strg / ctrl + V zum Einfügen des Ausschnitts. Verankern Sie die schwebende Auswahl durch Klick auf NEUE EBENE.

3. Objekte einfügen

Wechseln Sie zur ersten Datei, wählen Sie die freigestellte Ebene aus, drücken Sie Strg/ctrl+C, wechseln Sie zur neuen Datei „out-of-the-bound-final.xcf" und drücken Sie Strg/ctrl+V zum Einfügen des Ausschnitts. Verankern Sie die schwebende Auswahl durch Klick auf NEUE EBENE. Zum Zuschneiden auf das Objekt klicken Sie auf EBENE > EBENE AUTOMATISCH ZUSCHNEIDEN. Gegebenenfalls müssen Sie die Reihenfolge der Ebenen ändern. Das Ergebnis sollte wie links abgebildet aussehen.

[3] Bound

1. Perspektive ändern

Jetzt ändern wir die Perspektive des Hintergrundbilds. Wechseln Sie im Ebenendialog auf die Ebene und aktivieren Sie das PERSPEKTIVEN-Werkzeug. Klicken Sie mit dem Werkzeug einmal auf das Bild im Bildfenster und verändern Sie die Perspektive durch Ziehen der Ecken in verschiedene Richtungen. Bestätigen Sie mit OK.

Hinweis
Stellen Sie bei großen Dateien bei VORSCHAU GITTER ein. Das verkürzt die Rechenzeit.

2. Rahmen erzeugen

Für den Rahmen rund um das Bild duplizieren Sie die soeben perspektivisch veränderte Hintergrundebene (hier: Strand). Erzeugen Sie davon eine Auswahl, indem Sie mit der rechten Maustaste auf die Ebene klicken, und wählen Sie AUSWAHL AUS ALPHAKANAL. Klicken Sie auf AUSWAHL > VERGRÖSSERN und geben Sie einen Wert von ca. 25 Pixel ein (abhängig von der Größe Ihrer Datei).

Füllen Sie die Auswahl mit Weiß
– drücken Sie dazu D zum Zurücksetzen der Vordergrund- und Hintergrundfarbe. Drücken Sie die Taste X
zum Vertauschen der Vordergrund-
und Hintergrundfarbe, aktivieren Sie
das Füllwerkzeug und klicken Sie
damit auf die Ebene oder drücken Sie
Strg / ctrl + ,. Senken Sie die nun
weiße Ebene einmal ab – also unter
die Strandebene. Lassen Sie die Auswahl aktiv – wir benötigen sie noch
für den nächsten Schritt.

3. Rahmen nachziehen

Damit sich der Rahmen vom Hintergrund besser abgrenzt, ziehen wir ihn
mit einer feinen Linie nach. Stellen Sie
Schwarz oder Grau als VORDERGRUND-
FARBE ein. Stellen Sie sicher, dass Sie
die weiße Rahmenebene markiert
haben, und wählen Sie BEARBEITEN >
AUSWAHL NACHZIEHEN. Bestätigen Sie
mit OK. Nun heben Sie die Auswahl
auf (⇧ + Strg / ctrl + A). Fügen Sie
eine weiße Ebene als Hintergrund ein
und senken Sie diese ganz ab. Blenden
Sie sie nach Bedarf ein bzw. aus.
Das Zwischenergebnis sollte so aussehen, wie links abgebildet. Wir sind
fast fertig! Es fehlen nur noch ein paar
Schatten.

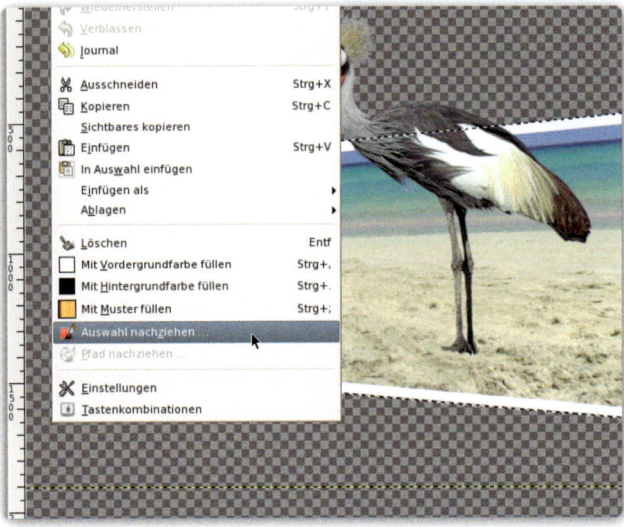

4. Rahmenschatten

Der Rahmen benötigt noch einen
Schatten. Markieren Sie die Rahmen-
ebene wie hier angezeigt und wählen
Sie FILTER > LICHT UND SCHATTEN >
SCHLAGSCHATTEN. Stellen Sie VERSATZ
X,Y auf 16, RADIUS DES WEICHZEICH-
NERS auf 17, DECKKRAFT auf 80 und
bestätigen Sie mit OK. (Beachten Sie
bitte, dass die Werte wieder von der
Größe Ihres Bilds abhängig sind.)

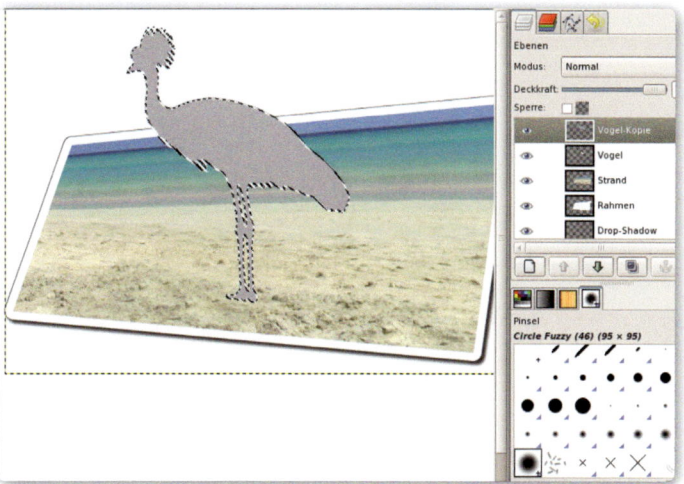

5. Schatten für das Objekt

Zum Hinzufügen eines Schattens für das Objekt (hier: Vogel) duplizieren Sie die Ebene. Erzeugen Sie eine Auswahl, indem Sie mit der rechten Maustaste Auswahl aus Alphakanal wählen. Blenden Sie über Auswahl > Ausblenden etwa 15 Pixel aus – dadurch erzeugen Sie eine weiche Kante. Nun füllen Sie die Ebene mit Hellgrau: Stellen Sie dazu die Farbe als Vordergrundfarbe ein und klicken Sie mit dem Füllwerkzeug auf die Auswahl.

Reduzieren Sie gegebenenfalls die Deckkraft der Ebene. Skalieren Sie die Ebene und verändern Sie die Perspektive, bis Sie einen realistischen Schatten haben. Beachten Sie dabei, woher das Licht kommt, das auf das Objekt fällt. Der Schatten kann auch gut und gerne aus dem Rahmen fallen – probieren Sie es aus!

Tipp
Versuchen Sie für diesen Arbeitsschritt auch den Filter > Licht & Schatten > Perspektive.

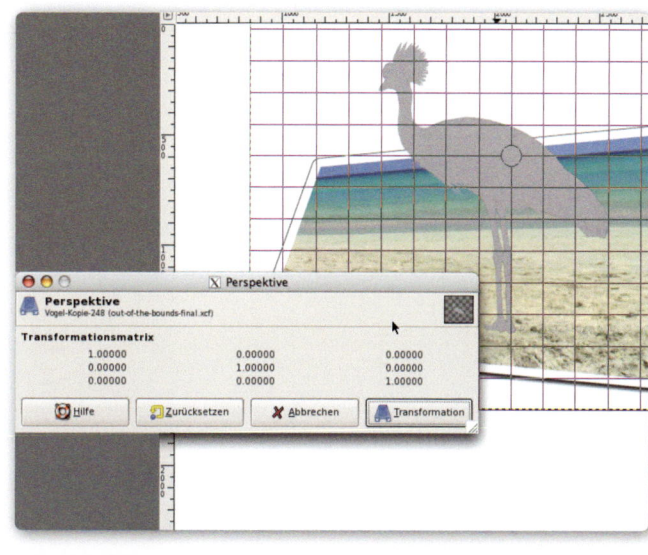

Schwarzweißbild mit Farbakzent

Profis wandeln ein Bild nicht einfach in Graustufen um, sondern bedienen sich anderer Techniken, wie Kanalmixer. Außerdem zeige ich Ihnen in diesem Tutorial, wie Sie dem Bild einen Farbakzent geben. Früher, als es nur die Schwarzweißfotografie gab, malte man diese Akzente von Hand, daher nennt man die Technik auch Handcolorieren.

Schritt [1] Umwandlung in Graustufen

Schritt [2] „Handcolorieren"

Tools & Techniken
» Kanalmixer
» Ebenenmaske

>> vorher

Foto: photografin.at

nachher >>

[1] Umwandlung in Graustufen

1. Ebene duplizieren
Zunächst duplizieren
Sie die Hintergrund-
ebene. Klicken Sie dazu
im Ebenenfenster auf
das Icon mit den zwei
Seiten. Wir arbeiten
auf der unteren Ebene
weiter (einmal ank-
licken) und blenden
die obere Ebene aus
(Auge anklicken).

2. Kanäle bewerten
Bevor wir in medias res gehen, betrachten
und bewerten wir die Kanäle des Bilds.

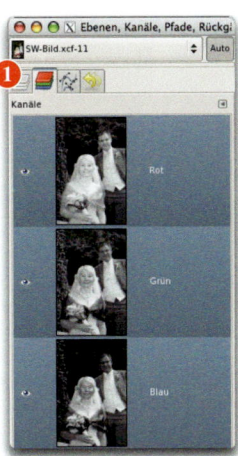

Klicken Sie dazu in
den KANÄLEDIALOG
(Klick aufs Register
rechts vom Ebenen-
dialog (1)), wo Sie
die drei Kanäle
Rot, Grün und Blau
abgebildet finden. In
diesem Fall reprä-
sentiert der Rotkanal
die Helligkeit. Der
Grünkanal enthält
die beste Schwarz-
weißversion eines
Bilds und hat den
wenigsten Anteil an Bildrauschen („Noise")
und der Blaukanal enthält die meisten Tiefen. Dies unterscheidet sich jedoch von Bild
zu Bild.

3. Kanalmixer
Wechseln Sie in den Ebenendialog und wählen Sie
FARBEN > KOMPONENTEN > KANALMIXER.
Aktivieren Sie die Option MONOCHROM. Nun ver-
ändern wir die Anteile der einzelnen Kanäle. Ich
reduziere Rot und erhöhe Grün und Blau etwas.
Experimentieren Sie so lange mit den Kanälen, bis
Sie in der Vorschau ein schönes, kontrastreiches
Schwarzweißbild erhalten.

Wenn Sie HELLIGKEIT ERHALTEN aktivieren, ergibt die
Summe der drei Kanäle immer 100%. Es gab einmal
die Faustregel, dass die drei Kanäle diesen Wert nicht
übersteigen dürfen. Das ist jedoch überholt. Ich empfehle Ihnen daher, diese Option nicht zu aktivieren.

Bestätigen Sie mit OK und betrachten Sie das Ergebnis.
Gegebenenfalls probieren Sie es erneut. Drücken Sie
Strg / ctrl + Z zum Rückgängigmachen und wieder-
holen Sie den Schritt.

Vergleichen Sie selbst: Links die Umwandlung per BILD > MODUS > GRAUSTUFEN und rechts das deutlich kontrastreichere Ergebnis mittels Kanalmixer (FARBEN > KOMPONENTEN > KANALMIXER).

[2] „Handcolorieren"

1. Ebenenmaske hinzufügen

Blenden Sie über den Ebenendialog die obere (farbige) Ebene wieder ein. Klicken Sie mit der rechten Maustaste darauf und wählen Sie EBENENMASKE HINZUFÜGEN. Im Dialog aktivieren Sie die Option SCHWARZ (VOLLE TRANSPARENZ) und bestätigen Sie mit OK. Dadurch wird die farbige Ebene vollständig durch die Ebenenmaske abgedeckt und Sie sehen wieder nur die Graustufenebene. Nun malen wir die Bereiche an der Ebenenmaske weg, wo wir die farbigen Teile wieder sehen möchten.

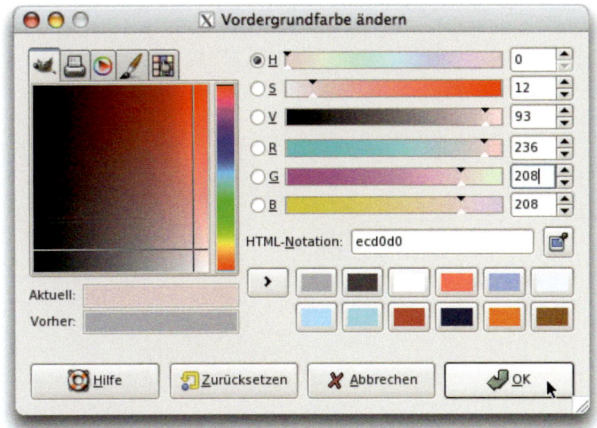

2. Colorieren

Aktivieren Sie das Pinselwerkzeug, drücken Sie die Taste [D] zum Zurücksetzen der Vordergrund- und Hintergrundfarbe auf Schwarz-Weiß. Drehen Sie die Farben um, so dass Weiß die Vordergrundfarbe ist (Taste [X]). Doppelklicken Sie auf die Vordergrundfarbe und reduzieren Sie das Weiß ein wenig in Richtung Rot, zum Beispiel R: 236, G: 208, B: 208. Dadurch erhält das freigelegte Objekt etwas abgesoftetere Farben.

Verwenden Sie eine Pinselspitze mit weicher Kante. Die Größe ist abhängig von der Auflösung des Bilds und davon, was Sie bearbeiten. Klicken Sie auf die Ebene mit der Ebenenmaske und danach zur Sicherheit auf die Ebenenmaskenminiatur – diese muss weiß umrahmt sein, dann ist sie aktiv. Malen Sie den Blumenstrauß damit an. Das Objekt wird dabei wiederhergestellt. Sie legen es von der Ebenenmaske quasi frei.

Wenn Sie mit dem Pinsel irrtümlich den Hintergrund freigelegt haben, verwenden Sie zum Korrigieren schwarze Vordergrundfarbe (Taste [X]). Dadurch stellen Sie die Ebenenmaske wieder her.

3. Ebenenmaske anwenden

Wenn Sie mit dem Ergebnis zufrieden sind, klicken Sie im Ebenendialog mit der rechten Maustaste auf die Schwarzweißebene und wählen Sie EBENEN-MASKE ANWENDEN.

265

Altes Foto

Alte Fotos bestechen durch
einen ganz eigenen Farb-
ton: Sepia ist ein bräun-
licher Farbstoff – gewonnen
aus Tintenfischen –, der
früher im Labor für das
Colorieren von Schwarz-
weißbildern verwendet
wurde. Heutzutage brau-
chen wir keine Tiere mehr
zu töten, um den Effekt zu
erzielen – und schneller
geht's auch!

Schritt [1] Filter anwenden

Schritt [2] Kontrast erhöhen

Schritt [3] Störungen hinzufügen

Tools & Techniken
» Filter (Altes Foto)
» Kurven
» Packpapier
» Papierschnipsel
» Auf-Objekt-abbilden-Filter
» Bewegungsunschärfe
» Schmelzen-Filter

>> vorher

Foto: photografin.at

nachher >>

[1] Filter anwenden

Wählen Sie FILTER > DEKORATION > ALTES FOTO. Mit UNSCHARF STELLEN wird der Rand des Bilds abgesoftet, die Stärke des Rands stellen Sie über die RANDGRÖSSE in Pixel ein. Aktivieren Sie SEPIA für den typischen bräunlichen Farbton, MARMORIEREN für einen leichten Marmoreffekt und aktivieren Sie MIT KOPIE ARBEITEN, wenn das Ergebnis in einem neuen Bildfenster angezeigt werden soll.

[2] Kontrast erhöhen

Falls das Ergebnis etwas zu „schal" wirkt, erhöhen Sie den Kontrast über die Farbkurve. Wählen Sie dazu FARBEN > KURVEN. Formen Sie die Kurve zu einem leichten „S" – ziehen Sie dazu den oberen Bereich leicht nach oben und den unteren Bereich leicht hinunter.

Die nun folgenden Arbeitsschritte fügen dem Bild noch etwas mehr Unregelmäßigkeiten und Störungen hinzu – Sie können auch darauf verzichten:

[3] Störungen hinzufügen

Damit das Bild nicht zu glatt und sauber wirkt, fügen wir noch ein paar Störungen hinzu.

1. Knitterlook hinzufügen

Um dem Bild einen möglichst natürlich wirkenden Knitterlook hinzuzufügen, scannen Sie ein Stück verknittertes Packpapier oder verdrückten Stoff. Sie finden aber auch unter *Content+* (siehe vordere Umschlagseite innen) die Datei *packpapier.jpg* zum Download. Öffnen Sie sie und passen Sie sie größenmäßig an die Zieldatei „altes Foto" mittels BILD > BILD SKALIEREN an. Hat Ihre Datei also 2000 x 1000 Pixel, verkleinern Sie das Packpapier dazu passend. Lesen Sie dazu auch den Workshop: *Bild auf definierte Pixelgröße bringen* auf Seite 66. Ziehen Sie die Packpapier-Datei in die Altes-Foto-Datei, siehe auch Seite 74.

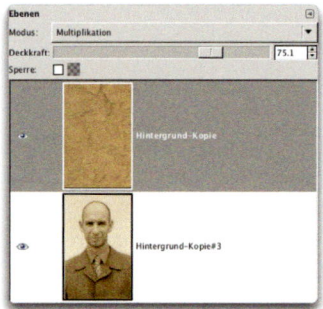

2. Ebenenanordnung und -modi

Die Ebenenanordnung ist wie links abgebildet. Nun experimentieren wir mit der DECKKRAFT und den EBENENMODI. Eine mögliche Einstellung wäre die folgende: Markieren Sie die Ebene mit dem Packpapier und stellen Sie den Ebenenmodus auf MULTIPLIKATION bei einer DECKKRAFT von ca. 75. Sie sollten nun das Foto gemixt mit dem Packpapier sehen. Lassen Sie die Packpapier-Ebene markiert – auf ihr arbeiten wir im nächsten Schritt weiter:

3. Papierschnipsel

Wir brauchen noch etwas Unruhe! Dabei hilft uns der folgende Filter: FILTER > ABBILDEN > PAPIERSCHNIPSEL. Dieser zerteilt das Bild in viele kleine Quadrate und verschiebt sie gegeneinander. Bei den Einstellungen für TEILUNG und BEWEGUNG können Sie ruhig experimentieren. Wichtig ist nur, dass Sie als Hintergrundtyp BILD wählen, damit dieses zerschnipselt wird. Bestätigen Sie mit OK.

Das Zwischenergebnis sieht ja schon recht alt aus :) – und damit meinte ich nur das Foto, nicht das Motiv selbst!

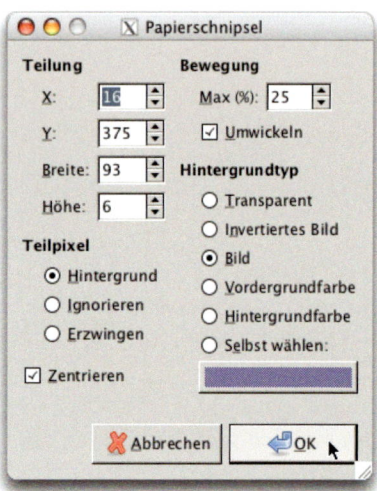

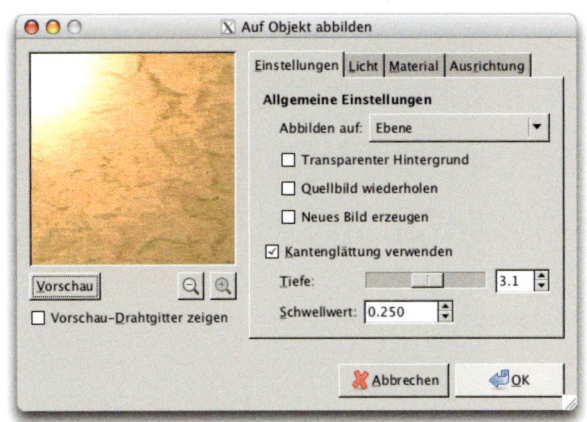

4. Auf Objekt abbilden

Als vorletzten Schritt wählen wir für die Packpapier-Ebene noch FILTER > ABBILDEN > AUF OBJEKT ABBILDEN. Dadurch erscheint in der linken oberen Ecke ein heller Fleck, als hätte das Bild zu lange in der Sonne gelegen. Bestätigen Sie die Standardeinstellungen (wie links abgebildet).

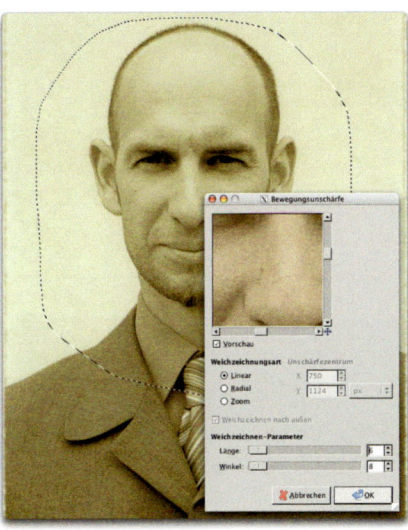

5. Unschärfe

Viele alte Fotos sind zu den Rändern hin unscharf. Diesen Effekt fügen wir nun auch hinzu: Kreisen Sie recht großflächig den mittleren Bereich des Fotos ein – hier das Gesicht –, wählen Sie KANTE > AUSBLENDEN (abhängig von der Auflösung Ihres Bilds) eine hohe Pixelanzahl, bei 1500 habe ich 50 eingetragen. Wählen Sie dann AUSWAHL > INVERTIEREN, um alles außer die Mitte auszuwählen. Dann öffnen Sie über FILTER > WEICHZEICHNEN > BEWEGUNGSUNSCHÄRFE den Dialog, lassen Sie LINEAR und tragen Sie eine LÄNGE von ca. 8 und einen WINKEL von ca. 5 ein.

Heben Sie mit ⇧+Strg/ctrl+A die Auswahl auf.

6. Schmelzen

Zum Schluss fügen wir noch eine letzte Irritation hinzu: Lassen Sie die Markierung auf der Hintergrundebene und wählen Sie FILTER > RAUSCHEN > SCHMELZEN. Aktivieren Sie ZUFÄLLIG und einen ZUFALLSANTEIL von ca. 74% und bei WIEDERHOLEN ca. 5. Wiederholen Sie den Filter bei Bedarf.

Sie sehen, es macht viel Spaß, mit den zahlreichen Filtern von GIMP Bilder zu verändern. Sie werden bestimmt noch weitere finden, die Sie begeistern!

Unerwünschte Objekte entfernen

Häufig können Sie die Szenerie beim Fotografieren nicht beeinflussen und haben Elemente in den Bildern, die Sie vom Hauptmotiv ablenken. Dank der digitalen Bildretusche lassen sich diese jedoch leicht entfernen – wie das geht, zeigt Ihnen dieses Tutorial.

Schritt [1] Freistellen

Schritt [2] Klonen

Schritt [3] Fun!

Tools & Techniken
» Schnellmaske
» Klonen-Werkzeug

>> vorher

Foto: Helmer *

nachher >>

[1] Freistellen

1. Auswahl erzeugen

Zunächst stellen Sie den Stein an jenen Stellen frei, wo es Berührungspunkte zum Objekt gibt, das Sie wegretuschieren wollen. Aktivieren Sie die SCHNELLMASKE durch Klicken in die linke untere Ecke des Bildfensters (1). Drücken Sie D und anschließend X, um Weiß als Vordergrundfarbe einzustellen. Malen Sie mit dem PINSEL (harte Werkzeugspitze) den Stein aus. Sie müssen nicht den gesamten Stein freistellen, wichtig ist der Teil, wo der Mann auf den Stein trifft. Wenn Sie fertig sind, deaktivieren Sie die SCHNELLMASKE – Sie sehen jetzt die Auswahl „laufen".

2. Auswahl kopieren und einfügen

Drücken Sie Strg / ctrl + C und Strg / ctrl + V zum Kopieren und Einfügen des Objekts auf eine neue Ebene. Klicken Sie auf NEUE EBENE (2), um die Auswahl zu verankern.

271

[2] Klonen 🖌

Wechseln Sie im Ebenendialog wieder hinunter auf die Hintergrundebene. Aktivieren Sie das KLONEN-Werkzeug, stellen Sie eine WERKZEUGSPITZE mit weicher Kante und ca. 50 Pixel Durchmesser ein, holen Sie mit gedrückter Strg / ctrl-Taste passende benachbarte Pixel und klicken Sie mit dem KLONEN-Werkzeug auf das wegzuretuschierende Objekt (hier die Person). Wiederholen Sie das Aufnehmen und Auftragen, bis das Objekt nicht mehr sichtbar ist. Nehmen Sie dabei keine Rücksicht auf die Kanten des Steins.

Vielleicht haben Sie sich im ersten Schritt gefragt, wozu wir den Stein auf eine eigene Ebene kopieren. Jetzt wird es klarer: In der linken Abbildung **(3)** sehen Sie, dass wir beim Klonen einige Male den Stein übermalt haben. Und glauben Sie mir: So genau können Sie gar nicht arbeiten, dass Ihnen das nicht passiert! Aber wir haben den Stein zuvor ja schon in Sicherheit gebracht. Der liegt unangetastet eine Ebene oberhalb – sobald Sie diese **(4)** wieder einblenden, ist alles wieder in Ordnung.

Fahren Sie nun mit den restlichen Objekten fort. Die Frau retuschiere ich genauso weg, wie zuvor beschrieben. Um in wirklich geraden Linien zu klonen, wie es etwa beim Horizont nötig ist, halten Sie unmittelbar nach der Pixelaufnahme (mit Strg / ctrl) die ⇧-Taste gedrückt. Dadurch wird eine Linie eingeblendet **(5)**, die Ihnen hilft, die kopierten Pixel auf gleicher Höhe zu platzieren. Lassen Sie zum Auftragen der Pixel jedoch die ⇧-Taste wieder los.

Wie Sie sehen, habe ich auch das kleine Mädchen wegretuschiert. Da es von der Frau im Vordergrund teilweise verdeckt war, wäre es nicht möglich gewesen, die fehlenden Köperteile (Rücken und Arm) herzustellen.

1. Verschmieren

Sind durch das Klonen allzu harte Übergänge entstanden, verwenden Sie das Verwischen-Werkzeug: Halten Sie die Maustaste gedrückt und verschmieren Sie die Stellen. Bitte dieses Werkzeug nur sehr sparsam einsetzen, da man auf Ausdrucken die verwischten Stellen leicht sehen kann!

[3] Fun!

Die Arbeit ist so gut gelungen, da ist jetzt Platz für ein wenig Spaß. Sind Sie dabei? Wir duplizieren das Segelboot im Hintergrund: Stellen Sie die Werkzeugspitze für das Klonen-Werkzeug so ein, dass es gut über das Segelboot passt (hier rund 370 Pixel) und eine weiche Kante hat. Klicken Sie mit gedrückter Strg/ctrl-Taste auf das Segelboot, lassen Sie Strg/ctrl los. Drücken Sie jetzt die ⇧-Taste, platzieren Sie die Maus auf gleicher Höhe (sichtbar durch die Linie (6)) und fügen Sie durch einmaliges Klicken das Segelboot an der Stelle ein.

273

Extras für Fotografinnen und Fotografen

In diesem Teil erwarten besonders Fotografen einige interessante Specials: Sie erfahren, wie Sie RAW-Dateien mit dem Plug-in UFRaw zunächst bearbeiten und anschließend in GIMP öffnen und wie Sie Ihre Bilder mit einem individuell anpassbaren Copyright-Stempel sichern. So können Sie Ihre besten Bilder im Web sicher veröffentlichen.

flickr.com: sleestak66

flickr.com: noel lee

Inhaltsverzeichnis

flickr.com: ovizo0n

flickr.com: HaPe Gera

UFRaw-Plug-in

RAW-Dateien sind – wie der Name schon sagt – Rohdateien, die völlig unverändert, unbearbeitet und unkomprimiert aus der Kamera kommen. In GIMP importieren Sie die RAW-Dateien über das von Udi Fuchs entwickelte UFRaw-Plug-in.

RAW-Dateien lassen sich in GIMP wie alle anderen Dateien öffnen, vorausgesetzt, Sie haben das UFRaw-Plug-in installiert. Die Bearbeitung in UFRaw erfolgt in 16 Bit. Nach dem Import in GIMP wird runtergerechnet auf 8 Bit. Sobald Sie eine RAW-Datei ins Bildfenster von GIMP ziehen, öffnet der folgende UFRaw-Dialog (PC-Version, V 0.14.1):

> **Tipp**
> Die Installationsanleitung für das RAW-Plug-in finden Sie im Anhang auf Seite 344.

Foto: Lechner *

Gehen Sie das UFRaw Plug-in am besten in der Reihenfolge durch:

(A) Belichtungskorrektur
(B) Weißabgleich
(C) Interpolation & Bildrauschen

(D) Feinjustierung: Graustufen, Tonkurve, Helligkeit/Sättigung etc.

Beobachten Sie bei der Veränderung der Werte stets das Live-Histogramm (E).

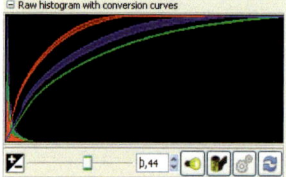

(A) Belichtungskorrektur (Exposure)

Die Belichtungskorrektur der Lichtwerte (EV = exposure value, Lichtwert) führen Sie über den Regler durch. Je weiter nach rechts Sie den Regler schieben, desto stärker wird die Belichtung des Bilds. Achten Sie darauf, dass sich mit stärkerer Belichtung das Bildrauschen erhöht. Zum Reduzieren des Bildrauschens verwenden Sie den DENOISE-Regler darunter. Die Änderungen am Foto sehen Sie sofort in der Vorschau rechts. Im Raw-Histogramm sehen Sie die RGB-Kurven. Die Stärke der Kurven variiert; für jedes Pixel werden die Rohdatenwerte in entsprechende RGB-Kanäle zusammengefasst.

Negative Belichtungswerte

Reduzieren Sie die Belichtung – so dass der Wert negativ wird –, gibt es drei Möglichkeiten, wie einmal abgeschnittene Glanzlichter wiederhergestellt werden können:

 Glanzlichter werden komplett fixiert, verhindert Artefakte bei der Wiederherstellung.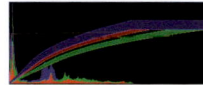

 Glanzlichter werden im HSV-Raum wiederhergestellt, ergibt scharfe Details in den Lichtern.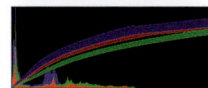

 Glanzlichter werden im LCh-Farbraum wiederhergestellt, das heißt, Farbton und Farbe werden beibehalten, während die Helligkeit wiederhergestellt wird. Das Ergebnis sind weiche Details in den Lichtern.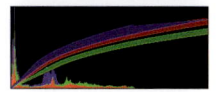

Positive Belichtungswerte

Mit dem zweiten Button beeinflussen Sie, wie die Glanzlichter bei einer positiven Belichtung abgeschnitten werden. Dieser Button kann zwei Formen annehmen:

 Bildet einen linearen digitalen Sensor nach, die Raw-Kurve kann stark aufgesteilt sein. Dadurch – obwohl mathematisch korrekt – können harte Obergrenzen entstehen.

 Die Kurve wird abgeflacht, die Obergrenze abgesoftet. Ergibt meist die besseren Ergebnisse.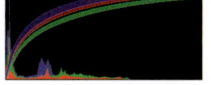

Beobachten Sie das Raw-Histogramm, während Sie die unterschiedlichen Einstellungen durchführen.

Auto-Belichtung

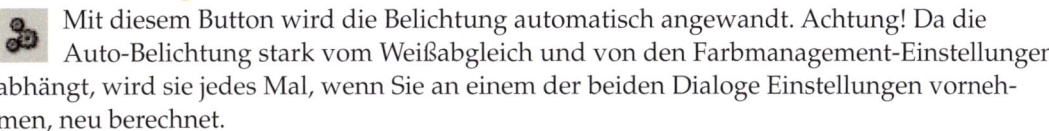 Mit diesem Button wird die Belichtung automatisch angewandt. Achtung! Da die Auto-Belichtung stark vom Weißabgleich und von den Farbmanagement-Einstellungen abhängt, wird sie jedes Mal, wenn Sie an einem der beiden Dialoge Einstellungen vornehmen, neu berechnet.

 Damit setzen Sie den Belichtungswert wieder auf die UFRaw-Standardwerte zurück.

(B) Weißabgleich (WB = white balance)

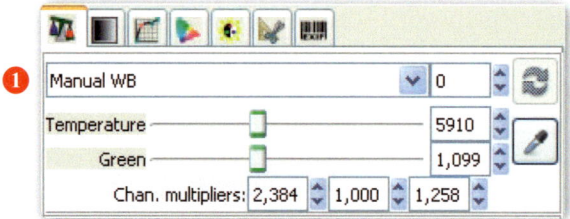

Mit dem Weißabgleich beeinflussen Sie die Farbtemperatur des Bilds, die Maßeinheit dafür ist Kelvin (K) – die „neutrale" Mittagssonne hat dabei 5.500 Kelvin. UFRaw verwendet standardmäßig den kameraseitigen Weißabgleich (Camera WB). Für den manuellen Weißabgleich verschieben Sie den Regler TEMPERATURE. Da der Weißabgleich hauptsächlich das Verhältnis der Farben Rot und Blau zueinander definiert, gibt es darunter den Regler für den Grünkanal.

In dem Pull-down-Menü **(1)** finden Sie verschiedene kameraabhängige Einstellungsmöglichkeiten für den Weißabgleich. Steht ein Ausrufezeichen neben dem Pull-down-Menü, konnten für Ihre Kamera keine Weißabgleich-Voreinstellungen gefunden werden. Versuchen Sie über die Website von UFRaw, mehr über Ihre Kamera zu erfahren.

Mit dieser Pipette führen Sie einen AUTOMATISCHEN WEISSABGLEICH durch. Klicken Sie dabei zuerst auf einen neutral grauen Punkt im Vorschaubild und danach auf die Pipette. Damit wird der Weißabgleich auf Basis der Werte dieses Spots durchgeführt. Mit Klick auf den RESET-Button werden die Weißabgleichwerte wieder auf ihren Anfangswert – nach dem Öffnen des Bilds – zurückgesetzt.

Der Kanal-Multiplizierer (CHAN. MULTIPLIERS) zeigt an, wie die verschiedenen Kamerakanäle bei den aktuellen Einstellungen multipliziert werden. Diese brauchen Sie meist nicht zu verändern. Doch der kleinste Wert sollte 1,00 nicht unterschreiten.

V. l. n. r.: Das erste Bild mit „kühlen" 3.000 Kelvin, das zweite Bild mit angenehmen 5.400 K. Sie sehen, dass Sie mit dem Weißabgleich ganz leicht völlig verschiedene Stimmungen erzeugen können.

(C) Interpolation und Bildrauschen

Die Farbinterpolation ist eine mathematische Mittelwertberechnung zur Zuordnung von Farbe an die Pixel der RAW-Dateien.

» Die Standardinterpolation ist die **AHD-Interpolation** (Adaptive Homogeneity Directed Interpolation). Sie liefert grundsätzlich die besten Resultate. Verwenden Sie die AHD-Interpolation vor allem für Bilder, die über viele Details verfügen und daher eine hohe Kantenschärfe benötigen. Der Nachteil der AHD-Interpolation kann sein, dass die Kanten überschärft werden und dann Farbränder bekommen.

» Die **VNG-Interpolation** (Variable Number of Gradients) wurde früher als Standardinterpolation verwendet und ist nach wie vor eine gute Option vor allem für Porträtaufnahmen und kontrastarme Aufnahmen. Der Nachteil der VNG-Interpolation ist, dass es zu Bildrauschen neigt.

» Die **VNG Four Color Interpolation** verwenden Sie am besten dann, wenn Sie Bayer-Muster-Artefakte (rote und blaue Ränder an den Pixeln, in den Bereichen hoher Kontraste) im Bild haben.

» **PPG-Interpolation** (Patterned Pixel Grouping): Diese Interpolation ist einen Versuch wert. Bei manchen Bildern liefert sie bessere Ergebnisse als die anderen Interpolationsarten, sie ist zudem recht schnell.

» Die **Bilineare Interpolation** ist die schnellste, aber dafür qualitativ nicht so gute Interpolationsmöglichkeit.

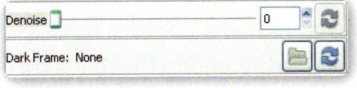

Mit dem DENOISE-Regler reduzieren Sie **Bildrauschen**. Mittels „Dark Frame Substraction" vermindern manche Kameras Bildrauschen, das bei zu langer Belichtung entsteht. Mit der DARK-FRAME-Funktion von UFRaw fügen Sie nachträglich eine manuelle Dark-Frame-Reduktion durch: Sie erzeugen bei verschlossenem Kameraverschluss eine Aufnahme mit denselben Belichtungseinstellungen wie das Bild, das unter Bildrauschen leidet. Die Aufnahme wird trotzdem nicht ganz schwarz, sondern mit Rauschen durchzogen sein. Und genau dieses Rauschen wird dann in der UFRaw-Software dem Bild entzogen.

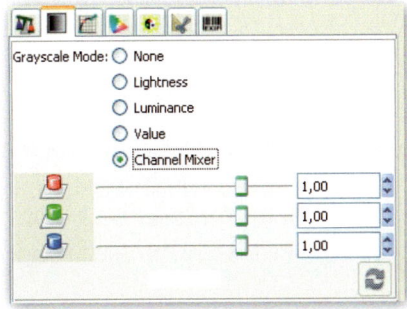

(D) Feinjustierung: Graustufen, Tonkurve, Helligkeit/Sättigung etc.

1. Graustufen

Durch Klick auf die zweite Lasche gelangen Sie in ein Fenster zur Umwandlung des Bilds in Graustufen. Wählen Sie zwischen den verschiedenen Modi LEUCHTKRAFT, HELLIGKEIT, SÄTTIGUNG für die Umwandlung bzw. verwenden Sie den Kanalmixer für die Einstellung der Grauwerte basierend auf den einzelnen Farbkanälen (siehe dazu auch den GIMP-Kanalmixer, Seite 168).

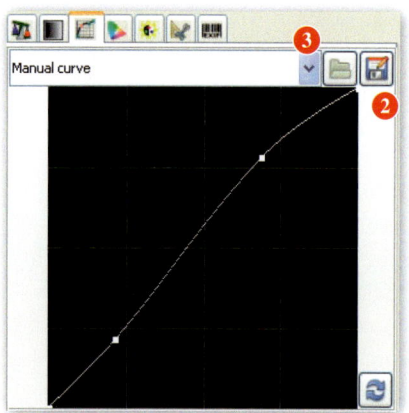

2. Tonkurve (Base)

Damit verändern Sie die Tonwerte des Bilds. Ziehen Sie die Kurve leicht hinauf, um das Bild aufzuhellen, oder hinunter, um es abzudunkeln. Mit jedem Klick auf die Kurve erzeugen Sie einen neuen Punkt, mit dem Sie die Kurve in den Tiefen bzw. Höhen ausrichten. Zum Löschen eines Punkts markieren Sie ihn und drücken Sie die Entf-Taste. Optional können Sie Kurven auch abspeichern, klicken Sie dazu auf den SPEICHERN-Button (2). Falls Ihre Kamera eine eigene Kurve mitliefert, finden Sie diese in der Auswahl als KAMERA-KURVE (3).

Im Web finden Sie weitere Kurven, die Sie in UFRaw laden können, so z.B. die berühmte White-Wedding-Kurve (*http://fotogenetic.dearingfilm.com/downloads.html*), die aus weißem Stoff noch zahlreiche Details sichtbar macht. Laden Sie die Kurve herunter und öffnen Sie die Datei über den ÖFFNEN-Button in diesem Dialog.

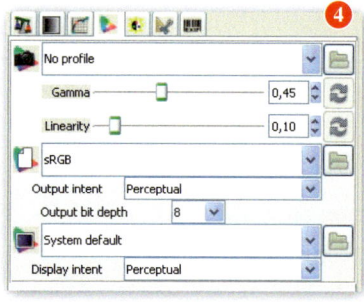

3. Farbmanagement (Color)

In diesem Dialog stellen Sie die Farbprofile ein (siehe auch Exkurs *Farbmanagement* auf Seite 171). Beim Menüpunkt INPUT PROFILE hinterlegen Sie das Farbprofil Ihrer Kamera. Zum Auswählen des Farbprofils klicken Sie auf das ÖFFNEN-Symbol rechts (4). Mit dem Regler GAMMA korrigieren Sie den Gamma-Wert des Kamerafarbprofils nach. Dieser Wert wird vom Kameraprofil mitgeliefert. Beim OUTPUT PROFILE lassen Sie entweder sRGB, Adobe RGB oder verwenden Sie das Farbprofil Ihres Monitors.

Im Pull-down-Menü DISPLAY INTENT legen Sie fest, wie die Umwandlung vom Input- zum Output-ICC-Profil erfolgen soll:

» PERCEPTUAL: Bei dieser Option wird auf absolute Farb- und Tongenauigkeit verzichtet und ein fürs Auge bestes Ergebnis erzielt, indem das Verhältnis der Farben zueinander erhalten bleibt. Diese Einstellung ist die beste, wenn Sie vorhaben, das Foto auf einem Tintenstrahldrucker auszudrucken. Diese Option ist nicht für Proofs und ähnliche Produkte gedacht, wo Farbverbindlichkeit im Vordergrund steht.

» RELATIVE COLORMETRIC: Hierbei wird der Weißpunkt außerhalb des Bilds im Zielmedium (Drucker) berechnet. Restliche Farben außerhalb des Tonumfangs werden im nächstpassenden Bereich abgebildet. Verwenden Sie diese Option, wenn Sie Proofs für den Offset-Druck über einen Tintenstrahldrucker erzeugen bzw. mit den PERCEPTUAL-Ergebnissen nicht ganz zufrieden sind.

» SATURATION: Verwenden Sie diese Option für Businessgrafiken und Diagramme, wo helle leuchtende Farben wichtiger sind als exakte Farbverbindlichkeit. Für Fotoausdrucke ist SATURATION nicht zu empfehlen.

» ABSOLUTE COLORMETRIC: Beim Umwandeln vom Quell- in den Zielfarbraum gibt es Farben, die außerhalb des Zielfarbraums liegen. Farben innerhalb des Tonumfangs bleiben unverändert und werden nur einfach 1:1 umgewandelt. Das hat zur Folge, dass häufig Weißpunkte außerhalb des Bereichs liegen und damit abgeschnitten werden. Dieses Problem löst die RELATIVE COLORMETRIC.

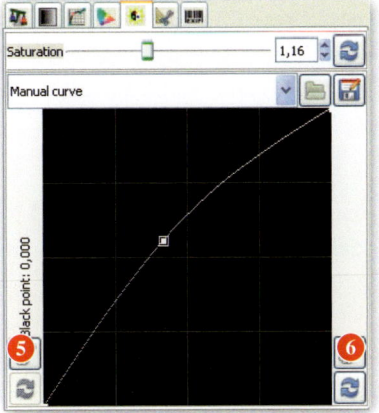

4. Helligkeit/Sättigung

In diesem Dialog verändern Sie die SÄTTIGUNG im LCh(ab)-Farbbereich, das heißt, Helligkeit und Farbton bleiben erhalten. Werte über 1 erhöhen, Werte unter 1 verringern die Sättigung, bei 0 erzeugen Sie ein Graustufenbild. Mit der KURVE regulieren Sie die Helligkeit.

Mit dem linken AUTO-ADJUST-Button **(5)** setzen Sie den Schwarzpunkt in die linke untere Ecke (0,000). RESET setzt den Schwarzpunkt wieder auf den Wert zurück, den er beim Öffnen hatte. Der rechte AUTO-ADJUST-Button **(6)** versucht, eine optimale Kurve zu erzeugen, indem das Histogramm abgeflacht wird – ich habe dabei nicht oft gute Ergebnisse erzielt. Mit RESET setzen Sie die Kurve wieder zurück. Sie können die Einstellungen speichern 🖫 bzw. laden 🖿.

Links außen: durchschnittliche Sättigung 1,66, oben: hohe Sättigung von 2,65 und unten fast entsättigt mit 0,73.

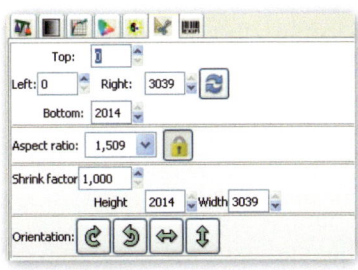

5. Zuschneiden, Verkleinern und Drehen

Im oberen Teil schneiden Sie das Bild zu. Die Werte TOP (OBEN) und LEFT (LINKS) stehen standardmäßig auf null, während RIGHT (RECHTS) und BOTTOM (UNTEN) die Abmessungen des Bilds anzeigen – also die Breite und Höhe. Zum Zuschneiden reduzieren (rechts, unten) bzw. erhöhen (oben, links) Sie diese Werte. Indem Sie direkt im Bildfenster mit der Maus die Außenränder hineinziehen, legen Sie manuell die Werte fest. Mit Klick auf 🖎 setzen Sie die Maße wieder auf ihre Originalwerte zurück. Durch Klick auf das Schloss bei ASPECT RATIO bleiben die Seitenverhältnisse erhalten. Mit dem SHRINK-FAKTOR legen Sie fest um wie viel das Bild verkleinert werden soll – je höher der Wert, desto kleiner das Bild. Bei Werten unter 2 wird nicht mehr interpoliert. Mit den Pfeilen im unteren Teil des Dialogs drehen bzw. spiegeln Sie das Bild in die angegebenen Richtungen.

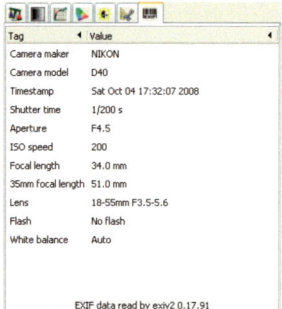

6. EXIF

UFRaw bietet in diesem Dialog einen EXIF-Viewer – Sie können damit keine Daten verändern, nur lesen. EXIF-Daten liefern Informationen zum Bild wie Kameratyp, Aufnahmezeitpunkt, Blendengröße, Belichtungszeit, Format und Größe.

Hinweis

UFRaw unterstützt bis dato die folgenden EXIF-Formate: Canon (CRW, CR2), Nikon (NEF), Pentax (PEF), Samsung (PEF), Sony (SR2, ARW), Fuji (RAF) und Adobe's DNG, das von einer Vielzahl von Kameras verwendet wird. Eine komplette Liste aller Kameratypen finden Sie auf der Website von UFRaw: *http://ufraw.sourceforge.net/ Cameras.html*

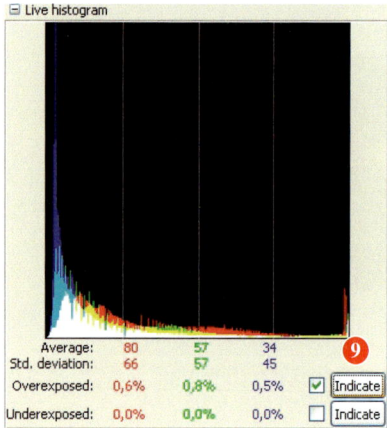

(E) Live-Histogramm

Das Live-Histogramm stellt die Werte des aktuellen Bilds dar und wird mit jeder Änderung, die Sie an den Farbwerten (s.o.) durchgeführt haben, aktualisiert. Darunter finden Sie die jeweiligen Werte als Zahlen. Die erste Zeile zeigt den DURCHSCHNITT und die zweite Zeile die STANDARDABWEICHUNG (STD. DEVIATION).

Wenn Sie mit der rechten Maustaste auf das Histogramm klicken, wählen Sie zwischen den folgenden Histogrammen: RGB-HISTOGRAMM, R+G+B-HISTOGRAMM, LUMINOSITY (HELLIGKEITS)-HISTOGRAMM, WERTE (VALUE) (MAX.) HISTOGRAMM und SATURATION (SÄTTIGUNGS-) HISTOGRAMM. Außerdem können Sie zwischen LINEARER und LOGARITHMISCHER Darstellung umschalten und die GRÖSSE des Histogramms in Pixel von 96, 128, 192 auf 256 verändern.

Darüber hinaus hat das Live-Histogramm noch ein besonderes Feature: Auf einen Klick kennzeichnen Sie Bereiche des Bilds, die über- bzw. unterbelichtet sind. Klicken Sie dazu auf die Kontrollkästchen neben den jeweiligen Befehlen **(9)** (OVEREXPOSED = überbelichtet, UNDEREXPOSED = unterbelichtet).

Überbelichtete Stellen werden dann schwarz blinkend, unterbelichtete Stellen weiß blinkend markiert. Korrigieren Sie über die Tonwerte **(C)** (siehe Seite 279) und die Belichtung **(A)** (siehe Seite 276), damit diese kritischen Stellen entschärft werden.

Was ist Script-Fu?

Ähnlich wie mit Aktionen in Photoshop oder Makros in Word und Excel werden mit Script-Fu Arbeitsschritte automatisiert und in einem Menübefehl zusammengefasst. Obwohl die Skriptsprache SCHEME sehr einfach zu erlernen ist, würde eine ausführliche Erklärung den Rahmen dieses Buchs sprengen.

Wo finde ich Script-Fu in GIMP?

Zahlreiche fertige Scripts finden Sie im Menü FILTER. Im Menü XTNS sind weitere Scripts aufgelistet und dort öffnen Sie auch die SCRIPT-FU KONSOLE zur Eingabe von Befehlen.

Wo kann ich Script-Fu erlernen?

Zum Erlernen von Script-Fu gibt es im Internet zahlreiche Tutorials und Unterstützung, hier zwei Linktipps für den Anfang:

» **Script-Fu Tutorial im GIMP User Manual**
In dem Tutorial erlernen Sie ein Script, das den Benutzer auffordert, einen Text einzugeben. Dann wird ein neues Bild in der passenden Größe zum Text erstellt.
http://docs.gimp.org/de/gimp-using-script-fu-tutorial.html

» **Script-Fu Tutorials auf GIMP User Group**
http://gug.sunsite.dk/?page=tutorials

Download fertiger Scripts zur Stapelverarbeitung

» *http://gug.sunsite.dk/scripts.php*

» *http://members.ozemail.com.au/~hodsond/dbp.html*

» *http://registry.gimp.org*

Stapelverarbeitung und Script-Fu

Die Frage nach der Automatisierung von sich öfter wiederholenden Arbeitsschritten führt unweigerlich zu Script-Fu. Script-Fu ist eine einfach zu erlernende Skriptsprache zur Abfrage der GIMP-Datenbank.

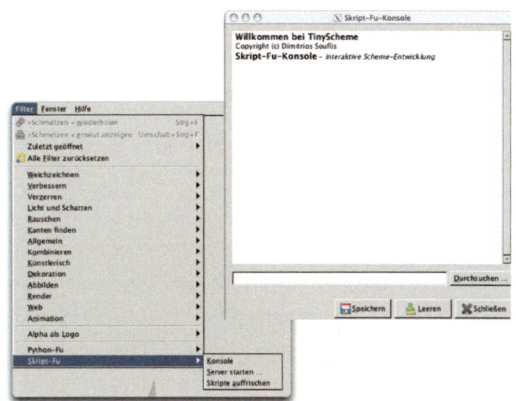

Tipp
Zur Stapelverarbeitung eignet sich auch sehr gut das englischsprachige Programm ImageMagick (*www.image-magick.org*).

Copyright-Stempel erstellen

Sie wollen Ihre hochwertigen Fotos über das Web anbieten? Dann schützen Sie sie mit einem Wasserzeichen. Dieses Tutorial zeigt Ihnen, wie Sie eine Werkzeugspitze mit einem Copyright-Symbol anlegen und auf einen Klick anwenden.

Schritt [1] Copyright-Text

Schritt [2] 3D-Effekt

Schritt [3] Stempel erzeugen

Schritt [4] Stempel anwenden

Tools & Techniken
» Sonderzeichen
» Weichzeichnen
» Filter > Abbilden > Bump-Map
» Bearbeiten > Einfügen als > neuer Pinsel...

>> vorher

Foto: photografin.at

nachher >>

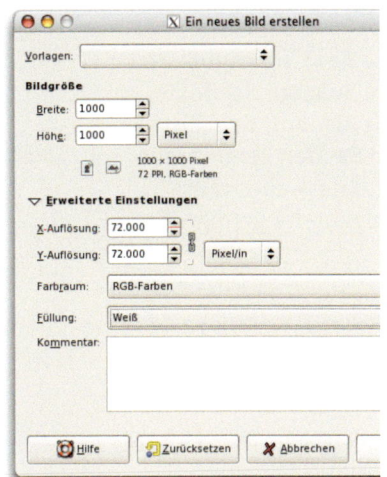

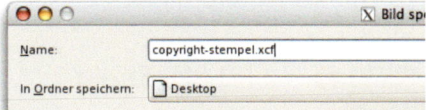

[1] Copyright-Text

1. Neue Datei

Zunächst legen wir eine neue Datei an. Wählen Sie die Größe der Datei abhängig von der Größe der Bilder, die Sie veröffentlichen. Ich gehe von einer hohen Auflösung aus und wähle daher nur für den Pinsel alleine BREITE x HÖHE: 1000 x 1000 Pixel, Hintergrundfarbe WEISS (nur zur besseren Sichtbarkeit während des Bearbeitens, wird später transparent). Speichern Sie die Datei unter *copyright-stempel.xcf*.

2. Copyright-Text 𝗔

Aktivieren Sie das Textwerkzeug **(1)** und legen Sie in den Werkzeugeinstellungen **(2)** die SCHRIFTART (hier: Verdana), SCHRIFTGRÖSSE (950 px) und SCHRIFTFARBE (C3C3C8) fest. Klicken Sie einmal auf die Bilddatei – damit öffnet sich der GIMP-Texteditor. Zum Einfügen des Copyright-Symbols ...

» ... drücken Sie am Mac die Tastenkombination Alt + G.

» ... öffnen Sie am PC und auf Linux ein Textverarbeitungsprogramm, tippen das Copyright-Symbol, markieren es, drü-

cken Strg / ctrl + C zum Kopieren, wechseln in den GIMP-Texteditor und drücken Strg / ctrl + V zum Einfügen.

Oder:

Sie geben das Unicode-Zeichen für Copyright ein: Halten Sie ⇧ + Strg / ctrl gedrückt, während Sie die folgende Zeichenfolge eintippen: U00A9 (0=null). Dadurch erscheint das Copyright-Zeichen im Editor und im Bildfenster.
Die Liste zahlreicher Unicode-Zeichen finden Sie u.a. hier: *http://decodeunicode.org*.

285

3. Text verschieben

Gegebenenfalls müssen Sie das Copyright-Symbol etwas verschieben. Solange der Texteditor noch geöffnet ist, Sie also mit dem Text-Werkzeug arbeiten, ziehen Sie den Textrahmen damit in die Mitte der Bilddatei – dies muss nicht besonders exakt erfolgen – es genügt Ihr Augenmaß.

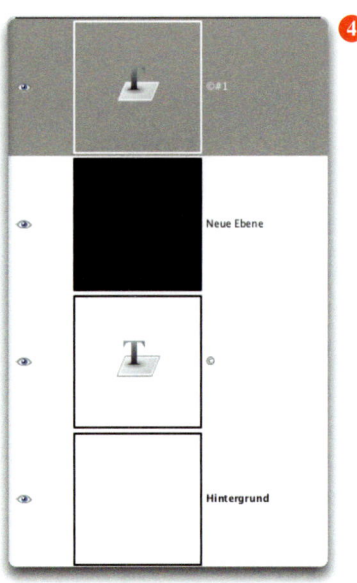

[2] 3D-Effekt

In diesem Schritt 2 geht es darum, das Copy-right-Symbol zu verfeinern und einen 3D-Effekt hinzuzufügen. Puristen könnten theo-retisch diesen Teil überspringen – aber es sei Ihnen gesagt: Sie versäumen etwas!

1. Vorbereitungen auf Bump-Map

Fügen Sie eine neue schwarze Ebene ein. Kopieren Sie die Textebene und verschieben Sie sie über die schwarze Ebene. Aktivieren Sie erneut das Textwerkzeug, klicken Sie einmal auf die oberste Textebene und wählen Sie eine neue Schriftfarbe Weiß (ffffff). Der Ebenen-dialog sieht dann wie abgebildet aus (4).

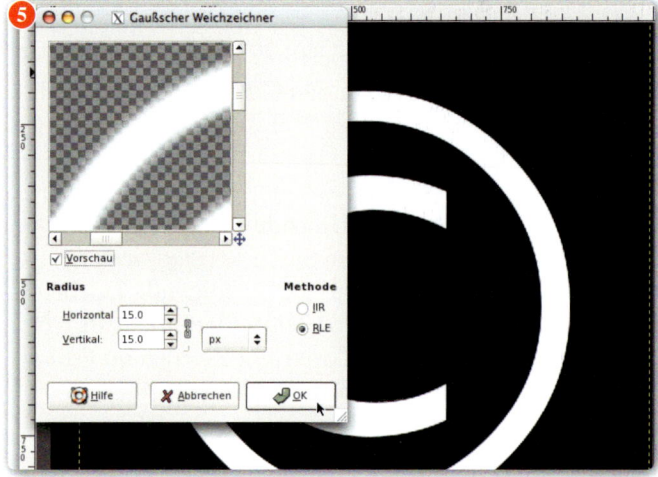

Markieren Sie nun die weiße Textebene und wäh-len Sie FILTER > WEICH-ZEICHNEN > GAUSSSCHER WEICHZEICHNER. Geben Sie bei HORIZONTAL und VERTIKAL einen Wert von 15 ein (5). Aktivieren Sie die Option RLE. Bestätigen Sie mit OK.

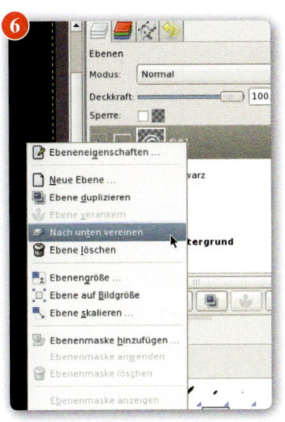

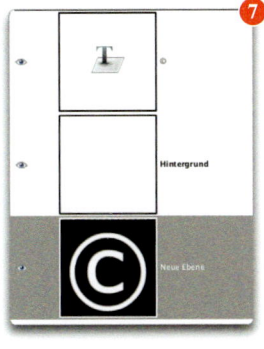

7 Klicken Sie mit der rechten Maustaste auf die oberste weiße Textebene und wählen Sie Nach unten vereinen (6). Damit verschmilzt die weiße Textebene mit der schwarzen Ebene. Diese Ebene ist nur eine Hilfsebene für das Bump-Mapping.

Zur besseren Übersicht verschieben Sie diese Hilfsebene ganz nach unten. Der Ebenendialog sieht dann so aus: (7).

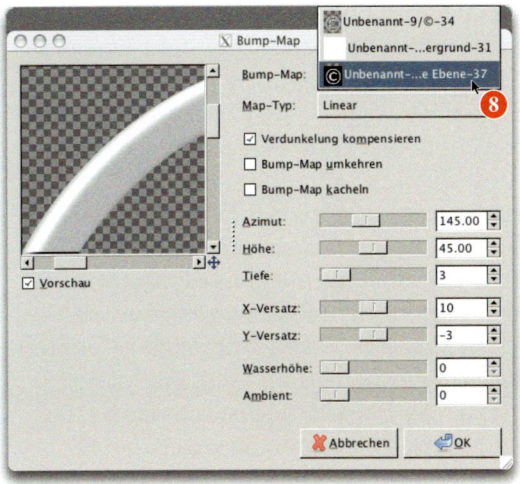

2. Bump-Map
Markieren Sie die Textebene (ganz oben) und wählen Sie Filter > Abbilden > Bump-map.

Wählen Sie im Drop-down-Menü Bump-Map-Bild die Hilfsebene mit der weißen Schrift und dem schwarzen Hintergrund aus (8). Map-Typ bleibt auf Linear. Aktivieren Sie Verdunklung kompensieren, geben Sie bei Azimut einen Wert von ca. 145 ein, bei Höhe etwa 45 und als Tiefe 3. Der X-Versatz steht ca. bei 10, während der Y-Versatz bei 34 passt.
Die Wasserhöhe und der Ambient stehen beide bei 0.
Mit Bump-Map wird das Symbol 3D-artig generiert.

Für einen stärkeren Effekt wiederholen Sie den Filter > Bump-Map bzw. drücken Sie die Tastenkombination [Strg] / [ctrl] + [F].

Das Ergebnis sollte so wie links abgebildet aussehen.

Die schwarze Hilfsebene können Sie löschen: Ebene > Ebene löschen.

287

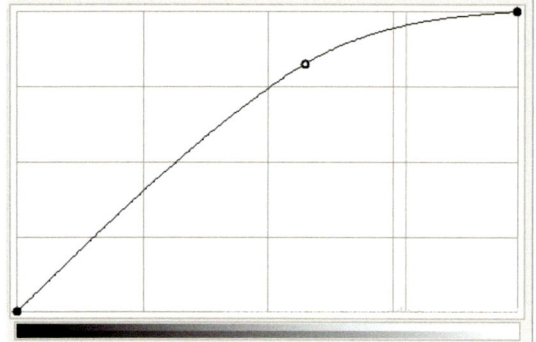

3. Kurve

Zum Aufhellen der Textebene wählen Sie FARBEN > KURVEN. Heben Sie die Kurve im oberen Drittel stark an, um die hellen Töne zu verstärken.

Klicken Sie zum Anpassen der Größe der Ebene an die Leinwand im Ebenendialog auf die weiße Textebene und wählen Sie mit der rechten Maustaste EBENE AUF BILDGRÖSSE.

[3] Stempel erzeugen

Klicken Sie im Ebenendialog mit der rechten Maustaste auf die weiße Copyright-Ebene und wählen Sie AUSWAHL AUS ALPHAKANAL. Drücken Sie Strg / ctrl + C zum Kopieren der Auswahl in den Zwischenspeicher. Wechseln Sie ins Menü BEARBEITEN > EINFÜGEN ALS > NEUER PINSEL... Wählen Sie einen eindeutigen Pinsel- und Dateinamen – z.B. *copyright*. Stellen Sie den Abstand auf 0. Der Pinsel wird in Ihrem persönlichen Pinselverzeichnis (siehe auch BEARBEITEN > EINSTELLUNGEN > ORDNER > PINSEL) gespeichert und im Pinseldialog sichtbar. Der Pinseldialog ist standardmäßig unterhalb des Ebenendocks angehängt (9). Wenn er dort nicht sein sollte, wählen Sie FENSTER > ANDOCKBARE DIALOGE > PINSEL.

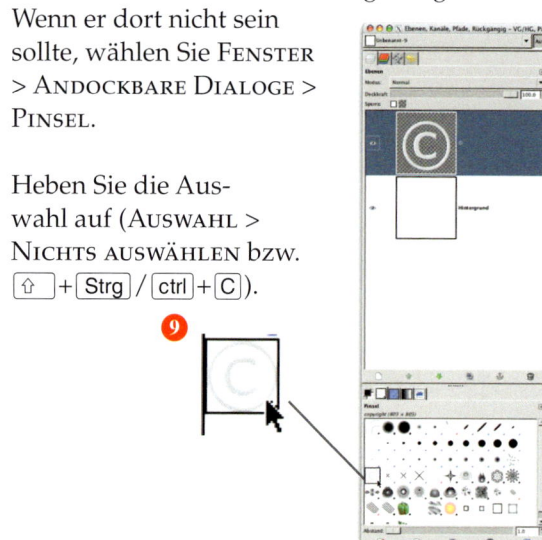

Heben Sie die Auswahl auf (AUSWAHL > NICHTS AUSWÄHLEN bzw. ⇧ + Strg / ctrl + C).

[4] Stempel anwenden

Öffnen Sie ein beliebiges Foto, das Sie mit unserem neuen Copyright-Stempel schützen wollen.

Das Copyright-Symbol soll ja jederzeit auf Klick ausblendbar sein, daher legen Sie eine neue, transparente Ebene an: Klicken Sie dazu im Ebenendialog auf NEUE EBENE, bestätigen Sie die Einstellung TRANSPARENZ.

Aktivieren Sie das PINSEL-Werkzeug, stellen Sie als Werkzeugspitze das Copyright-Symbol ein.

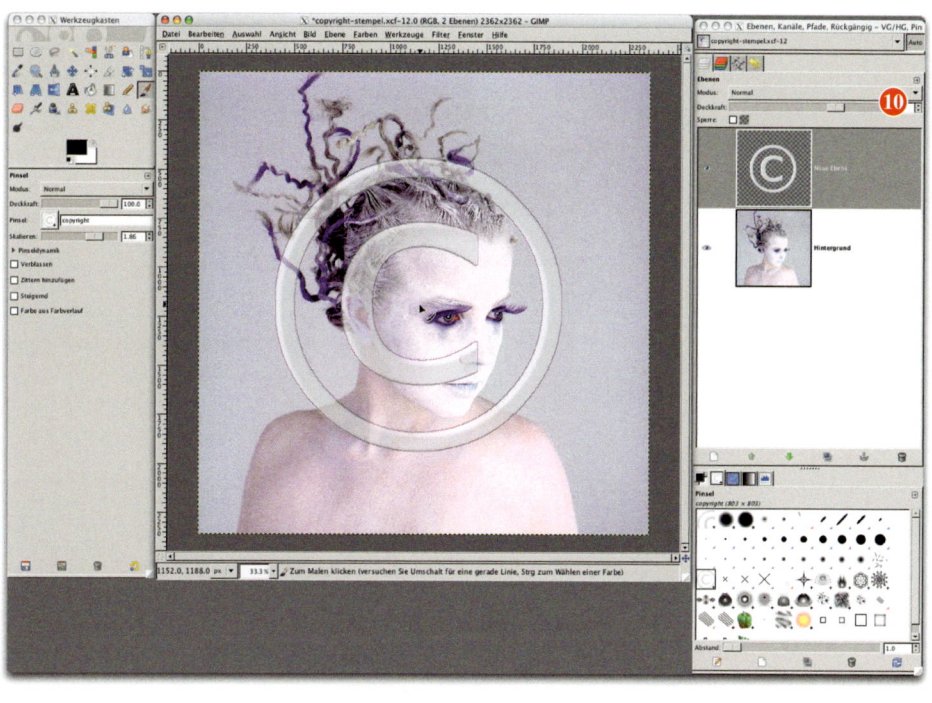

Klicken Sie einmal mit dem Pinsel auf die neue Ebene. Gegebenenfalls verändern Sie die Deckkraft der Pinselebene (10). Zum Veröffentlichen im Web speichern Sie die Datei als JPG-Datei.

Tipp

Automatisierter – aber nicht so hübsch :-) – funktioniert es mit dem Watermark-Plug-in (*watermark.scm*). Download unter *http://registry.gimp. org* – suchen Sie nach „watermark".

Pseudo-HDR –
Dynamic Range Increase

HDR ist chic und macht Spaß!
GIMP bietet zwar keinen echten
HDR-Support, aber ich zeige
Ihnen hier, wie Sie mit wenigen
Klicks ganz leicht HDR-Bilder
simulieren können. Die korrekte
Bezeichnung dafür lautet DRI –
Dynamic Range Increase. Wir
erweitern mit einem Trick den
Dynamikumfang Ihrer Aufnahme.
Wie das geht, erfahren Sie hier –
machen Sie mit!

>> vorher

Fotos: Helmer *

Tipp
Automatische HDR-Unter-
stützung bietet u.a. Cinepaint (ehem. Film-GIMP):
www.cinepaint.org. Mehr
Software-Link-Tipps zu HDR
finden Sie im Anhang.

nachher >>

Was ist HDR? Das Beste aus allem!

Bei der HDR-Technik (HDR = High Dynamic Range) werden zwei oder mehr Aufnahmen desselben Motivs mit unterschiedlicher Belichtung erstellt. Die jeweils beste Belichtung der einzelnen Bereiche auf dem Foto werden dann zu einem neuen Bild zusammengefügt. Dadurch entstehen hyperperfekte oder auch oft surreale Bilder. Die Technik stammt übrigens von George DeWolfe aus dem CameraArt's Magazin und wurde auf *luminous-landscape.com* von Michael Reichmann veröffentlicht.

Grelle Lichter,
aber optimale Schatten

Schwarze Schatten,
aber optimale Verhältnisse
in den Lichtern

Auf Grund des geringen Dynamikumfangs, den der Kamerachip in der Lage ist, aufzunehmen, können nur entweder die Lichter oder die Schatten wirklich optimal belichtet werden. Stellt man die Belichtung auf die dunklen Bereiche eines Motivs, leiden die hellen Bereich – unschöne weiße Flecken sind die Folge. Belichtet man auf die Lichter, „saufen" die Tiefen ab und man erhält schwarze Flecken ohne Struktur.

Aufnahme-Tipps für HDR (DRI)

» Sie benötigen ein Motiv mit stark differenzierten Schatten und Lichtern wie sie zum Beispiel bei Innenaufnahmen, wo das Licht durch ein Fenster strahlt, oder bei Nachtaufnahmen vorkommen.
» Auf dem Bild darf keine Bewegung vorkommen, da Sie ja die Bilder übereinander legen. Verwenden Sie daher auf alle Fälle entweder ein Stativ oder noch besser einen Fernauslöser.
» Stellen Sie einen niedrigen ISO-Wert (100) ein, um Bildrauschen zu vermeiden.
» Erzeugen Sie mindestens zwei Aufnahmen mit verschiedenen Belichtungen. Falls möglich verwenden Sie Belichtungsreihen (hier wird automatisch ausgelöst). Stellen Sie den Belichtungswert (= EV = Exposure Value) auf mindestens -2 bzw. +2
» Ändern Sie immer nur die Belichtungszeit, niemals die Blende, da Sie sonst unterschiedliche Tiefenschärfe erzeugen.
» Die Aufnahmen können sowohl in JPG als auch in RAW erfolgen.

Sehen wir uns also nun an, wie Sie die Aufnahmen miteinander kombinieren:

DRI mit GIMP

1. Ein Bild als neue Ebene

Basis wird das unterbelichtete, dunklere Bild. Öffnen Sie es als erstes und speichern Sie die Datei am besten gleich unter einem neuen Namen ab (z.B.: *hdr.xcf*).

Als Nächstes legen Sie das hellere Bild als neue Ebene über das unterbelichtete. Wählen Sie dazu DATEI > ALS EBENE ÖFFNEN ... und wählen Sie nun das überbelichtete Bild.

GIMP platziert das Bild als neue Ebene. Werfen Sie einen Blick in den Ebenendialog, dieser sollte nun wie hier abgebildet aussehen.

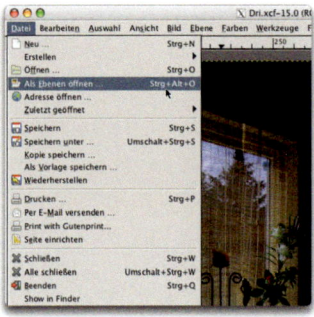

2. Ebenen umbenennen

Zur besseren Orientierung benennen wir die Ebenen um:
Die obere, überbelichtete nennen wir HELL, die untere DUNKEL. Klicken Sie dazu im Ebenendialog doppelt auf den Ebenennamen und überschreiben Sie ihn. Bestätigen Sie jeweils Ihre Eingabe mit der ⏎-Taste.

3. Ebenenmaske

Fügen Sie der oberen Ebene *Hell* eine Ebenenmaske hinzu – klicken Sie dazu im Ebenendialog mit der rechten Maustaste auf die Ebene *Hell* und wählen Sie EBENENMASKE HINZUFÜGEN. Wählen Sie im Dialog WEISS (VOLLE DECKKRAFT) und bestätigen Sie mit OK.

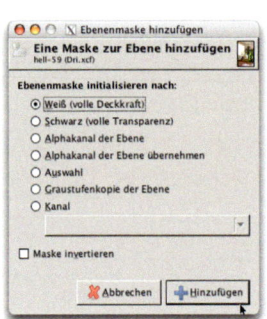

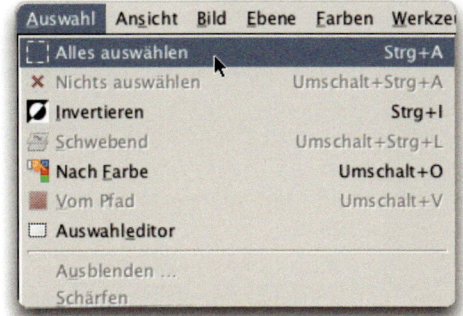

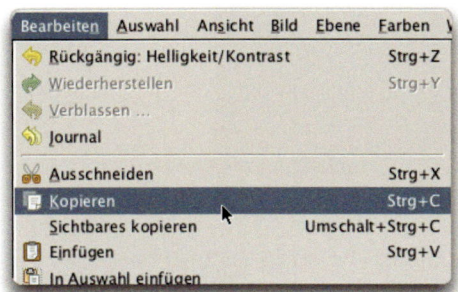

4. Einfügen einer Kopie der *Dunkel*-Ebene auf die Ebenenmaske der *Hell*-Ebene

Der nun folgende Schritt benötigt ein wenig Konzentration: Machen Sie daher bitte wirklich Schritt für Schritt mit:

Zuerst klicken Sie im Ebenendialog auf die untere Ebene DUNKEL und wählen dann AUSWAHL > ALLES AUSWÄHLEN (Strg / ctrl + A). Sie sollen nun den Auswahlrahmen („laufende Ameisen") aktiv sehen.

Kopieren Sie die Auswahl, indem Sie Strg / ctrl + C drücken (oder BEARBEITEN > KOPIEREN).

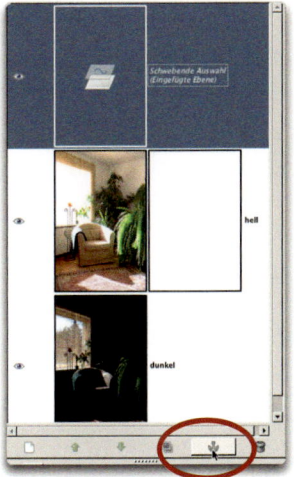

Der wichtigste Schritt: Wechseln Sie im Ebenendialog auf die obere Ebene *Hell* und klicken Sie einmal auf die **Ebenenmaske** (das weiße Miniaturbild rechts).
Drücken Sie anschließend Strg / ctrl + V oder wählen Sie BEARBEITEN > EINFÜGEN. Sie sehen nun die schwebende Auswahl über der *Hell*-Ebene stehen. Zum Verankern der eingefügten Kopie klicken Sie im Ebenendialog auf das Ankersymbol (bzw. rechte Maustaste und EBENE VERANKERN).

Wenn alles geklappt hat, sehen Sie jetzt eine Graustufenabbildung der *Dunkel*-Ebene auf der ehemals weißen Ebenenmaske der *Hell*-Ebene:

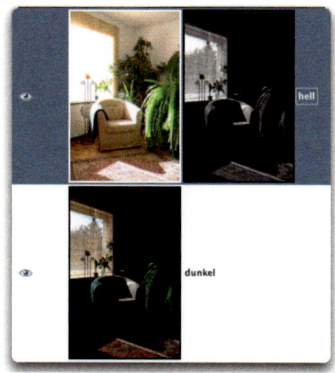

5. Helligkeit/Kontrast

Häufig passiert es, dass die unterbelichtete Aufnahme etwas zu dominant
ist. Das korrigieren wir in diesem
Schritt. Sorgen Sie dafür, dass weiterhin die Ebenenmaske der *Hell*-Ebene
markiert ist (weiß umrahmt) und
öffnen Sie FARBEN > HELLIGKEIT/
KONTRAST. Diese einfache Korrektur
ist genau das Richtige für die Ebenenmaske: Ziehen Sie den Regler für die
Helligkeit so weit nach rechts, bis
Sie mit dem Ergebnis zufrieden sind.
Beobachten Sie im Bildfenster die Vorschau. Reduzieren Sie gegebenenfalls
auch noch den Kontrast.
Bestätigen Sie mit OK.

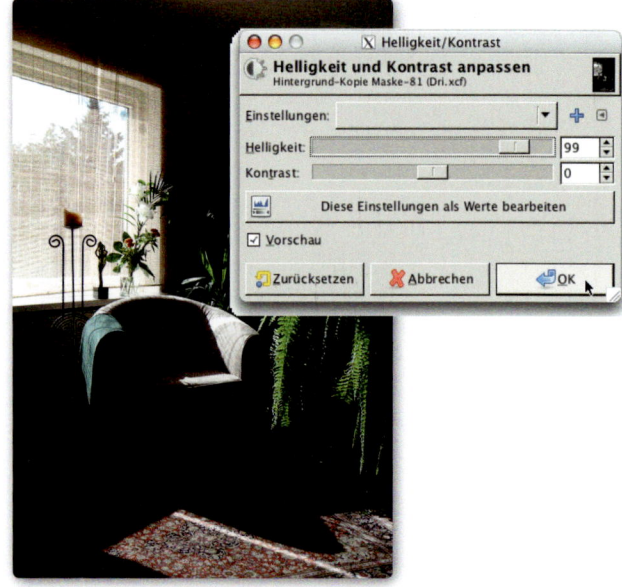

6. Kurve

Um den Kontrast der *Dunkel*-Ebene
zu verstärken, markieren Sie sie im
Ebenendialog, wählen Sie FARBEN >
KURVEN und steilen Sie sie so wie in
der Abbildung etwas auf.

7. Tipps für die Feinjustierung

Die folgenden Arbeitsschritte sind
nicht unbedingt erforderlich – wenn
Sie mit dem Ergebnis bereits zufrieden
sind, brauchen Sie nicht weiterzulesen.
Es finden sich hier noch Tipps für Verbesserungen an dem „HDR-Bild".

Damit Sie gleich direkt am Ergebnis
weiterarbeiten, klicken Sie im Ebenendialog mit der rechten Maustaste
auf die *Hell*-Ebene und wählen NEU
AUS SICHTBAREM. Damit legt GIMP
automatisch eine neue Ebene aus
den aktuell eingeblendeten an. Sehr
praktisch für uns, um darauf weiter-
zuexperimentieren und zu verbessern:

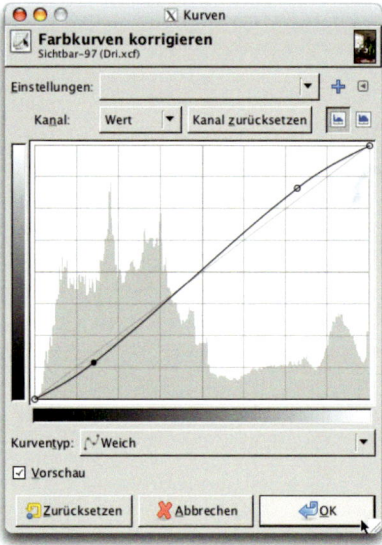

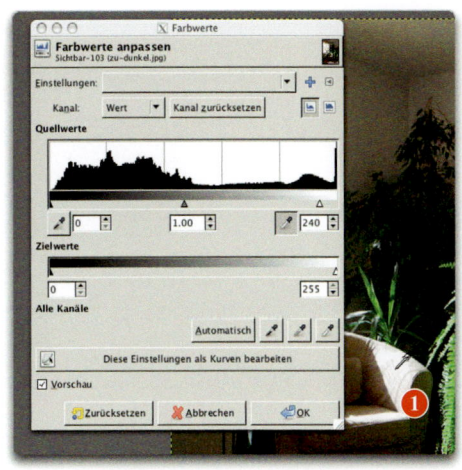

Werte

Öffnen Sie FARBEN > WERTE. Bei diesem Bild habe ich mit der Weiß-Pipette (1) die Tonwerte neu verteilen lassen. Das Bild ist dadurch heller geworden.
Details zu dem WERTE-Dialog lesen Sie auf Seite 160.

Farbabgleich

Öffnen Sie FARBEN > FARBABGLEICH. Verändern Sie ganz wenig die Regler und beobachten Sie, wie sich durch die Farben die Stimmung des Bilds ändert: Etwas mehr Rot und Grün und Gelb erzeugt eine warme Stimmung, Blau kühlt.
Details zum FARBABGLEICH lesen Sie auf Seite 156.

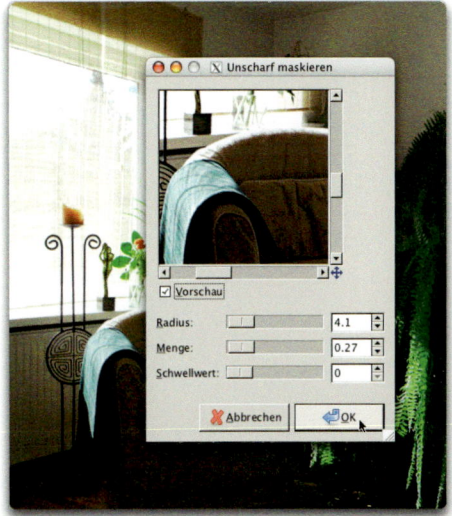

8. Immer erst zum Schluss: Schärfen

Öffnen Sie FILTER > VERBESSERN > UNSCHARF MASKIEREN. Regulieren Sie mit dem Schwellwert, wie viel des Bilds geschärft werden soll: Mit 0 schärfen Sie alles. Die oberen beiden Regler RADIUS und MENGE stellen die Stärke der Schärfung ein. Nicht allzu stark schärfen! Sonst besteht die Gefahr von Lichtkränzchen.

Details zu dem UNSCHARF MASKIEREN-Dialog finden Sie auf Seite 195.

Webdesign

Dieses Kapitel richtet sich an alle, die Webseiten gestalten: Sie lernen, wie Sie mit wenigen Klicks einen effektvollen Button erzeugen, wie Sie mit GIMP eine komplette Webseite gestalten und anschließend in handliche Einzelteile slicen, um sie später via (X)HTML wieder zusammenzusetzen. Ein Tutorial zeigt, wie Sie die für diverse CSS-Boxen im Web häufig benötigten grafischen runden Ecken erstellen.

flickr.com: visualpanic

flickr.com: donnay

Inhaltsverzeichnis

flickr.com: bound of glory

flickr.com: jc i núria

Grafischer Button

Trotz der vielfältigen CSS-
Techniken benötigt man im
Webdesign nach wie vor
schöne grafische Buttons.
In diesem Tutorial zeige ich
Ihnen ein Beispiel für einen
einfachen, aber effektvollen
Button – in zwei Varianten,
geeignet für Mouse-Over
(eine JavaScript-Technik zum
Überblenden zweier Grafiken).

Tipp
„A list apart" zeigt ein ausgezeichnetes Tutorial,
wie Sie PNG-Grafiken mit CSS mixen: *http://
alistapart.com/articles/supereasyblendys.*

1. Neue Datei

Klicken Sie auf DATEI > NEU... Ver-
geben Sie der neuen Datei auf jeden
Fall einige Pixel mehr Größe, als der
Button haben soll. (Die Größe des
Buttons müssen Sie aus der Website
ausmessen.) So haben Sie etwas
mehr Arbeitsfläche zur Verfügung.
In diesem Fall BREITE: 500 Pixel,
HÖHE: 200 Pixel, FÜLLUNG: Weiß.

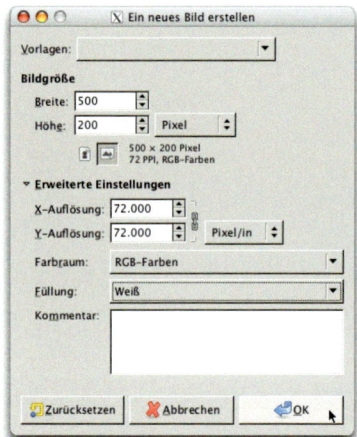

2. Neue Ebene und umbenennen

Jetzt legen wir für den Button eine
neue Ebene an. Klicken Sie im
Ebenendialog auf das weiße Blatt.
Nennen wir sie *button-hg* (hg =
Hintergrund). Markieren Sie diese
transparente Ebene – wir arbeiten
auf ihr weiter.

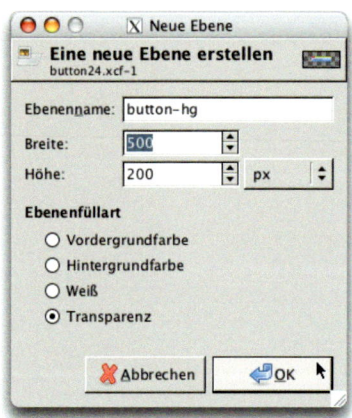

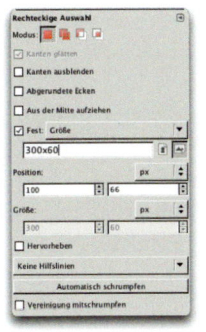
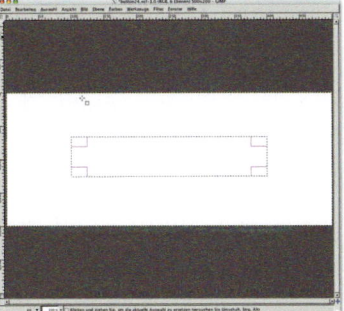

3. Auswahl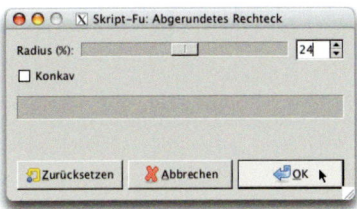

In diesem Schritt legen wir die Begrenzungen für den Button fest. Aktivieren Sie die RECHT-ECKIGE AUSWAHL (R), aktivieren Sie in den Werkzeugeinstellungen FEST und geben Sie bei GRÖSSE 300x60 Pixel ein. Ziehen Sie etwa in der Mitte der Arbeitsfläche einen Rahmen auf. Sie brauchen nur ganz kurz zu ziehen – durch die Einstellung FESTE GRÖSSE wird dann sofort der vorgegebene Rahmen angezeigt.

4. Abgerundete Ecken

Für die Abrundung der Ecken des Rechtecks klicken Sie auf AUSWAHL > ABGERUNDETES RECHTECK. Stellen Sie einen Wert von ca. 24 ein (je höher, desto runder die Ecken). PS: Die Abrundung der Ecken hätten wir schon zuvor in den Werkzeugeinstellungen vornehmen können, doch so können Sie diesen Schritt rückgängig machen und mit einem anderen Wert nochmals probieren, ohne dass Sie die Auswahl erneut aufziehen müssen.

5. Farbverlauf

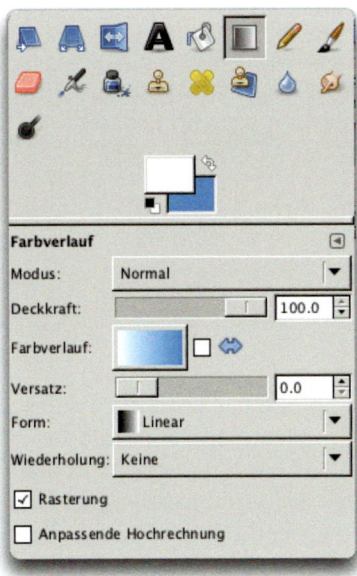

Wir lassen die Auswahl aktiv. Für den Farbverlauf klicken Sie auf die Vordergrundfarbe und stellen Weiß (ffffff) ein. Dann klicken Sie auf die Hintergrundfarbe und stellen eine zweite Farbe ein, z.B. 4c96e3.
Aktivieren Sie das FARBVERLAUF-Werkzeug (L). Stellen Sie sicher, dass in den Werkzeugeinstellungen der FARB-VERLAUF von VORDERGRUNDFARBE ZU HINTERGRUNDFARBE (RGB) eingestellt ist. Markieren Sie die transparente *button-hg*-Ebene und ziehen Sie mit dem FARBVERLAUF-Werkzeug von oben nach unten den Farbverlauf auf. Das Ergebnis sollte dann so aussehen **(1)**.
Klicken Sie auf AUSWAHL > NICHTS AUSWÄHLEN
(⇧ + Strg / ctrl + A).

1

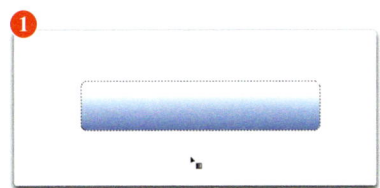

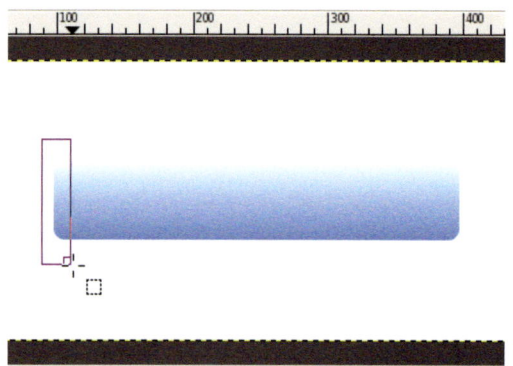

6. Linke Kante auswählen und löschen

Die Abrundung der Ecken soll nur auf der rechten Seite des Buttons bleiben, links wollen wir eine gerade Kante, um beispielsweise den Button linksbündig an einer Kante auszurichten. Aktivieren Sie die RECHTECKIGE AUSWAHL (R), stellen Sie bei den Werkzeugeinstellungen wieder FREIE AUSWAHL (statt FIXE GRÖSSE) ein und ziehen Sie einen Rahmen um die linken abgerundeten Ecken auf.

Zum Löschen der Kanten drücken Sie die Entf-Taste.

Heben Sie die Auswahl auf: Wählen Sie AUSWAHL > NICHTS AUSWÄHLEN (⇧+Strg/ctrl+A).

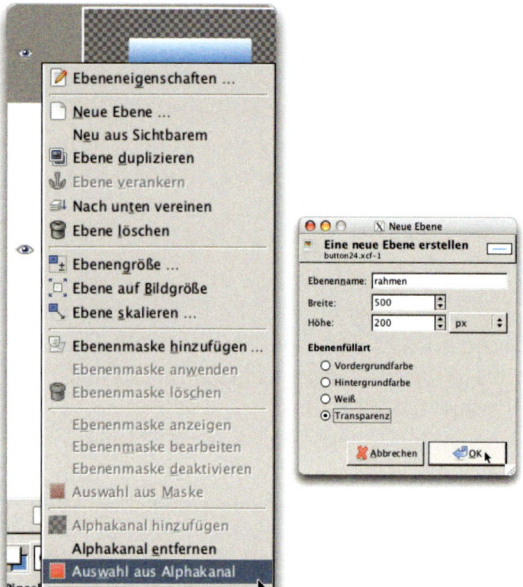

7. Vorbereitungen für den Rahmen

Für den Rahmen selektieren wir wieder den Button. Klicken Sie dazu im Ebenendialog mit der rechten Maustaste auf die *button-hg*-Ebene und wählen Sie AUSWAHL AUS ALPHAKANAL. Fügen Sie eine neue, transparente Ebene mit dem Namen RAHMEN ein.

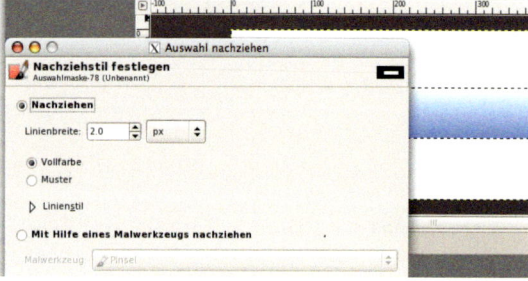

8. Rahmen zeichnen

Bevor wir den Rahmen nachzeichnen, müssen wir noch eine geeignete Vordergrundfarbe dafür einstellen: Klicken Sie doppelt auf das Vordergrundfarbe-Feld und geben Sie bei der HTML-NOTATION z.B. die Farbe 241153 ein.

Wählen Sie BEARBEITEN > AUSWAHL NACHZIEHEN. Stellen Sie 2 Pixel ein und bestätigen Sie den Dialog mit NACHZIEHEN. Heben Sie die Auswahl mit AUSWAHL > NICHTS AUSWÄHLEN (⇧+Strg/ctrl+A) auf.

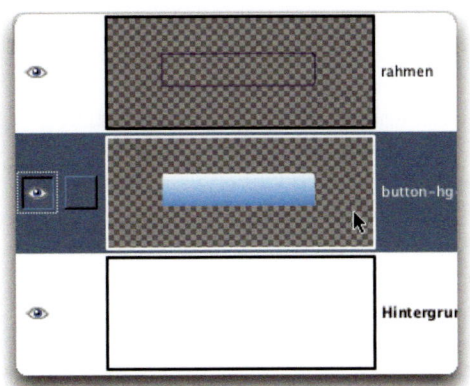

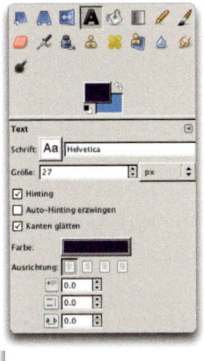

9. Schlagschatten

Mit Schlagschatten wirkt der Button plastischer. Markieren Sie dafür die *button-hg*-Ebene, klicken Sie auf FILTER > LICHT UND SCHATTEN > SCHLAGSCHATTEN. Stellen Sie VERSATZ X/Y auf 6, WEICHZEICHNERRADIUS auf 15 und die DECKKRAFT auf ca. 70.

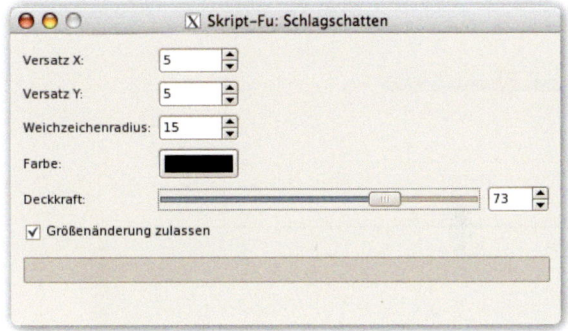

10. Text

Zur Beschriftung des Buttons aktivieren Sie das Textwerkzeug [T] und nehmen Sie z.B. folgende Einstellungen vor: SCHRIFTART: Helvetica, SCHRIFTGRÖSSE: 27, SCHRIFT-FARBE: 241553. Markieren Sie die oberste Ebene (Rahmenebene), klicken Sie auf das Bildfenster und schreiben Sie in den Texteditor den gewünschten Text (z.B. *Webdesign*).

Verschieben Sie den Text mit dem Textwerkzeug (funktioniert nur, solange Sie noch den Texteditor geöffnet haben, andernfalls verwenden Sie das VERSCHIEBEN-Werkzeug **(2)**). Achten Sie dann darauf, dass Sie in den Werkzeugeinstellungen AKTIVE EBENE VERSCHIEBEN eingestellt haben.

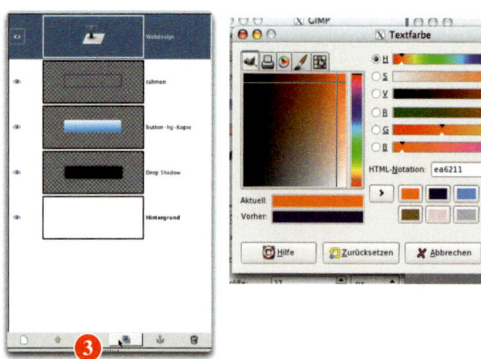

11. Text duplizieren

Für den Mouse-Over-Effekt verändern wir nur die Schriftfarbe – duplizieren Sie dazu die Textebene, indem Sie im Ebenendialog auf EBENE DUPLIZIEREN klicken (3). Blenden Sie die untere Textebene aus (Klick auf das Auge vor der Ebene). Aktivieren Sie das Textwerkzeug ([T]), verändern Sie die Schriftfarbe z.B. auf ea6211 und schließen Sie das Texteditor-Fenster.

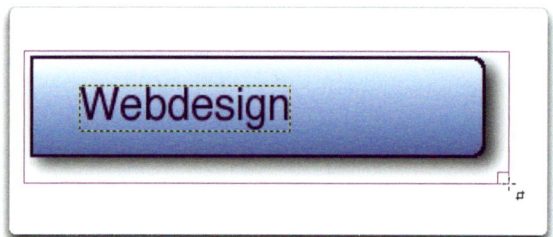

12. Zuschneiden

Zum Schluss schneiden wir den Button noch auf eine handlichere Größe zu: Aktivieren Sie das ZUSCHNEIDEN-Werkzeug ([⇧]+[C]) und ziehen Sie damit einen Rahmen um den Button herum auf – nicht zu knapp, damit der Schatten erhalten bleibt –, drücken Sie die [↵]-Taste oder klicken Sie doppelt auf den Button, um das Zuschneiden fertigzustellen.

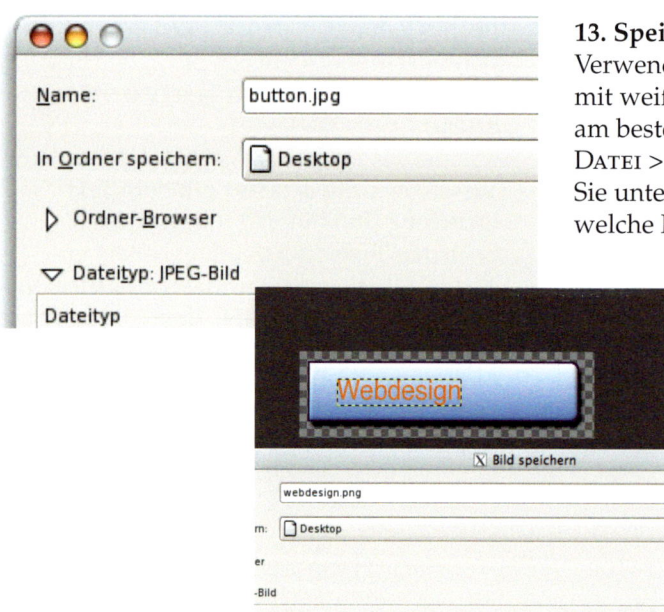

13. Speichern

Verwenden Sie den Button auf einer Website mit weißem Hintergrund, speichern Sie ihn am besten als JPG-Datei: Klicken Sie auf DATEI > SPEICHERN UNTER... und wählen Sie unter DATEITYP JPG. Sind Sie unsicher, welche Hintergrundfarbe die Website haben wird, blenden Sie im Ebenendialog die Hintergrundebene aus und speichern Sie den Button als PNG-Datei – dadurch wird der Hintergrund transparent gespeichert und Sie können den Button auf jedem Hintergrund platzieren (siehe auch Exkurs: *Digitale Bilder*, Seite 34).

Foto: photografin.at *

Banner

Banner werden im Web vielseitig eingesetzt – als Topleiste auf einer Website oder auch zum Beispiel als Pop-ups, die Werbungen enthalten. Ich zeige Ihnen hier, wie Sie einen Banner aufbauen und gestalten.

1. Foto skalieren & zuschneiden

Suchen Sie ein für Ihr Banner passendes Foto. Dieses hier hat eine Größe von über 3500 Pixel x 2300 Pixel. Für das Banner benötigen wir einen Ausschnitt von 700 x 200 Pixel. Aber ein Ausschnitt in dieser Auflösung wäre zu detailliert. Daher reduziere ich zunächst die Größe des Bilds über BILD > BILD SKALIEREN auf eine BREITE von 1000 Pixel. (Die Höhe richtet sich automatisch nach der Breite – diese brauchen Sie nicht zu ändern.) Bestätigen Sie mit OK. Zoomen Sie durch Drücken der Taste + das Bild näher heran oder klicken Sie mit der Lupe ein paar Mal darauf.

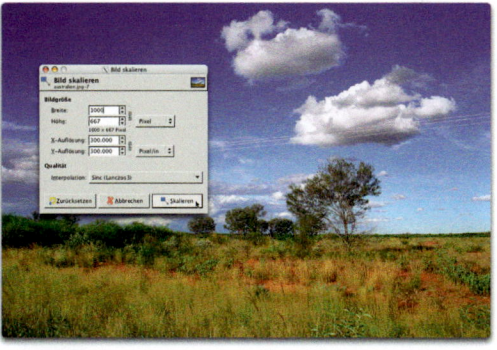

Für den Ausschnitt wählen Sie das ZUSCHNEI-DEN-Werkzeug (⇧+C), aktivieren Sie in den Werkzeugeinstellungen FEST und GRÖSSE und geben Sie die exakte Bannergröße in Pixel ein (700x200). Ziehen Sie kurz über dem Bild einen Rahmen auf. Sobald Sie ein wenig gezogen haben, wird die eingestellte fixe Rahmengröße angezeigt. Verschieben Sie den Zuschneiden-rahmen an eine optisch ansprechende Stelle (in der Mitte anklicken und ziehen). Klicken Sie einmal in den ausgewählten Bereich, um das Bild zuzuschneiden.

Speichern Sie die Datei als *banner.xcf* ab.

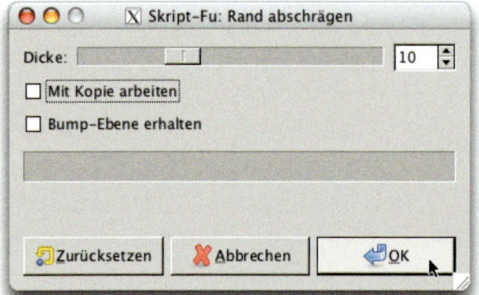

2. Rand abschrägen

Für den leicht erhabenen Effekt bietet GIMP ein Script: Zu finden unter FILTER > DEKO-RATION > RAND ABSCHRÄGEN. Geben Sie in dem Dialog bei DICKE einen Wert von ca. 10 ein, sonst aktivieren Sie bitte keine Option (Häkchen weg bei MIT KOPIE ARBEITEN) und bestätigen Sie mit OK.

Falls der Befehl ausgegraut ist, entfernen Sie den Alphakanal der Ebene (rechte Maustaste im Ebenendialog).

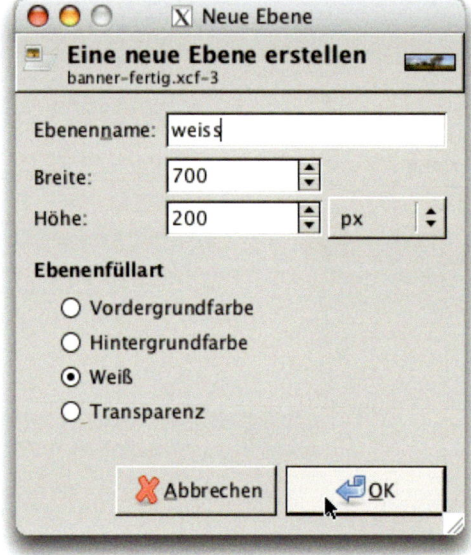

3. Hintergrund hinzufügen

Da wir mit der Ebenenmaske einen Teil des Bilds transparent machen werden, benötigen wir einen weißen Hintergrund. Legen Sie dazu durch Klick auf das weiße Blatt im Ebenendialog eine NEUE EBENE an, wählen Sie FÜLLART Weiß und nennen Sie sie z.B. WEISS.

Senken Sie sie im Ebenendialog so ab, dass sie unter dem Bild liegt.

Die Ebenenreihenfolge:

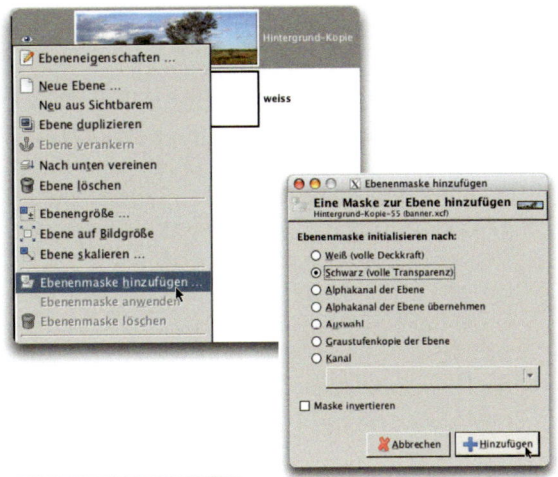

4. Ebenenmaske aktivieren

Wir blenden nun einen Teil des Bilds aus, um Platz für den Slogan zu schaffen. Dafür verwenden wir eine Ebenenmaske. Markieren Sie im Ebenendialog die Ebene mit dem Foto und klicken Sie mit der rechten Maustaste darauf. Wählen Sie Ebenenmaske hinzufügen. Im Dialog wählen Sie Schwarz (volle Transparenz) und bestätigen Sie mit OK. Sie sehen jetzt die weiße Ebene voll durch (vgl. auch *Ebenenmasken*, Seite 86).

5. Ausblenden mit Ebenenmaske

Drücken Sie die Taste D, um die Vordergrund- und die Hintergrundfarbe zurückzusetzen, und drücken Sie die Taste X, um die Farben zu tauschen. Aktivieren Sie das Farbverlauf-Werkzeug. Prüfen Sie, dass die Werkzeugeinstellungen mit der Abbildung übereinstimmen und im Ebenendialog die Ebenenmaske aktiviert ist (erkennbar am weißen Rahmen). Ziehen Sie mit dem Farbverlauf-Werkzeug von links nach rechts wie abgebildet einen Verlauf auf. Es soll dabei das letzte Drittel ausgeblendet werden. Sobald Sie die Maustaste loslassen, sehen Sie das Foto wie abgebildet wieder durch. Wiederholen Sie gegebenenfalls den Verlauf, bis Sie zufrieden sind.

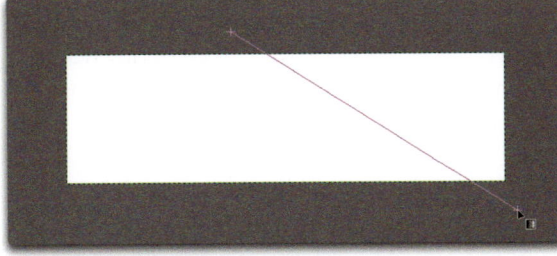

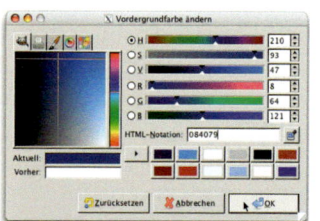
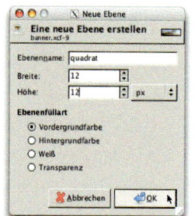

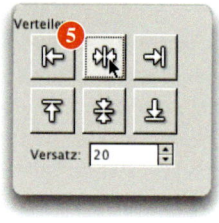

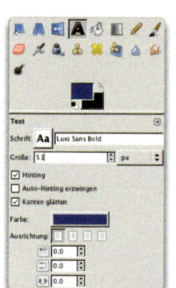

6. Quadrate

Für die Quadrate gehen Sie wie folgt vor: Stellen Sie als Vordergrundfarbe 084079 ein, legen Sie eine NEUE EBENE (Klick auf das weiße Blatt im Ebenendialog) mit den folgenden Optionen an: NAME: quadrat, BREITE: 12 Pixel, HÖHE: 12 Pixel, EBENENFÜLLART: Vordergrundfarbe. Bestätigen Sie mit OK. Sie sehen nun in der linken oberen Ecke des Bilds das kleine Quadrat (3). Aktivieren Sie das VERSCHIEBEN-Werkzeug (M) und ziehen Sie es an eine passende Position im rechten Drittel des Bilds.

Für die zwei weiteren Quadrate duplizieren Sie die *Quadrat*-Ebene – klicken Sie dazu im Ebenendialog auf das DOPPELTE BLATT zweimal. Verschieben Sie die Quadrate alle in das rechte Drittel, wie abgebildet.

Aktivieren Sie das AUSRICHTEN-Werkzeug ✛, halten Sie die ⇧-Taste gedrückt und klicken Sie nacheinander auf die drei Quadrate. Klicken Sie in den Werkzeugeinstellungen auf AUSRICHTEN und auf AN DER UNTEREN KANTE DES ZIELS AUSRICHTEN (4). Für gleichmäßige Abstände zwischen den Quadraten geben Sie unterhalb bei VERTEILEN einen VERSATZ von 20 ein und klicken Sie auf HORIZONTALE ZENTREN DER ZIELE VERTEILEN (5).

7. Text

Aktivieren Sie das Textwerkzeug (T). Stellen Sie eine beliebige SCHRIFTART ein (ich habe *Luxi Sans Bold* verwendet), SCHRIFTGRÖSSE ca. 51 Pixel, SCHRIFTFARBE: 084079. Klicken Sie auf das Bildfenster und schreiben Sie im Texteditor *Australia!*. Verschieben Sie den Schriftzug in das rechte Drittel des Banners, linksbündig zum ersten Quadrat. Zum exakten Ausrichten ziehen Sie am besten eine Hilfslinie aus dem Lineal.

8. Mehrere Ebenen gleichzeitig verschieben

Um z.B. alle Quadrate gemeinsam mit der Australien-Textebene gemeinsam zu verschieben, verankern Sie die Ebenen miteinander. Klicken Sie dazu im Ebenendialog auf das leere Kästchen rechts vom Auge – ein Kettenglied-Symbol erscheint. Nun aktivieren Sie das VERSCHIEBEN-Werkzeug und ziehen Sie die Ebenen auf die gewünschte Postition. Vergessen Sie nicht, die Verkettung anschließend wieder aufzuheben (erneuter Klick auf das Kettenglied-Symbol).

9. Text go to

Aktivieren Sie nochmals das Textwerkzeug ([T]), stellen Sie eine andere SCHRIFTART ein (ich habe *Utopia Bold Italic*, eine kursive Serifenschrift verwendet), SCHRIFTGRÖSSE ca.: 51 Pixel, SCHRIFTFARBE: ea6211. Klicken Sie auf das Bildfenster und schreiben Sie im Texteditor *go to*. Verschieben Sie den Schriftzug oberhalb von *Australia!*. Richten Sie den Text im rechten Drittel dazu aus.

10. Ebenenreihenfolge

Markieren Sie die *goto*-Ebene und senken Sie sie um eine Ebene ab. Klicken Sie dazu auf das Pfeilchen im Ebenendialog (6). Somit liegt die Ebene *Australia!* über *go to*.

307

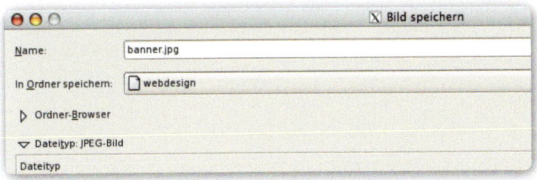

11. Speichern unter...

Speichern Sie das Banner z.B. als JPG-Datei. Klicken Sie dazu auf DATEI > KOPIE SPEICHERN UNTER..., wählen Sie als Dateityp z.B. JPG, aber auch GIF bzw. PNG wären webtaugliche Dateien.

Workshop Webdesign

In diesem Workshop erlernen Sie den Aufbau eines vollständigen Designs für eine Website. Jedes Element befindet sich dabei natürlich auf einer eigenen Ebene, um größtmögliche Flexibilität zu gewährleisten. Als Thema wählte ich passenderweise die Fotografie.

Professionelles Webdesign – oder zumindest solches mit einem professionellen Touch – erfordert vielseitiges Know-how und weit mehr als nur gutes Design: Zielgruppenüberlegungen, exakte und konforme (X)HTML- und CSS-Programmierung. Barrierefreie Websites, basierend auf den W3C-Empfehlungen (WWW-Consortium), sind heute unter Profis eine Selbstverständlichkeit.

Im folgendem Tutorial zeige ich Ihnen, wie Sie mit relativ einfachen Mitteln eine grafische Vorlage für eine Website in GIMP erzeugen.

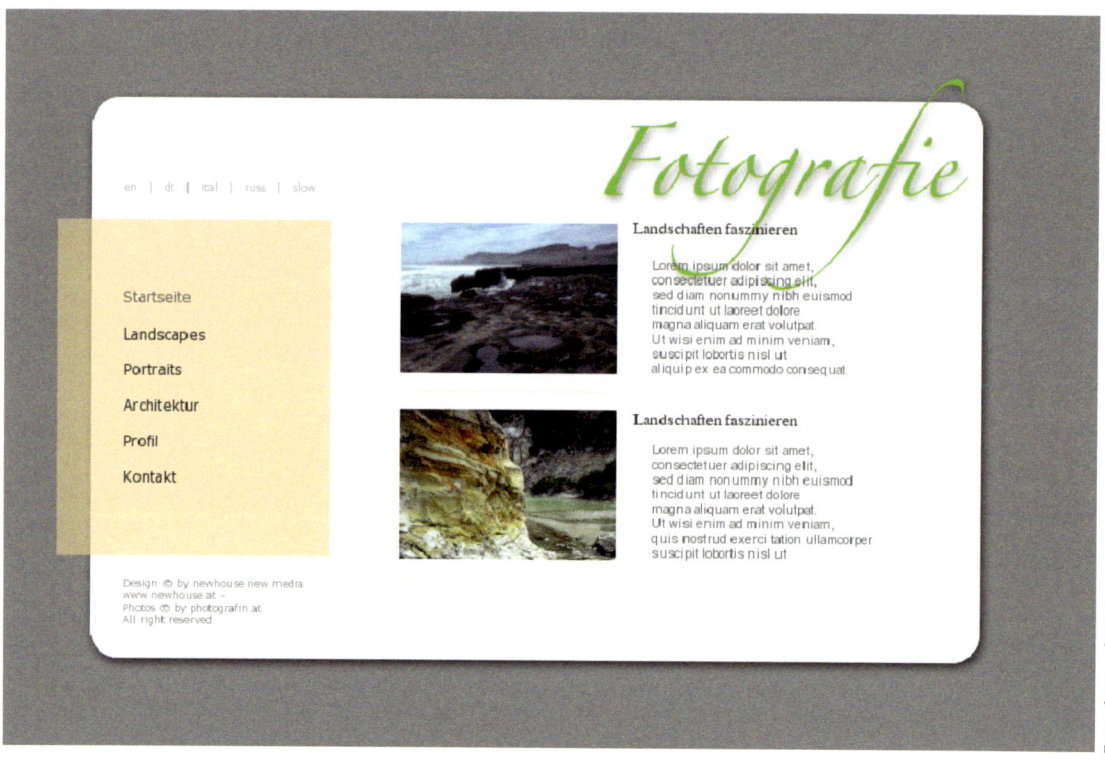

Foto: photografin.at *

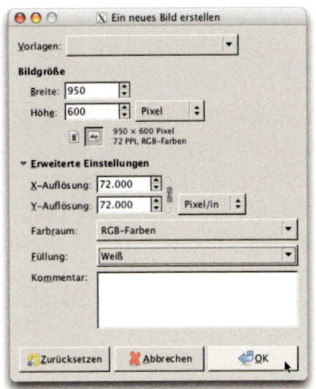

1. Auflösung und Grundlayout

Wir gehen beim Design von einer Monitorauflösung von 1.024 x 768 aus. Da ein Teil des
Bildschirms ja vom Browser (Internet Explorer,
Firefox, ...) belegt wird, legen wir das Grund-
layout etwas kleiner an: Klicken Sie auf DATEI
> NEU... und geben Sie bei BREITE 950 Pixel
und bei HÖHE 600 Pixel ein. Stellen Sie unter
den ERWEITERTEN EINSTELLUNGEN eine weiße
HINTERGRUNDFARBE ein. Bestätigen Sie mit OK.

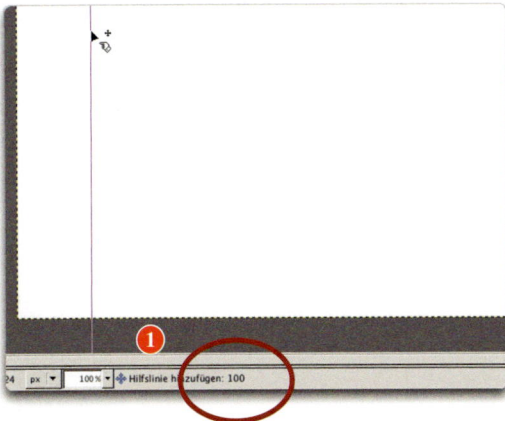

2. Hilfslinien

Wir werden die Fläche nicht komplett füllen, sondern einen etwas kleineren Bereich
innerhalb der Grundfläche selektieren und
designen. Dazu begrenzen wir die Grundfläche
mit Hilfslinien. Ziehen Sie mit gedrückter
Maustaste die Hilfslinien aus dem Lineal und
positionieren Sie sie jeweils 100 Pixel von links
und rechts und 70 von oben und unten. Beobachten Sie beim Ziehen die Statusleiste, dort
stehen die Koordinaten (1).

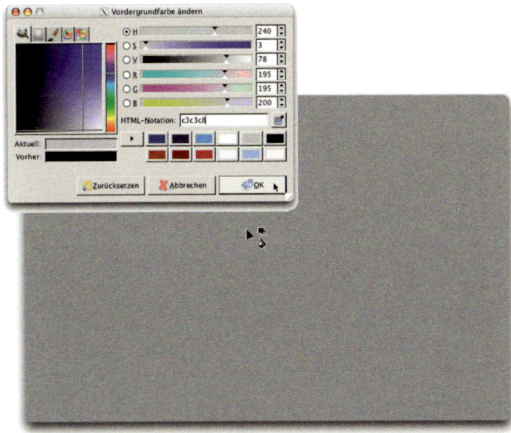

3. Grundfläche mit Farbe füllen

Jetzt füllen wir die Fläche mit einer Hintergrundfarbe. (Variante: Sie können später in die
HTML-Seite stattdessen auch z.B. eine Grafik
einfügen, die auf der X- bzw. Y-Achse kachelt.)

Doppelklicken Sie auf die Vordergrundfarbe
und geben Sie für das Grau in die Textzeile
bei HTML-NOTATION z.B. 929394 ein. Für die
Füllung klicken Sie auf das Füllwerkzeug
(⇧+B) und damit einmal auf die Fläche im
Bildfenster.

4. Neue Ebene für die weiße Fläche

Zum Erstellen der weißen Fläche mit den runden Ecken fügen Sie eine neue transparente Ebene ein: Klicken Sie dazu im Ebenendialog auf NEUE EBENE. Nennen Sie sie *rounded*, Ebenenfüllart TRANSPARENZ, bestätigen Sie mit OK. Wir arbeiten auf dieser Ebene weiter.

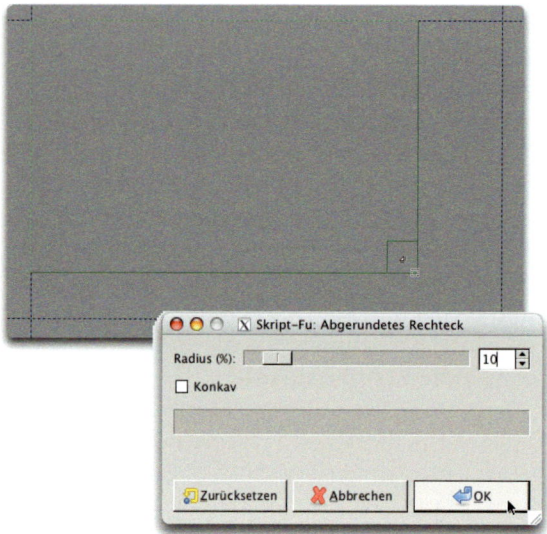

5. Auswahl abrunden & füllen

Zunächst stellen Sie sicher, dass im Menü ANSICHT > MAGNETISCHE HILFSLINIEN aktiviert (Häkchen) sind. Klicken Sie dann auf das Auswahlwerkzeug ([R]) und selektieren Sie im Bildfenster den Bereich innerhalb der Hilfslinien. Zum Abrunden der Ecken wählen Sie AUSWAHL > ABGERUNDETES RECHTECK. Geben Sie bei Radius einen Wert von 10 ein, bestätigen Sie mit OK.
Stellen Sie eine weiße Vordergrundfarbe ein und füllen Sie die Fläche [Strg]/[ctrl]+[,]. Heben Sie die Auswahl auf (Menü AUSWAHL > NICHTS AUSWÄHLEN bzw. [⇧]+[Strg]/[ctrl]+[A]).

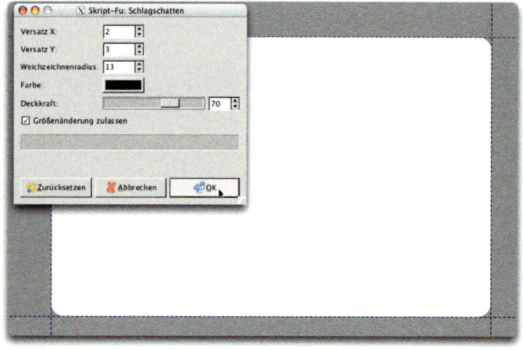

6. Schlagschatten

Zur deutlicheren optischen Abgrenzung von der Hintergrundfläche fügen wir der weißen Fläche einen leichten Schlagschatten hinzu. Überzeugen Sie sich, dass Sie die Ebene *rounded* markiert haben, und wählen Sie FILTER > LICHT UND SCHATTEN > SCHLAGSCHATTEN. Geben Sie bei VERSATZ X: 2, bei VERSATZ Y: 3, RADIUS WEICHZEICHNER: 13 und bei der DECKKRAFT ca. 70 ein. Bestätigen Sie mit OK.

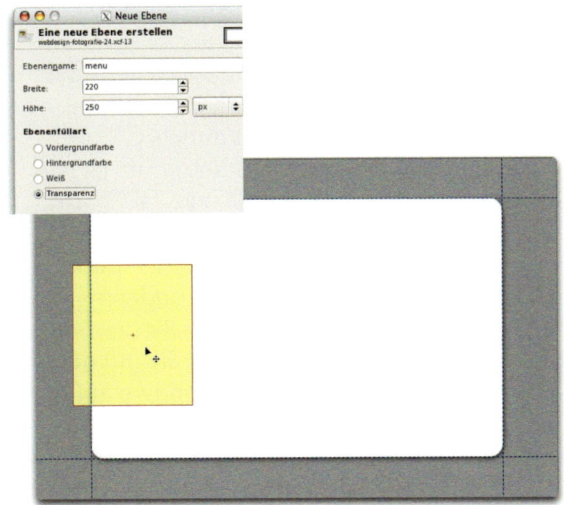

7. Navigationsbereich „menu"

Für den Navigationsbereich legen wir erneut eine neue Ebene an. Nennen wir sie *menu*, geben ihr eine BREITE von 220 und eine HÖHE von 250. Als EBENENFÜLLART wählen Sie wieder TRANSPARENZ. Die Größe der Ebene sind nur ungefähre Angaben, dies kann sich später noch ändern. Bestätigen Sie mit OK. Die Ebene wird durch einen gestrichelten Rahmen in der linken oberen Ecke des Bildfensters angezeigt. Füllen Sie die Fläche mit der Farbe f9e09b (s.a. Schritt 3). Ziehen Sie die Ebene mit dem VERSCHIEBEN-Werkzeug (M) ungefähr auf die vorgesehene Position.

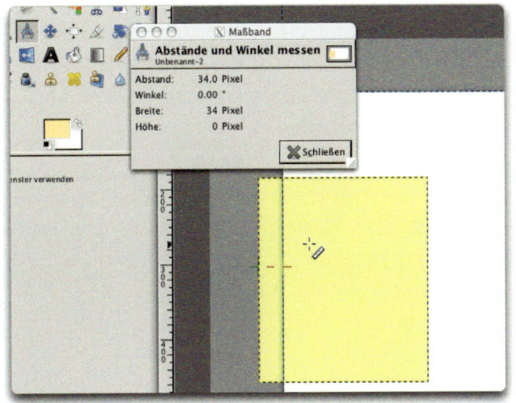

8. Ausmessen

Zum Ausmessen von Bereichen verwende ich das MASSBAND (R). Aktivieren Sie optional in den Werkzeugeinstellungen INFO-FENSTER VERWENDEN und ziehen Sie mit dem Werkzeug über dem auszumessenden Bereich eine Linie auf. Sie sehen nun die Abmessungen (auch den Winkel) sowohl im Info-Fenster als auch in der Statusleiste. Der Navigationsbereich soll 30 Pixel nach links hinausragen.

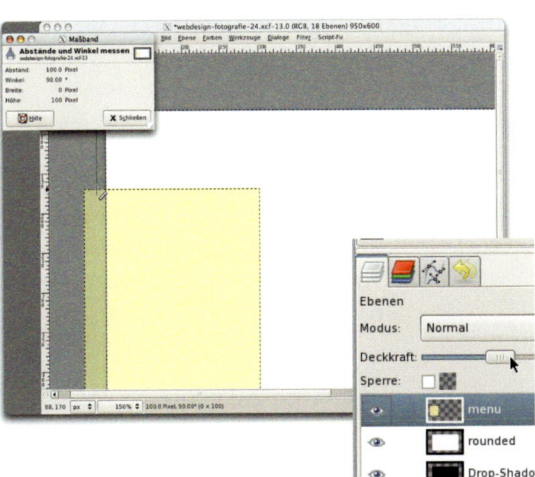

9. Navigationsbereich positionieren

Der Navigationsbereich benötigt von oben etwas mehr Abstand als von unten. Das heißt, er steht nicht exakt zentriert zur weißen Fläche. Warum? Weil wir oberhalb etwas mehr Spielraum für das Logo benötigen. Von der oberen Kante sind es 100 Pixel, von unten her nur 84 Pixel (zur weißen Fläche gemessen).

Verringern Sie im Ebenendialog die DECK-KRAFT der Ebene auf 60. Damit erhalten Sie diesen halbtransparenten Effekt.

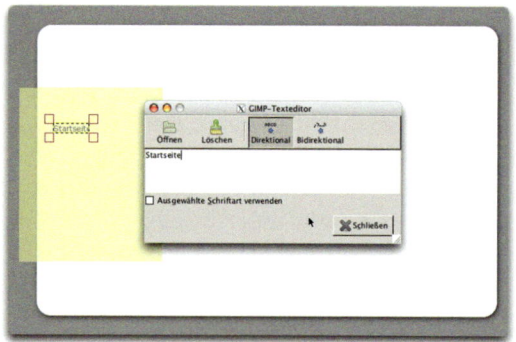

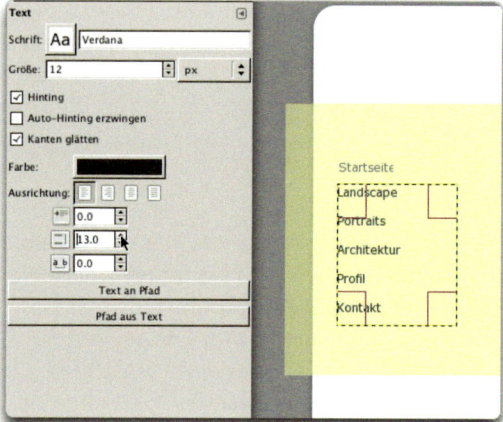

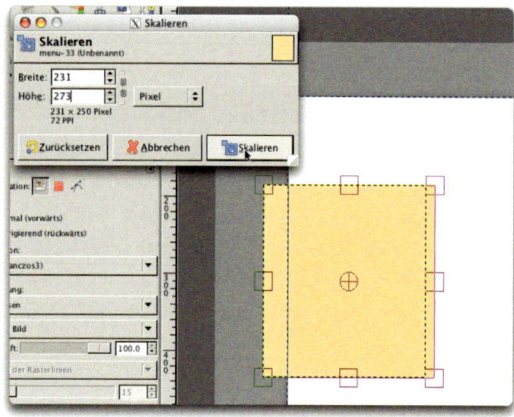

10. Text A

Für das Menü aktivieren Sie das Textwerkzeug (T). Verwenden Sie am besten eine webtaugliche Schriftart – so können Sie später das Menü als Text mittels CSS umsetzen. Wählen Sie z.B. SCHRIFTART Helvetica, SCHRIFTGRÖSSE: 12, FARBE 747779 für aktive Menülinks (z.B. die erste Seite). Im Layoutentwurf formatiere ich den Punkt STARTSEITE als aktiv und alle anderen Menüpunkte als inaktiv. So sieht man sofort beide Link-Zustände. Ziehen Sie mit dem Textwerkzeug vorab mal irgendwo auf der Navigationsfläche einen Textrahmen auf und schreiben Sie *Startseite*. Klicken Sie auf SCHLIESSEN, um den Texteditor zu schließen.

Verändern Sie die FARBE auf 38352e, stellen Sie den Zeilenabstand auf 13, ziehen Sie erneut mit dem Textwerkzeug einen Textrahmen auf und schreiben Sie untereinander (⏎-Taste dazwischen drücken) die restlichen Menüpunkte.

> **Tipp**
> Verschwindet unabsichtlich der Texteditor, klicken Sie einmal mit dem Textwerkzeug direkt auf den Text. Dann steht er wieder im Vordergrund.

11. Navigationsbereich skalieren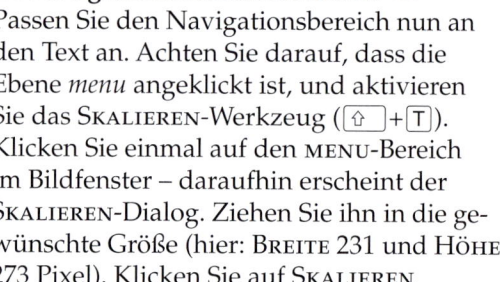

Passen Sie den Navigationsbereich nun an den Text an. Achten Sie darauf, dass die Ebene *menu* angeklickt ist, und aktivieren Sie das SKALIEREN-Werkzeug (⇧+T). Klicken Sie einmal auf den MENU-Bereich im Bildfenster – daraufhin erscheint der SKALIEREN-Dialog. Ziehen Sie ihn in die gewünschte Größe (hier: BREITE 231 und HÖHE 273 Pixel). Klicken Sie auf SKALIEREN.

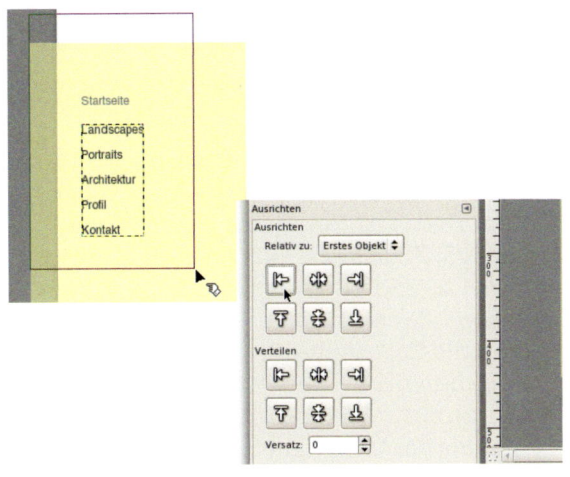

12. Ausrichten ✛

Zum Ausrichten der Menüpunkte zueinander aktivieren Sie das AUSRICHTEN-Werkzeug (Q). Ziehen Sie mit gedrückter Maustaste einen Rahmen um alle Texte auf und klicken Sie in den Werkzeugeinstellungen auf LINKSBÜNDIG AUSRICHTEN, während RELATIV ZU: ERSTES OBJEKT aktiviert ist.

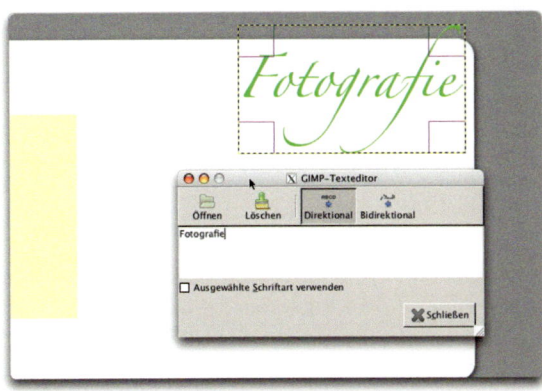

13. Logo 𝐀

Als Nächstes schreiben wir den Text für das Logo. Ich habe eine besonders großzügig geschwungene Schrift gewählt – diese wird eventuell nicht auf Ihrem System installiert sein. Wählen Sie also eine adäquate, die bei Ihnen verfügbar ist. Der Vorgang ist der gleiche wie soeben: Wählen Sie SCHRIFT-ART (Zapfino italic), SCHRIFTGRÖSSE (50) und FARBE (97bf0d). Klicken Sie mit dem Textwerkzeug einmal auf das Bildfenster im rechten oberen, weißen Bereich. Schreiben Sie z.B. *Fotografie* (oder was Sie gerne möchten). Verschieben Sie den Text mit dem Textwerkzeug an die rechte obere Ecke.

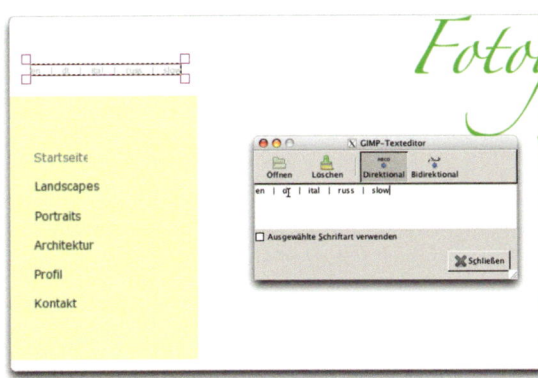

14. Sprachauswahlleiste 𝐀

Und weil wir gerade so fleißig beim Textschreiben sind, tippen wir die Sprachauswahlleiste auch gleich. SCHRIFTART: Helvetica, SCHRIFTGRÖSSE: 9, FARBE: aeb1b3. Das Trennzeichen, die so genannte Pipe (|), finden Sie am Mac mit [Alt]+[7] und am PC und auf Linux mit [AltGr] + [>]. Positionieren Sie die Textleiste linksbündig mit der Navigationsleiste.

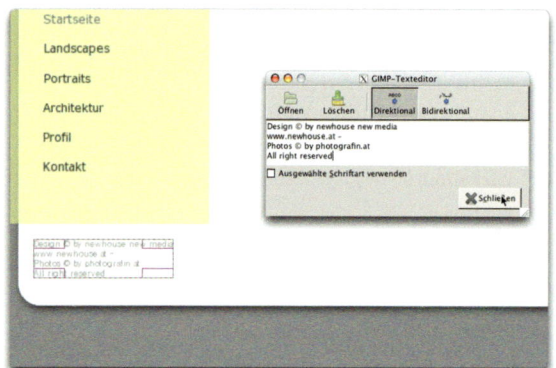

15. Copyright-Infos

Die Copyright-Infos schreiben wir unterhalb des Navigationsbereichs. Ich habe die gleichen Einstellungen wie für die Sprachauswahlleiste verwendet: SCHRIFTART: Helvetica, SCHRIFTGRÖSSE: 9, FARBE: aeb1b3, ZEILENABSTAND: -2. Schreiben Sie Ihre Copyright-Informationen. Die Sprachauswahlleiste oberhalb, die Menüpunkte und die Copyright-Infos werden linksbündig ausgerichtet. Verwenden Sie dazu das AUSRICHTEN-Werkzeug (siehe Punkt 12). Wie Sie das Copyright-Symbol einfügen, lesen Sie im Tutorial *Copyright-Stempel erstellen* auf Seite 284.

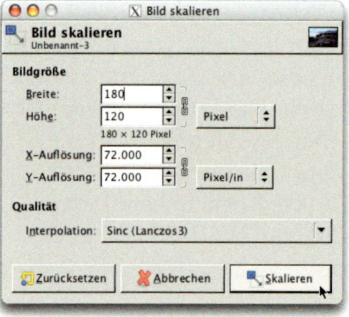

16. Foto skalieren

Öffnen Sie ein Bild zum Einfügen auf die Website. Verkleinern Sie seine Größe über BILD > BILD SKALIEREN auf eine Breite von ca. 180 Pixel. Die Höhe ändert sich automatisch proportional richtig – sie brauchen Sie nicht einzutippen und sie kann sich von meinem Wert hier unterscheiden.

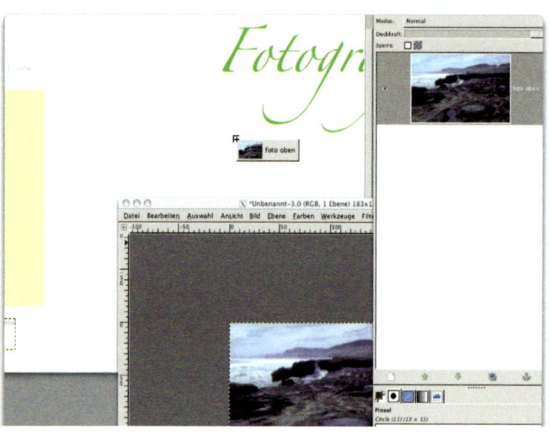

17. Foto einfügen

Ordnen Sie sich die Arbeitsoberfläche wie hier abgebildet an. Aktivieren Sie das Bildfenster mit dem Foto und ziehen Sie die Ebene aus dem Ebenendialog mit gedrückter Maustaste auf die Website im Hintergrund. Somit haben Sie das Foto auf die Website platziert. Verschieben Sie es ungefähr auf die Mitte der Seite.

Wiederholen Sie Schritt 16 +17 für das zweite Bild.

18. Blindtext

Da es sich ja hier nur um ein Layout handelt, genügt es, einstweilen Blindtext einzufügen. Aktivieren Sie das Textwerkzeug (T), wählen Sie eine (webtaugliche) SCHRIFTART: Helvetica, SCHRIFTGRÖSSE: 11 und FARBE: 747779. Tippen oder kopieren Sie den Text in den Texteditor. (Im Web finden Sie zahlreiche Seiten zum Kopieren von Blindtexten. Geben Sie den Suchbegriff **Blindtext** in eine Suchmaschine ein.) Duplizieren Sie die Ebene, indem Sie im Ebenendialog auf das doppelte Blatt klicken, und verschieben Sie die zweite Ebene nach unten – auf Höhe des zweiten Bilds.

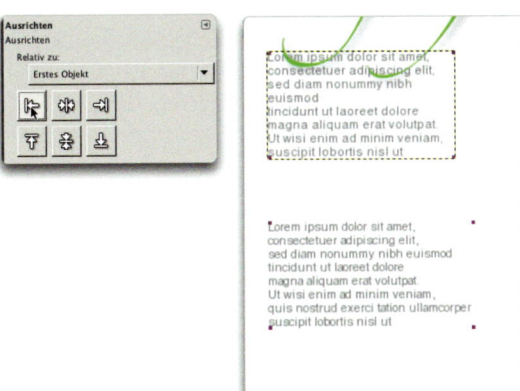

19. Ausrichten

Zum Ausrichten der Menüpunkte zueinander aktivieren Sie das AUSRICHTEN-Werkzeug (Q). Markieren Sie die beiden Textblöcke und klicken Sie in den Werkzeugeinstellungen auf das Symbol für LINKS AUSRICHTEN, während RELATIV ZU: ERSTES OBJEKT aktiviert ist. Richten Sie Bild und dazugehörigen Text anschließend unten aneinander aus.

20. Subtitel

Für den Subtitel passt eine Serifenschrift zu den serifenlosen Schriften der Absätze. Aktivieren Sie das Textwerkzeug (T), wählen Sie eine (webtaugliche) SCHRIFTART: Times, SCHRIFTGRÖSSE: 14 und FARBE: 38352e. Positionieren Sie den Subtitel zuerst bündig zum Absatz und rücken Sie dann etwa 4 bis 5 Pixel nach links hinaus – wie eine hängende Zeile. Duplizieren Sie die Ebene, indem Sie im Ebenendialog auf das doppelte Blatt klicken, und verschieben Sie die zweite Ebene nach unten. Die Subtitel stehen bündig zum oberen Rand der Fotos.

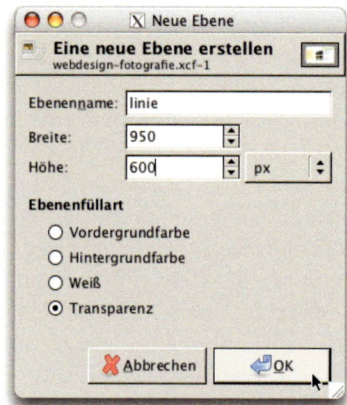

21. Linie einstellen

Vielleicht sind sie Ihnen noch gar nicht richtig aufgefallen, aber unterhalb jedes Fotos befindet sich eine feine, verblassende Linie. Zunächst legen wir dafür eine neue Ebene an, Name: LINIE, BREITE: 950, HÖHE: 600, EBENENFÜLLART: TRANSPARENZ.

22. Zoomen

Bevor wir mit dem Linienzeichnen loslegen, zoomen Sie noch die Stelle größer heran. Aktivieren Sie dazu die Lupe und ziehen Sie einen Rahmen um den Bereich „Bild/Blindtexte" auf oder drücken Sie ein paar Mal die ⊞-Taste.

23. Gerade Linie zeichnen

Aktivieren Sie das PINSEL-Werkzeug (P) und stellen Sie in den WERKZEUGEINSTELLUNGEN Folgendes ein: PINSELGRÖSSE: 1, VERBLASSEN: 370 Pixel. Als VORDERGRUNDFARBE habe ich e0cc96 verwendet. Achten Sie darauf, dass Sie die Linienebene markiert haben.

Zum Zeichnen einer geraden Linie klicken Sie einmal in etwa dort, wo die Linie beginnen soll. Halten Sie die ⇧-Taste gedrückt und lassen Sie die Maustaste los. Jetzt sollten Sie eine schwarze Hilfslinie eingeblendet sehen (3) – an der Sie erkennen, ob die Linie gerade wird. (Halten Sie weiter die ⇧-Taste gedrückt!) Klicken Sie einmal mit der Maus dorthin, wo die Linie enden soll. Die Linie ist gerade aufgetragen. Lassen Sie die ⇧-Taste und die Maustaste los.

Drücken Sie ⇧+Strg/ctrl+E, um wieder das volle Bild zu sehen.

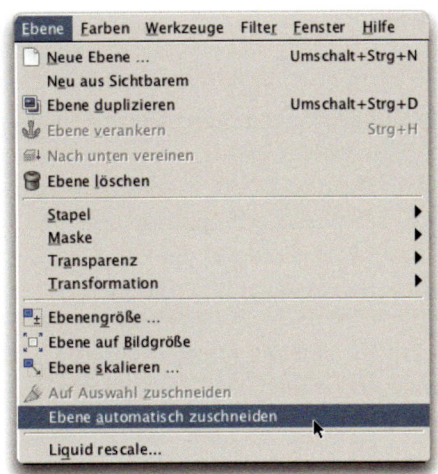

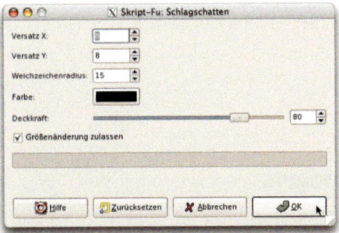

24. Ebene zuschneiden & duplizieren

Die Linienebene nimmt ja die Größe der Grundfläche von 950 x 600 Pixel ein, das wird für das Verschieben unhandlich. Daher schneiden wir die Ebene auf ihre wirklich benötigten Abmessungen zu: Markieren Sie die Linienebene und wählen Sie EBENE > EBENE AUTOMATISCH ZUSCHNEIDEN.

Duplizieren Sie die Linienebene und ziehen Sie mit dem VERSCHIEBEN-Werkzeug (M) die zweite Linie unterhalb des zweiten Fotos auf die obere Kante des Copyright-Textes.

25. Schatten für das Logo

Mit dem Design sind wir fast fertig. Das Logo finde ich noch etwas zu fad – wie wäre es mit einem Schlagschatten? Markieren Sie die Logoebene (Fotografie) und wählen Sie FILTER > LICHT UND SCHATTEN > SCHLAG-SCHATTEN. Stellen Sie VERSATZ X/Y auf 8, RADIUS WEICHZEICHNER auf 15, FARBE: Schwarz (000000), DECKKRAFT auf 80.

Das Ergebnis sollte also so aussehen wie links abgebildet. Eine Ansicht ohne Hilfs-linien erhalten Sie durch Drücken von ⇧ + Strg / ctrl + T bzw. über ANSICHT > HILFSLINIEN ANZEIGEN.

Für Web speichern...

Um ein Bild für die Veröffentlichung im Web oder auch für den E-Mail-Versand vorzubereiten, bedarf es einiger Schritte: Bildgröße anpassen, vielleicht zuschneiden, ein geeignetes Dateiformat wählen und die Datei so komprimieren, dass sie wenig Speicherplatz benötigt. All das erledigen Sie mit diesem Plug-in in wenigen Handgriffen.

Hinweis

Das Plug-in ist zwar englischsprachig, aber ich bin mir sicher, dass Sie sich auch ohne die Sprache zu beherrschen, ganz leicht zurechtfinden!

Installation

Das Plug-in ist nicht standardmäßig bei GIMP dabei. Die Installation ist aber ganz simpel: Suchen Sie auf der Website *http://registry.gimp.org* nach dem Begriff *web save* – dann erscheint es gleich als erster Eintrag (Stand 12/08). Außerdem finden Sie das Plug-in auch zum Download auf der Content+-Seite (siehe vordere Umschlaginnenseite).

Laden Sie die für Ihr Betriebssystem richtige Datei herunter und schließen Sie GIMP. Installieren Sie die Datei nach Anleitung wie folgt:

Installation unter Linux
Öffnen Sie eine Konsole und geben Sie die folgenden Befehle ein (↵ steht für Enter):

```
./configure ↵
make ↵
make install ↵
```

Installation unter Windows
Kopieren Sie die *webexport.exe* in *C:\Dokumente und Einstellungen\<Benutzername>\.gimp-2.6\plug-ins*.

Installation unter Mac
Kopieren Sie die Datei in das Verzeichnis */Library/Application Support/Gimp/plug-ins/*.

Starten Sie GIMP – wenn die Installation erfolgreich war, finden Sie im Menü DATEI nun den zusätzlichen Befehl SAVE FOR WEB...

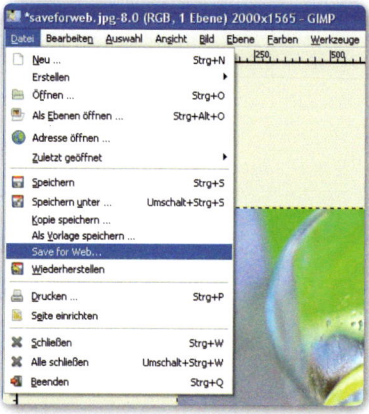

318

Verwendung

Sobald Sie eine Datei aus GIMP heraus für die Veröffentlichung im Web oder auch für den E-Mail-Versand speichern wollen, öffnen Sie das Plug-in über DATEI > SAVE FOR WEB... (siehe auch Hinweiskasten rechts zur maximalen Pixelauflösung):

Hinweis

Der Befehl SAVE FOR WEB... reagiert nicht?
Ein Grund dafür kann sein, dass das Bild noch zu groß ist, denn bei über 2000 Pixel Breite bzw. Höhe lässt sich das Plug-in nicht starten. Werfen Sie auch einen Blick auf die GIMP-Statusleiste, dort stehen meist hilfreiche Hinweise.

Achtung

Der Regler bei JPG-QUALITÄT reduziert die Dateigröße, je weiter Sie ihn nach links ziehen. Der Regler bei der PNG-Kompression erhöht die Dateigröße, je weiter Sie ihn nach links stellen.

❶ Wählen Sie hier das Dateiformat und stellen Sie darunter **(2)** die Eigenschaften für den jeweiligen Dateityp ein (Details zu den *Dateiformaten für digitale Bilder* lesen Sie auf Seite 34 bzw. 40ff). Praktisch ist, dass Sie in der Statusleiste unterhalb des Bilds **(4)** die Dateigrößen sehen und daher gut vergleichen können.

❸ Klicken Sie auf die zweite Lasche, gelangen Sie zu den Einstellungen für die Bildgröße (RESIZE) und können sogar einen neuen Ausschnitt definieren. Geben Sie unter *Crop* die neuen Werte ein oder noch leichter: Ziehen Sie den Bildrahmen mit gedrückter Maustaste in das Bild hinein **(5)**. Bei CROP verfolgen Sie die neuen Abmessungen mit. Mit Klick auf RESET setzen Sie den Ausschnitt bzw. die Bildgröße wieder zurück.

Foto: Helmer

Klicken Sie auf SAVE, um das Bild zu speichern.

Instant Grafiken

GIMP bietet mit seinen zahl-
reich mitgelieferten Scripts
schier endlose Möglichkeiten
für die automatische Erstellung von Webgrafiken, Bannern und Logos. Hier habe
ich Ihnen einige der interes-
santesten davon zusammen-
gestellt. Mit diesen Mustern
lassen sich z.B. interessante
Banner gestalten.

Wo finde ich die Scripts?

Wählen Sie DATEI > ERSTELLEN. In diesem Untermenü finden Sie die vier Menüpünkte, die für
die Erstellung von Grafiken, Schriftzügen und
Bannern zuständig sind:

SCHALTFLÄCHEN, LOGOS, MUSTER und INTERNET-
SEITEN-DESIGNS.

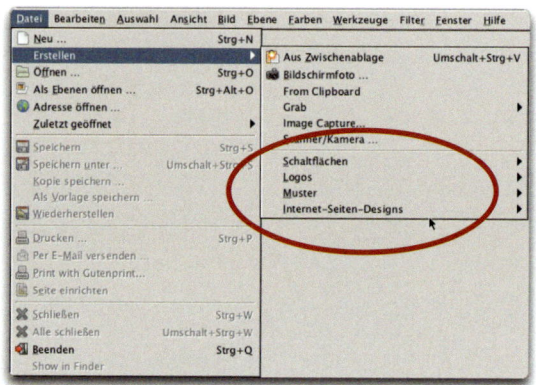

All diese Scripts kommen ohne eine leere neue
Datei aus, diese wird automatisch miterzeugt.
Sie brauchen daher nur einen der Befehle anzu-
klicken, in einem Dialog die jeweiligen Einstel-
lungen vorzunehmen, und schon wird wie von
Geisterhand die Grafik erzeugt.

Hinweis
Gestaltung
Bei den meisten Scripts
haben Sie Einfluss auf
die Farbgestaltung, die
Größe und natürlich die
Beschriftung.

Menü: INTERNET-SEITEN-DESIGNS

ALIEN-GLOW > PFEIL

ALIEN-GLOW > KUGEL
unten:
HORIZONTALE LINIE

ALIEN-GLOW > SCHALTFLÄCHE

Menü: MUSTER

3D-TRUCHET

TRUCHET

STRUDEL

LANDKARTE

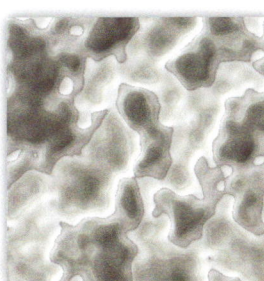

LAND

KACHELSTRUDEL

Menü: LOGOS

3-D UMRISS

NOVA

CHROM

Zerfressen

ZERFRESSEN

Fear the Cow

KUHFLECKEN

Imagemap

Ein sehr nützliches Tool für
alle Webdesigner, die schon
mal versucht haben, in der
reinen HTML-Code-Ansicht
Imagemaps anzulegen (sprich
Koordinaten raten). GIMP
liefert mit diesem von Maurits
Rijk entwickelten „Filter" eine
echte Arbeitserleichterung.

Was sind Imagemaps?

Imagemaps sind Folien, die Sie mit dem
HTML-Tag <MAP></MAP> in beliebiger
Größe und Form über ein Bild (image) legen
und mit einem Hyperlink versehen. Die
Folien sind im Browser unsichtbar. Image-
maps werden vor allem für Landkarten bzw.
Stadtpläne eingesetzt, die auf verschiedene
Seiten (URLs) hin verlinken (verweissensitiv).

Mit dem Imagemap-Filter in GIMP zeichnen
Sie mit der Maus über die Grafik die Image-
maps, danach erzeugt das Tool eine HTML-
Datei mit den Imagemaps.

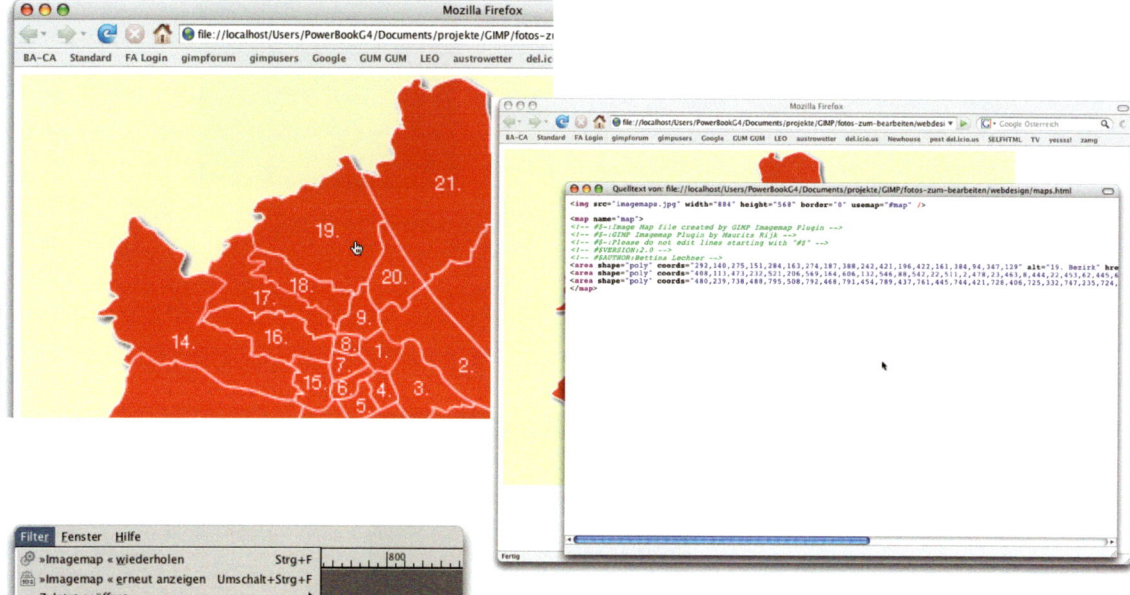

Grafik: Helmer

1. Datei öffnen und Filter starten
Klicken Sie auf DATEI > ÖFFNEN und suchen
Sie eine Grafik, die Sie mit Imagemaps be-
legen wollen – das kann natürlich auch ein
Foto sein. Starten Sie das Tool über FILTER >
WEB > IMAGEMAP.

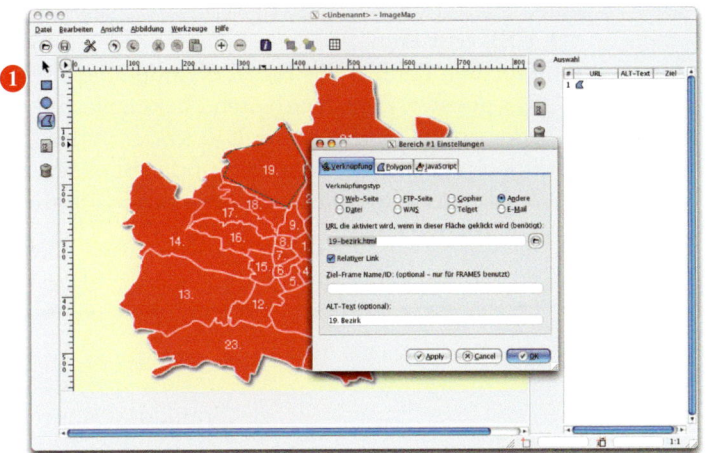

Vorweg zur Info
IMAGEMAP generiert beim Aufziehen der Folien HTML-Code (sichtbar unter ANSICHT > QUELLE ...). Die in IMAGEMAP erzeugte Datei muss daher als HTML-Datei gespeichert werden.

2. Imagemaps anlegen

Klicken Sie in der linken Leiste **(1)** auf die gewünschte Imagemap-Form. Klicken Sie einmal auf die gewünschte Position. Ziehen Sie ohne gedrückte Maustaste die Form auf und klicken Sie einmal, um die Form abzuschließen. Nur beim Polygon müssen Sie doppelklicken. Es öffnet sich ein Dialog, in dem Sie unter anderem die Ziel-URL für das Imagemap eingeben:

» **Verknüpfungstyp**: Hier legen Sie fest, wohin der Link führen soll. Wenn Sie mit einer internen HTML-Seite verlinken, wählen Sie die Option ANDERE.

» **URL, die aktiviert wird, ...:** Hier tragen Sie den Link zur HTML-Seite bzw. zur URL ein. Lassen Sie RELATIVER LINK aktiviert.

» **Ziel-Frame:** Tragen Sie hier gegebenenfalls einen Frame-Namen ein, wenn die unter URL angegebene Seite in einem Frame geladen wird.

» **ALT-Text:** Angabe eines Alternativtextes für die Grafik (sollte diese nicht geladen werden können bzw. Voraussetzung für Barrierefreiheit) – nach W3C (= WWW-Consortium) erforderlich!

» **Register Polygon** (Beschriftung abhängig von Ihrer Auswahl): Hier legen Sie numerisch die Abmessungen und die Position für das Imagemap fest.

» **JavaScript:** Geben Sie optional Befehle für die einzelnen Mausereignisse an.

Bestätigen Sie mit OK. Wiederholen Sie diesen Schritt für alle weiteren Imagemaps, die Sie für die Grafik benötigen.

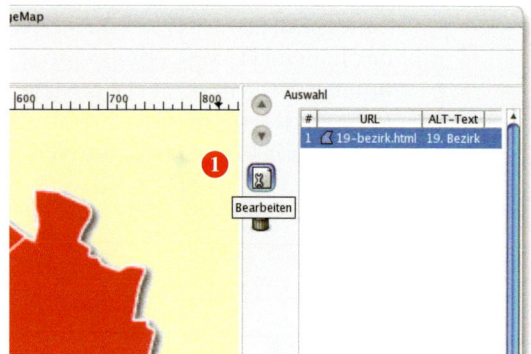

3. URL editieren

Im rechten Bereich des Fensters finden Sie die URLs gelistet. Zum Bearbeiten klicken Sie entweder doppelt auf eine der URLs oder in der mittleren Leiste des Fensters auf das Bearbeiten-Icon (1). Unterhalb sehen Sie das Symbol zum Löschen einer URL.

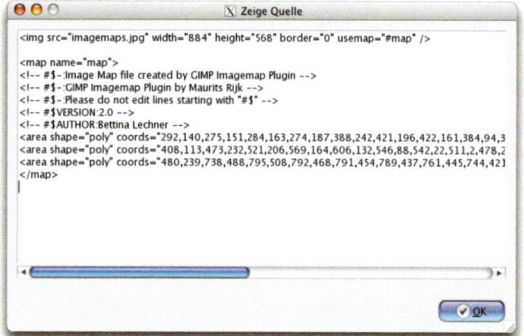

4. Quelle

Über Ansicht > Quelle verfolgen Sie die Generierung des HTML-Quellcodes mit (nicht bearbeitbar).

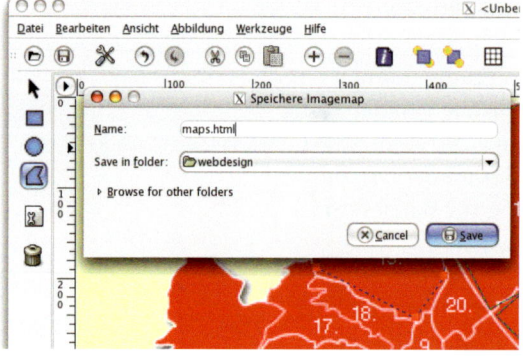

5. Datei speichern

Beim Speichern müssen Sie zunächst darauf achten, dass Sie die Datei im selben Ordner ablegen, wo sich das Bild, das Sie mit Image Maps belegt haben, befindet. Wählen Sie Datei > Speichern (Strg / ctrl + S) und vergeben Sie der Datei die Endung *html*, z.B. *index.html*.

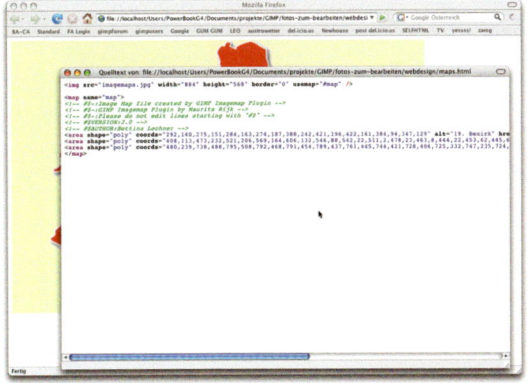

6. Das Ergebnis

Als Ergebnis erhalten Sie eine Datei mit dem fertigen HTML-Code für die angelegten Image Maps. Vervollständigen Sie die HTML-Datei (Doctype, Grundgerüst etc.) oder kopieren Sie den Quellcode in eine bereits vorhandene Datei. Achten Sie darauf, dass Sie bei all diesen Vorgängen das Bild und die HTML-Datei im selben Verzeichnis haben.

Zum Überprüfen des Ergebnisses öffnen Sie die HTML-Datei in einem Editor oder in einem Browser. In einem Browser wählen Sie ANSICHT > HTML-QUELLTEXT (oder Ähnliches, Befehl abhängig vom Browser).

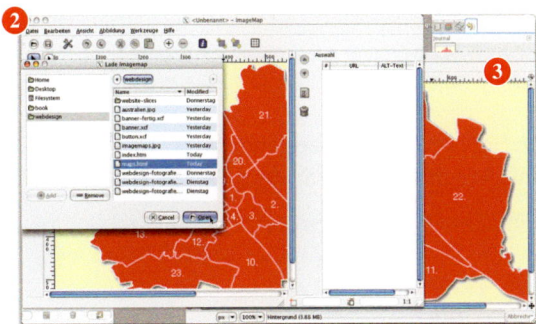

7. Imagemap beenden bzw. Datei erneut editieren

Sobald Sie Imagemap beendet haben (DATEI > QUIT), schließt sich das Fenster und Sie landen wieder im normalen GIMP-Bereich.
Zum Editieren der angelegten Image Maps gehen Sie wie folgt vor: Öffnen Sie zunächst wie gewohnt die Grafik/das Bild in GIMP (DATEI > ÖFFNEN bzw. [Strg]/[ctrl]+[O]) (2). Starten Sie dann via FILTER > WEB > IMAGEMAP. Klicken Sie dort auf DATEI > OPEN ([Strg]/[ctrl]+[O]) (3) und öffnen Sie die HTML-Datei. Wie Sie sofort erkennen, werden die Image Maps über das geöffnete Bild gelegt.

Die Funktionen von Imagemap im Detail

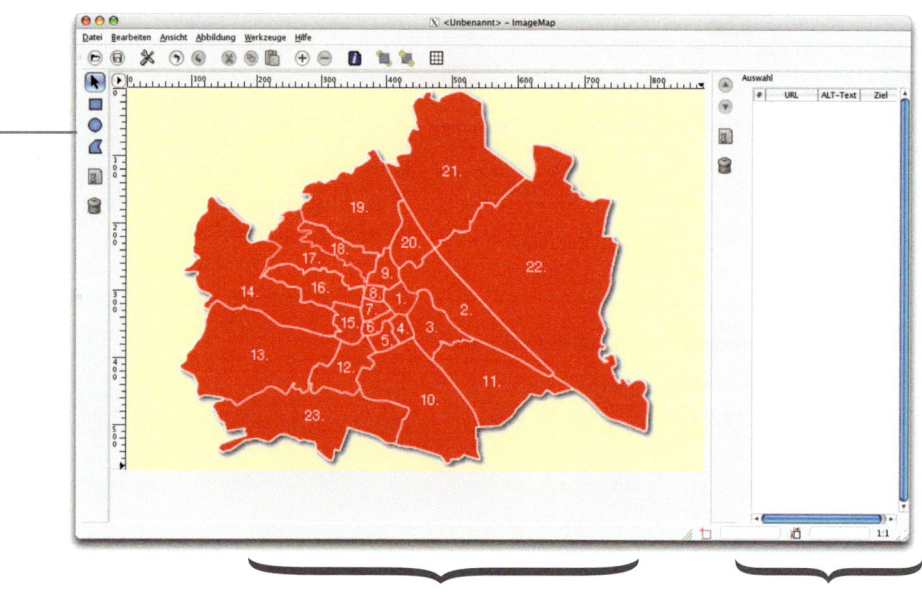

Die linke Hälfte des Fensters dient zum
Zeichnen und Editieren der Imagemaps.

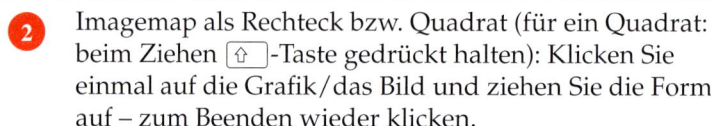

Hier werden die
URLs gelistet.

1 Mit dem Mauspfeil editieren Sie bereits aufgezogene Imagemaps: zum Markieren, Verschieben, Verändern der Größe.

2 Imagemap als Rechteck bzw. Quadrat (für ein Quadrat: beim Ziehen ⇧-Taste gedrückt halten): Klicken Sie einmal auf die Grafik/das Bild und ziehen Sie die Form auf – zum Beenden wieder klicken.

3 Imagemap als Ellipse bzw. Kreis (für einen Kreis: beim Ziehen ⇧-Taste gedrückt halten): Klicken Sie einmal auf die Grafik/das Bild und ziehen Sie die Form auf – zum Beenden wieder klicken.

4 Polygones Imagemap: Je ein Klick legt einen neuen Eckpunkt fest, ein Doppelklick beendet den Vorgang.

5 Nur aktiv, wenn Sie ein Imagemap mit dem Mauspfeil **(1)** markiert haben: Öffnet die Einstellungen des selektierten Imagemap.

6 Nur aktiv, wenn Sie ein Imagemap mit dem Mauspfeil **(1)** markiert haben: Löscht das selektierte Imagemap.

| 7 | 8 | 9 | 10 | 11 | 12 | 13 | 14 | 15 |

7 Zum Öffnen einer bereits vorhandenen HTML-Datei – Achtung! Dabei werden nur die Quellcode-Daten geladen, sprich die Position und die Größe der Imagemaps und deren Verlinkung, und nicht das Bild selbst. Diese Informationen werden daher auch über ein völlig anderes in IMAGEMAP geöffnetes Bild geladen. Zum Wiederöffnen einer bereits vorhandenen Datei öffnen Sie zuerst das Bild in GIMP, starten dann IMAGEMAP und öffnen dann die HTML-Datei. So wird der Quellcode über das richtige Bild gelegt.

8 Zum Speichern der HTML-Datei. Bitte fügen Sie selbst die Dateiendung hinzu (*.htm bzw. *.html).

9 Öffnet EINSTELLUNGEN: Unter STANDARD-MAP-TYP legen Sie den Quellcode-Ausgabetyp fest (Default: CSM). Bereichsinformation erfragen: Öffnet nach dem Aufziehen eines Imagemap eine Abfrage zur Hyperlink-Eingabe. STANDARD-URL ERFORDERLICH: Ein Hyperlink wird über die gesamte Grafik gelegt, das heißt, überall dort, wo es keine Imagemaps gibt, gibt es einen Standard-Link. Die Standard-URL wird über **(13)** eingegeben. Die restlichen Angaben sind selbst erklärend.

10 Rückgängig bzw. Wiederherstellen

11 Ausschneiden, Kopieren und Einfügen

12 Zoom in/out – der aktive Zoomfaktor steht in der Statusleiste in der rechten unteren Ecke des Fensters.

13 Öffnet das Fenster INFORMATIONEN: DATEINAME: Name und Pfad, unter dem Ihre IMAGEMAP-Datei gespeichert wurde. BILDNAME: Dateiname der geöffneten Bilddatei. TITEL, AUTOR, BESCHREIBUNG: Das sind Daten, die in der IMAGEMAP-Datei abgelegt werden und nur im Quellcode sichtbar sind (einsehbar auch unter ANSICHT > QUELLE). STANDARD-URL: Ausgabe einer URL für all jene Stellen, wo die Grafik über keine Imagemaps verfügt.

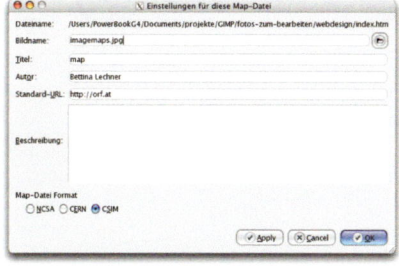

14 Legt die Anordnung bei sich überlappenden Imagemaps fest. Linkes Icon: Bringt ein Imagemap nach vorne; rechtes Icon: Bringt ein Imagemap hinter ein anderes.

15 Wenn angeklickt, wird ein Hilfsgitter über die Grafik gelegt – dies dient zur exakten Ausrichtung der Imagemaps.

327

Abgerundete Ecken

Sehr beliebt im Webdesign sind Boxen und Grafiken mit abgerundeten Ecken. Diese Ecken benötigt man bei den meisten Techniken als Grafik, die man dann mittels CSS zu einer skalierbaren und auch W3C-konformen Box zusammenbaut. Hier zeige ich Ihnen, wie Sie zu den grafischen Ecken kommen. Es geht ganz leicht!

1. Neue Datei
Legen Sie über Datei > Neu eine neue Datei an. Geben Sie der Datei z.B. eine Breite und Höhe von 30 Pixel, die PPI sind egal. Die Hintergrundfarbe stellen Sie – um möglichst flexibel zu bleiben und die Grafik auf unterschiedlichen Hintergrundfarben einzusetzen – auf Transparenz. Wichtig ist nur, dass die Größe der Datei eine gerade Zahl hat und quadratisch ist.

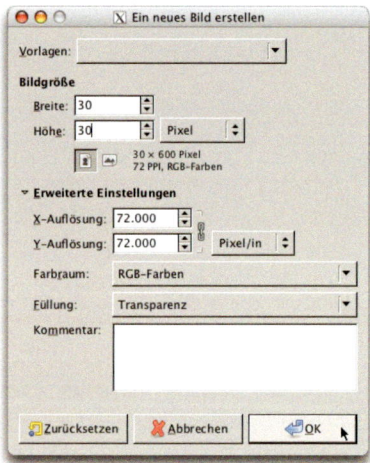

Speichern Sie die Datei z.B. als *round-corner.xcf* ab. Klicken Sie dazu auf Datei > Speichern (Strg / ctrl + S). Vergessen Sie nicht, als Dateityp *XCF* auszuwählen bzw. ans Ende des Dateinamens dazuzuschreiben. Bestätigen Sie mit Speichern.

Da die Datei sehr winzig ist, zoomen Sie sie heran. Drücken Sie dazu am besten ein paar Mal die Taste + .

> ## Hinweis
> Zahlreiche Tutorials zum Zusammensetzen der runden Ecken mittels CSS finden Sie im Web. Suchen Sie z.B. nach „round corner" bzw. „abgerundete ecken css".

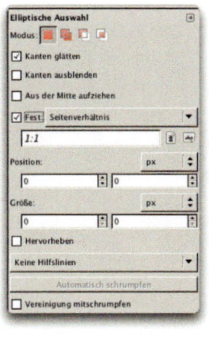

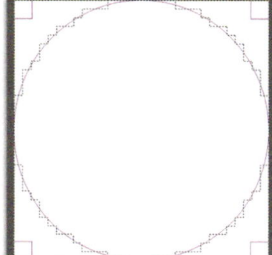

2. Ellipse-Werkzeugeinstellungen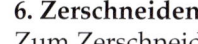

Aktivieren Sie das ELLIPTISCHE AUSWAHL-Werkzeug und legen Sie bei den Werkzeugeinstellungen Folgendes fest: Aktivieren Sie KANTEN GLÄTTEN und weiter darunter FEST bei einem SEITENVERHÄLTNIS von 1x1.

3. Kreis ziehen

Ziehen Sie auf der transparenten Bildfläche einen Kreis auf. Die Ecken der Auswahl ziehen Sie bis an die Ränder der Bildfläche (hier auf Weiß abgebildet, damit Sie besser die Auswahl erkennen).

4. Farbe

Klicken Sie doppelt auf die Vordergrundfarbe und stellen Sie eine Farbe ein. Drücken Sie die Tastenkombination Strg / ctrl + , oder wählen Sie BEARBEITEN > MIT VORDERGRUNDFARBE FÜLLEN. Heben Sie die Auswahl auf: AUSWAHL > NICHTS AUSWÄHLEN bzw. ⇧ + Strg / ctrl + A.

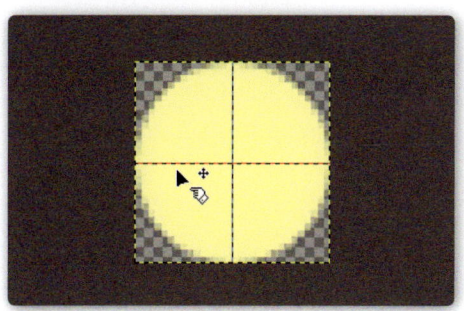

5. Hilfslinien

Ziehen Sie eine horizontale und eine vertikale Hilfslinie exakt in die Mitte des Kreises aus dem Lineal (hier jeweils 15 Pixel – lesen Sie die Position der Hilfslinie an der Statusleiste ab). Jetzt ist auch klar, warum die Größe der Datei unbedingt eine gerade Zahl haben musste, bei einer ungeraden Zahl hätten wir keine gleichen Hälften zusammengebracht (aber das wussten Sie ja von Anfang an :)!).

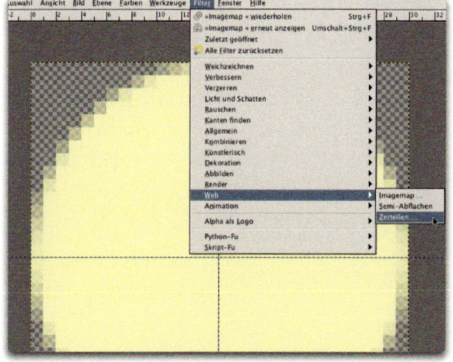

6. Zerschneiden

Zum Zerschneiden der Grafik gibt es nun mehrere Varianten: Auf Linux und Mac finden Sie dazu den Befehl FILTER > WEB > ZERTEILEN. Damit wird die Datei entlang der Hilfslinien zerschnitten und automatisch gespeichert. Unter Windows gibt es dafür WEB-O-TINE.

Oder Sie zerschneiden die Grafik mit dem ZUSCHNEIDEN-Werkzeug, speichern dann den Ausschnitt mittels SPEICHERN UNTER ... als *.png, *.gif oder *.jpg, machen RÜCKGÄNGIG und wiederholen den Schritt jeweils für die anderen Teile.

Anhang

E s lohnt sich dieses Kapitel durchzublättern.
Neben Installationstipps für die einzelnen
Betriebssysteme erfahren Sie, wie Sie GIMP eine
andere Sprache sprechen lassen und Erweiterungen
hinzufügen. Außerdem finden Sie zahlreiche nützliche
Linktipps und eine Umrechnungstabelle für JPG-Datei-
export aus Photoshop.

flickr.com: grendelkhan

flickr.com: net_efekt

Inhaltsverzeichnis

flickr.com: net_efekt

flickr.com: net_efekt

GIMP inside

Erfahren Sie hier, unter welchen Betriebssystemen GIMP läuft und was es mit GNU und GPL auf sich hat.

Betriebssysteme

GIMP ist lauffähig unter GNU/Linux™, Apple Mac OS X™, Microsoft Windows™, OpenBSD™, NetBSD™, FreeBSD™, Solaris™, SunOS™, AIX™, HP-UX™, Tru64™, Digital UNIX™, OSF/1™, IRIX™, OS/2™ und BeOS™. Es gibt auch eine veränderte portable („tragbare") Version für den USB-Stick (Windows, Mac).

GNU und GPL

GIMP ist die Abkürzung für „GNU Image Manipulation Program". GIMP ist eine freie Software und unterliegt der GPL, der General Public Licence. Die Idee, eine Lizenz für freie Software – Software, die ohne kommerzielle Hintergedanken entwickelt wird – zu schaffen, entstand während der Entwicklung von GNU (= rekursives Akronym von „GNU is not UNIX") – einem freien Betriebssystem.

„Warum", werden Sie sich fragen, „tun sich diese Leute so viel Arbeit an und programmieren ohne Bezahlung?" Richard Stallman, GNU-Begründer, sieht das so: „Wir wollen den Geist der Kooperation, der in den frühen Jahren der Computergemeinschaft vorgeherrscht hatte, wiederbeleben." Damals war es üblich, halbfertige Programme weiterzugeben und weiterzuentwickeln. Durch diesen offenen Austausch gibt es eine enorme Vielfalt an kreativen Ideen, aus denen letztendlich Programme wie GIMP resultieren.

Bild-Autor: Aurelio A. Heckert, Permission: Free art license

Das GNU-Maskottchen

Die wichtigsten GPL-Inhalte

1. Das Programm darf ohne jede Einschränkung für jeden beliebigen Zweck genutzt werden, ausdrücklich auch für kommerzielle Zwecke.

2. Kopien des Programms dürfen kostenlos oder auch gegen Geld verteilt werden. Der Quellcode muss offengelegt oder dem Empfänger des Programms auf Anfrage zum Selbstkostenpreis zur Verfügung gestellt werden. Der Empfänger hat weiterhin das Recht, das Programm kommerziell oder kostenlos zu verbreiten. Lizenzgebühren sind nicht erlaubt. Niemand ist verpflichtet, Kopien zu verteilen, weder im Allgemeinen noch an irgendeine bestimmte Person.

3. Ein Programm darf in seiner Funktionalität und Arbeitsweise studiert und den eigenen Bedürfnissen angepasst werden.

4. Es dürfen auch die veränderten Versionen des Programms vertrieben werden, wobei dem Empfänger des Programms der Quellcode der veränderten Version verfügbar gemacht werden muss. Veränderte Versionen müssen nicht veröffentlicht werden; aber wenn sie veröffentlicht werden, dann darf dies nur entsprechend den Regeln von Punkt 2 geschehen.

Die vollständige GNU General Public Licence können Sie im Web unter *http://www.gnu.org/licenses/* einsehen. Sie finden sie auch im GIMP-Programmverzeichnis.

Copyleft oder ShareAlike gestattet die Weiterverbreitung und Bearbeitung von Werken, solange das unter derselben Lizenz passiert. Mit Copyleft wird sichergestellt, dass jede Modifikation eines Werks, beispielsweise einer freien Software, weiterhin der jeweiligen Lizenz (z.B. GPL) unterliegt und damit nicht neuen Urhebereinschränkungen unterworfen werden kann. Siehe auch: *http://www.gnu.org/copyleft/copyleft.de.html*.

Autor: Zscout370, Public domain

Das Copyleft-Symbol

333

Installation unter Linux

Linux ist nicht gleich Linux, das wissen alle, die eine der zahllosen Distributionen verwenden. Die vorliegende Anleitung gilt für SuSe 10.1 mit KDE.

GIMP aktualisieren

Installationen unter Linux funktionieren anders als unter Windows, wo Sie auf eine .exe-Datei doppelklicken und sich (meist) um sonst nichts mehr kümmern müssen. Unter Linux wird ressourcensparend installiert, das heißt, Programmteile werden gleichzeitig für verschiedene Programme verwendet. Um sich nicht um die einzelnen Abhängigkeiten selbst kümmern zu müssen, installieren Sie ein fertig geschnürtes Paket, erkennbar an der Dateiendung „rpm". Durch die Installation eines Pakets werden automatisch die Abhängigkeiten geprüft.

GIMP-Paket manuell installieren

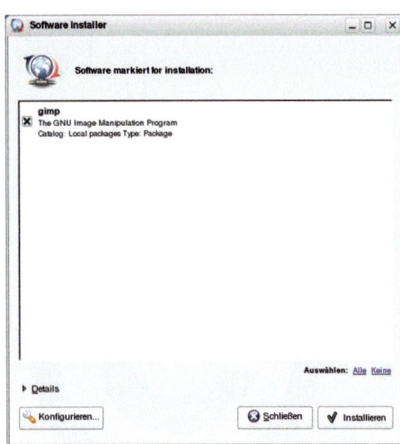

1. Stellen Sie fest, welche Linux-Distribution und Architektur Sie installiert haben. Klicken Sie dazu auf ARBEITSPLATZ, dort finden Sie zusammengefasst alle Informationen.

2. Suchen Sie im Web (z.B. *rpmseek.com*) nach dem aktuellen GIMP-Paket für Ihre Linux-Distribution.

3. Klicken Sie auf den Link, um den Download zu starten, und bestätigen Sie ÖFFNEN MIT... SOFTWARE INSTALLER.

4. Nach Fertigstellung des Downloads öffnet sich automatisch der SOFTWARE INSTALLER. Dieser prüft Paketabhängigkeiten und zeigt vor der Installation eine Zusammenfassung an, die Sie bestätigen. Geben Sie gegebenenfalls das Root-Kennwort ein.

5. Zum Abschluss folgt die Information, dass die Installation fertiggestellt ist.

Installation mit YaST

Das YaST-Kontrollzentrum verwaltet Pakete und installiert zu aktualisierende Programme automatisch.

1. Öffnen Sie YAST. Klicken Sie dazu auf K-MENÜ > SYSTEM > YAST (KONTROLLZENTRUM). Geben Sie gegebenenfalls das Root-Kennwort ein.

2. Wählen Sie SOFTWARE INSTALLIEREN ODER LÖSCHEN.

3. Klicken Sie im YaST-Fenster auf das Pull-down-Menü FILTER und wählen Sie PAKETGRUPPEN. Dadurch blenden Sie sämtliche installierte Applikationen ein. Sie finden GIMP unter der Kategorie PRODUKTIVITÄT > GRAFIK > BITMAP-EDITOREN.

4. Klicken Sie in der Zeile GIMP auf das Kontrollkästchen EINMAL. Dadurch verändert sich das Häkchen in ein grünes „Z". Damit haben Sie das Paket zum Aktualisieren markiert. Nur zur Info: Klicken Sie noch einmal darauf, erscheint ein kleiner Papierkorb – damit markieren Sie das Paket zum Löschen. Klicken Sie erneut so oft auf das Kontrollkästchen, bis Sie wieder zum Aktualisierensymbol gelangen.

5. Mit Klick auf PRÜFEN im unteren Bereich des YaST-Fensters eruiert YaST automatisch Paketabhängigkeiten.

6. Zum Starten der Installation klicken Sie auf ÜBERNEHMEN.

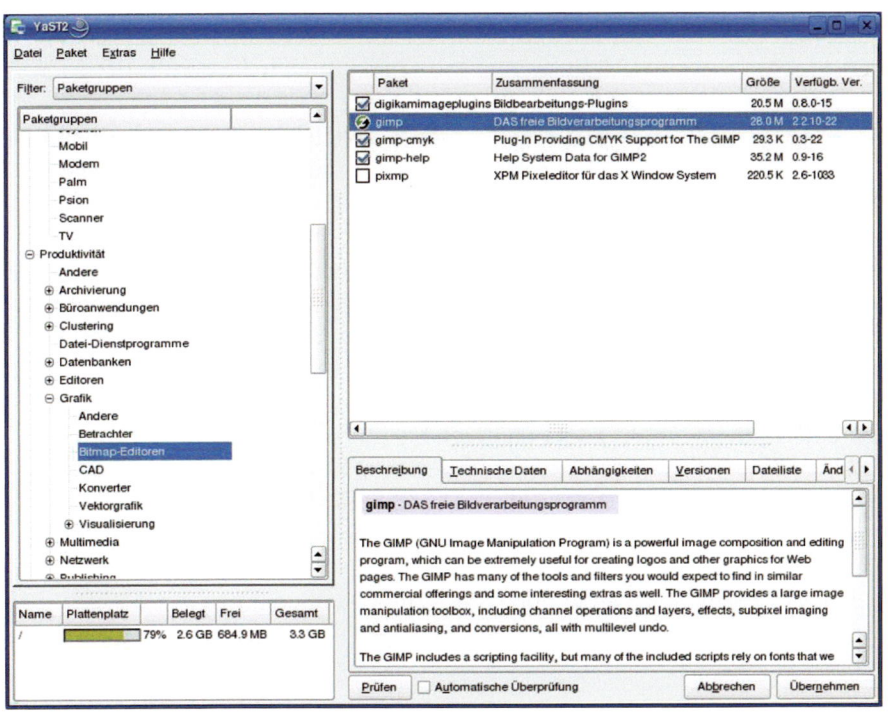

Installation unter Mac OS X

Es gibt mehrere Wege, GIMP unter Mac OS X zu installieren. Die einfachste Variante erfolgt mit GIMP.app, doch häufig gibt es dazu nicht sofort die neueste GIMP-Version. Empfehlenswerter ist es, GIMP mittels Macports zu installieren – da damit das Update absolut simpel und schnell funktioniert. Sie finden hier beide Varianten beschrieben.

X11 für OS X 10.5 (Intel & PPC)

Achtung! Wenn Sie für 10.5.2 das für GIMP nötige X11 von der Leopard-Installations-DVD installieren und updaten, stürzt GIMP ab. Um das zu verhindern, installieren Sie das 10.5.2-Combo-Update erneut bzw einfacher: Installieren Sie die X11-Applikation von *http://xquartz.macosforge. org/trac*.

Variante 1: Installation mittels GIMP.app

1. X11 installieren

X11 von Apple basiert auf dem Open-Source-Projekt XFree86 und dient zur Ausführung von X11-basierenden Programmen unter Mac OS X.

Um festzustellen, ob X11 auf Ihrem Mac bereits installiert ist, klicken Sie im FINDER auf PROGRAMME/DIENSTPROGRAMME. Dort müssten Sie das Icon für X11 finden.

Wenn Sie X11 dort nicht sehen, müssen Sie das X-Window noch vor der Installation von GIMP nachinstallieren. Das funktioniert wie folgt (Leopard-User = OS X 10.5 lesen bitte links den Hinweis-Kasten!):

1. Legen Sie die OS-X-Installations-DVD ein, doppeklicken Sie auf OPTIONAL INSTALLS.

2. Ein Installationsfenster öffnet sich – klicken Sie sich durch bis zur Kategorie INSTALLATIONSTYP. Erweitern Sie den Eintrag APPLIKATIONEN (Klick auf den Pfeil davor) und klicken Sie auf das Kästchen vor X11. Bestätigen Sie mit UPDATE.

3. Jetzt benötigen Sie nur noch ein Update. Dafür klicken Sie auf das Apple-Menü (links oben in der Ecke auf das Apfel-Symbol) > SOFTWARE-AKTUALISIERUNG. Bestätigen Sie das Update.

Nun können Sie GIMP installieren.

2. GIMP installieren

1. Laden Sie von der auf der offiziellen GIMP-Website
   (*www.gimp.org*) verlinkten Website die aktuelle
   GIMP-Version für Ihren Mac herunter. Bei den Versionsnummern gilt immer: Eine ungerade Mittelziffer in der Versionsnummer (z.B. 2.3.xx) ist eine
   instabile Entwicklerversion, eine gerade Mittelziffer
   benennt eine stabile Version (z.B. 2.6).

2. Doppelklicken Sie auf die heruntergeladene Paket-
   Datei.

3. GIMP-2.6.dmg wird entpackt.

4. GIMP zeigt sich wie gewohnt als neues „Laufwerk".

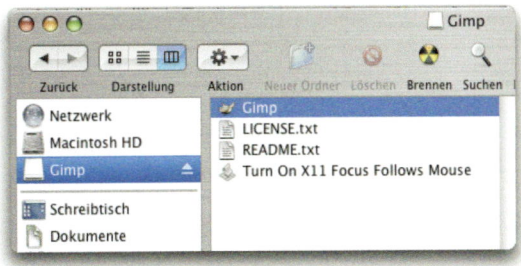

5. Ziehen Sie das GIMP-Icon auf Ihren Programme-
   Ordner im Finder.

6. Um GIMP aus dem Dock heraus starten zu können,
   ziehen Sie das GIMP-Icon vom Programme-Ordner
   direkt auf das Dock.

7. Unmounten Sie das Laufwerk, indem Sie auf das
   Pfeilchen zum Auswerfen klicken.

8. Um einen zusätzlichen Klick während der Arbeit
   mit GIMP, der wegen der X11-Window-Umgebung
   nötig ist, zu vermeiden, doppelklicken Sie auf das in
   Content+ (siehe vordere Umschlaginnenseite) ange-
   botene Script „Turn On X11 Focus Follows Mouse".

Variante 2: Installation mittels Macports

1. X11 installieren

Zunächst müssen Sie X11 installieren. Folgen Sie dazu bitte der Anleitung von Variante 1 auf der vorherigen Seite.

2. Xcode Tools installieren

Die Xcode Tools finden Sie entweder auf Ihrer Mac-OS-X-Installations-DVD oder im Internet unter *developer. apple.com/tools/downloads* (Registrierung erforderlich und Achtung – die Xcode-Tools sind 900 MB groß).

3. X11SDK installieren

Unter *Xcode-Tools* finden Sie im Ordner PACKAGES das X11SDK-Paket. Auch dieses müssen Sie noch vor GIMP installieren. Klicken Sie doppelt auf die Datei und folgen Sie den Anweisungen.

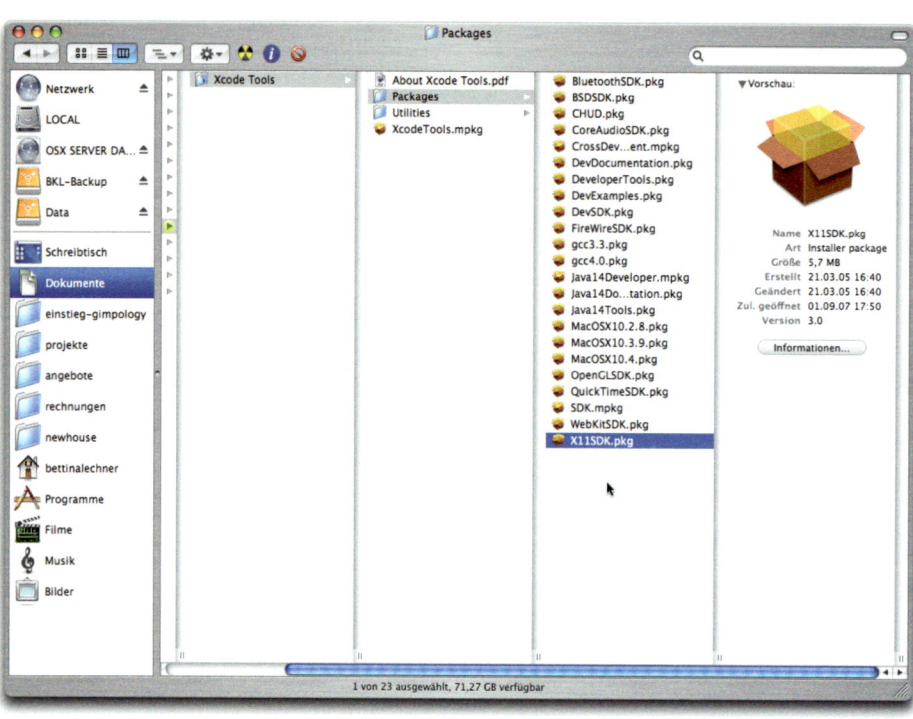

4. Macports installieren

Mit Macports installieren Sie Open-Source-Programme
– unter anderem also auch GIMP – leicht und schnell auf
Ihrem Apple. Und das geht so:

1. Downloaden Sie Macports unter *www.macports.org* für
   Ihre Mac-OS-X-Version. (Diese stellen Sie fest, indem
   Sie auf das Apfelsymbol links oben klicken und dann
   Über diesen Mac wählen.)

2. Nach einem Doppelklick auf die *macports.dmg*-Datei
   starten Sie den Installer. Folgen Sie den Anweisungen.

Ab nun geben Sie die Befehle über das Terminal ein.
Gehen Sie dazu auf Programme > Dienstprogramme >
Terminal.

Geben Sie zum Updaten von Macports den folgenden
Befehl in das Terminal ein (↵ steht für ⏎ bzw. Enter).
Führen Sie bitte diesen Schritt in jedem Fall aus – auch
wenn Sie Macports gerade erst von der Website runter-
geladen haben:

```
sudo port selfupdate ↵
```

Geben Sie gegebenenfalls Ihr Anmeldungskennwort ein.
Nach erfolgtem Selfupdate starten wir die Installation
von GIMP:

```
sudo port install gimp ↵
```

Achtung! Die Installation kann eine ganze Weile dauern
– je nach Internetverbindung auch einige Stunden!

GIMP starten:

```
open-x11 /opt/local/bin/gimp ↵
```

Praktisch mit Macports: Sie können GIMP jederzeit ganz
leicht aktuell halten, geben Sie dazu den folgenden Befehl im Terminal ein:

```
sudo port upgrade gimp ↵
```

Macports-Hilfe

Macports-Hilfe finden Sie unter
*http://trac.macosforge.org/
projects/macports/wiki*, unter
Using MacPorts QuickStart.

Portauthority

Falls Sie nicht gerne mit dem
Terminal arbeiten, gibt es mit
Portauthority eine grafische
Oberfläche für Macports:
*http://www.codebykevin.com/
portauthority.html*

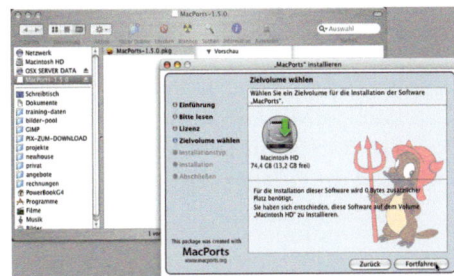

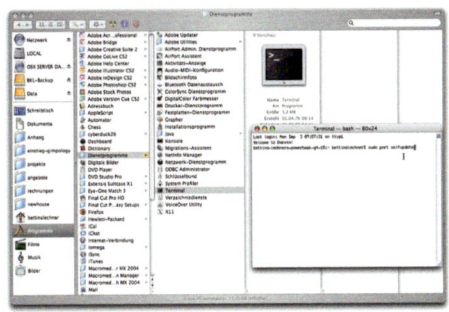

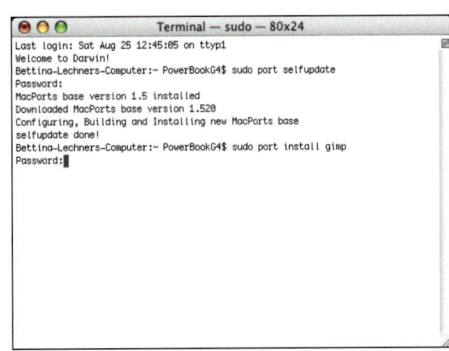

339

Installation unter Windows

Die Installation unter Windows funktioniert ganz einfach.

Offizielle Version

Bitte laden Sie GIMP immer von der offiziellen Website *www.gimp.org* bzw. *http://gimp-win.source-forge.net/stable.html* und suchen Sie nicht über eine Suchmaschine nach GIMP. Die Versionen, die Sie via Suchmaschinen finden, sind oft veraltet oder enthalten gar nicht GIMP.

GTK

Falls Sie GIMP von früheren Versionen schon kennen: Sie benötigen jetzt keine extra GTK-Installation mehr. Die GTK-Umgebung ist in den jetzigen GIMP-Paketen immer schon automatisch enthalten.

GIMP installieren

1. Laden Sie von der GIMP-Website (*www.gimp.org*, *http://gimp-win.sourceforge.net/stable.html*) die aktuelle GIMP-Version.
   Bei den Versionsnummern von GIMP gilt immer: Eine ungerade Mittelziffer in der Versionsnummer (z.B. 2.**3**.x) ist eine instabile Entwicklerversion, eine gerade Mittelziffer bedeutet eine stabile Version (z.B. 2.**6**.x).

2. Doppelklicken (ab Windows XP) Sie auf die *gimp-2.6.-i686-setup-1.zip*, um sie zu entpacken, und starten Sie dann die Installation durch Doppelklick auf die .exe-Datei. Die Installation läuft automatisch ab.

4. Starten Sie GIMP durch Doppelklick auf das Icon – viel Spaß damit!

Allgemeines

Suchen Sie im Web z.B. nach den Begriffen *pinselspitze*, *pinselform*, *brush* etc.

Die Pinselformen haben eine der folgenden Datei-endungen:
- *.gbr (gimp brush) für die Standardpinselform
- *.gih (gimp image hose) für animierte Pinselformen
- *.vbr (variable-size brush) für parametrische Pinsel-formen, die in ihrer Größe verändert werden können

Auch Photoshop-Pinselspitzen (*.abr (adobe brush)) können in GIMP direkt installiert werden.

Installation

Persönliches Verzeichnis auslesen

Wohin die Pinselspitze installiert werden soll, lesen Sie aus den GIMP-Einstellungen aus. Klicken Sie dazu auf das Werkzeugmenü BEARBEITEN > EINSTELLUNGEN. Wechseln Sie in dem Dialog auf ORDNER > PINSEL.

Sie sehen zwei Pfade angeführt. Merken Sie sich den als beschreibbar gekennzeichneten Pfad.

Installation

Entpacken Sie gegebenenfalls die Pinselspitzen und kopieren Sie die Dateien (nicht den gesamten Ordner) in den oben angeführten Ordner.

Aktualisieren

Starten Sie entweder GIMP neu oder wechseln Sie den Pinseldialog, FENSTER > ANDOCKBARE DIALOGE > PINSEL (⇧+Strg / ctrl+B). Klicken Sie dort auf den AKTUALISIEREN-Button. Die neuen Pinselspitzen stehen Ihnen ab sofort zur Verfügung.

Pinselform installieren

Im Web gibt es unzählige Pinselformen zum Download (bitte beachten Sie die jewei-ligen Lizenzbedingungen). Diese Pinselformen lassen sich in GIMP ganz leicht installieren.

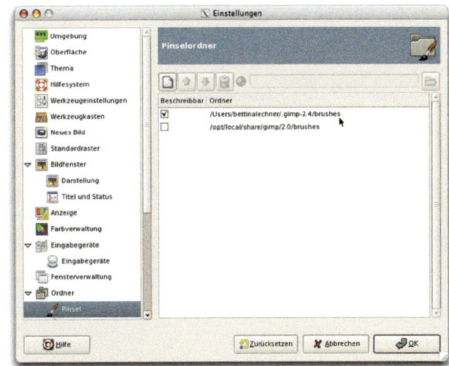

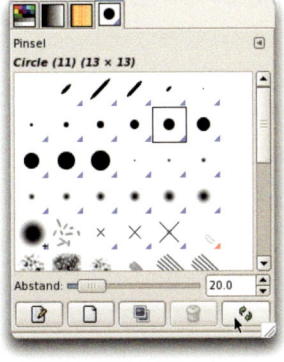

Erweiterungen: Plug-ins & Script-Fus

Plug-ins und Scripts sind Erweiterungen, die GIMP erst so richtig interessant machen. Zahlreiche Plug-ins und Script-Fus sind standardmäßig installiert, so z.B. die Automatisierungen im Menü FARBEN > AUTOMATISCH. Zur Installation eines neuen Plug-ins bzw. Scripts finden Sie hier eine Anleitung.

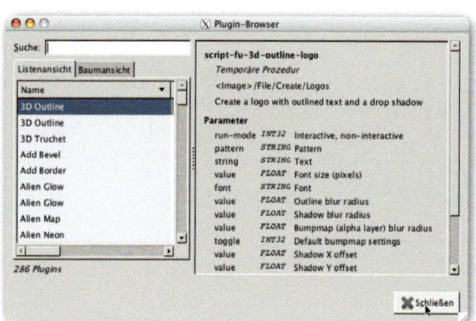

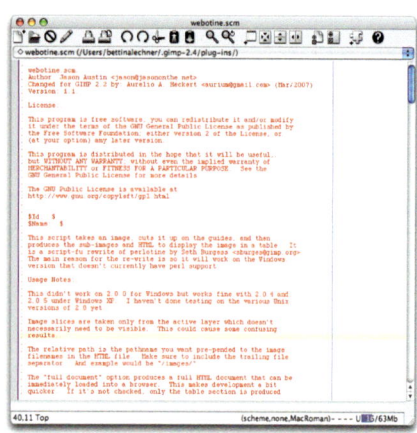

Allgemeines

Erweiterungen

Man unterscheiden folgende Erweiterungen:

» Plug-ins = auführbare Dateien.
» Script-Fu = Textdatei mit der Endung .scm
» Python-Plug-ins enden auf *.py und benötigen vorher Python installiert (auf Mac automatisch vorhanden)
» Weiterhin Dateien mit der Endung *.c: Das sind c-codierte Dateien, die kompiliert werden müssen (z.B. mit GIMPtool) und dann als ausführbare Datei ins Plug-in-Verzeichnis kopiert werden.

Abhängig davon, ob es sich nun um ein Plug-in oder ein Script-Fu handelt, kopieren Sie die Datei in den jeweiligen persönlichen Ordner.

Plug-in-Browser

Eine Übersicht über alle in GIMP installierten Plug-ins finden Sie im Plug-in-Browser. Wählen Sie dazu HILFE > PLUGIN BROWSER.

In der LISTENANSICHT sind alle Plug-ins alphabetisch geordnet, in der BAUMANSICHT erfolgt die Reihenfolge nach ihrer logischen Anordnung in den Menüs.

GIMP-Plug-in- bzw. Script-Fu-Verzeichnis

Den Pfad zu Ihrem persönlichen Plug-in-Verzeichnis finden Sie über BEARBEITEN > EINSTELLUNGEN > ORDNER > PLUG-INS bzw. SCRIPT.

Erweiterungen selbst schreiben

Wenn Sie selbst Plug-ins schreiben möchten, finden Sie hier jede Menge englischsprachige Unterstützung und Schritt-für-Schritt-Anleitungen:
http://developer.gimp.org/plug-ins.html
Sie werden erstaunt sein, wie rasch Sie mit ein wenig „Good Will" und Übung Plug-ins entwickeln.

Erste Hilfe zur Script-Fu-Entwicklung finden Sie hier:
http://docs.gimp.org/de/gimp-using-script-fu-tutorial.html

Infos & Hilfe zu einer Erweiterung

Plug-ins sollten die Dokumentation beim Download mitbereitstellen. Bei Scripts öffnen Sie die Datei mit einem Texteditor, Sie finden darin häufig interessante Infos.

Installation unter Linux

Einfache Plug-ins (C-Dateien)

Nach dem Download des Plug-ins öffnen Sie eine Konsole und geben Folgendes ein (↵ steht für [↵] bzw. [Enter]):

```
gimptool-2.6 --install Erweiterungsname↵
```

Damit wird die Erweiterung in Ihrem persönlichen Plug-in-Verzeichnis installiert. Um das Plug-in zu verwenden, lesen Sie in der Dokumentation nach, in welchem Menü es abgelegt wurde, oder suchen Sie danach über den Plug-in-Browser.

Script-Fus kopieren Sie in den persönlichen Scripts-Ordner.

Installation unter Windows

Wenn das gewünschte Plug-in für Windows vorhanden ist, ist die Installation immer simpel. Sie müssen nur den Instruktionen folgen.

Script-Fus kopieren Sie in den persönlichen Scripts-Ordner.

Installation unter Mac OS X

Hier ist die Situation ähnlich wie bei Windows. Wenn Sie nicht zu denjenigen gehören, die selbst übersetzen, sind Sie von fertig geschnürten Paketen abhängig. Gibt es das Plug-in für Mac OS X, müssen Sie es nur noch in das persönliche Plug-in-Verzeichnis kopieren.

Script-Fus kopieren Sie in den persönlichen Scripts-Ordner.

Plug-in-Beispielinstallation

Eine Beispielinstallation mit ausführlicher Beschreibung zu allen Betriebssystemen finden Sie im Kapitel *UFRaw-Plug-in installieren*, Seite 344.

Python-Support für Windows

http://www.gimptalk.com/forum/ python-and-gimp-t25587.html

http://photocomix-resources.deviant-art.com/art/Gimp-Python-support-easier-74889017

UFRaw-Plug-in installieren

UFRaw ist ein ausgezeichneter Converter für RAW-Dateien und funktioniert einwandfrei zusammen mit GIMP. UFRaw kann alle RAW-Bilder von Digitalkameras öffnen und bearbeiten. Es basiert auf Dave Coffins RAW-Converter DCRaw und kann sowohl als GIMP-Plug-in als auch als unabhängige Stand-alone-Lösung installiert werden.

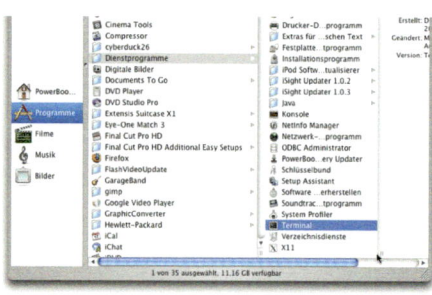

Installation unter Linux

1. Downloaden Sie unter *http://ufraw.sourceforge.net/Install.html* das für Ihre Linux-Distribution angegebene Paket.

2. Stellen Sie sicher, dass Sie GTK+2.0 installiert haben (das ist jedenfalls gegeben, wenn Sie GIMP bereits laufen haben).

3. Geben Sie das folgende Kommando zum Entpacken der Datei ein (↵ steht dabei für ⏎ bzw. Enter):

```
tar xzf ufraw-0.10.tar.gz ↵
```

Wechseln Sie in das Verzeichnis (cd = change directory):

```
cd ufraw-0.10 ↵
```

Als Nächstes starten Sie das Konfigurationsscript mit dem folgenden Befehl:

```
./configure ↵
```

Es folgt eine lange Liste mit verschiedenen Informationen. Zum Schluss tippen Sie

```
make ↵
```

um UFRaw als GIMP-Plug-in zu installieren oder

```
make install ↵
```

um einen systemweiten Zugriff zu gewährleisten. Dazu benötigen Sie jedoch Root-Zugriffsrechte und Sie installieren dadurch die Stand-alone-Version vom UFRaw gleich mit.

4. Nach erneutem Start von GIMP ist das Plug-in verfügbar und Sie können RAW-Dateien öffnen.

Installation unter Windows

1. Installieren Sie zuerst GIMP.

2. Downloaden Sie unter *http://ufraw.sourceforge.net/ Install.html* unter WINDOWS FOR DUMMIES die Install-Datei. Die Installation ist simpel und gut erklärt. Folgen Sie den Instruktionen.

3. Sobald Sie nun in GIMP über DATEI > ÖFFNEN eine RAW-Datei anwählen, öffnet sich UFRaw automatisch. Dort können Sie bestimmen, ob die RAW-Datei anschließend in GIMP geöffnet werden soll.

Installation unter Mac OS X

1. Downloaden Sie unter *http://ufraw.sourceforge.net/ Install.html* den für Mac angegebenen „point & click installer". Speichern Sie die Datei am Schreibtisch.

2. Öffnen Sie ein Terminalfenster. Wählen Sie dazu PROGRAMME > DIENSTPROGRAMME > TERMINAL im Finder.

3. Tippen Sie den folgenden Befehl in das Terminalfenster (↵ steht dabei für ⏎ bzw. Enter):

```
cd Desktop ↵
```

Dadurch wechseln (cd = change directory) Sie vom Root-Verzeichnis zum Schreibtisch.

Zum Ändern der Zugriffsrechte – damit Sie installieren können – tippen Sie den folgenden Befehl ein:

```
chmod 0755 ufraw-gimp ↵
```

UFRaw-Anleitung
Eine ausführliche Anleitung zum UFRaw-Plug-in finden Sie auf Seite 276.

345

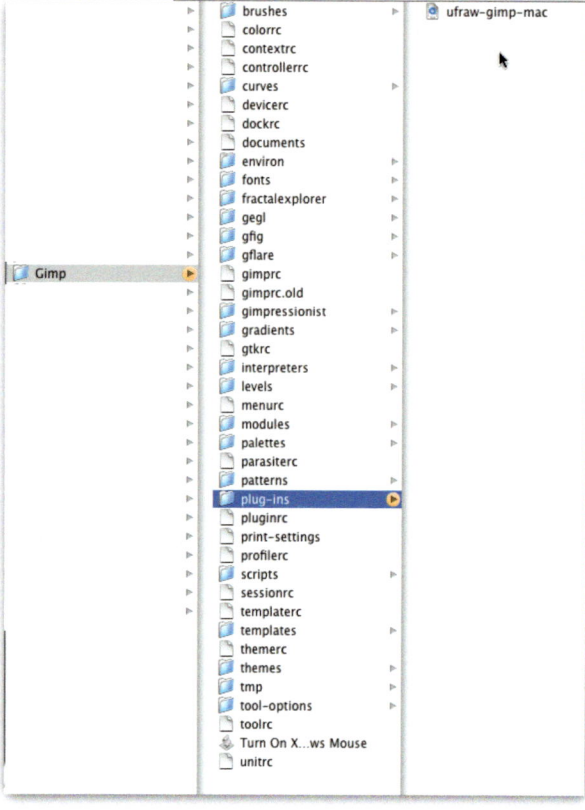

4. Schließen Sie das Terminalfenster und wechseln Sie in den FINDER. Kopieren Sie vom Schreibtisch die Datei *ufraw-gimp* mit ⌘+C.

5. Wählen Sie dort <HOMEVERZEICH-NIS> 🏠 > LIBRARY > APPLICATION SUPPORT > GIMP.

6. Wechseln Sie dort in den Unterord-ner PLUG-INS. Kopieren Sie in diesen Ordner mit der Tastenkombination ⌘ + V die *ufraw-gimp*-Datei.

7. Starten Sie GIMP neu. Sobald Sie eine RAW-Datei auf das GIMP-Icon im Dock ziehen, öffnet UFRaw auto-matisch.

Linux

Öffnen Sie eine Konsole. Tippen Sie Folgendes ein:

```
LANGUAGE=en GIMP bzw.
LANG=en GIMP
```

Ersetzen Sie dabei en durch die gewünschte Sprache (z.B. fr für Französisch, de für Deutsch). Beim nächsten Neustart „spricht" GIMP die neu eingestellte Sprache.

Windows (ab XP)

Unter Windows müssen Sie die Umgebungsvariable LANG hinzufügen:

1. Wählen Sie START > SYSTEMSTEUERUNG > SYSTEM.
2. Klicken Sie auf das Register ERWEITERT und klicken Sie auf den Button UMGEBUNGSVARIABLEN. Im Bereich der Systemvariablen klicken Sie auf NEU.
3. Geben Sie *LANG* als Variablenname und z.B. *fr* (für Französisch) als Wert ein.

Verlassen Sie alle Dialoge und starten Sie GIMP neu.

Mac OS X

Unter OS X kann die Sprache nur global und nicht für GIMP alleine geändert werden: Öffnen Sie den FINDER. Wählen Sie PROGRAMME > SYSTEMEINSTELLUNGEN. Klicken Sie auf LANDESEINSTELLUNGEN. Ziehen Sie in der Liste die Sprache, mit der Sie standardmäßig arbeiten möchten, an die erste Stelle.

Ändern der Standardsprache

GIMP verwendet normalerweise die auf Ihrem Betriebssystem eingestellte Standardsprache. Hier erfahren Sie, wie Sie mit einer anderen Sprache in GIMP arbeiten können.

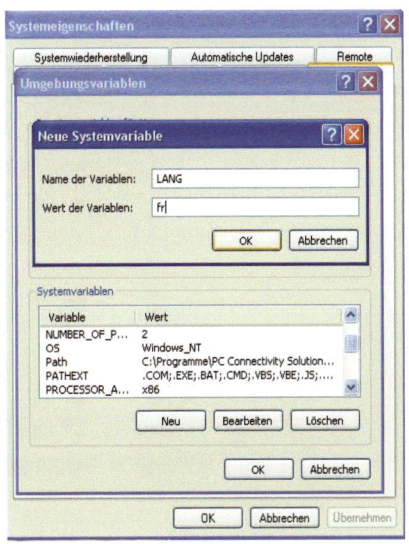

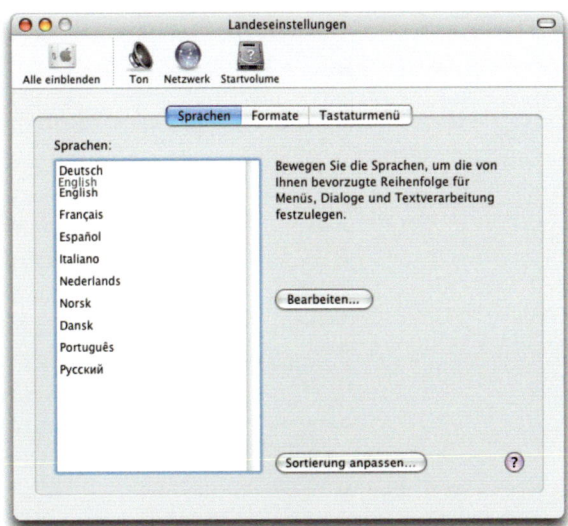

347

Schriften

Hier erfahren Sie, wie die Schriftenverwaltung in GIMP funktioniert und wie Sie zusätzlich neue Schriften installieren.

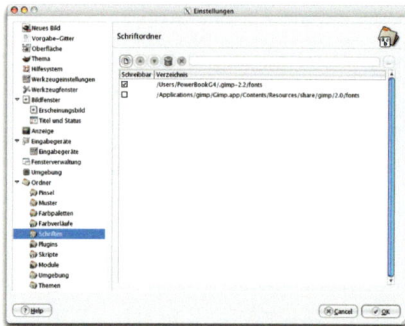

Die Schriftenverwaltung in GIMP

Der Schriftenordner wurde bei der Installation festgelegt. Sie können ihn hier nachprüfen bzw. verändern: BEARBEITEN > EINSTELLUNGEN > ORDNER > SCHRIFTEN.

Das Verzeichnis, das als SCHREIBBAR gekennzeichnet ist, ist Ihr persönliches Ressourcenverzeichnis, wo Sie weitere Schriften hinzufügen können. Das schreibgeschützte Verzeichnis unterhalb ist das Systemverzeichnis und sollte nicht verändert werden, auch wenn es leer ist.

Standardmäßig werden in GIMP die folgenden Schriftdateitypen unterstützt:

- BDF Fonts
- CFF Fonts
- MAC X11 PCF Fonts
- OpenType Fonts
- PFR-Fonts
- SFNT-basierte Bitmap-Fonts
- TrueType Fonts
- Typ-1-Fonts
- Type42-Fonts (nur teilweise)
- Windows FNT Fonts

GIMP verwendet für die Schriftendarstellung Freetype2 (*http://www.freetype.org/freetype2*) und für die Verwaltung Fontconfig (*http://fontconfig.org*).

Schriften hinzufügen

Linux

Kopieren Sie die Schrift in das Verzeichnis ~/.FONTS. Beim nächsten Start von GIMP finden Sie die Schriftart in der Auswahlliste. Falls Sie GIMP während der Installation der Schrift bereits laufen haben, öffnen Sie über FENSTER > ANDOCKBARE DIALOGE > SCHRIFTEN den Schriftendialog und klicken Sie auf die Schaltfläche SCHRIFTEN NEU EINLESEN.

Windows

Ziehen Sie wie gewohnt mittels Drag&Drop die Schrift in das übliche Schriftenverzeichnis von Windows: C:\WINDOWS\FONTS oder C:\WINNT\FONTS. Sollte die Schrift nur von GIMP, aber nicht von Windows unterstützt werden, ziehen Sie sie besser nur in das persönliche Schriftenverzeichnis von GIMP (BEARBEITEN > EINSTELLUNGEN > ORDNER > SCHRIFTEN).

Mac OS X

Der persönliche Schriftenordner unter OS X ist standardmäßig dieser: /USERS/<RECHNERNAME>/ .GIMP-2.6/FONTS.

Um die Schrift in dieses Verzeichnis zu kopieren, gehen Sie wie folgt vor:

1. Kopieren Sie zunächst die Schriftart in den Zwischenspeicher (⌘+C).

2. Wechseln Sie in den FINDER.

3. Wählen Sie dort <HOMEVERZEICHNIS> 🏠 > LIBRARY > APPLICATION SUPPORT > GIMP.

4. Suchen Sie das Verzeichnis FONTS und fügen Sie die Schriftart ein (⌘+V).

5. Beim nächsten Start von GIMP finden Sie die Schriftart in der Auswahlliste.

Falls Sie GIMP während der Installation der Schrift bereits geöffnet haben, öffnen Sie über FENSTER > ANDOCKBARE DIALOGE > SCHRIFTEN den Schriftendialog und klicken Sie auf die Schaltfläche SCHRIFTEN NEU EINLESEN.

JPG-Qualitätsstufen

Hier finden Sie eine Umrechnungstabelle von den Adobe-Photoshop-JPG-Qualitätsstufen zu den GIMP-JPG-Qualitätsstufen.

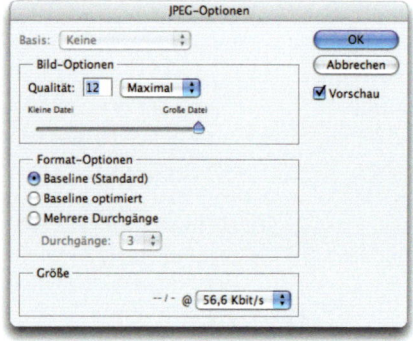

Adobe-Photoshop-JPG-Speichern-Dialog

Umrechnungstabelle

Photoshop	GIMP
Qualität 12	Qualität 98, Zwischenschritte 1x1
Qualität 11	Qualität 95, Zwischenschritte 1x1
Qualität 10	Qualität 93, Zwischenschritte 1x1
Qualität 9	Qualität 91, Zwischenschritte 1x1
Qualität 8	Qualität 90, Zwischenschritte 1x1
Qualität 7	Qualität 89, Zwischenschritte 1x1
Qualität 6	Qualität 90, Zwischenschritte 2x2
Qualität 5	Qualität 89, Zwischenschritte 2x2
Qualität 4	Qualität 88, Zwischenschritte 2x2
Qualität 3	Qualität 88, Zwischenschritte 2x2
Qualität 2	Qualität 87, Zwischenschritte 2x2
Qualität 1	Qualität 86, Zwischenschritte 2x2
Qualität 0	Qualität 85, Zwischenschritte 2x2

Zwischenschritte 1x1 heißt, dass Sie unter den ERWEITERTEN OPTIONEN ZWISCHENSCHRITTE 1x1,1x1,1x1 einstellen.
Zwischenschritte 2x2 heißt, dass Sie unter den ERWEITERTEN OPTIONEN ZWISCHENSCHRITTE 2x2,1x1,1x1 einstellen.

Zwischenschritte (Subsampling): Es geht hier um das Verhältnis der Abtastrate Helligkeit zu Farbkanäle. Empfehlung: 1x1,1x1,1x1. Dabei wird die menschliche Schwäche ausgenutzt, dass unterschiedliche Helligkeitsstufen besser wahrgenommen werden als Farbdifferenzen.

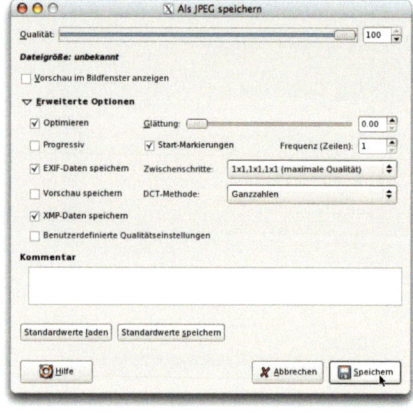

GIMP-JPG-Speichern-Dialog

Informationen und Anmerkungen

In Adobe Photoshop gibt es nur die Einstellung für Qualität. In GIMP hingegen können Sie neben der Qualitätsstufe zahlreiche weitere Einstellungen vornehmen. Klicken Sie auf ERWEITERTE OPTIONEN. Dort finden Sie die Zwischenschritte (Subsampling), Definition der Startmarkierungen, der Frequenz und vieles mehr. Infos zu den einzelnen Einstellungen finden Sie im Kapitel *JPG-Einstellungen*, Seite 34.

Speichern Sie Ihre Datei erst dann als JPG-Datei, wenn Sie dieses Format wirklich benötigen. Behalten Sie bitte stets die XCF-(GIMP-)Datei.

Für Web speichern

In dem Dialog, den Sie in Adobe Photoshop über DATEI > FÜR WEB SPEICHERN erhalten, werden völlig andere JPG-Qualitätsstufen verwendet. Lesen Sie in der folgenden Tabelle die analoge Einstellung für GIMP:

Photoshop Datei > Für Web speichern	GIMP
Qualität 100	Qualität 98, Zwischenschritte 1x1
Qualität 75	Qualität 92, Zwischenschritte 1x1
Qualität 50	Qualität 86, Zwischenschritte 1x1
Qualität 25	Qualität 72, Zwischenschritte 2x2
Qualität 0	Qualität 51, Zwischenschritte 2x2

Empfehlung: Verwenden Sie in GIMP eine JPG-Einstellung zwischen maximal 95 und mindestens 50.

Alle bei einem Zoom von 200%

Foto: Helmer *

Photoshop-Qualität 10

GIMP-Qualität 93, Zwischenschritte 1x1

Photoshop-Qualität 5

GIMP-Qualität 89, Zwischenschritte 2x2

Linktipps

Hier finden Sie einerseits Links für weitere Hilfe und Unterstützung und andererseits eine Liste von Websites, wo es jede Menge Plug-ins zum Download gibt. Außerdem sind hier nochmals alle Links, die im Buch vorkommen, zusammengefasst.

Tipp

Auf der Content+-Website (siehe vordere Umschlaginnenseite) finden Sie diese Linkliste ebenfalls. Von dort aus können Sie den Links per Klick folgen und Sie ersparen sich das lästige und fehlerträchtige Abtippen der URLs.

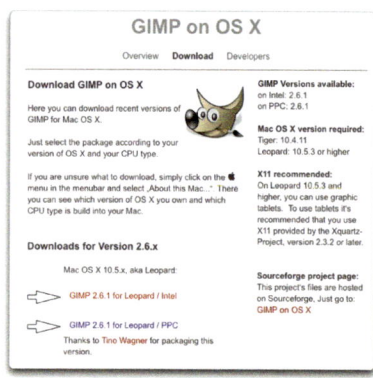

Download GIMP für Mac OS X

GIMP-Download und Hilfe

Die offizielle GIMP-Website
News, Dokumentationen, Bug Reports und Links zu Downloads
http://www.gimp.org
http://www.gimp.net

Download GIMP für Mac OS X
http://gimp.lisanet.de/Website/Download.html

Download GIMP portable für Windows
http://portableapps.com/apps/graphics_pictures/gimp_portable

GUM – GIMP User Manual
Ausführliches Handbuch zu GIMP, erklärt Menüpunkt für Menüpunkt
http://docs.gimp.org/de

GIMP-Forum
Hilfreiche User bieten ihre Unterstützung im
http://www.gimpforum.de

Wilber's Wiki
Ein Wiki-Web zu GIMP
http://wiki.gimp.org

Tutorials, Mailinglists
Aktive Community und Anmeldungen zu diversen GIMP-Mailinglists gibt es hier:
http://www.gimpusers.de

GIMP-Lizenz
http://www.gnu.org/licenses/
GNU General Public Licence

Infos zu Copyleft bzw. ShareAlike
http://www.gnu.org

Bugs bitte melden!
Bitte melden Sie Fehler – nur so kann eine ständige Verbesserung von GIMP gewährleistet werden. Lesen Sie hier, wie Sie eine Fehlermeldung korrekt abgeben:
http://gimp.org/bugs/howtos/bugzilla.html

GIMPshop
http://www.gimpshop.com
GIMP mit Photoshop-Layout

Downloads, Plug-ins und Nützliches

Plug-ins-Download
Sämtliche Plug-ins für GIMP finden Sie hier, gereiht und sortiert nach GIMP-Version, Art und Hersteller (Englisch):
http://registry.gimp.org

Plug-ins-Download
Von Pinselspitzen über Plug-ins sehr vieles (Englisch):
http://gimpstuff.org

Auf der Website von Reinhard Geisler gibt es weitere interessante Plug-ins zum Download, unter anderem ein Tool zum Fotokommentieren (Englisch):
http://www.macgeisler.de/gimp/the_gimp.html#ecomment

Plug-ins selbst schreiben
Ausführliche Beschreibungen und Hilfestellung
http://developer.gimp.org/plug-ins.html

GIMP Actions
Zahlreiche GIMP Actions gibt es hier:
www.deviantart.com
Suchen Sie nach dem Begriff „gimp action".

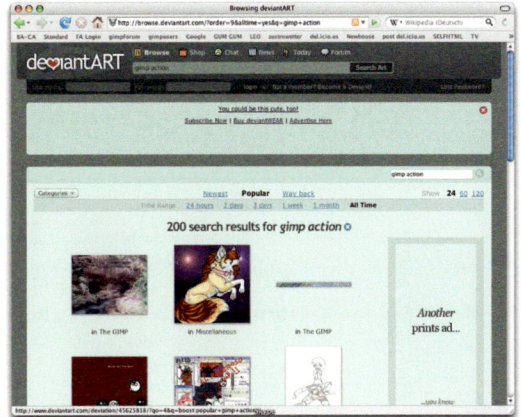
Deviantart

Erste Schritte in Script-Fu
http://docs.gimp.org/de/gimp-using-script-fu-tutorial.html
http://gug.sunsite.dk

Download-Scripts zur Stapelverarbeitung
http://gug.sunsite.dk/scripts.php
http://members.ozemail.com.au/~hodsond/dbp.html

GIMP-Schriftenverwaltung
http://fontconfig.org

Schriften-Downloads
Bitte beachten Sie die jeweiligen Read-Me Files, die den gezippten Schriften beiliegen, für lizenzrechtliche Details.
http://www.dafont.com/theme.php?cat=109

Welche Schrift?
Auf dieser Website laden Sie Grafiken zum Identifizieren der darin verwendeten Schriftart hoch.
http://www.myfonts.com/WhatTheFont/

GAP – GIMP Animation Package
Für die Erstellung von Animationen, Tutorial:
http://www.gimp.org/tutorials/Using_GAP/
Download-Link:
http://sourceforge.net/project/showfiles.php?group_id=121075

Resynthesizer
Ein Tool zum Füllen von Bildlücken nach Retuschen
www.logarithmic.net/pfh/resynthesizer

EXIF-Browser
Zum Betrachten der EXIF-Informationen
http://registry.gimp.org Suche nach „exif"

EXIF-Tool
EXIF-Daten auslesen und schreiben
www.sno.phy.queensu.ca/~phil/exiftool/

XNView
EXIF-Viewer für Windows und Linux
http://www.xnview.de

UFRaw-Plug-in
Zum Öffnen und Editieren von Raw-Dateien
http://ufraw.sourceforge.net

Open Source Colormanagement Tool
Freie Monitor- und Scanner-Kalibrierungssoftware
http://www.littlecms.com

Pandora-Plug-in
Praktisches Plug-in für ein grobes Verteilen von Panorama-Bildern
http://registry.gimp.org

Hugin
Ein nicht ganz simples Programm zum automatischen Zusammensetzen von Panorama-Bildern
http://hugin.sourceforge.net

Hugin-Website

Tonkurven
Vordefinierte Tonkurven zum Download und Laden
z.B. in UFRaw
http://fotogenetic.dearingfilm.com

GNOME Foto Printer
Die von Sebastian Vorköper entwickelte Applikation
ordnet automatisch mehrere Fotos auf einer Seite an und
lässt diese anschließend ausdrucken.
http://www.fogman.de/?GnomePhotoPrinter

HDR-Support
Cinepaint (ehemals „Film GIMP")
http://www.cinepaint.org

Qtpfsgui (die Erklärung zum Namen finden Sie auch auf
der Website) für Linux, Windows und Mac
http://qtpfsgui.sourceforge.net/

Photomatix Pro unterstützt HDR (Tone Mapping) & DRI
(Belichtungskombination), jedoch kostenpflichtig, für
Mac OS X und Windows 98/Me/2000/XP
http://www.hdrsoft.com/de/

Dynamic Foto HDR inkl. Anti-Ghost-Funktion
(halbautomische Retusche bewegter Elemente),
für Windows 98/XP/2000/Vista
http://www.mediachance.com/hdri

A List Apart
Ausgezeichnete CSS-Tutorials
http://alistapart.com

Separate+-Plug-in
Erweiterte Version des standardmäßig implementierten
Zerlegen-Plug-ins (nur für Linux und Windows)
http://cue.yellowmagic.info/softwares/separate.html

Infos zu XMP-Daten
http://www.adobe.com/products/xmp/pdfs/xmp_creativepros.pdf

Ghostscript zum Öffnen von PostScript-Dateien
http://www.ghostscript.com/awki

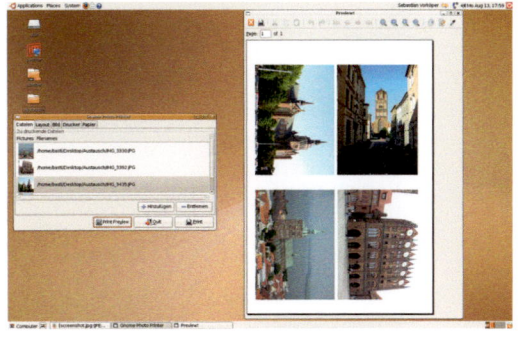
GNOME Foto Printer

355

Stichwortverzeichnis

Wenn deine Einsicht meiner Lehre widerspricht,
so sollst du deiner Einsicht folgen.

Buddha

Danksagung
Danke all den wundervollen Menschen, die mich stärken, unterstützen und motivieren, insbesondere R für alles und seine unver-
blümte Offenheit; Julia für ihre Motivation; Ma für ihre Gelassen-
heit; Gaby für das Wunder, Chris für die Präsenz und so vielen,
deren simple Aufzählung hier respektlos und eine Beschreibung
endlos wäre.
Danke meiner Lektorin Kristine Kamm für ihr Engagement und
die erfrischenden Begegnungen; dem Verlag und all den Mitarbei-
terinnen und Mitarbeitern, die für das termingerechte Erscheinen
so unglaublich aktiv waren. Für das Fachlektorat darf ich wieder
Heico Neumeyer respektvoll erwähnen und ihm für sein scharfes
Auge danken.
Danke für all die freundlichen Zuschriften, die ich von meinen
geschätzten Leserinnen und Lesern erhalten habe! Stay tuned!
Apropos: FM4, the only alternative.